现代法学
试题系列

2

高 校 法 学 专 业
核心课程配套测试

程教材
组编

第十一版

中国法制史
配套测试

依据最新立法及学术动态修订升级
新增考试习题、2021～2023年考研真题

教学辅导中心 / 组编

中国法制出版社
CHINA LEGAL PUBLISHING HOUSE

第十一版出版说明

《高校法学专业核心课程配套测试丛书》专为法学院校学生掌握法律专业知识、提升法学应试能力而精心设计，分册设置涵盖教育部规定的法学专业所有核心课程，因考点全面、题量充足、解答详尽、应试性强等优点，受到广大师生及法学应试人员的普遍欢迎，其中大多分册都再版重印，历久不衰。该丛书已成为法学教辅图书中的实力品牌。

《中国法制史配套测试》为该丛书中的一本，自 2005 年出版后，历经多次重印改版，深受广大读者的喜爱，很多读者还来电来信向我们表达感谢和期待。正是基于这种信赖，为及时体现中国法制史学科最新动态，在承继该书原有优点基础上，我们对其全面修订。特点如下：

一、配套教材

本书结构上分为十三章，与中国法制史核心课程教材相配套，便于随学随练。

二、内容及时更新

新增教材课后习题和考研真题，并对陈旧题目进行替换。

三、加工精细考究

1. 章节前面设置“基础知识图解”，归纳每章的基本概念和知识体系。

2. 对重点知识以脚注的形式提醒注意要点，拓展解题思路。

3. 在正文之后，本书设置了两套期末试题，便于读者进行整体复习和预演自测。

四、附录全面实用

1. 收录全国部分高校中国法制史专业历年研究生入学考试真题，为准备考研的读者提供更多帮助。

2. 附录参考及推荐书目，便于读者拓展阅读。

3. 随书赠送法律单行本一册，方便读者随时查阅我国现行法律规定。

教学辅导中心

2023 年 8 月

第[illegible]版出版说明

[illegible]

[illegible]一本，自 2005 年[illegible]

[illegible]

一、[illegible]

[illegible]

二、内容[illegible]

[illegible]

三、[illegible]

[illegible]

四、附录全面实用

1. [illegible]

2. [illegible]

3. [illegible]

[illegible]中心

2023 年[illegible]月

目　录

第一章　中国法律文明的起源与夏商法律制度

基础知识图解

- 中国法律文明的起源
  - 时间：原始社会末期
  - 来源：习惯法
    - 原始习惯
    - 传统习俗
  - 法律渊源
    - 礼：祭祀礼仪规则和伦理道德习俗
    - 刑：复仇惩戒或军事征讨等暴力手段及其行为规范
  - 与西方法律文明起源的比较
- 夏商法律制度
  - 指导思想："行天之罚""受命于天"——→天罚与神判相结合
  - 主要法律形式
    - 习惯法：以礼和刑为主要内容，居主要地位
    - 君主的命令：誓、诰、训等
    - 夏刑、商刑等
  - 刑事法律内容
    - 刑罚制度：奴隶制五刑：墨、劓、剕、宫、大辟
    - 主要罪名
      - 夏：不孝，弗用命、昏、墨、贼
      - 商：不孝，乱政、疑众
    - 刑罚适用制度
      - 对过失犯罪或危害行为减免刑事责任，对故意犯罪或惯犯则从重处罚
      - 宁可漏杀有罪，也决不错杀无辜的"疑罪从无"慎罚思想
      - 主张依据一定的标准或规则定罪量刑，反对滥用刑罚
  - 司法制度
    - 行政、军事、司法职能划分不严格
    - 浓重的"天罚""神判"特色
    - 监狱的设置："圜土"

配套测试

一、单项选择题

1. 赎刑制度始于什么朝代？(　　)

A. 夏朝　　B. 西周

C. 战国时期　　D. 汉朝

2. 夏代称其中央最高司法官为（　　）。

A. 大理　　B. 士

C. 蒙士　　D. 司寇

3. 夏代为有效镇压反抗奴隶主国家统治与扰乱社会秩序的犯罪承袭并发展了舜禹时代习惯处罚方式，从而初步确立了奴隶制五刑制度，这五刑是指（　　）。

A. 黥、劓、刖、椓、处死

B. 墨、劓、剕、宫、大辟

C. 昏、墨、贼、杀、宫

D. 死、流、徒、杖、笞

4. 商代的中央最高审判机构为（　　）。

A. 大理　　B. 司寇

C. 正　　D. 史

5. 商代因袭夏制除仍把监狱称为“圜土”外又有了专门的关押要犯的狱，称为（　　）。

A. 缚　　B. 图圄

C. 圉　　D. 班房

6. 根据《礼记·王制》的记载，商朝对“乱政”和“疑众”均处以“杀”。下列行为中，属于“乱政”的是（　　）。［2019年法硕（非法学）真题］

A. 析言破律

B. 行伪而坚

C. 作淫声异服

D. 假于鬼神、时日、卜筮

二、多项选择题

1. 随着父权制社会的发展，原始社会父权制习惯的变化，主要体现在（　　）。

A. 确认母系在氏族中的权威地位

B. 确认部落联盟酋长的权威地位

C. 确认保护私有财产的习惯

D. 确认有关处罚的习惯

E. 确认氏族内的继承习惯

2. 中国法律起源的特点有（　　）。

A. 实行礼法结合

B. 具有早熟性

C. 维护专制王权

D. 刑事法规发达而民事法规相对落后

E. 法律在形成时带有氏族社会的浓厚色彩和贵族宗法统治的特征

3. 随着社会政治经济思想文化的发展，指导统治阶级立法的思想也有了进一步发展。商代的立法思想有（　　）。

A. “王权神授”　　B. “天讨”

C. “天罚”　　D. 改礼为法

E. “明德慎罚”“以德配天”

4. 夏商的法律形式主要包括（　　）。

A. 习惯法　　B. 制定法

C. 誓　　D. 王的命令与文告

5. 下列哪些选项体现了夏商两代审判制度的特点？（　　）

A. 重要案件多经过三审

B. 慎重对待疑案

C. 审判与宗教意识相连，假借天意、神判进行审判

D. 死刑案件实行“上请”制度

三、名词解释

1. 氏族习惯
2. 习惯法
3. 夏礼
4. “与其杀不辜，宁失不经”
5. 五刑
6. 誓
7. 圜土①
8. “王权神授”
9. “天讨”与“天罚”
10. 车服之令
11. 司寇
12. “附从轻”“赦从重”
13. “昏、墨、贼、杀”
14. 大辟（中国人民大学2012年考研真题）
15. 明德慎罚（中山大学2011年考研真题；人大2009年考研真题；南京大学2007年考研真题；中南财经政法大学2002年考研真题）

四、简答题

1. 简述禹刑的内容。
2. 简述夏商两代的法律形式。
3. 简述商代的司法制度。

五、论述题

1. 试述中国法律的起源及其特点。
2. 试述商代的立法思想、主要法律及其法律形式。
3. 试述中国古代“刑”“法”“律”字的演变及含义。

六、分析题

据《墨子·非乐篇》载：“汤之官刑有之，曰：‘其恒舞于宫，是谓巫风。其刑：君

---

① 中国人民大学2004年考研真题。

子出丝二卫，小人否似。’”据《尚书·伊训》记载：“敢有恒舞于宫，酣歌于室，时谓巫风；敢有殉于货色，恒于游畋，时谓淫风；敢有侮圣言，逆忠直，远耆德，比顽童，时谓乱风。惟兹三风十愆，卿士有一于身，家必丧；邦君有一于身，国必亡。臣下不匡，其刑墨，具训于蒙士。”

试根据上述记载分析其说明的问题。

参考答案

一、单项选择题

1. **答案**：A。赎刑是一种刑罚执行的变通方法，即允许受刑人拿出一定的金钱或物品折抵刑罚。赎刑制度在夏朝即已存在，到西周时期，被广泛使用。
2. **答案**：A。
3. **答案**：B。
4. **答案**：B。
5. **答案**：B。
6. **答案**：A。商朝继续沿用不孝、违命等罪名，同时亦有新的创设，如《礼记·王制》记载商有“乱政”和“疑众”等罪：“析言破律，乱名改作，执左道以乱政，杀；作淫声异服，奇技奇器以疑众，杀；行伪而坚，言伪而辩，学非而博，顺非而泽以疑众，杀；假于鬼神、时日、卜筮以疑众，杀。”“析言破律”意思为凡是断章取义、曲解法律。“行伪而坚”的意思是做错了事情不认错还固执己见。“作淫声异服”的意思是制作靡靡之音、奇装异服、怪诞之技、奇异之器而蛊惑民心。“假于鬼神、时日、卜筮”的意思是假借鬼神的名义，经常用蓍草占卜的迷信举动来蛊惑民众。故，A项属于乱政；BCD三项属于疑众。

二、多项选择题

1. **答案**：BCD。
2. **答案**：ABCDE。
3. **答案**：ABC。
4. **答案**：ABCD。
5. **答案**：ABC。

三、名词解释

1. **答案**：氏族习惯是法的胚胎形式，法的起源实际上是氏族习惯向奴隶制习惯法的质变过程。它是指氏族社会调整社会关系的共同规范，它产生在原始公有制的基础上，是协调社会纠纷、约束人们共同劳动以及平均分配的共同准则。
2. **答案**：习惯法是奴隶制国家法律的主要表现形式。据文献记载和考古发掘证实，夏代已经产生了奴隶制国家和体现奴隶主阶级意志的习惯法。夏代统治集团将传袭已久的原始习惯加以筛选补充，变为体现统治阶级意志的习惯法。夏代习惯统治方式，是中国阶级社会诞生以来最早出现的最为简陋的统治方式，这种统治方式的落后性，是由生产力水平低下以及立法技术落后所决定的。
3. **答案**：夏王朝一建立，统治者便把礼摆到重要位置，无论是在民事法律关系方面还是在婚姻家庭关系方面，礼都起到了民事法规的实际调整作用。夏礼是体现国家意志的行为规范，它源于氏族社会的“礼”，在夏代奴隶制国家中被改造赋予了阶级属性和法律效力，从而变为奴隶制国家法律统治的有效武器。
4. **答案**：“与其杀不辜，宁失不经”载于《尚书·大禹谟》，是夏代奴隶制社会出于标榜“慎刑”的考虑而实行的刑事处罚的原则之一，意思是宁可不按常法审案，也不能错杀无辜。这一原则的实施，对商、周乃至整个封建后世都产生了重要影响。
5. **答案**：夏代为有效地镇压反抗奴隶主国家统治与扰乱社会秩序的犯罪，承袭并发展了舜禹时代习惯处罚方式，从而逐步确立了奴隶制五刑制度。它是奴隶制社会时期五种刑罚的总称，即墨、劓、剕、宫、大辟。据《左传》引《夏书》说：“昏、墨、贼、杀，皋陶之刑也。”
6. **答案**：誓是夏代法律形式的一种。它是夏代君主在战争期间发布的紧急军事命令，是调整战时军队内部关系的法律，对全体从征人员都有约束力。正如《尚书·甘誓》所载，夏启在平息有扈氏叛乱时，曾于甘地发“誓”，以此约束全体从征人员。

7. **答案**：圜土是夏商两代早期监狱的名称。圜土是用土筑成的圆形监狱，或在地上围起圆墙构成，或者在地下挖成圆形的大牢。圜土除监禁未决犯外，还关押已决犯并监督其劳役。那些有所谓“害人”行为的人，被关在圜土中强制劳动，并受到刑罚的耻辱。能悔改从善者，重罪三年放出，中罪两年放出，轻罪一年放出。但放出的三年内仍不得列为平民；如果不改过自新以致逃亡者，就将其处以死刑。

8. **答案**：“王权神授”是商代的立法思想之一。商代统治者把奴隶主贵族对人世间的法律统治神化为“秉承天意”，以使奴隶制国家的统治合法化、神权化，并赋予商王这一奴隶主阶级总代表神圣不可侵犯的权威地位。这种宣传不仅使王权专制披上了宗教神学色彩，而且可以借此大肆欺骗愚弄被压迫的劳动群众。

9. **答案**：“天讨”与“天罚”是商代的立法思想之一。这种理论是由“君权神授”的理论发展而来。商代统治者为证明其刑杀和讨伐活动的合理性，将他们在人世间的用刑诡称为“奉天行罚”与“替天讨罪”。这种神话宣传具有相当的欺骗性，它为商代统治者掩饰其刑事镇压的残酷性，以及为加强法律制度的威慑力提供了法律依据。

10. **答案**：车服之令是指商代用来区别身份等级的礼仪法令。商汤为区别尊卑贵贱而颁布的命令，在任命官吏和罢黜官吏的车马服饰上作了区别性的规定。这表明商代已经存在区别身份等级的制度。

11. **答案**：司寇是商代中央最高审判机构，它的长官也叫司寇，它与其他五个中央最高机构并称为六卿。对于重大案件的审理，司寇必须奏请商王，商王掌握生杀予夺和诉讼胜负的决定权。

12. **答案**：“附从轻”“赦从重”体现了商代对疑难案件的审理持慎重的态度。主张审判依据事实，有犯意无实据，不认为是犯罪。在量刑时，可重可轻者，主张从轻。可宽可严时，主张从宽。

13. **答案**：“昏、墨、贼、杀”是夫权制社会时期的习惯处罚方式。据《左传·昭公十四年》引《夏书》说：“昏（恶而掠美）、墨（贪以败官）、贼（杀人不忌），杀，皋陶之刑也。”皋陶为黄池地域的部落首领，做了联盟机关的“士”后，制定了这一处罚习惯。

14. **答案**：大辟是中国古代奴隶制社会“五刑”中对死刑的通称。《尚书·吕刑》郑玄注：“辟，罪也？死是罪之大者。谓死刑为大辟。”夏代初步确立了奴隶制五刑制度，即墨、劓、剕、宫、大辟。大辟即是五刑之一。商代也规定了五刑制度。其中，作为死刑制度的大辟最为残酷。除去斩刑外，还有醢、脯、焚、剖心、刳、剔等刑杀手段，充分暴露出商代刑法制度的野蛮与残忍性。

15. **答案**：明德慎罚是西周初期统治者提出的法律主张。以夏商“天罚”论为基础，逐渐演变而成。周公等人从商的灭亡中吸取教训，意识到仅靠“天威”“天罚”不足以维护统治地位，因而，他们从“以德配天”和“敬天保民”的思想出发，提出了“明德慎罚”的主张，反对一味强调刑罚的威慑作用，代之以怀柔安抚之策。明德，要求统治者注重教化，以身作则，敬天地，尊鬼神，孝父母，爱族人。慎罚，指用刑时务求谨慎从事，用刑准确。

明德慎刑的具体内容如下：①“勿替敬典”，即以常刑、常典治民，严防滥用刑罚，杀害无辜。②区分偶犯、惯犯和故意、过失。对偶犯和过失的处罚应酌情减免，对惯犯、故意应加重处罚。③修正殷商的“罪人以族”制度。强调罪止其身，不株连亲属，缩小刑罚的打击面。④反对专任刑罚，主张德刑并用，注意到教育感化的作用。

四、简答题

1. **答案**：“禹刑”是夏代的法律总称，具体内容有：

（1）将原始社会的礼改造成法律，夏启建立奴隶制国家以后，在神权政治法律思想的支配下，将改造后的“夏礼”与国家的重要活动结合起来，并赋予新的阶级属性和法律效力，从而变为奴隶制国家法律统治的有效武器。

（2）法律维护专制王权，镇压各种违背“王命”和反抗国家统治的行为。夏代统治者出于维护王权的需要，改原始社会的习惯为巩固君权的习惯法。夏代为有效镇压反抗奴隶主国家统治与扰乱社会秩序的犯罪，承袭并发展了舜禹时代习惯处罚方式，从而初步确立了奴隶制五刑制度，即墨、劓、刵、宫、大辟。

（3）规定带有行政法规性质的《政典》，用于维护奴隶主国家机器的正常运转。夏代《政典》的制定，一方面说明，中国自有国家产生以来，就非常重视行政法律规范的建设；另一方面又说明，我国古代行政法规一问世，就采取刑事处罚的方式，惩治渎职与失职的官吏，从而反映了我国自古即有的“依法治吏”的悠久传统。

（4）确认土地“国有”的民法内容。按照夏代法律规定，王掌管全国的田土，享有充分的所有权和分封赏赐权。这种土地归于国家所有的民法内容又直接影响了商、周两代，成为我国奴隶制时代通行的土地所有权的原则。

（5）确认征收赋税的各项制度。据史料记载，夏代法律法规中规定了一些调整经济关系的带有经济法规性质的内容。这表明，我国奴隶制国家建立后，曾经及时采取法律形式确立国家赋税制度。

2. 答案：夏商两代的法律形式有：

（1）习惯法。习惯法是夏代建立之初法律的主要形式，即把原始社会祭祀鬼神的“礼”，改造成奴隶主阶级实施法律统治的工具。夏代习惯法统治方式，是中国阶级社会诞生以来最早出现的最为简陋的统治方式。

（2）君主命令。夏商两代的各种君主命令是一种重要的法律形式，而且其法律效力高于其他法律形式。夏商两代的君主命令主要包括军法命令性质的誓、政治文告性质的诰及训令臣民的训等。

（3）“禹刑”“汤刑”。所谓“禹刑”“汤刑”，是对夏商两代刑事法律内容的统称。作为社会上出现“乱政”，即矛盾、冲突的产物，它不是成就于一时的成文法律，也不是由夏禹或商汤个人所制定的，而是在夏商两代的发展过程中，出于调整社会关系的需要，逐步形成和不断扩充的。其基本内容是以制裁违法犯罪行为的刑事法律性质的习惯等为主。

3. 答案：（1）司法机构。商代把中央最高审判机构改称为司寇，与中央其他五个机关并称为六卿。司寇对于重大案件的审判必须奏请商王批准，商王掌握生杀予夺和诉讼胜负的决定权。

（2）审判制度。①重案与疑案的审理：商代重要案件的审理一般要经过三级，即史与正的审理，大司寇的复审，以及三公参听的再审，最后报请商王批准。商代对疑难案件的审理持慎重态度，主张广泛征求意见，然后定案。如公认案件有疑点，就采取赦免的方针，但必须和同类典型案例相比较，然后才能做出终审判决。此外，主张审判依据事实，有犯意无实据，不认为是犯罪。在量刑时，可重可轻者，主张从轻；可宽可严时，主张从宽，即“附从轻”“赦从重”。②天罚与神判：首先，统治者利用社会上普遍存在的迷信与落后，假托神意进行审判。商王每逢审判时，必先通过占卜求天问神，然后假意做出决定。其次，假托鬼神之意，实施残暴的处罚和刑杀。盘庚为顺利地迁都，把自己宣布的处罚诡称为“天罚”。

（3）监狱制度。商代因袭夏制，把监狱仍称为“圜土”。此外，商代又有专门关押要犯的狱，称为“囹圄”。商代为有效地镇压奴隶与平民的反抗在全国各地遍设监狱，并对逃狱的奴隶规定了严厉的处罚措施。

五、论述题

1. 答案：首先，中国法律的起源：

（1）夏奴隶制国家的产生。中国经过漫

长的发展时期后，开始分裂为对立的两大阶级。奴隶主阶级的残酷剥削和压迫激起奴隶阶级的不断反抗，当这种对抗性的矛盾发展到不可调和的地步时，便产生了国家。依据我国古代文献记述与考古发掘的实物证明，夏初已具有国家产生的基本特征。大禹王在会稽之山大会部落首领，防风部落酋长因迟到被大禹处死，这表明大禹王已形成凌驾于其他部落之上的“公共权力”。这种权力的基础在于他已掌握了一支强大的武装部队。同时夏初已具有用金属武器装备的精锐武装。这一时期还产生了奴隶制国家实体附属物——司法机构与监狱等强制机关。奴隶制国家的产生是法律得以起源的前提条件。

(2) 原始习惯到奴隶制习惯法的转变。法同国家一样都是历史发展的必然产物，原始社会虽不能产生体现为国家形态的法，但却产生了法的胚胎形态——氏族习惯。从一定意义上讲，法律的起源实质上是氏族习惯向奴隶制习惯法的质变过程。①母系氏族习惯向父系氏族习惯的转变，产生在原始社会公有制基础上的氏族习惯，是协调社会纠纷、约束人们共同劳动以及平均分配的共同准则。但因母权制时代物质生产极其有限，私有观念刚刚萌发，不可能从根本上动摇原始公有制的基础，更不可能产生完整的私有制以及贫富的两极分化。随着母系社会向父系社会的转变，母系氏族的习惯也逐渐向父系氏族的习惯转变。②父权制习惯向奴隶制习惯法的转变，父权制习惯的变化体现在以下方面：第一，确认部落联盟酋长的权威地位。文献中关于确认酋长权威地位的记载反映了氏族习惯的某些变化，不但确认部落联盟酋长的权威地位，而且赋予他们临时处置的大权。第二，确认保护私有财产的习惯。父权制社会逐步改变了母权制的平均分配传统，规定个人所获猎物为私有财产，不归集体分配。此外，按照父权制的习惯，氏族公社的公有财产以及集体掠获其他部落的财产，氏族首领与部落联盟酋长可以取得超出常人的更多份额，不再实行平均分配。第三，确认有关处罚的习惯。原始社会的舜禹时期，特别是大禹统治的时代，氏族公社制度已经走到了尽头，不但部落联盟、军事民主制发展到高峰，有关处罚的习惯也发展到顶点。

(3) 习惯法的产生。伴随夏奴隶制国家的产生，奴隶制习惯法也同时孕育而生。在社会矛盾激化、阶级矛盾不可调和的情势下，夏代统治者在军事镇压的同时，不得不借助于法律，以维护君主专制统治。但因夏奴隶制国家初建，没有立即制定较完备的法律制度，只是将有利于奴隶主阶级的氏族习惯赋予新的性质，上升为国家形态的习惯法。《左传》中所谓的“夏有乱政，而作禹刑”，一方面说明，夏代借用大禹的威望，增强其法律的威慑力量；另一方面说明，夏代法律在形成过程中，吸收了舜禹时代氏族习惯的部分内容。此外，为适应阶级斗争与社会斗争的形势，夏代统治者还颁布了一些单行的命令，如《甘誓》等。

其次，中国法律起源的特点：

(1) 中国法律产生于古代中国的特殊历史环境中，它的起源具有自己的特点，即实行礼法结合。夏代法律在形成中不仅改造和吸收了父权制时代的某些习惯法，也改造和吸收了原始社会沿用已久的“礼”的传统，从而实现了中国奴隶制最初的礼法结合。将奴隶主阶级的道德规范与法律规范结合使用，是其他国家于法律形成时所不具备的。

(2) 中国法律在形成时具有早熟性。同东方早期文明国家一样，夏王朝提前跨入文明社会的门槛，形成了最初的国家与法。因此，对人类文明发展做出了重要贡献，同时也具有法律的早熟性。

(3) 中国法律在形成时带有维护专制王权的特点。自夏奴隶制国家产生以来，就形成了以农业为基础的自给自足的经济结构，商品经济发展相对落后，因此，与此相适应只能产生君主专制制度与维护专制王权的奴隶制法律。这一特点经商、周一直到封建时代，使得古代中国的法律日益君主专制化。

(4) 因自然经济的稳固，商品经济的不发达，加之过早确立君主专制制度以及礼的规范的发展，使中国法律在形成时，就带有刑事法规发达而民事法规相对落后的特点。夏王朝建立，为维护专制王权以及种族奴隶制的严酷统治，镇压被奴役的部族和平民、奴隶的剧烈反抗，以夏王为代表的宗族奴隶主阶级，十分重视习惯法中的刑法内容，并陆续颁布了一些简单的刑事法规，用于稳固奴隶制国家政权。由于礼的作用增强以及其他方面的原因，使得民事法律规范在形成期的夏代法律中居于次要地位。

（5）由于夏代提早跨入阶级社会，奴隶制未能充分发展，所以，它的法律在形成时带有氏族社会的浓厚色彩，以及贵族宗法统治的显著特点。夏王朝是早期奴隶制国家，它并未彻底瓦解以血缘为纽带的贵族宗法统治关系，因此维护原有宗法关系的氏族习惯相应地转化为维护奴隶主贵族的习惯法。实行“家国相通、亲贵合一”的夏王朝，君主是所有臣民的最高家长，各贵族又是各家族的家长，并任有官职。因此，中国法律带有氏族社会的浓厚色彩，以及种族奴隶制、宗法制的鲜明特点。

2. 答案：（1）商代夏后，随着社会、政治、经济、思想、文化的发展，指导统治阶级立法的思想原则也有了进一步发展。所谓“殷尚鬼”“率民以事神”，证明了商代神权法思想一直占据社会的统治地位。

①“王权神授”的法律思想。商代统治者把奴隶主贵族对人世间的法律统治，神化为“秉承天意”，无非要使奴隶制国家统治合法化、神圣化，并赋予商王这一奴隶主阶级的总代表神圣不可侵犯的权威地位。这种宣传不仅使王权专制披上了宗教神学的色彩，而且可以借此大肆欺骗愚弄被压迫的劳动群众。

②“天讨”与“天罚”的法律思想。商代统治者为证明其刑杀和讨伐活动的合理性，将他们在人世间的用刑诡称为“奉天行罚”与“代天讨罪”，这种神化宣传具有相当的欺骗性，它为商代统治者掩饰其刑事镇压的残酷性，以及加强法律制度的威慑力提供了法律依据。

（2）商代的主要法律有：

①《汤刑》。《汤刑》为商代成文刑书，也是商代法律的泛称，如从成文刑书的意义上讲，《汤刑》显然是商代的主要法律。

②《官刑》。《官刑》是商代惩治国家官吏犯罪、违纪与失职行为的专门法律，带有行政法律规范的性质，但却采取刑事制裁的方式加以处理。

③“民居”之法。据《尚书·序》载：“咎单作民居。”咎单是商汤时的司空官，曾奉命制定“明居民之法”，即丈量土地、划分居住区域及安置百姓的法规。

④车服之令。商汤为区别尊卑贵贱的等级，曾下车服之令。在任命官吏与罢黜官吏的车马服饰上作了区别规定，这表明商代已经存在区别身份等级的礼仪法令。

（3）商代的法律形式有：

①“汤刑”。从狭义上讲，《汤刑》是商继夏代《禹刑》后的一部不予公布的刑书；从广义上讲，《汤刑》又是商代奴隶制法的泛称。

②誓。誓是商代君主在战时发布的紧急军事命令，如商汤在讨伐夏桀时曾经发布《汤誓》，用于约束所有从征人员。

③王与权臣的命令、文告。作为殷商重要法律文献的《尚书·盘庚》，就是根据商盘庚的命令整理而成，它本身具有至高的法律效力。此外，商代权臣依据王的意志而发布的命令，当时称为“训”，《尚书·伊训》即记载商代国相伊尹命令的一份重要法律文献。

3. 答案：（1）“刑”字的演变及含义

以“刑”而论，上古时有两种写法，即“荆”与“井”。《说文解字》刀部说：“俐，刭也”，即单纯的杀戮。《说文解字》井部解释：“荆，罚罪也”，即带有惩罚犯罪的含义。诸如“刭”一类的杀戮，在原始社会后期是司空见惯的现象。《舜典》说虞舜时代有“刑”的出现，是可信的。至于带有“罚罪”性质的“荆”，显然是奴隶制国家为区别原始时代的“刑”而另行别设的。后人将二者通用了，当初确有质的差别。

(2)“法”字的演变及含义

“法”在古代也有两种写法:“金”与“灋”,前者先于后者出现。《尔雅·释诂》说:“法”,首先是“常也”。所谓皋陶“制法”,不过是制定常行的处罚习惯。“灋”按《说文解字》解释,带有“平之如水”与明断罪与非罪的含义,这显然是奴隶制国家产生后,为适应司法实践的需要而后创的。西周康王时的《大盂鼎铭》就有“灋保先王”的铭文。

许慎《说文解字》说:“灋,刑也,平之如水,从水;廌(音志)所以触不直者去之,从廌去”“廌……兽也,似牛一角,古者决讼,令触不直者”。以廌触不直的神判方式,传说早在皋陶作“士”时就已经使用过。到夏代奴隶阶级统治时期,“廌”字继续被用来宣扬以“廌”兽代天审判行罚的迷信,从中也多少反映了氏族神明裁判在早期奴隶制国家审判活动中的残余影响。夏代统治者在审判活动中,大肆宣传神兽“代天审判”与“代天行罚”的思想,是出于增强奴隶制国家审判的威慑力,以及强化司法镇压、巩固专制统治的实际需要。

《说文解字》又说:“罪,捕鱼竹网”,即说罪最早源于“网”,设网的目的在于防止漏鱼。舜禹时期的“制罪”,就是为“奸邪”行为构筑罗网,以便“异是非”“明好恶”“消佚乱”,而不具有阶级社会中“罪”的犯法含义。

(3)“律”字的演变及含义

律,《说文解字》说:“律,均布也”,强调一律,商鞅改法为律后,律成为古代主要的法律渊源之一。又《风俗通》载:“《皋陶谟》,虞始造律。”《唐律疏议》载:“律者,训诠,训法也。”

六、分析题

答案:商代立国之初,商汤从奴隶主阶级的长久利益出发,认真总结夏代后期统治者孔甲“好方鬼乱,事淫乱”,以及夏桀亡的历史教训,制定了严格约束统治集团成员的行政法律规范——《官刑》。材料中的记载说明,《官刑》是商代惩治国家官吏犯罪、违纪与失职行为的专门法律,带有行政法律规范的性质,对于卿士与邦君等奴隶主贵族具有严格约束的职能,但却要采取刑事制裁的方式加以处理,凡有三风十愆者,卿士丧家,邦君亡国,甚至臣下不匡正也要判处墨刑。据此可以看出,商代的“依法治吏”促进了奴隶制行政法律规范的发展,同时也对奴隶制政权的稳固产生了重要影响。

第二章　两周法律制度

基础知识图解

- 西周
  - 法律概况
    - 法律思想的发展：在“天命”“天讨”“天罚”等基础上，发展出“以德配天”“明德慎罚”思想
    - 制礼作刑的立法活动
      - 周公制礼
      - 吕侯作刑
    - 主要法律形式：周礼、吕刑、九刑、王命、遗训等
    - “礼刑”关系
      - 周礼的渊源与发展
      - 礼的性质与作用
      - 相互关系：“礼之所去，刑之所取，失礼则入刑，相为表里”
      - 适用时“礼不下庶人，刑不上大夫”
  - 刑事法律制度
    - 主要罪名：“不孝不友”“犯王命”“放弑其君”“杀越人于货”“群饮”“违背盟誓”“失农时”
    - 刑罚体系
      - 死刑和肉刑
      - 赎刑
      - 圜土之制（劳役刑）
      - 嘉石之制（拘役刑）
      - 刑罚适用制度
      - 三赦之法
      - 三宥之法
      - 疑罪从轻唯赦制度
      - 同罪异罚制度
  - 民事法律制度
    - 民事制度
      - 所有权
      - 债
      - 契约：质剂、傅别
    - 婚姻制度
      - “一夫一妻多妾制”
      - “六礼”
      - “七出”“三不去”
      - 家庭继承制度：嫡长子继承制
  - 行政法律制度
    - 国家行政体制
    - 行政管理制度
      - “学在官府”
      - 述职督课制度
  - 司法制度
    - 司法机关
    - 周王国：周王、大司寇、小司寇、士师等
    - 地方诸侯国：与周王国基本相同
    - 狱讼形式的划分：区分刑事诉讼与民事诉讼
    - 司法审判原则：创立“五听”的审讯方式
    - 注重运用各种证据
    - 要求司法人员依法判案
    - 禁止司法人员的“五过之疵”
    - 重视司法人员的选拔任用
    - 监狱管理制度：圜土

东周（春秋战国时代）
- 各家法律思想的争鸣与交锋
  - 儒家的“礼治”“德治”“人治”思想
  - 道家的“自然”“无为”思想
  - 墨家的“兼爱”“尚贤”“尚同”思想
  - 法家的“法治”“重刑”思想
    - 事断于法、刑无等级
    - 行刑重轻、以刑去刑
    - “为法”“行法”、明白易知
- 春秋后期成文法的公布及其意义
  - 制定与公布：郑国子产“铸刑鼎”、晋国
  - 争论与意义
- 法经
  - 编纂
  - 内容：《盗法》《贼法》《囚法》《网法》《捕法》《杂法》《具法》
  - 特点
  - 地位：中国古代成文法典之源
- 战国时期的司法改革：建立君主专制中央集权的司法体系

配套测试

一、单项选择题

1. 我国早期习惯法时代的鼎盛时期是（　　）。
A. 夏　　B. 商
C. 西周　　D. 春秋

2. 《左传》云：“礼，所以经国家，定社稷，序民人，利后嗣者也”，系对周礼的一种评价。关于周礼，下列哪一表述是正确的？（　　）（司考 2015. 1. 61）①
A. 周礼是先民祭祀风俗自然流传到西周的产物
B. 周礼仅属于宗教、伦理道德性质的规范
C. “礼不下庶人”强调“礼”有等级差别
D. 西周时期“礼”与“刑”是相互对立的两个范畴

3. 婚姻六礼作为中国古代婚姻成立的形式要件始于哪个朝代？（　　）
A. 西周　　B. 西汉
C. 晋代　　D. 唐代

4. 西周时期买卖兵器、珍异等小件物品使用的较短契券称为（　　）。
A. 傅　　B. 别
C. 质　　D. 剂

5. 西周时的借贷契约称为（　　）。
A. 傅别　　B. 质
C. 剂　　D. 活卖

6. 在西周时法官审案中判断当事人陈述真伪的方式是（　　）。
A. “五行”　　B. “五过”
C. “五刑”　　D. “五听”

7. 西周将故意犯罪与过失犯罪区分为什么？（　　）
A. 非终与惟终　　B. 误与故
C. 不端与端为　　D. 非眚与眚

8. 男方携礼至女家商定婚期被称为（　　）。
A. “纳吉”　　B. “纳征”
C. “问名”　　D. “请期”

9. 下列哪一选项不属于我国西周婚姻制度中婚姻缔结的原则？（　　）
A. 一夫一妻制
B. 同姓不婚
C. “父母之命，媒妁之言”
D. “七出”“三不去”

10. 关于中国古代婚姻家庭与继承法律制度，下列哪一选项是错误的？（　　）
A. 西周时期“七出”“三不去”的婚姻解除制度为宗法制度下夫权专制的典

---

① 编者注：部分题目在括号内标注了司法考试真题序号，以本题为例，表示本题为 2015 年司法考试卷一第 61 题。以下不再特别注明。

型反映，然而“三不去”制度更着眼于保护妻子权益

B. 西周的身份继承实行嫡长子继承制，而财产继承制随行诸子平分制

C. 宋承唐律，但也有变通，如《宋刑统》规定，夫外出 3 年不归，6 年不通问，准妻改嫁或离婚

D. 宋代法律规定遗产除由兄弟均分外，允许在室女享有部分继承权

11. “观其眸子，不直则眊然”，是“五听”制度中的哪一“听”？(　　)

A. “色听”　　B. “气听”
C. “耳听”　　D. “目听”

12. 《汉书·陈宠传》就西周礼刑关系描述说：“礼之所去，刑之所取，失礼则入刑，相为表里。”关于西周礼刑的理解，下列哪一选项是正确的？(　　)（司考 2017. 1. 15）

A. 周礼分为五礼，核心在于“亲亲”“尊尊”，规定了政治关系的等级

B. 西周时期五刑，即墨、劓、剕（刖）、宫、大辟，适用于庶民而不适用于贵族

C. “礼”不具备法的性质，缺乏国家强制性，需要“刑”作为补充

D. 违礼即违法，在维护统治的手段上“礼”“刑”二者缺一不可

13. 西周时中央的最高司法官称为（　　）。

A. 大司寇　　B. 小司寇
C. 大理　　D. 蒙士

14. 西周时期的官府在受理诉讼以后，双方当事人都应该缴纳诉讼费用，在民事案件中的诉讼费用称为（　　）。

A. 束矢　　B. 钧金
C. 傅别　　D. 质剂

15. 西周时期审理刑事、民事案件都要将判决内容作成判决书，在西周铜器资料中，这种判决书被称为（　　）。

A. 成劾　　B. 读鞫
C. 乞鞫　　D. 爰书

16. 中国封建法制时代由早期习惯法向成文法转变的重要阶段是（　　）。

A. 战国时期
B. 秦汉时期
C. 三国两晋南北朝时期
D. 隋唐时期

17. 《法经》在中国法律制度史上具有重要的地位。下列有关《法经》的表述哪一项是不准确的？(　　)

A. 《法经》为李悝所制定

B. 《盗法》《贼法》两篇列为《法经》之首，体现了“王者之政莫急于盗贼”的思想

C. 《法经》的篇目为秦汉律及以后封建法律所继承并不断发展

D. 《法经》系中国历史上第一部成文法典

18. 中国历史上第二次公布成文法的活动是下列哪个诸侯国的哪个立法活动？(　　)

A. 郑国　铸刑书　　B. 晋国　铸刑书
C. 郑国　铸刑鼎　　D. 晋国　铸刑鼎

19. 《法经》中下列哪篇规定了“六禁”？(　　)

A. 盗法　　B. 贼法
C. 杂法　　D. 具法

20. 《法经》六篇中相当于近代法典中总则篇的是（　　）。

A. 《囚法》　　B. 《贼法》
C. 《杂法》　　D. 《具法》

21. 在我国古代第一次公布成文法的人是（　　）。

A. 郑国子产　　B. 晋国赵鞅
C. 郑国邓析　　D. 叔向

22. 郑国子产在公布刑书时，遭到了贵族阶级的反对，其中代表人物是（　　）。

A. 驷颛　　B. 范宣子
C. 叔向　　D. 孔子

23. 郑国的“竹刑”，是把法律条文写在竹简上，这在法律发展史上又是一大进步，它的著作之人是（　　）。

A. 李悝　　B. 子产
C. 商鞅　　D. 邓析

24. 战国时期各国纷纷制定新法，秦国在秦孝公时，商鞅以（　　）为蓝本“改法

为律”，进行了法制改革。

A.《法经》　　B.“大府之宪”

C.“国律”　　D.“刑符”

25. 关于公元前359年商鞅在秦国变法，下列哪一选项是正确的？（　　）

A. 商鞅取消郡县制，实行分封制，剥夺了旧贵族对地方政权的垄断权

B. 商鞅“改法为律”，突出了法律规范伦理基础

C. 商鞅推行“连坐”制度，鼓励臣民相互告发奸谋

D. 商鞅提出“轻罪重刑”，反对赦免罪犯，认为凡有罪者皆应受罚

26. 西周商品经济发展促进了民事契约关系的发展。《周礼》载：“听买卖以质剂。”汉代学者郑玄解读西周买卖契约形式：“大市谓人民、牛马之属，用长券；小市为兵器、珍异之物，用短券。”对此，下列哪一说法是正确的？（　　）（司考2016.1.15）

A. 长券为“质”，短券为“剂”

B.“质”由买卖双方自制，“剂”由官府制作

C. 契约达成后，交“质人”专门管理

D. 买卖契约也可采用“傅别”形式

27. 郑国执政子产于公元前536年“铸刑书”，这是中国历史上第一次公布成文法的活动。对此，晋国大夫叔向曾写信痛斥子产：“昔先王议事以制，不为刑辟，惧民之有争心也……民知有辟，则不忌于上，并有争心，以征于书，而徼幸以成之，弗可为矣。”关于“不为刑辟”的含义，下列哪一选项是正确的？（　　）

A. 不制定法律　　B. 不规定刑罚种类

C. 不需要判例法　　D. 不公布成文法

28. 春秋时期，针对以往传统法律体制的不合理性，出现了诸如晋国赵鞅“铸刑鼎”，郑国执政子产“铸刑书”等变革活动。对此，下列哪一说法是正确的？（　　）（司考2016.1.16）

A. 晋国赵鞅“铸刑鼎”为中国历史上首次公布成文法

B. 奴隶主贵族对公布法律并不反对，认为利于其统治

C. 打破了“刑不可知，则威不可测”的壁垒

D. 孔子作为春秋时期思想家，肯定赵鞅“铸刑鼎”的举措

29. 战国时期，各国纷纷制定新法，韩国制定了（　　）。

A.《法经》　　B.“宪令”

C.“国律”　　D.“刑符”

30. 春秋初期，晋国开始正式公布成文法的标志是（　　）。

A. 作“被庐之法”

B. 制定“常法”

C. 制定刑书

D. 铸刑鼎

31. 关于西周法制的表述，下列哪一选项是正确的？（　　）

A. 周初统治者为修补以往神权政治学说的缺陷，提出了“德主刑辅，明德慎罚”的政治法律主张

B.《汉书·陈宠传》称西周时期的礼刑关系为“礼之所去，刑之所取，失礼则入刑，相为表里”

C. 西周的借贷契约称为“书约”，法律规定重要的借贷行为都须订立书面契约

D. 西周时期在宗法制度下已形成子女平均继承制

32. 根据《周礼·秋官·司刺》的记载，西周法律规定，定罪量刑时须考虑行为人的主观动机，该规定是（　　）。[2017年法硕（非法学）真题]

A. 三赦之法　　B. 三刺之法

C. 三宥之法　　D. 五过之疵

二、多项选择题

1. 周礼以下列哪些原则为基础？（　　）

A. 亲亲　　B. 明德慎罚

C. 以德配天　　D. 尊尊

2. 西周时期，女子若有“七出”规定情形之一的，谁可以提出休弃？（　　）

A. 丈夫　　B. 公公
C. 婆婆　　D. 姑嫂

3. 下列关于“以德配天”“明德慎罚”思想的正确论述是（　　）。
A. 代表了西周初期统治阶层的基本政治观点
B. 在西周政治生活、立法和司法实践中发挥了实际的指导作用
C. 该思想是在夏商两代“天讨”“天罚”神权法思想基础上发展起来的理论
D. 它从一个侧面说明了当时统治阶层在政治上的成熟
E. 西汉中期以后，该思想被儒家学派发挥成“德主刑辅，礼刑并用”的思想与方针，成为中国古代最具影响力的一种法律观念

4. 西周统治者为维系以血缘关系为纽带的组织形式，在政治实践中逐渐形成的原则与制度有（　　）。
A. 嫡长子继承制
B. 小宗服从大宗，诸弟服从长兄
C. 西周土地按行政等级分封给各级官吏
D. 国家官吏与各级行政结构的选拔，采用“任人唯贤”的原则
E. 各级诸侯王、卿大夫、士共同向最高宗子——周天子负责

5. 关于西周时期的“礼”，论述正确的是（　　）。
A.“礼”是中国古代社会长期存在的、旨在维护宗法血缘关系和宗法等级制度的一系列精神原则和言行规范的总称
B. 西周时期礼制的发展是中国古代社会“礼治”文化发展过程中的一个最为重要的阶段
C. 周礼的性质及其在当时社会生活中所发挥的特殊作用，也是中国早期法制史中的一个重要内容
D. “礼”最早源于氏族时代的祭祀风俗
E. 周礼在实际上对全社会起着一种法律的调节作用，完全具备法的性质

6. 下列关于西周时期“礼”与“刑”关系的正确论述有（　　）。
A. 从宏观上看，西周时期的“礼”与“刑”都是当时维护社会秩序、调整社会关系的重要社会规则
B. 二者相辅相成，互为表里，共同构成了西周社会完整的法律体系
C. “礼”是积极、主动的规范；“刑”是消极的处罚
D. “礼”是禁恶于未然的预防；“刑”是惩恶于已然的制裁
E. 凡是“礼”所禁止的行为，也必然为“刑”所不容，即“礼之所去，刑之所取，出礼则入刑”

7. 西周时期的刑法原则主要有（　　）。
A. 老幼犯罪减免刑罚
B. 区分故意与过失、惯犯与偶犯
C. 罪疑从轻、罪疑从赦
D. 自首减免
E. 宽严适中

8. 下列关于“刑罚世轻世重”的正确论述是（　　）。
A. 是西周时期的一条重要刑事政策
B. 在西周初期以周公为代表的统治者在总结前代政治经验和用刑经验基础上提出来的
C. 早期奴隶制社会时期刑罚轻重失衡的具体表现
D. 这种主张要求根据时势的变化、国家具体政治情况、社会环境等因素来决定用刑的宽与严、轻与重
E. 这种政策后来被融入中国传统政治理论中，对后世各封建帝王用法用刑有很大的影响

9. 西周的诉讼费称为（　　）。
A. 傅别　　B. 钧金
C. 束矢　　D. 质剂
E. 嘉石

10. 西周关于司法官法律责任的“五过之疵”包括（　　）。
A. 惟官　　B. 惟亲
C. 惟货　　D. 惟反
E. 惟内

11. 西周“六礼”程序包括（　　）。
A. 问名　B. 纳采
C. 媵嫁　D. 纳征
E. 亲迎

12.《法经》是我国封建社会最早的一部初具体系的法典，有关《法经》的阶级本质下列论述正确的是（　　）。
A. 它的锋芒主要是指向农民和其他劳动人民的
B. 维护君主制度
C. 保障奴隶主贵族利益的工具
D. 维持奴隶制社会经济的巩固与发展
E. 维护等级制度

13.《法经》的重要历史意义在于（　　）。
A. 维护君主制度
B. 维护等级制度
C. 初步确立了封建法制的基本原则和体系
D. 对当时封建经济的形成和巩固起到了积极作用
E. 有利于巩固与发展奴隶制社会经济

14. 战国时期，各诸侯国在变法中都以代表本阶级的思想为指导思想，各国的立法指导思想有（　　）。
A. “不加亲疏，不殊贵贱，一断于法”
B. “法者，编著之图籍，设之于官府，而布之于百姓者也”
C. “以德配天”
D. “明德慎罚”
E. “行刑，重其轻者”

15. 战国时期，各诸侯国相继变法，魏国魏文侯任用李悝为相后推行的新政措施有（　　）。
A. “明法审令”
B. “尽地力之教”
C. “善平籴”
D. 制定《法经》
E. 逐渐废除旧奴隶主贵族特权

16. 春秋时期各诸侯国相继公布成文法，其意义在于（　　）。
A. 在一定程度上限制了旧贵族的特权
B. 打破了“刑不可知，则威不可测”的壁垒
C. 标志着奴隶制法制的瓦解
D. 标志着封建法制的建立
E. 促进了封建生产关系的发展

17. 春秋时期是我国奴隶制瓦解，封建制逐步确立的时代，这一时期社会的发展与变化有（　　）。
A. 井田制的破坏
B. 郡县制逐步取代分封制
C. 王权旁落，政权下移
D. 法治取代了礼制
E. 宗法制日益衰落

18. 楚国在春秋时期制定的法律有（　　）。
A. “被庐之法”　B. “常法”
C. “仆区法”　D. 竹刑
E. “茆门法”

19. 下列关于《法经》的叙述：①《法经》的作者是燕国李悝；②《法经》中的《具法》概括了盗、贼以外的各种犯罪行为和刑罚；③《法经》是一部“诸法合体”而以刑为主的法典；④《杂法》《捕法》多属于诉讼法的范围；⑤《法经》是中国历史上第一部比较系统的封建成文法典。不正确的有（　　）。
A. ①　B. ①②④
C. ⑤　D. ③

20. 下列关于商鞅变法的说法正确的是（　　）。
①废除世卿世禄制，奖励军功，奖励耕织；②取消分封制，实行郡县制，加强中央对地方的统治；③实行连坐制度；④“废井田，开阡陌，民得买卖”。
A. ①②　B. ②③
C. ③④　D. ①④

21. 晋国文公以后屡制法律，具体包括下列（　　）。
A. “被庐之法”
B. “常法”
C. 范宣子制定的刑书
D. 将范宣子制定的刑书“宣示下民”

22. 中国古代关于德与刑的关系理论，经历了一个长期的演变和发展过程。下列哪些说法是正确的？（　　）（司考 2014.

1.56）

A. 西周时期确立了“以德配天，明德慎罚”的思想，以此为指导，将道德教化与刑罚处罚结合，形成了当时“礼”“刑”结合的宏观法制特色

B. 秦朝推行法家主张，但并不排斥礼，也强调“德主刑辅，礼刑并用”

C. 唐律“一准乎礼，而得古今之平”，实现了礼与律的有机统一，成为中华法系的代表

D. 宋朝以后，理学强调礼和律对治理国家具有同等重要的地位，二者“不可偏废”

三、名词解释

1. “以德配天”
2. “明德慎罚”（中国人民大学2009年考研真题）
3. 宗法制度
4. 周公制礼
5. 嫡长子继承制
6. “亲亲”“尊尊”
7. “出礼则入刑”
8. “礼不下庶人，刑不上大夫”
9. “五听”（中国人民大学2010年、2005年考研真题；中南财经政法大学2008年考研真题）
10. “婚姻六礼”
11. “三不去”（中国人民大学2011年考研真题）
12. “三赦之法”
13. “刑罚世轻世重”
14. “三宥之法”
15. “嘉石之制”
16. 违背盟誓
17. 吕刑
18. 群饮
19. “一夫一妻多妾”
20. “眚”“非眚”“惟终”“非终”
21. 宗祧继承制度
22. “同姓不婚”
23. “父母之命，媒妁之言”
24. “不孝不友”
25. 九刑（中国人民大学2007年考研真题）
26. “初税亩”
27. 郡县制
28. 竹刑
29. 善平籴
30. 被庐之法
31. 铸刑鼎（中国人民大学2007年考研真题）
32. “不别亲疏，不殊贵贱，一断于法”
33. 《法经》（中国人民大学2013年考研真题、西北政法大学2014年考研真题）
34. “重其轻者”
35. 无为而治（武汉大学2007年考研真题）
36. 质剂（复旦大学2013年考研真题）
37. “三刺”
38. “仆区之法”和“茆门之法”

四、简答题

1. 简述西周宗法制的主要内容。
2. 如何理解“礼不下庶人，刑不上大夫”这一重要法律原则？
3. 简述西周时期的婚姻继承制度。
4. 简述西周时期法律思想的变革。
5. 简述“礼之所去，刑之所取，出礼则入刑”的含义。（中国人民大学2005年考研真题）
6. 简述家族主义在中国古代刑法中的表现。
7. 简述战国时期各国的变法和立法活动。
8. 简述春秋时期各国的主要立法活动。
9. 简述《法经》的主要内容及其阶级本质与历史意义。（中国人民大学2008年考研真题）
10. 简述春秋时期井田制的破坏及其原因。
11. 简述《法经》的结构内容。（中国人民大学2007年考研真题）
12. 简述《法经》的指导思想、篇章结构及历史地位。
13. 简述战国时期法家的主要思想。（中南财经政法大学2007年考研真题）

五、论述题

1. 试述西周时期的法律形式和主要罪名。

2. 试论述西周时期的司法机关及其主要诉讼制度。
3. 试论西周时期的主要刑法原则与刑事政策。
4. 论春秋时期成文法的公布。
5. 试论先秦诸家共同点。(武汉大学 2007 年考研真题)
6. 试论中国古代传统的结婚、离婚制度的主要内容。(中南财经政法大学 2006 年考研真题)
7. 论述中国古代法律上礼治与刑治主义的关系及主要表现。(西北政法大学 2007 年考研真题)
8. 简述西周时期的民事制度。

六、分析题

1. 据《礼记》记载:“道德仁义,非礼不成;教训正俗,非礼不备;分争辩讼,非礼不决;君臣上下,父子兄弟,非礼不定;宦学事师,非礼不亲;班朝治军,莅官行法,非礼威严不行 ;祭祀鬼神,非礼不诚不庄。”“夫礼始于冠,本于婚,重于丧祭,尊于朝聘,和于乡射,此礼之大体也。”

   试根据上述史料记载分析它所反映的问题。
2. 矢贵族案。此案记载于《散氏盘》铭文中,案件的大意是一个名叫“矢”的贵族侵扰了另一贵族散氏的地盘,并且已经造成了损害。有关的官员根据受害者提出的赔偿要求,判决“矢”应承担赔偿责任。

   从提供的材料中可以看出哪些法律问题。
3. 叔向在给子产的信中说:“昔先王议事以制,不为刑辟,惧民之有争心也……民知有辟,则不忌于上,并有争心,以征于书,而徼幸以成之,弗可为矣……肸(音西,叔向名羊舌肸)闻之:‘国将亡,必多制’。”试分析这段话所说明的法律问题。

参考答案

一、单项选择题

1. **答案**:C。
2. **答案**:C。A 项错误,周礼起源于先民祭祀风俗,但不是自然流传到西周的产物,而是在前代礼制的基础上发展的结果。B 项错误,西周时期的礼已具备法的性质。D 项错误,“礼”与“刑”共同构成西周法律的完整体系。“礼”正面、积极规范人们的言行,而“刑”则对一切违背礼的行为进行处罚,两者关系正如《汉书·陈宠传》所说的“礼之所去,刑之所取,失礼则入刑,相为表里”。C 项正确,“礼不下庶人,刑不上大夫”是中国古代法律中的一项重要法律原则。“礼不下庶人”强调礼有等级差别,禁止任何越礼的行为;“刑不上大夫”强调贵族官僚在适用刑罚上的特权。
3. **答案**:A。西周时期“礼”调整的对象非常广泛,其中婚姻的缔结必须合乎一定的礼仪,履行聘娶的“六礼”程序,即“纳采”“问名”“纳吉”“纳征”“请期”“亲迎”六项仪式。
4. **答案**:D。AB 两项不选,西周的借贷契约称为“傅别”。“傅”,是把债的标的和双方的权利义务等写在契券上;“别”,是在简札中间写字,然后一分为二,双方各执一半,札上的字为半文。故 A 项的“傅”,B 项的“别”属于西周的借贷契约所规定的名称。C 项不选,D 项应选,西周的买卖契约称为“质剂”,“质”是买卖奴隶、牛马所使用的较长的契券;“剂”是买卖兵器、珍异之物所使用的较短的契券。
5. **答案**:A。A 项应选,BC 两项不选,理由见上题。D 项不选,“活卖”是宋代典卖(典卖契约)的称谓。
6. **答案**:D。西周法官在审判中判断当事人陈述真伪的方式叫作“五听”。“五听”是指“辞听、色听、气听、耳听、目听”,即通过观察当事人的言语表达、面部表情、呼吸、听觉、视觉确定当事人陈述真伪的五种方式。

7. **答案**：D。在西周时期，故意犯罪与过失犯罪、惯犯与偶犯在观念上已有所区别，故意与过失被分别称为“非眚”与“眚”，惯犯与偶犯被分别称为“惟终”与“非终”。

8. **答案**：D。本题所问属于“六礼”中的“请期”。“六礼”是指西周时期合法婚姻的成立，所必须经过的六个程序。所谓“六礼”是指纳采、问名、纳吉、纳征、请期、亲迎。纳采是指男家请媒人向女方提亲；问名是指女方答应议婚后男方请媒人问女子名字、生辰等，并卜于祖庙以定凶吉；纳吉是指卜得吉兆后即与女家订婚；纳征是指男方送聘礼至女家，故又称纳币；请期是指男方携礼至女家商定婚期；亲迎是指婚期之日男方迎娶女子至家，至此婚礼完成，婚姻成立。

9. **答案**：D。同姓不婚、“父母之命，媒妁之言”以及“七出”“三不去”都是西周时期的婚姻制度。但是“七出”“三不去”应该说是一种解除婚姻的制度，而不是婚姻缔结制度。另外，西周实行“一妻多妾”制度，也可以说是一种“一夫一妻”制。

10. **答案**：B。

11. **答案**：D。“五听”是指“辞听、色听、气听、耳听、目听”，即通过观察当事人的言语表达、面部表情、呼吸、听觉、视觉确定当事人陈述真伪的五种方式。

12. **答案**：D。“亲亲”“尊尊”是周礼的两条核心原则，“亲亲父为首”，规定了家族关系的等级；“尊尊君为首”，规定了政治关系的等级，故A项错误。“礼不下庶人，刑不上大夫”是中国古代法律中的一项重要法律原则，它强调平民百姓与贵族官僚之间的不平等，强调官僚贵族的法律特权。“礼不下庶人”强调礼有等级差别，禁止任何越礼的行为；“刑不上大夫”强调贵族官僚在适用刑罚上的特权，但并不是说刑罚完全不适用于贵族，故B错误。西周时期的礼已具备法的性质，具有规范性、国家意志性和强制性，故C错误、D正确。

13. **答案**：A。A项应选，B项不选，西周时期，中央的最高司法官为大司寇，负责实施法律法令，辅佐周王行使司法权。大司寇下设小司寇，辅佐大司寇审理具体案件。CD两项不选，夏代中央最高司法官称为大理，一般司法官称为士或理。蒙士为基层司法官。

14. **答案**：A。

15. **答案**：A。

16. **答案**：A。

17. **答案**：D。《法经》是李悝制定的中国历史上第一部比较系统的封建成文法典，但不是第一部成文法典，故D错误。《法经》包括6篇，分别是《盗法》《贼法》《网法》《捕法》《杂法》《具法》，其中《盗法》《贼法》是关于惩罚危害国家安全、危害他人及侵犯财产的法律规定。《法经》的体例即《名例》为统率、各篇为分则，为后世所继承。题干要求选择错误的选项，故ABC正确，应选D项。

18. **答案**：D。郑国执政子产铸刑书是中国历史上第一次公布成文法的活动；而晋国赵鞅铸刑鼎是中国历史上第二次公布成文法的活动，要注意区别。故D正确。

19. **答案**：C。法经中的《杂法》是关于“盗贼”以外的其他犯罪与刑罚的规定，主要规定了六禁，即淫禁、狡禁、城禁、嬉禁、徒禁、金禁。

20. **答案**：D。《法经》是战国时期魏国李悝所作，分为《盗法》《贼法》《网法》《捕法》《杂法》《具法》。其中《具法》是关于定罪量刑中从轻从重法律原则的规定，相当于近代刑法典中的总则部分。《盗法》《贼法》是关于惩罚危害国家安全、危害他人及侵犯财产的法律规定，此两篇被列为法典之首。《网法》又称《囚法》，是关于囚禁和审判罪犯的法律规定；《捕法》是关于追捕盗贼及其他犯罪者的法律规定；《网法》《捕法》二篇多属于诉讼法的范围。《杂法》是关于“盗贼”以外的其他犯罪与刑罚的规定，主要规定了“六禁”，即淫禁、狡禁、城禁、嬉禁、徒禁、金禁。

21. **答案**：A。A项应选，公元前536年，郑国子产将郑国的法律条文铸在象征诸侯权位和国家权力的鼎上，向全社会公布，史称“铸刑书”，这是中国历史上第一次公布成文法的活动。

B项不选，公元前513年，晋国赵鞅把刑书正式铸于鼎上，公之于众，这是中国历史上第二次公布成文法的活动。

C项不选，公元前501年，郑国邓析将刑书写于竹简之上，被称为“竹刑”。

D项不选，叔向是在郑国子产“铸刑书”时，持反对意见的晋国旧贵族。

22. **答案**：C。
23. **答案**：D。
24. **答案**：A。
25. **答案**：D。商鞅变法。商鞅变法的主要内容有：(1) 改法为律；(2) 运用法律手段推行“富国强兵”的措施；(3) 剥夺旧贵族的特权和对地方政权的垄断权；(4) 贯彻“以法治国”和“明法重刑”。关于A项，商鞅变法的一项重要内容是废除分封制，设立郡县制，因此A项错误。关于B项，商鞅变法中改法为律，强调法律规范的普遍性，与当时的伦理基础是相悖的，因此B项错误。关于C项，商鞅在变法中实行“连坐”，并鼓励告奸，但告奸并不等于告发奸谋，因此C项错误。关于D项，商鞅提出“轻罪重刑”，对轻罪也加以重刑，因此D项正确。
26. **答案**：A 。西周的买卖契约称为“质剂”。《周礼》载，“质”“剂”有别。“质”，是买卖奴隶、牛马所使用的较长的契券；“剂”，是买卖兵器、珍异之物所使用的较短的契券。故A项正确。“质”“剂”由官府制作，并由“质人”专门管理。故B项错误。然而，买卖契约是写在简牍上，一分为二，双方各执一份。故C项错误。西周的借贷契约称为“傅别”，故D项错误。
27. **答案**：D。所谓“刑辟”就是刑法、刑律，“不为刑辟”就是不公布成文刑法。
28. **答案**：C。郑国执政子产“铸刑书”，是中国历史上第一次公布成文法的活动；晋国赵鞅“铸刑鼎”，是中国历史上第二次公布成文法的活动。故A项错误。春秋时期成文法的公布，否定了“刑不可知，则威不可测”的旧传统，对旧贵族操纵和使用法律的特权是严重的冲击，是新兴地主阶级的一次重大胜利。故B项错误，C项正确。孔子对“铸刑鼎”持反对态度，认为这是亡国之举：“晋其亡乎！失其度矣。”故D项错误。
29. **答案**：D。
30. **答案**：D。
31. **答案**：B。A项，西周初期统治者提出的政治法律主张是“以德配天，明德慎罚”，汉代以后该主张被儒家发挥成“德主刑辅，礼刑并用”，从而为以“礼法结合”为特征的中国传统法制奠定了基础。C项，西周的借贷契约称为“傅别”，为了保证债的履行，要求当事人订立书面契约“傅别”。“傅”，是把债的标的和双方的权利义务等写在契券上；“别”，是在简札中间写字，然后一分为二，双方各执一半，札上的字为半文。D项，西周时期在宗法制度下已形成嫡长子继承制。故ACD项均错误，应选B项。
32. **答案**：C。A项，三赦之法，是指“一赦曰幼弱，再赦曰老耄，三赦曰蠢愚”，三者除犯故意杀人罪外，一般皆赦免其罪，这是西周“明德慎罚”思想在刑法中的具体体现。B项，三刺之法，是指罪疑从赦的原则在司法审判中要经过“三刺”的程序，“以三刺断庶民狱讼之中：一曰讯群臣，二曰讯群吏，三曰讯万民。听民之所刺宥，以施上服下服之刑”。带有原始民主制的遗风。C项，三宥之法是指“一宥曰不识，再宥曰过失，三宥曰遗忘”，表明西周在定罪量刑时考虑行为人的主观动机，即后世所谓原心定罪。D项，五过之疵是司法官在渎职方面的犯罪，包括：惟官（秉承上意，倚仗权势）、惟反（利用职权，报私恩怨）、惟内（内亲用事，暗中牵制）、惟货（贪赃受贿，敲诈勒索）、惟来（接受请托，徇私枉法）。

二、多项选择题

1. **答案**：AD。AD两项应选，周礼的基本原则，可归纳为“亲亲”与“尊尊”两个方面。“亲亲”，即要求在家族范围内，各成员举止言谈应符合自己的身份。父对子要慈，子对父要孝，兄对弟要友，弟对兄要恭，夫对妻要和，妻对夫要柔，不能以下凌上，以疏压亲等。而且，“亲亲父为首”，全体亲族成员都应以父为中心。

   “尊尊”，即要在社会范围内，各社会成员之间要尊重比自己地位高的人，君臣、上下、贵贱都应恪守本分。即在君臣之间，君对臣要仁，臣对君要忠，而且“尊尊君为首”，一切臣民都应以君主为中心。在“亲亲”“尊尊”两大原则下，又形成了“忠”“孝”“义”等具体精神规范。

   BC两项不选，BC两项表述中的“以德配天，明德慎罚”是西周统治者所提出的政治观和治国方针，并被儒家发挥成“德主刑辅，礼刑并用”的基本策略，为以“礼法结合”为特征的中国传统法制奠定了理论基础。
2. **答案**：ABC。“七出”是西周时期解除婚姻的制度，又称“七去”：不顺父母，去；无子，去；淫，去；妒，去；恶疾，去；多言，去；盗窃，去。女子若有上述情形之一的，丈夫或公婆即可休弃之。
3. **答案**：ABCDE。
4. **答案**：ABE。
5. **答案**：ABCDE。
6. **答案**：ABCDE。
7. **答案**：ABCE。
8. **答案**：ABDE。
9. **答案**：BC。
10. **答案**：ACDE。
11. **答案**：ABDE。
12. **答案**：ABE。
13. **答案**：CD。
14. **答案**：ABE。
15. **答案**：BCD。
16. **答案**：ABCDE。
17. **答案**：ABC。
18. **答案**：CE。
19. **答案**：AB。《法经》是中国历史上第一部比较系统的封建成文法典。它是战国时期魏国李悝在总结春秋以来各国公布成文法的经验基础上制定的，在中国立法史上具有重要历史地位。《法经》共六篇：《盗法》《贼法》《网法》《捕法》《杂法》《具法》。其中《盗法》《贼法》是关于惩罚危害国家安全、危害他人及侵犯财产的法律规定。李悝认为“王者之政莫急于盗贼”，所以将此两篇列为法典之首。《网法》又称《囚法》，是关于囚禁和审判罪犯的法律规定，《捕法》是关于追捕盗贼及其他犯罪者的法律规定，《网法》《捕法》二篇多属于诉讼法的范围。第五篇《杂法》是关于“盗贼”以外的其他犯罪与刑罚的规定，主要规定了“六禁”，即淫禁、狡禁、城禁、嬉禁、徒禁、金禁。第六篇《具法》是关于定罪量刑中从轻从重法律原则的规定，起着“具其加减”的作用，相当于近代法典中的总则部分。
20. **答案**：ABCD。商鞅变法运用法律手段把一系列改革措施贯彻到社会经济政治等各方面，在变法过程中法家的一些基本主张凸显出来，如实行连坐制度就是“重刑主义”的体现。变法目的是实现“富国强兵”，扫清前进路上的障碍。故须剥夺奴隶主贵族的特权，取消世卿世禄，按军功授爵，取消分封制，实行郡县制，加强中央对地方的统治，取消土地国有制，确立土地私有制和土地买卖的合法性。综合上述，故选ABCD。
21. **答案**：ABCD。
22. **答案**：ACD。中国古代关于德与刑的关系理论，经历了德主刑—礼律合—明刑弼教的发展轨道。西周时期确立了“以德配天，明德慎罚”的思想，以此为指导，西周统治者把道德教化即“礼治”与刑罚处罚结合，形成了“礼”“刑”结合的宏观法制特色。汉代中期以后，“以德配天，明德慎罚”的主张被儒家发挥成“德主刑辅，礼刑并用”的基本策略，从而为以“礼律结合”为特征的中国传统法制奠定了理论基础。唐代承袭和发展礼法并用的统治方法，使得法律统治“一准乎礼”，真正实现了礼与法的统一。宋代以降，在处理德、刑关系上开始有突破。著名理学家朱熹首先对“明刑弼教”作了新的阐释。他有意提高礼、刑关系中刑的地位，认为礼律二者对治国同等重要，“不可偏废”。经此一说，刑与德的关系不再是“德主刑辅”中的“从属”“主次”关系，故ACD项均表述正确。秦朝全面推行法家“以法治国”和“明法重刑”的主张，而不是儒家所主张的“德主刑辅，礼刑并用”，故B项错误。

三、名词解释

1. **答案**：“以德配天”是西周统治者在吸收夏、商两代“天讨”“天罚”的神权法思想的基础上发展起来的法律思想。西周统治者指出天命不是固定不变的，作为世间万物的最高主宰，上天对所选择的人间君主并无特别的亲疏或偏爱，只会选择那些有德者，将天命赋予他们，并保佑他们完成自己的使命。人间君主一旦失去应有的德性，也就会失去上天的保佑和庇护，天命随之消失或转移，新的有德者会取而代之，夏商王朝的覆灭就说明了这个问题。以德配天理论的提出在中国历史上是一次巨大的进步。
2. **答案**：西周统治者在以德配天的基本政治理论下进一步提出了明德慎罚的法律主张，并以此作为国家处理立法、司法活动的指导思想。所谓“明德”就是主张崇尚德治，提倡德教，也就是说统治者治理国家首先要使用“德教”，通过道德教化，用道德的力量去感化民众，使天下臣服。所谓“慎罚”就是主张在适用法律、适用刑法的时候应该审慎、宽缓，而不应该乱罚无辜、滥杀无辜，以用严刑峻法来使臣民臣服，也即“实施德教、用刑宽缓”。
3. **答案**：宗法制度是中国古代社会存在的一种以血缘关系为纽带的家族组织与国家制度的结合，以保证血缘贵族世袭统治的政治形式。宗法制度的核心仍是掌握国家社会最高权力的周天子，天下的一切土地和臣民都属于周天子所有。天子以下逐级分封诸侯王、卿大夫、士，分别在自己的领地享有行政、司法、军事等方面的权力。这样层层分封，就形成了周天子、诸侯王、卿大夫、士等相互间的支配和依赖关系，形成了层层相依的等级结构，形成了以血缘关系为基础、以周天子为中心的家天下的宗法制度。
4. **答案**：周王朝建立之后，统治者在夏礼和商礼的基础上，以“亲亲”和“尊尊”为基本指导思想，综合本族的风俗习惯，制定了一整套礼制，史称“周公制礼”。

   大的方面包括宗法制、分封制和国家重大活动的制度礼仪，小的方面包括人的婚姻、丧事、成人礼仪、祭祀活动，等等。通过周公制礼，统治阶层力图使西周的社会制度、国家制度和人们生活以及思想，都要符合礼的要求，做事以礼为准则。此后，中国两千多年的历史中，虽然朝代更替很多，但西周时周公制礼所确定的各种礼制都被继承了下来，特别是对婚姻制度的影响，一直到现在还可以看到周礼对其的影响。
5. **答案**：嫡长子继承制是西周时期领地、财产、身份的继承制度。从天子、诸侯王到卿大夫再到士，他们的领地、身份以及相应权力利益等，都只能由宗主的正妻所生的长子来继承。在各自的管辖范围内，嫡长子为“大宗”，其他兄弟、领主相对于嫡长子则为“小宗”。
6. **答案**：“亲亲”和“尊尊”是西周时期礼制的核心内容。所谓“亲亲”是要求在亲族范围内，人人都应该爱自己的亲属，按照自己的身份行事，亲疏远近，尊卑长幼都有明确的次序；所谓“尊尊”是要求在社会范围内，人人都要尊敬应该尊敬的人，人人都要恪守自己的本分。君臣、上下、贵贱都有明确的分野，有明确的等级制度。“亲亲”的核心是孝，“尊尊”的核心是忠。“亲亲”原则所维护的是以父权为中心的家庭，家族伦理关系。“尊尊”所维护的是以君权为中心的社会关系。

7. **答案**：“出礼则入刑”是西周时期“礼”“刑”运用关系的主张。西周时期的“礼”与“刑”都是当时维护社会秩序、调整社会关系的重要社会规则，二者相辅相成、互为表里，共同构成了西周社会完整的法律体系。其中“礼”是积极主动的规范，是禁恶于未然的预防；“刑”是消极的处罚，是惩恶于已然的制裁。凡是“礼”所禁止的行为，必然为“刑”所不容，即所谓“礼之所去，刑之所取”。

8. **答案**：“礼不下庶人，刑不上大夫”是中国古代长期存在的一项法律原则。各朝统治者经常以这项原则，作为为官僚、贵族提供法律特权的法律依据。作为一项法律原则，其重心在于强调平民百姓与官僚之间的不平等，强调对于官僚贵族等统治阶级社会特权的维护。

9. **答案**：“五听”是封建社会法官审判案件的主要方式，确立于西周，要求法官通过对原告和被告察言观色，通过五种具体方式审理清楚案情，然后进行公正的判决。听即判断。五听是：辞听，根据当时的言语错乱判断他在说谎；色听，观其颜色，看是否因说谎而脸红；气听，如果无理则会喘息加重；耳听，如果理亏就听不清法官的话，可能在设法自圆其说；目听，如果无理则两眼慌乱无神。通过这五种方式，再结合当事人的话，核实证据，做出合理判决。此后，中国历代官员都用这种方式审理案件。

10. **答案**：“婚姻六礼”是西周时期婚姻缔结必须符合的礼仪，具体包括纳采、问名、纳吉、纳征、请期、亲迎。西周时期的“婚姻六礼”对以后各朝婚姻成立的形式要件产生了重要的影响。直至中国近代乃至现代，在一些乡村地区，缔结婚姻的形式仍然可以看见“婚姻六礼”的痕迹。

11. **答案**：“七出”“三不去”是西周时期在解除婚姻关系方面的一整套制度。“三不去”是西周时期男子休妻的三项限制，具体指：有所取而无所归，不去；与更三年丧，不去；前贫贱后富贵，不去。女子若有“三不去”的理由之一，丈夫就不能休妻。“七出”“三不去”制度是宗法制度下父权和夫权专制的典型反映，对后世影响深远。

12. **答案**：“三赦之法”是西周时期的一项刑罚原则。据史籍记载，西周时期有“三赦之法”：“一赦曰幼弱，再赦曰老耄，三赦曰蠢愚。”对于这三种人如果触犯刑律，应该减轻、赦免其刑罚。这一原则正是西周时期“明德慎罚”的法律思想以及“亲亲”礼制原则在刑法定罪量刑方面的体现。西周时期“矜老恤幼”的典型制度，后世各朝都相继效仿。

13. **答案**：“刑罚世轻世重”是西周统治者在总结前代各朝经验的基础之上得出的一项重要的刑罚原则。主张要根据时势的变化、国家的具体政治情况和社会环境等因素来决定用刑的宽严与轻重。这一理论是长期的政治统治和用刑经验的总结，对后世各封建帝王用法、用刑都有很大的影响。特别是“重典治乱世”的理论，多次被封建帝王用作实施严刑峻法的理论依据。

14. **答案**：“三宥之法”是西周时期用于区分故意与过失犯罪的刑罚制度，即对于三种情况下的犯罪要宽宥、原谅：“一宥曰不识，再宥曰过失，三宥曰遗忘。”这种制度说明在当时对于过失犯罪，对犯罪的主观恶性的差别已经有比较清楚和深刻的认识。同时也说明了西周时期在根据主观恶性来确定刑事责任等刑法理论上已经达到了很高的水平。

15. **答案**：“嘉石之制”是西周时期的一项主要刑罚制度。按照《周礼》的记载，“嘉石之制”就是将那些犯罪轻微的犯人，束缚其手脚，坐于“嘉石”一定时日，使其思过、悔改，然后交给司空，在司空的监督下进行一定时日的劳动，期满后释放。“嘉石之制”已经具备了劳役刑的各种因素，因而可以说是中国劳役制度的开端。

16. **答案**：盟誓在先秦时代是一种特殊的，但也具有很强约束力的法律规范形式。不能违背盟誓是一种具有极高强制性的习惯法规则。违背盟誓也就是违背自己的庄严承诺，违背自己应该履行的义务。所以违背誓言被看作一项非常严重的罪行，对于此类行为，大多数情况下是“告而诛之”，即将其背誓的行为公告于天下，再行诛灭。

17. 答案：吕刑是西周时期周穆王命令司寇吕侯所作的刑书。因吕侯又称甫侯，故他所作的刑书又称甫刑。吕刑的具体内容已无法考证。《尚书·吕侯》记载了周穆王命令吕侯进行法律改革的大致情况。吕刑的基本精神在于贯彻西周初年提出的“明德慎罚”的思想，强调在国家司法工作中从司法官吏的选择到具体执法的各个环节，都必须慎重崇德。《尚书·吕侯》中的《吕刑》既不是一部成文法典，也不是此次法律改革的直接法律成果，而是关于这次法律改革的历史记录。

18. 答案：群饮是西周时期主要的罪名之一。西周初年，周公等西周统治者上层在总结殷商灭亡的历史教训时认识到，殷商王朝统治阶级酗酒废事，是导致政治腐败、社会动乱的一个重要原因，为此周公曾再三劝告予以禁止。例如：“群饮，汝勿佚，尽执拘以归周，予其杀。”但对于殷商遗民的此类行为，周公要求采取另一种策略：“乃湎于酒，毋庸杀之，姑惟教之。”

19. 答案：“一夫一妻多妾”是商周时期的法律所确认的婚姻家庭制度，按照宗法制度的要求从天子到诸侯再到平民百姓，一个男子只能有一个妻子，即“正妻”。除正妻以外，男子还可以合法地拥有数量不等的侧室，即“妾”。从历史资料来看，各级诸侯、封建领主，甚至“匹夫”都有数量不同的“妾”。

20. 答案：“眚”“非眚”“惟终”“非终”是先秦典籍关于过失与故意、惯犯与偶犯区分的记载。“眚”是过失，“非眚”即故意。“惟终”是惯犯，“非终”则是偶犯。西周时期对故意犯罪、惯犯从重处罚，对过失犯和偶犯从轻处断的政策已经成形。这一原则也说明，西周时期根据主观恶性来确定刑事责任等刑法理论已经达到了相当高的水平。

21. 答案：宗祧继承制度是西周时期的有关身份和地位的重要继承制度，从周天子、诸侯王、各级领主乃至庶人，王位、爵位等政治身份以及在家族中作为大家长的身份地位，都只能由正妻所生的长子来继承。如果正妻无子，则在诸妾中选择最贵者作为继承人。作为法定继承人，嫡长子所继承的是对整个家族的统治，包括对家族财产的领导权、对家族成员的支配权。这样的继承制度，能够保证家族一代一代地按照原有的秩序延续。

22. 答案：“同姓不婚”是西周时期婚姻制度的一项重要的原则，即禁止同一姓氏的家庭成员之间的通婚行为。在中国历史上，“同姓不婚”是一项古老的禁忌。此项禁忌主要出于两个方面的考虑：首先，长期的生活经验证明，“男女同姓，其生不蕃”，即是说同姓结婚会生下不强壮的下一代，使下一代的素质下降，从而影响整个家族、民族的发展。所以在西周时期同姓为婚受到严格的禁止，凡同姓不论远近亲疏，均不得通婚。其次，禁止同姓为婚，多与异姓结婚，有利于“附远厚别”，即通过联姻的方式，在政治上更多地与外姓结盟，以便更好地维护既定的统治秩序。

23. 答案：“父母之命，媒妁之言”是西周时期一项重要的婚姻制度原则，也是婚姻成立的基本前提。《诗经》说：“娶妻如之何，必告父母。”在宗法制度下，婚姻的最终目的，除繁衍后代承嗣家族以外，就是“合二姓之好”，绝非男女当事人个人之事。未经父母家长同意而行婚姻之事，谓之“淫奔”，是不为礼法所容的。另外，婚姻的缔结还需经过媒氏的中介，即所谓“男女无媒不交”。

24. 答案：“不孝不友”是西周时期的主要罪名之一。在以血缘关系为基础的宗法制度之下，孝道是宗法伦理的最基本的要求，也是宗法体制中最核心的内容。因此“不孝”罪被认为是最严重的犯罪。在宗法体制之下，“不孝不友”不仅危害到家庭伦理和亲情关系，而且危害到整个宗法社会的政治体制和社会秩序，所以被视为“元恶大憝”，作为最严重的犯罪加以处罚。

25. 答案：九刑是西周时期成文刑书的总称，全书共分9篇。九刑基本沿袭商朝的五种制度（墨、劓、剕、宫、大辟共五刑），又增加了赎、鞭、扑、流四种刑罚，称以上的九种刑罚为西周的九刑。

26. 答案：“初税亩”是春秋时期社会变革中出现的一种税收制度。公元前594年，鲁宣公十五年“初税亩”，鲁国开始实行按亩收税，对土地进行登记，按照土地的收成缴纳赋税。实际上等于承认了私田的合法化，也说明了井田制已经被破坏，封建土地私有制开始形成。

27. 答案：郡县制是春秋时期出现的取代分封制的一种地方行政管理体制。春秋时期，地方行政区划分为郡、县两级，郡的长官叫郡守，县的长官叫县令，不再实行世袭制，都由君主选拔任命或罢免。他们一般不享有封邑，而是向国家领取俸禄。郡县制取代分封制适应了新的经济基础的需要，是我国历史上地方行政管理体制实行郡、县两级制的开端。

28. 答案：竹刑是春秋时期郑国邓析所私造的刑书。竹刑，就是把法律写在竹简上。这在法律发展史上又是一大进步。原来的刑鼎大而笨重，而竹简便于携带和流传。竹刑原为邓析所著，并无法律效力，后来被国家认可才成为正式法律。它是顺应历史发展的产物。

29. 答案：善平籴是战国时期魏国魏文侯任用李悝为相，李悝所实行的新政的一项措施。它是指国家在丰收之年收购一定数量的粮食，用来备荒，荒年由国家出售一定的粮食，以平衡粮价，防止旧贵族和大商人囤积居奇。

30. 答案：被庐之法是春秋时期各国立法活动中，晋国所制定的法律，是晋文公四年（公元前633年）在被庐检阅军队时制定的符合礼的要求的法律。据有关史料记载，这个被庐之法并没有公布于众。

31. 答案：公元前536年即周景王九年，郑国的执政子产，鉴于当时的社会关系的变化和旧礼制的破坏，因而“铸刑书于鼎，以为国之常法”。这是中国历史上第一次公布成文法典。在中国法制史上具有重要的意义。

32. 答案：“不别亲疏，不殊贵贱，一断于法”是司马迁对战国时期代表新型地主阶级利益的法家思想的概括，实际上也是新型地主阶级用于指导立法活动的指导思想。其中心思想是取消旧奴隶主贵族在法律上所享有的特权，不论是谁，只要违法犯罪，都要按法律论罪处刑。这种制度取消了“刑不上大夫”的特权。

33. 答案：《法经》由战国时期的李悝所著。《法经》是适应当时经济发展的产物，是应日益强大的封建经济关系的需要而出现的。它是我国封建社会最早的一部初具体系的法典。它对封建法制的确立以及封建经济的发展都起着相当大的作用。《法经》也是后代封建社会制定法典的蓝本。

34. 答案：“重其轻者”是战国时期新型地主阶级的立法思想之一。“重其轻者”是指在执行刑法时，加重对轻罪的处罚。商鞅认为，加重刑于轻罪，轻罪就不致产生，重罪也就无从出现，从而通过轻罪重刑的手段达到预防犯罪的目的。这一立法的指导思想主要是针对劳动人民，它对后世历代封建王朝的立法也有很大影响。

35. 答案：道家主张“道法自然”，而“自然”的天道是“无为”的，将这种天道应用于法律领域，便产生了“无为而治”的理论。所谓无为并非“没有行动”，而是指“避免反自然的行动”，即避免排逆事物之天性，凡不合适的事不强而行之，势必失败的事情不勉强去做，应该委婉以导之或因势而成之。

36. 答案：西周时期的买卖契约称为“质剂”，这种契约写在简牍上，一分为二，双方各执一份；质，是买卖奴隶、牛马所使用的较长的契券；剂，是买卖兵器、珍异之物所使用的较短的契券；“质”“剂”由官府制作，并由“质人”专门管理。

37. 答案：“三刺”制度是指西周时凡遇重大疑难案件，应先交群臣讨论，群臣不能决时，再交官吏们讨论，还不能决的，交给所有国人商讨决定的三个程序。“三刺”制度说明西周对司法判案的慎重，是“明德慎罚”思想在司法实践中的体现。

38. 答案：“仆区之法”和“茆门之法”这两部法律都是春秋时期楚国进行成文法制定的成果。

（1）“仆区之法”是公元前689年到公元前677年楚文王在位时期主持制定的，仿效的是周文王时期“有亡，荒阅”的制度，主要是解决奴隶逃亡问题，打击的除了逃亡奴隶，还有隐匿逃亡奴隶的人。这部法律规定：“盗所隐器，与盗同罪。”

（2）“茆门之法”则是公元前613年到公元前591年，楚庄王在位时主持制定的，主要是规定宫廷警卫方面的法律，内容是规范诸侯、大夫等入朝时乘车的问题，为了保障国君安全和权威，他们一律不允许乘车进入宫门。

四、简答题

1. 答案：宗法制度渊源于氏族社会父系家长制，宗法制度是中国古代社会中存在的一种以血缘关系为纽带的家族组织与国家制度相结合，以保证血缘贵族世袭统治的政治形式。宗法制度的中心仍是掌握国家社会最高权力的周天子，天下的一切土地和臣民，都属于周天子所有。天子以下逐级分封诸侯王、卿大夫、士，分别在自己的领地享有行政、司法、军事等方面的权力。这样层层分封，就形成了周天子、诸侯王、卿大夫、士等相互间的支配和依赖的关系，形成了层层相依的等级结构，形成了以血缘关系为基础、以周天子为中心的家天下的宗法制度。宗法制度具体又包括三个方面的原则与制度：其一，从周天子到卿大夫、士，都实行嫡长子继承制；其二，小宗服从大宗，诸弟服从长兄；其三，各级诸侯王、卿大夫、士，既是一种家族组织，又各自构成一级政权，共同向最高宗子——周天子负责。

从宏观上看，宗法制度构成了西周社会的基本结构。在宗法统治之下，家族组织与国家制度合二为一，家族观念、家庭家族间的伦理道德与国家的法律规范结合在一起，互为表里。

2. 答案：“礼不下庶人，刑不上大夫”是中国古代社会长期存在的一项法律原则，各朝统治者经常以这项原则，作为为官僚、贵族提供法律特权的立论根据。作为一项法律原则，其重心在于强调平民百姓与官僚之间的不平等，强调对于官僚贵族等统治阶层社会特权的维护。

在实际上，“礼不下庶人”并不是说礼对庶人没有约束力，而是强调“礼”是有等级、差别的。天子有天子的礼，诸侯有诸侯的礼，庶人有庶人的礼，不同等级之间，不能僭越，任何悖礼、僭越的行为都会受到惩处。“刑不上大夫”也并不是说对大夫以上的贵族绝对不会适用刑罚。在实际政治中，大夫以上的贵族，如果实施谋反、篡逆等严重的政治性犯罪，同样会招致法律的严厉处罚，不过，在一些非政治性领域，贵族官僚犯罪往往会得到许多的特权。

3. 答案：在宗法制度条件下，婚姻和继承制度构成了西周社会生活中的重要内容。由于宗法制是一种内涵广泛的政治制度，代表着一整套生活方式，所以婚姻、继承制度在西周时期往往带有婚姻继承以外的政治含义。

（1）婚姻制度的基本原则

①在西周时期，婚姻的基本制度可以说是“一夫一妻多妾”制。按照宗法制度的要求，从天子到诸侯再到平民百姓，一个男子只能有一个“妻子”，即正妻。除正妻以外，男子还可以合法地拥有数量不等的侧室，即“妾”。正妻及其所生子女，与妾及其所生子女，在家庭中有着明显不同的地位。这种嫡、庶之分，是为了保证家族延续和维持正常家庭关系的需要，对维护和延续宗法制度有着重要的意义。

②“同姓不婚”。即禁止同一姓氏的家族成员之间的通婚行为。此项禁忌，主要基于两个方面的考虑：首先，长期的生活经验

证明：“男女同姓，其生不蕃。”即是说，同姓结婚，会生下不强健的下一代，使下一代的素质下降，从而会影响整个家庭、民族的发展。其次，禁止同姓为婚，多与异姓结婚，有利于“附远厚别”，即通过联姻的方式，在政治上更多地与外姓结盟，以便更好地维护既定的统治秩序。

③“父母之命，媒妁之言。”在宗法制度之下，婚姻的终极目的，除繁衍后代、承嗣家族以外，就是“合二姓之好”，绝非男女当事人个人之事。因此，婚姻的成立，基本前提就是“父母之命”。

“一夫一妻”“同姓不婚”及“父母之命，媒妁之言”，是西周时期婚姻成立的三项实质要件。除必须符合这些实质要件以外，在西周时期，婚姻的缔结还必须合乎一定的礼仪，这就是“婚姻六礼”。具体包括：1）纳采，即男方请媒氏携礼物到女方家提亲；2）问名，即在女方家长答应议婚后，男家请媒氏问明女子的生辰、身份，并卜于祖庙以问吉凶；3）纳吉，在卜得吉兆以后，男家携礼至女家确定缔结婚姻；4）纳征，也称纳币，男家送聘礼至女家，正式缔结婚姻；5）请期，即男家携礼物至女家，确定婚期；6）亲迎，即在确定之日，新郎至女家迎娶，至此婚礼始告完成，婚姻也最终成立。西周时期的“婚姻六礼”，对以后各朝婚姻成立的形式要件产生了重要的影响。直至中国近代乃至现代，在一些乡村地区，缔结婚姻的形式仍然可以看见“婚姻六礼”的明显痕迹。

（2）解除婚姻的条件与限制

在西周时期，婚姻解除的决定权也完全操纵在男方家长方面。西周时期在解除婚姻方面有一套完整的制度，称为“七出”“三不去”。其中，“七出”又称“七去”，具体是指：不顺父母，去；无子，去；淫，去；妒，去；有恶疾，去；口多言，去；盗窃，去。女子若有上述七种情形之一，丈夫即可有正当的理由合法休妻。按照西周时期的礼制，女子若有“三不去”理由之一者，夫家即不能休妻。“三不去”具体是指：有所娶而无所归，不去；与更三年丧，不去；前贫贱后富贵，不去。“七出”“三不去”制度是宗法制度下父权和夫权专制的典型反映，作为西周时期婚姻制度的重要内容，其影响也极为深远。汉唐乃至明清，各朝法律中关于解除婚姻的条件和限制的相关规定，大体上都没有超出“七出”“三不去”的范围。

（3）西周时期的继承制度

在西周时期，由于宗法制度的要求，占主导地位的继承制度是宗祧继承，亦即身份、地位的继承。财产继承是附属于宗祧继承的。从周天子、诸侯王、各级领主乃至庶人，王位、爵位等政治身份以及在家族中作为大家长的身份地位，都只能由正妻所生的长子来继承。如果正妻无子，则在诸妾所生男子中选择最贵者作为继承人。作为法定继承人，嫡长子所继承的是对整个家族的统治，包括对家庭成员的领导权、对家族财产的支配权。

4. 答案：夏商时期，统治者正是用“天意”来作为其实施国家统治、进行镇压活动的依据。西周建立以后，由于社会情况的变化，迫使西周统治者不能简单地套用夏商时代的神权理论来为现实服务，而是在政治、法律理论上做出了较大的突破。

（1）西周统治者在夺取政权之初，就在立法、司法领域继承夏、商两代“天讨”“天罚”等神权法思想基础上，进一步发展出一套“以德配天”“明德慎罚”的思想主张。西周统治者指出天命不是固定不变的，作为世间万事万物的最高主宰，上天对所选择的人间君主并无特别的亲疏或偏爱，只会选择那些有德者，将天命赋予他们，并保佑他们完成自己的使命。人间的君主一旦失去应有的德性，也就会失去上天的保佑和庇护，天命随之消失或转移，新的有德者会取而代之，夏商王朝的覆灭就说明了这个道理。在中国历史上，“以德配天”理论的提出是政治理论上的一个巨大的进步。虽然这种要求大多仅停留在理论说教上，但也说明到西周政权建立时，当时的统治者已经发展为具有相当政治智慧、深谙统治之术的统治阶层了。

(2) 在这种“以德配天”为基本政治理论之下，西周统治者还进一步提出了“明德慎罚”的法律主张，并将此作为国家处理立法、司法事务的指导理论。所谓“明德”就是主张崇尚德治，提倡德教；所谓“慎罚”就是主张在适用法律、实施刑罚时应该审慎、宽缓。“明德慎罚”的主张实际上就是强调将教化与刑罚结合。在“以德配天”“明德慎罚”的下设体系中，“实施德教”是前提，关于“德教”的具体内容，西周统治者逐渐归纳成内涵广博的“礼治”，“礼”的核心在于“亲亲”和“尊尊”。“亲亲”的核心是孝，“尊尊”的核心是忠。“亲亲”原则所维护的是以父权为中心的家庭、家族伦理关系；“尊尊”所维护的是以君权为中心的社会秩序。

(3)“以德配天”“明德慎罚”的主张，代表了西周初期统治阶层的基本政治观点，并作为治国的基本方针而在西周政治生活、立法和司法实践中发挥了实际的指导作用。在“以德配天”“明德慎罚”思想指导下，西周各代统治者把道德教化与刑罚镇压相结合，创造了一种特殊的“礼治”社会，形成了中国早期的“礼”“刑”结合的法制特色。“以德配天”“明德慎罚”的法律思想的影响也是极为深远的，它不仅在西周各种具体法律制度以及宏观法制特色的形成、发展过程中发挥了直接的指导作用，而且深深扎根于中国传统政治理论之中，被后世各朝统治阶层奉为政治法律制度的理想原则和正统的标本。

5. **答案：**“礼之所去，刑之所取，出礼则入刑”，说明了西周时期开始的礼与刑的关系。“礼”是从正面、积极地规范人们的言行。“刑”则多指刑法和刑罚，是对一切违法背礼行为进行处罚。

(1) 礼、刑两种手段的共同性

从宏观上看，西周时期的礼、刑两种手段，都是维护社会秩序，调整社会关系的重要社会规则，它们相辅相成，互为表里，共同构筑了西周社会完整的法律体系。凡礼之所禁，必为刑所不容，即所谓“礼之所去，刑之所取，出礼则入刑”。

(2) 礼居主导地位

在西周礼、刑二者的关系上，礼居于主导地位，刑要服从礼的指导。因为礼是积极的主动性规范，是禁恶于未然的预防，其功能在于全面地预防社会犯罪。

(3) 刑居辅助地位

在西周礼刑关系上，刑居于辅助地位，在礼的指导下对已然发生的犯罪进行制裁，处于消极与被动的状态。

西周时期将礼、刑两种手段结合起来形成共同治理国家的方式，开创了世界上的一种独有治国模式，影响了中华法系两千余年。西汉的“德主刑辅”，唐初的“德本刑用”，明朝的“明礼以导民”“定律以绳顽”的治国模式，都源于西周的礼刑结合的方式，西周在治国模式上，作出的贡献是开创性的，至关重要的。

6. **答案：**社会学意义上的家族主义是指认为一切为了个人或个人所在的家或个人所在的家族的行为，都是理所当然的。家族主义在中国的政治、法律制度上都产生了重要影响，国家在一定程度上赋予和保护家长的权利，但也让其承担了很重的法律责任，对于违反的要给予严厉处罚。

(1) 亲属间相犯

下对上加重处罚，上对下则减轻。“子孙当有顺无违，天下原无不是的父母。”亲属团体也是要区分的。愈亲愈当相爱，都有一定的分寸和一定的层次。这就是上杀，下杀，旁杀的道理，也是整个服制图成立的基础。

亲属相盗与凡人相盗不一样，罪名是与亲等成反比例，关系愈亲，罪刑愈轻，反之亦然。

(2) 容隐

从伦理角度来说，儒家提倡子为父隐，父为子隐。这里就是要明白儒家所采取的立场问题。汉律“亲亲得相首匿”，唐以后法律容隐范围不断扩大，只要是同居的亲属，无论有服无服，都可援用此律，明清时扩大于妻亲，连岳父母和女婿也包括在内。法律容许人民容隐，也就不要求亲属在法庭上作证人。子孙如果主动来告发，与容隐的原意也就相悖了，所以历代法律都严格制裁子孙告父母和祖父母的行为。

(3) 代刑

人民犯了重罪，犯人的子孙兄弟请求代刑而加以赦免或减轻。

(4) 缓刑免刑

这主要是指体念犯罪的老人年老无侍，予以特免死刑，而且此情形只出自皇帝一人之见，所以也少见。最早见于法律的是在北魏，祖父母年七十以上更无其他成年子孙，又无期亲者，可具状上请。唐以后历代皆仿此制于法典之中。这就是后来存留养亲的由来，只是在各代条件不同。

(5) 亲属复仇

中国社会关系以五伦为限，所以以五伦为范围，而朋友也在其中。报仇的责任是按照亲疏等级为准，报仇的责任也是有所不同的，五伦中以父为尊，所以父仇责任也就最重。《周礼》规定，报仇只要事先在朝士处登记仇人的姓名，将仇人杀死便可无罪，也有调人之官专门负责和解，并且复仇以一次为限。法律机构发达以后，生杀大权被国家收回，私人不再有擅自杀人的权利，杀人也就成为犯罪行为，须受到国法的制裁。复仇与国法不相容，自然也就被禁止了。西汉末年已有禁止复仇的法令。自东汉以来，除元代允许以外，都是禁止人民私自复仇的。

7. 答案：战国时期，新兴地主阶级利用已经在各诸侯国掌握的政权进行变法运动，以此来巩固政权。

(1) 各国的变法。首先，魏国任用李悝为相，推行新政。李悝的新政主要有："尽地力之教"；"善平籴"；鼓励垦荒、废井田，发展土地私有；制定《法经》以维护新政权所建立的统治秩序。其次，楚国任用吴起实行变法，主要内容有：逐渐废除旧奴隶主贵族特权；"明法审令"，推行法治，整顿政治机构，裁减不必要的官吏。最后，秦国任用商鞅主持变法，商鞅在秦国两次发布变法令。第一次是孝公三年，这次变法的重点是打击奴隶主旧贵族的政治势力，第二次是孝公十二年，这次变法的重点是废除奴隶制的土地制度。

(2) 立法活动。战国时期，封建制在各国逐步取代奴隶制以后，新兴地主阶级便把本阶级的意志上升为法律，因而各国纷纷制定新法，以适应巩固封建制的需要。魏国曾几次制定和修订新法。文侯时李悝制定《法经》，惠王时制定治国之法，襄王时有《大府之宪》。楚怀王时命屈原作"宪令"，未成。秦国，商鞅以《法经》为蓝本"改法为律"，进行法制改革，制定秦律，并颁布了各种有关变法革新的法令。赵国制定"国律"，以为国之常法。韩国任用申不害进行变法，制定"刑符"以伸君权。

8. 答案：春秋中叶以后，经济基础和阶级力量的变化引起了法律制度的变革，各诸侯国法律制度的一个重大改革就是公布了以保护私有财产为中心的成文法，但从整体上看，这种变革的发展是不平衡的。

(1) 郑国。郑国曾两次制定法律。第一次是郑简公三十年，即公元前536年，执政子产"铸刑书于鼎，以为国之常法"，这是中国历史上第一次正式公布成文法典。第二次是郑献公十三年，即公元前501年，驷歂杀邓析而用其"竹刑"，"竹刑"就是写在竹简上的法律，这在法律发展史上又是一大进步。

(2) 晋国。晋国自文公以后，曾四次制定法律。第一次是晋文公称霸时作"被庐之法"，第二次是赵宣子为晋国执政时制定的"常法"，第三次是范宣子制定的刑书，第四次是把范宣子的刑书予以公布。

(3) 楚国。楚国在春秋时曾两次制定法律。第一次楚文王时是"作仆区法"，第二次楚庄王时是"作茆门法"。

9. 答案：《法经》是战国初期李悝制定的，李悝曾向魏文侯力主变法改革，提倡法治，在总结春秋以来各诸侯国新兴地主阶级立法经验的基础上，著《法经》六篇。《法经》是我国封建社会最早的一部初具体系的法典，它是为适应日益发展的封建经济关系的要求而出现的，是封建生产关系日益发展的产物。

(1)《法经》的原文早已失传，据《晋书·刑法志》记载，《法经》分为盗、贼、网、捕、杂、具六篇。从《晋书·刑法志》简略的记述内容，可以看出《法经》的阶级本质：第一，它的锋芒主要是指向农民和其他劳动人民的。封建统治者把《盗法》《贼法》两篇放在六篇之首，表明惩治盗贼是地主阶级专政的主要任务。第二，维护君权制度。关于"窥官者膑"的规定，就是从保护君主的人身安全出发而设立的刑罚。"符""玺""法令"都是君权的象征，因此盗符、议国法令，都要受到残酷的刑罚。第三，维护封建等级制。丞相受贿而要把臣属斩首问罪，这是维护封建等级制的表征。

(2)《法经》的历史意义表现在：首先，《法经》初步确立了封建法制的基本原则和体系。汉代以后历代封建法典又是在秦、汉旧律的基础上进一步完善的，而且都吸收了《法经》的基本原则，把镇压农民的反抗活动作为立法的主要任务。其次，《法经》对当时封建经济的形成和巩固起到了一定的积极作用。《法经》颁布的本身，就是封建制度胜利的标志，它是作为封建经济基础的上层建筑的一个重要组成部分。

10. 答案： 西周中后期，由于社会生产力的发展，在贵族之间已经出现任意转让土地的情况，使得"溥天之下，莫非王土"的土地国有制和"田里不鬻"的法律约束开始被突破，这无疑在事实上改变着夏商以来的井田制，反映了土地私有制开始萌芽，进入春秋时期，这种情况得到进一步发展。

铁制工具的应用和牛耕的出现，为各诸侯国开垦荒地、兴修水利，提供了有利的条件，从而使私有土地的数量不断增加，由于剥削惨重，奴隶们消极怠工和逃亡，为了维护自己的统治，奴隶主中一些"开明"之士，不得不改变剥削方式。齐国"相地而衰征"，晋国"作爰田"，这些都是改变井田制的开始。公元前594年鲁国的"初税亩"，开始实行按亩收税，实际上等于承认私田的合法性。此外，楚国"书土田"，郑国子产"作丘赋"。这些记载都说明井田制已经遭到破坏，封建土地私有制开始形成。

11. 答案： 公元前5世纪，魏文侯重用李悝为相，实行变法改革。李悝总结了春秋末期以来各诸侯国立法司法的经验，结合魏国的具体情况，制定了我国封建社会第一部系统的法典。

《法经》是一部"诸法合体"而以刑为主的法典。其中《盗法》是涉及公、私财产受到侵犯的法律；《贼法》是有关危及政权稳定和人身安全的法律；《囚法》是有关审判、断狱的法律；《捕法》是有关追捕罪犯的法律；《杂法》是有关处罚狡诈、越城、赌博、贪污、淫乱等行为的法律；《具法》是规定定罪量刑的通例与原则的法律，相当于现代刑法典的总则部分。其他五篇为"罪名之制"，相当于现代刑法典的分则部分。

《法经》内容、篇目、体例、结构虽然比较简单，但却是中国历史上第一批比较系统、完整的成文法典。它以"法治"思想为指导，参考、总结、吸收前代各个政权的立法经验，集中代表了当时最高立法成就。在中国法律制度发展史上，《法经》占有非常重要的地位。

12. 答案： 指导思想：秦朝统一天下后，秦朝的法学家都极力主张巩固皇权专制，实行法学综合为治的原则。即强调以法为主，或将"法""权""信"等要素结合，实行综合治理；或将"法""术""势"等要素结合，实行综合治理。强调综合为治，绝对排除儒家思想的影响，高度集权，统一由封建皇帝独揽，以保障秦王朝的长久统治。

篇章结构：《法经》是由战国初期李悝所制定的，共有六篇，分别为《盗法》《贼法》《囚法》《捕法》《杂法》《具法》。其内容大体可归纳为三部分。

第一，正律部分包括前四篇，《盗法》《贼法》是关于惩罚危害国家安全、危害他人、侵犯财产的法律规定；《囚法》《捕法》多属于诉讼法的范围。

第二，杂律部分即第五篇《杂法》，主要是惩治盗贼罪以外的其他犯罪。主要规定了“六禁”。

第三，《具法》，即第六篇，是关于定罪量刑中从轻从重法律原则的规定，起着现代刑法典中的总则部分的作用。

历史地位：首先，《法经》是战国时期政治变革的重要成果，是战国时期封建立法的典型代表和全面总结。

其次，《法经》的体例和内容为后世封建成文法典的进一步完善奠定了重要的基础。从体例上看，《法经》六篇为秦代直接继承，成为秦汉律的主要篇目，魏晋以后在此基础上进一步发展，最终形成了以《法例》为统率，以各篇为分则的完善的法典体例。

在内容上，《法经》中的各篇的主要内容大都为后世封建法典继承与发展。因此，无论从其历史作用还是对后世的影响来看，《法经》都是中国法制史上的一部极为重要的法典。

13. **答案**：春秋以来，代表不同阶级、阶层和集团利益的各派思想家开展的“百家争鸣”局面，到战国时期达到了高峰。而这时新兴地主阶级已经掌握了政权，他们在立法过程中，便以代表本阶级利益的法家思想作为立法指导思想。大致可归纳为以下三个方面：

（一）“不别亲疏，不殊贵贱，一断于法。”

这句话是司马迁对战国时期代表新兴地主阶级利益的法家思想的概括，实际上也是新兴地主阶级用于指导立法的思想。其中心是取消旧奴隶主贵族在法律上享受的特权。所谓“亲疏”，是按血缘关系而规定的法律特权；“贵贱”，是按爵位的有无和高低享有不同的待遇。“一断于法”，是要求“自卿相将军以至大夫庶有不从王令、犯国禁、乱上制者，罪死不赦”。也就是说，不论是谁，只要违法都要按法律论罪处刑。这样，开始打破了奴隶制“刑不上大夫”的壁垒。

（二）“法者，编著之图籍，设之于官府，而布之于百姓者也。”

这段话是当时法家韩非子说的。所谓“编著之图籍”，就是制定成文法；“布之于百姓”，就是要向百姓公布，使人人皆知法而又有法可依，从而否定了“刑不可知，则威不可测”的秘密法。

（三）“行刑，重其轻者。”

“重其轻者”，是指在执行刑罚时，加重对轻罪的刑罚。商鞅认为：“行刑，重其轻者，轻者不生，则重者无从至矣。”就是说，加重刑于轻罪，轻罪就不致产生，重罪也就无从出现。因为“重刑连其罪，则民不敢试。民不敢试，故无刑也”。从而通过轻罪重刑的手段达到预防犯罪的目的。这一立法的指导思想主要是针对劳动人民的。这一思想对后世历代封建王朝的立法也有很大影响。

五、论述题

1. **答案**：（1）在西周时期，除传统的“命”“诰”“誓”等王命，仍在社会生活中发挥着广泛的调节作用外，以“礼”为表现形式的各种习惯法，以及一些不成文的制定法，也是重要的法律形式。包括：①“礼”。经过周公制礼以后，周礼作为内涵广泛的言行规范调整着西周社会各方面的社会关系。“礼”也是法律规范的重要组成部分。②“吕刑”。吕刑是西周时期周穆王命司寇吕侯所作的刑书。从《尚书·吕刑》所反映的情况看，此次法律改革的基本精神在于贯彻西周初年提出的“明德慎罚”的法制指导思想，强调在国家司法工作中，从司法官吏的选择到具体执法的各个环节，都必须慎重、崇德。③“九刑”。“九刑”是西周刑罚的泛称。史籍中关于西周“九刑”的记载说明西周已有比较完整的刑书，作为统治阶级定罪科刑的依据，也从一个侧面说明西周时期已经出现了带有开创性的立法创制活动。④“遗训”及“殷彝”。遗训是指商朝时期由前代、先王留下的规则、习惯。殷彝是指商朝的某些法规或习惯。在统治那些被征服的殷商遗民时，可以适用那些适合时宜、对现实统治无害的殷商时代的法规。

（2）西周时期的主要罪名有：①不孝不友。“不孝”罪被认为是最为严重的犯罪。在宗法体制之下，“不孝”“不友”的行为，所危害的不仅是家庭伦理和亲情关系，而且危害到整个宗法社会的政治体制和社会秩序，所以被视为“元恶大憝”，作为最严重的犯罪加以处罚。②犯王命。周王的意志通过各种形式发布的王命，具有最高的法律效力，要求全体臣民绝对地遵行。所以，触犯王命、违抗王命的行为，也是最严重的犯罪行为。③放弑其君。在宗法体制之下，君、父一体，而对处于臣、子位置的卑幼、下属来说，他们对尊长有政治的和伦理的双重义务。所以，臣、子放逐或逆弑自己的君、父，被看成“逆天理”的恶行。④杀越人于货。西周时期对于“寇攘奸宄，杀越人于货”等抢掠财物、劫杀人命的刑事犯罪，也规定了较重的刑罚予以打击。⑤群饮。周公等西周统治上层在总结殷商灭亡的经验教训时认识到，殷商王朝统治阶层酗酒废事，是政治腐败、社会混乱的一个重要诱因。为此，周公曾再三告诫，予以禁止。⑥违背盟誓。违背盟誓，也就是违背自己的庄严承诺，违背自己应该履行的义务。对于此类行为，大多数情况下是“告而诛之”。⑦失农时，为保证农业生产的正常进行，西周统治者颇为强调重视农时，规定失农时者治以罪。

2. 答案：（1）西周时期的主要司法机关有：①周王。在西周宗法制度的体制之下，周王是天下的最高主宰。因而西周的最高审判权掌握在周天子手中。周天子对于诸侯间的争讼以及一些重大案件拥有不可争辩的最后裁决权。当然，在西周中期以后，随着西周王室的衰微，周天子所代表的中央政府对各诸侯国和地方政权的实际控制力逐渐减弱，周王也逐渐丧失了实际上的司法控制权。

②中央司法官员。在周王之下，中央主要司法官员是大司寇，辅佐周王处理全国的法律、司法事务。大司寇作为中央“六卿”之一，是西周中央政府的重要官员；同时，大司寇还具体负责“以五刑纠万民”等一系列的司法工作。大司寇之下，设小司寇，作为大司寇的属官。除小司寇外，西周时期中央政府还设有士师、司刑、司圜、掌囚、掌戮等众多的司法属吏，分别负责管理监狱、执行刑罚等具体的司法工作。

③地方司法官员。在地方，各级封建领主在其领地内拥有相对独立的司法管辖权。但是，按照宗法制度的要求，在一些重要问题上，下级领主应该承认其宗主的裁判效力。

（2）从现存的史料来看，西周时期对于案件的分类、控诉、审理、判决、执行等诉讼程序都有相应的规定，其中有些制度带有比较明显的早期社会的特色。

①民事和刑事案件的区分。西周时期，人们在观念上已经能够根据案件的不同特性，将民事案件和刑事案件进行区分。凡民事案件，一般称为“讼”，刑事案件则称为“狱”。

②告诉与审理。西周的民事诉讼和刑事诉讼都是以当事人或受害人自诉为主。轻微的案件可以口头的形式向官府提出控诉，重大的案件须提出书面文状，刑事诉讼的书面文状是“剂”；民事诉讼的文状则是“傅别”。

在西周时期，对于告诉权也有一定的限制。例如，父子不得相讼。

③“五听”。通过对长期以来司法经验的总结和提炼，西周时期形成了审理案件的“五听”制度。所谓“五听”，具体指辞听、色听、气听、耳听、目听，是审判案件时判断当事人陈述真伪的五种观察方式。从“五听”的具体内容可以看出，西周时期已经开始注意到心理学的一些问题，并能够运用司法心理学的一些经验来处理案件。

④证据制度。西周时期在审判案件时，也很重视证据的使用，所谓“有旨无简不听”。审判案件时，不仅要有当事人的陈述或口供作为依据，还要有相关的物证、书证来印证，如“以图证之”“正之以傅别、约

剂”。由于宗法制度的影响，当事人之间的盟誓也常常被作为重要的证据使用。

⑤“读鞫”“乞鞫”。据史籍记载，西周时期审理刑事、民事案件，都要将判决内容作成判决书。按照当时的要求，审判官在做出判决以后，还应该当众宣读判决，称为“读鞫”。在宣读判决以后，若当事人认为判决不对或有冤屈，可以要求重新审理，称为“乞鞫”，而且“乞鞫”要有一定的时间限制，依距离远近而有所不同。

⑥司法官的法律责任。西周统治者对于司法官审理案件的法律责任作出了一些要求和规定。《尚书·吕刑》记载了关于司法官法律责任的“五过”制度，“五过之疵，惟官、惟反、惟内、惟货、惟来”。凡是司法官员在此“五过”之一，即要受到法律的惩处，惩罚的原则是“其罪惟均”，即以所涉之案应处的刑罚罚之。

3. 答案：西周时期逐渐形成了一系列刑法原则和刑事政策，这也集中反映了西周时期的宏观法制指导思想，首先，西周时期的主要刑法原则有：

(1) 老幼犯罪减免刑罚。西周时期有“三赦之法”，它是西周时期对老幼犯罪减免刑罚的刑法原则。对于幼弱、老耄、蠢愚三种人，如果触犯法律，应该减轻、赦免其刑罚。这一原则正是西周时期“明德慎罚”法律思想以及“亲亲”礼治原则在刑法定罪量刑方面的具体体现。

(2) 区分故意与过失、惯犯与偶犯。西周时期还有“三宥之法”，它也是西周时期的主要刑法原则之一，即对三种情况下犯罪要宽宥、原谅：“一宥曰不识，再宥曰过失，三宥曰遗忘。”在一些先秦典籍中，有“眚”“非眚”“惟终”“非终”等记载，是关于过失与故意、惯犯与偶犯的区分。

(3) 罪疑从轻、罪疑从赦。“罪疑从轻”“与其杀不辜，宁失不经”，是关于中国上古时期、夏朝以前疑罪从轻的记载。西周时期，为保证适用法律的谨慎，继承和发扬了疑罪从轻的传统，在司法实践中贯彻和推行“罪疑从轻”“罪疑从赦”的原则，对于疑案难案，采取从轻处断或加以赦免的办法。

(4) 同罪异罚制度：不同身份等级的人犯同样罪行，所承担的法律责任不同，适用的处罚结果也有别，这是一项极不公平的等级特权制度。

(5) 宽严适中。基于“明德慎罚”的思想主张，西周时期在定罪量刑上强调“中道”“中罚”“中正”，要求宽严适中，不偏不倚。强调在定罪量刑时做到不轻不重，不偏不倚，这一原则的提出也从一个侧面说明西周统治者在政治上的成熟。

其次，西周时期的刑事政策——“刑罚世轻世重”。主张“刑罚世轻世重”，就是说要根据时势的变化、根据国家的具体政治情况和社会环境等因素来决定用刑的宽与严、轻与重。具体的轻重宽严的标准则是：“刑新国，用轻典；刑平国，用中典；刑乱国，用重典。”“刑罚世轻世重”的理论，是长期的政治统治和用刑经验的结晶。这种理论和做法，后来被融入中国传统政治理论中，成为中国传统政治智慧的一部分，对后世各封建帝王用法用刑有很大的影响。

4. 答案：春秋中叶以后，由于经济基础的变革，阶级关系的变化，从而引起了法律制度的变革，各诸侯国先后公布了成文法。新兴地主要求公布成文法的目的在于，打破奴隶主贵族垄断法律的局面，坚决要求制定成文法并公之于世，以维护他们的私有财产和其他权利，摆脱旧贵族的压迫和宗法等级制度的羁绊。

但是，郑国子产公布刑书，遭到了晋国以叔向为代表的旧贵族的反对。叔向曾写信给子产，说：“昔先王议事以制，不为刑辟，惧民之不争心也……民知有辟，则不忌于上，并有争心，以征于书，而徼幸以成之，弗可为矣……‘国将亡，必多制’。”此后不久，晋国铸刑鼎，也遭到孔丘的反对，声称：“晋其亡乎！失其度矣”，即晋国恐怕要亡国了吧！失掉了原来的法度了；“民在鼎矣，何以尊贵”意思是：老百姓都要按照鼎上的法律条文办事，他们哪里再肯尊敬贵人。“贵贱无序，何以为国?”意思是：贵贱没有等级次序，还怎么治理国家呢？显然，无论叔向还是孔丘，完全是从旧贵族的立场出发，是为了维护旧贵族的特权而发的议论。

但是，成文法的制定和公布是历史发展的必然趋势，它在一定程度上限制了旧贵族的特权，打破了“刑不可知，则威不可测”的壁垒。同时，标志着奴隶制法制的瓦解，封建制法制的建立，从而促进了封建生产关系的发展。

5. 答案：先秦诸家学派虽然代表各自不同的阶级、阶层，又与各自的地域文化传统密切相连，他们的主张时常表现出对立的不妥协的色彩，但他们又有着许多共同的特点。

(1) 都具有批判现实的精神。诸家学派都具有批判现实的战斗精神。诸家学派对当时的社会现实都不满意，都进行了无情的批判。儒家反对奴隶制传统，对殉葬的做法表示了极大的义愤：“始作俑者，其无后乎!”对破坏周礼的妄为表示愤怒：“八佾舞于庭，是可忍也，孰不可忍!”认为诸侯国君为了获得土地城池而驱赶人民为之战斗，以致“杀人盈城”，是“率兽而食人”；对人民起来推翻商纣那样的暴君深表赞许，称“闻诛一夫纣，未闻弑君”；对只知作威作福，“惟其言莫予违”的君主，斥之为“丧邦之言”。墨家仇视那些世卿世禄享尽各种特权的贵族，说他们是“不与其劳而获其实”的“面目姣好”者。对贵族们活着时享受荣华富贵，死了以后又用大量物品殉葬，表示愤慨。同时墨家又批判传统的“礼”，认为礼所要求的“亲亲”，违背了“兼爱”的原则，只有平等地爱所有人，才是真正的“仁”。道家对当时的掌权者持不合作的鄙夷态度，把他们看成没有资格的暴发户、窃国大盗。把“礼”“法”看作社会病态的反映，他们有时还看到社会动乱的根本原因“民之难治，以其食税之多，是以难治”。法家持进化史观，将故步自封、反对变革者称作“守株待兔”的蠢材。将摒弃法律全凭个人好恶来治理国家，称作“心治”“身治”，必将失信于民。将世卿世禄的“礼治”，称作“私”，将法家的“法治”称为“公”“公义”和“公法”。

(2) 都有自己的理想蓝图。诸家在批判现实的同时，都提出了自己的理想社会蓝图。儒家的理想是“仁”的社会，即天下统一的多民族友好相处的社会。大家都按照“君君、臣臣、父父、子子”的“礼”的秩序，各尽义务，各享权利。墨家的理想是“兼爱”即“天下之人皆相爱”的社会。构想一个虽然充满上下之别，充满服从，却没有强权，没有反抗的和谐社会。道家的理想是“清净”社会。在那里，人民没有君臣上下尊卑长幼之别，没有法令刑罚对人们的驱使强制，没有忠孝仁爱礼义廉耻的面纱，没有对名誉地位财富的如痴般的追逐，是一个毁灭了人类社会的美好社会。法家的理想是“法治”社会。君主带头遵守法律，“君臣上下贵贱皆从法”，社会生活的方方面面都由法律加以规定。这是一个首次为个人发展大开方便之门并进而使国家强大的美好社会。

(3) 都具有勇于实践的精神。儒家为实现自己的理想，不辞劳累，游说各诸侯国，或聚徒讲学，寄希望于天下桃李。墨家是个既有理想又有纪律的团体，他们生活俭朴、不脱离劳动，为宣传自己的理想“日夜不休，以自苦为级”。道家虽是个松散的学术团体，又常常隐居民间，但仍坚持各自为战，一遇机会便顽强地表现自己。法家人物常兼思想家和政治家两种角色，其实践色彩最浓。常常是夜之所思，日之所行者。商鞅留给世人的，除了《商君书》之外，还有“商君之法”，以及最终被追杀、被车裂的英雄史诗。

(4) 都具有一定的历史局限性。由于历史的文化传统和阶级的局限，使诸家学术程度不同地都具有一定的局限性。指出这些局限性，并非苛求古人，而是立足于实事求是的客观评价。儒家主张的“德治”“仁政”其目的不过是确保统治者的长治久安，其坚持的“礼”，就是坚持君臣父子、夫妇长幼尊卑、男女之间的差异性精神，要求在下者对在上者的服从。儒家从理论上要求重视劳动人民的作用，但从感情上常常把他们归为

"民可是由之，不可使知之"的"小人"之列。他们推崇教化，但对不服从教化者毫不留情，露出残暴的另"一只手"。儒家美好理想只是建立在君主的觉悟上，对那些不听规劝、顽固不化的君主则束手无策。墨家为了实现"兼爱"的理想，要求全体人民放弃自己的权利，把权利上缴到天子手中。以天子之是非为是非，实行完全绝对的服从。墨家代表小私有者的立场和要求，为了确保自己些许财产所有权，不惜扯出"杀盗非杀人"的大旗。他们"非乐"，认为音乐歌舞是奢侈浪费，无益于国计民生，但他们忘了劳动人民也是文学艺术的创造人和欣赏人。道家尽管看不上当时在台上的统治者，对他们施展嬉笑怒骂挖苦嘲讽之能事，但道家的内心还是惦记着台上人的。道家表面上若无其事地唱着旧时代的挽歌，而实际上是不厌其烦地为台上者提个醒。"圣人之治，虚其心，实其腹，弱其志，强其骨。常使民无知无欲。"法家是新兴地主阶级的代言人。他们过于迷信暴力和刑罚，使人民陷于动辄得咎的恐怖之中。他们推行文化专政主义，使人民心存法令，不识不知，安心务农。为此，不惜禁绝工商，禁绝民间教育。法家把君臣关系描写成"君臣上下，一日百战"。于是，帝王便运用阴谋权术来驾驭群臣。

6. 答案： 奴隶制婚姻制度至西周时由于"礼"的发达而进化得非常成熟，并且对后世影响极大，特别是其婚姻原则、婚姻成立的条件和有关婚姻解除的制度，在其后三千余年的历史发展中几乎没有任何实质性的变化。

首先，婚姻原则。西周时期，婚姻的缔结有三大原则，即"一夫一妻制""同姓不婚""父母之命，媒妁之言"。凡婚姻不合此三者即属非礼非法。第一，"一夫一妻制"是西周婚姻制度的基本要求。虽然古代男子可以有妾有婢，但法定的妻子即嫡妻只能是一个。第二，"同姓不婚"也是缔结婚姻的一个基本要求。第三，"父母之命，媒妁之言"是西周时期婚姻制度的又一原则。在宗法制下，子女的婚姻大事必须由父母家长来决定，并通过媒人的中介来完成，否则即非礼非法，称为"淫奔"，必不为宗族和社会所承认。

其次，"六礼"。西周时期，婚姻"六礼"也是婚姻成立的必要条件。合礼合法的婚姻必须通过"六礼"来完成：(1)"纳采"，即男家请媒人向女方送礼品提亲；(2)"问名"，即在女方答应议婚后，由男方请媒人问女子名字、生辰等，并卜于宗庙以定吉凶；(3)"纳吉"，卜得吉兆后即与女家订婚；(4)"纳征"，即男方派人送聘礼至女家，故又称"纳币"；(5)"请期"，即商请女方择定婚期；(6)"亲迎"，即婚期之日男方迎娶女子至家。至此，婚礼始告完成，婚姻也最终成立。按周礼的规定，"六礼"中每一程序都有具体繁杂的要求，在当时条件下，如此繁复的程序，只有贵族才能履行，庶人以下是谈不上的。"六礼"是中国古代婚姻成立的形式要件，自西周以后，作为古代礼制的一部分，它为后世历代所继承。

最后，"七出"与"三不去"。西周时期关于婚姻的解除也有若干制度，被称为"七出" "三不去"。所谓"七出"，又称"七去"，是指女子若有下列七项情形之一者，丈夫或公婆即可休弃之，即"不顺父母去；无子去；淫去；妒去；有恶疾者去；多言去；盗窃去"。其中，不顺父母（公婆）是"逆德"，无子是绝嗣不孝，淫是乱族，妒是乱家，有恶疾者不能共祭祖先，口多言会离间亲属，盗窃则是反义，故为人妻者若有此七项之一，夫家即可休弃之。但是，按照周代的礼制，已婚妇女若有下列三种情形则可以不被夫家休弃，即所谓"三不去"："有所娶无所归，不去；与更三年丧，不去；前贫贱后富贵，不去。"其中，"有所娶无所归"是指女子出嫁时有娘家可依，但休妻时已无本家亲人可靠，若此时休妻则会置女子于无家可归之境，故不能休妻。"与更三年丧"是指女子入夫家后与丈夫一起为公婆守过三年之孝，如此已尽子媳之道，不能休妻。"前贫贱后富贵"是指娶妻时贫贱，但经过夫妻的同甘共苦之后变成富贵，按礼制，"妻者，齐邑"，夫妻应为一体，故不能休妻。

“三不去”在某种程度上对于任意休妻作了限制，但更主要的是为了维护宗法伦理的需要。“七出”“三不去”制度是宗法制度下夫权专制的典型反映。作为西周时期婚姻制度的重要内容，其影响极为深远。中国后世几千年的传统法律中，关于婚姻解除的规定大体上都没有超出“七出”“三不去”的范围。

7. **答案**：西周初期，周公在“敬天保民”“明德慎罚”思想的指导下，在整理夏商之礼的基础上制定了一套完整的“周礼”；同时，“制九刑”，规定了刑罚制度。礼刑相辅相成、互为表里，“失礼则入刑”，二者共同构筑了当时完整的社会规范体系。这种礼治与刑治结合的政治模式，开创了世界上一种独有的治国模式，对西汉的“德主刑辅”、唐初的“德本刑用”、明朝的“明礼以导民，定律以绳顽”等政治模式都有深刻影响。但是，在礼治与刑治二者关系上，根本地，前者居于主导，后者服从前者指导，也就是说后者处于消极和被动状态。如果说刑治是一种制度的治理，是一种“法治”，那么它是政治的配角，更无论法治。可以说礼治与刑治结合的政治模式，没有把中国引向法治，相反，其成为人治与专制的渊源。

8. **答案**：中国早期的社会文明在西周建立以后得到了较快的发展，其民事活动比以前更为活跃，调整民事活动的法律规范也相应丰富。特别是到西周中期以后，随着严格意义上的宗法体制的松弛和演化。以私人所有权为中心的民事关系和相应的民事规则也得到了进一步的发展。西周时期的民事规范涉及所有权、债、契约、商品交换规则、婚姻继承等许多领域。

(1) 所有权。在西周时期，实行政治上的分封制，周天子通过“授民授疆土”的形式，将天下的土地和臣民封赐给各诸侯王，各诸侯王实际占有、使用，享受收益，并可以进行再次封赐赠，形成各级更小的封建领主。在理论上，对于土地和臣民的最终所有权，掌握在周天子手中。除土地和臣民等与政治密切相关的特殊社会资源外，对于一些基本的生活资料和生产资料，动产和不动产以及奴隶，各级封建领主乃至自由民都拥有完全的所有权，可以自由地交换、买卖。

西周中期以后，随着地方经济的发展，原有宗法制度和宗法观念逐渐松弛，以各诸侯国为代表的地方势力逐渐强大，对于土地和人民的实际所有权，已经逐渐转移到有真正实力的诸侯或其他领主手中，一种新型的所有制关系——私人而非国家对于土地享有完全所有权的制度——由此萌生。从整体上看，在西周中期以后，土地私有化的趋势愈演愈烈。在以农耕生产方式为主体的中国古代社会，土地是最为重要的社会资源，也是最为重要的一种商品。土地制度的变革，直接带动了整个社会结构的变化，包括经济关系、政治制度的变革。

(2) 债和契约。在西周时期，随着私田的出现和商品经济的进一步发展，相对成熟和稳定的债权逐渐形成。与这种形式相适应，调整这种债权债务关系的法律规则也开始丰富起来。据史籍记载，“债”的称谓在西周时期已经出现，称为“责”。

从文献资料和金文资料所反映的情况看，西周时期的债权债务关系大致有两类：一是因契约而产生的债，二是因侵权和损害赔偿而产生的债。与债权债务关系的发展紧密联系在一起的，是民事契约关系的发展。据史料记载，西周时期的契约关系比以前有了较大的进步。在当时，比较普遍的契约形式有两种：一种称为“质剂”，另一种称为“傅别”。“质剂”是使用于买卖关系中的契约形式；“傅别”是使用于借贷关系中的契约形式。

六、分析题

1. **答案**：“礼”根本上是一个无所不包的文化体系，它一方面继承了早期祭礼活动社群团体内部秩序规定的传统，另一方面发展为各种具体的行为规范和各种人际关系的行为仪节。从上述的史料记载中可以看出，周礼在当时的社会生活中占有非常重要的地位。周礼是一个庞大的体系，在国家和社会生活的各个方面都发挥着广泛而重要的作用。上述记载中提及在国家的行政、司法、军事、宗教、教育，乃至伦理道德、家庭生活等各个方面，都有礼的调节和规范。也就是说，在西周时期，维系整个社会的核心，保证国家机器和社会秩序正常运行的主要规范是“礼”的精神、“礼”的规范。

2. **答案**：西周时期，随着私田的出现和商品经济的进一步发展，相对成熟和稳定的债权逐渐形成。西周时期的债权债务关系大致有两类：一类是因契约而产生的债，另一类是因侵权和损害赔偿而产生的债。本文所述案件就是一个因损害赔偿而产生的债权关系。

3. **答案**：这段话反映了春秋战国时期因为公布成文法所引起的争论。以郑国子产为代表的新兴地主阶级反对奴隶主贵族垄断法律，坚决要求制定成文法并公之于世，以维护他们的私有财产和其他利益。晋国旧贵族的代表叔向则完全从旧贵族的立场出发，为了维护旧贵族的特权而发表上述评论。子产虽然出身郑国旧贵族，但他的改革适应历史的发展，从而给郑国带来新气象，因此，事实证明以子产为代表的新兴地主阶级所主张的制定并公布成文法是适应历史发展的。

第三章　秦朝法律制度

基础知识图解

- 秦朝法律制度
  - 商鞅变法与秦朝统一
    - 废除世卿世禄制，实行军功爵制度
    - 废除井田制，承认土地买卖的合法性
    - 全面推行奖励耕作、发展农业生产的政策
    - 对全国进行新的行政区划以加强管理
    - 推行重法严刑政策
  - 秦朝法律的特点与历史地位
    - 法家理论作为立法的指导思想，具体体现为："以法为本""一断于法""轻罪重刑"
    - 以法律手段全面调整社会关系
    - 刑法文明发展滞后
    - 否定宗法关系在社会中的作用
    - 确立重点保护中央集权、皇权的原则
  - 立法活动：《秦律》
  - 法律形式：律、令、式、廷行事、法律答问、法律文告
  - 刑事法律制度
    - 罪名：降敌罪、不敬国君罪、挟书罪、以古非今罪、言论罪
    - 原则：刑事责任年龄
      - 区分故意与过失，诬告反坐
      - 加重原则：集团犯和累犯加重
      - 减轻原则
      - 连坐原则
    - 刑种：死刑：腰斩、弃市、具五刑等
      - 肉刑：劓、斩左趾、宫
      - 徒刑：城旦、城旦舂；鬼薪白粲；隶臣、隶妾；司寇；候
      - 羞辱刑：髡、耐
      - 财产刑：赀
      - 其他刑：废、免、收
  - 民事法律
    - 社会身份与民事权利：皇帝及官僚、有爵位者；平民；奴隶
    - 所有权：国有和私有
    - 婚姻家庭继承制度
  - 行政法规
    - 分类
      - 行政事务
      - 官吏任用
      - 官吏奖惩
  - 司法制度
    - 司法机关
      - 中央：皇帝有最高的司法审判权；设廷尉、丞相、御史大夫
      - 地方：实行行政、司法合一制度
    - 诉讼制度
      - 判决原则：必须引用法律条款
      - 诉讼形式：公室告、非公室告
      - 诉讼的审理：调查、勘验、审讯
      - 案件的判决：读鞫（宣判）、乞鞫程序（上诉）

配套测试

一、单项选择题

1. 中国古代确立以身高为标准承担刑事责任的这一刑罚原则的是哪个朝代？(　　)
A. 西周　　B. 隋代
C. 秦代　　D. 汉代

2. 秦朝的“治狱”是指（　　）。
A. 审讯被告　　B. 监督审判
C. 庭审案件　　D. 宣读判决

3. 官方对法律条文、术语、律文的意图等作出的具有法律效力的解释，在秦朝的法律形式中被称为（　　）。
A. 诏令　　B. 式
C. 廷行事　　D. 法律答问

4. 秦统治者总结前代法律实施方面的经验，结合本朝特点，形成了一些刑罚适用原则。对于秦律原则的相关表述，下列哪一选项是正确的？(　　)（司考 2017. 1. 16)
A. 关于刑事责任能力的确定，以身高作为标准，男、女身高六尺二寸以上为成年人，其犯罪应负刑事责任
B. 重视人的主观意识状态，对故意行为要追究刑事责任，对过失行为则认为无犯罪意识，不予追究
C. 对共犯、累犯等加重处罚，对自首、犯后主动消除犯罪后果等减轻处罚
D. 无论教唆成年人、未成年人犯罪，对教唆人均实行同罪，加重处罚

5. 秦朝刑法中强制男性犯人去山林砍柴以供祭祀，女性犯人为祠祀择米的刑罚被称为（　　）。
A. 城旦舂　　B. 鬼薪、白粲
C. 司寇　　D. 隶臣妾

6. 秦朝法律中有关审理案件的原则、治狱程式、调查勘验等方面的法律规定是（　　）。
A.《秦律杂抄》　　B.《封诊式》
C.《法律答问》　　D.《秦律十八种》

7. 在秦代，“子盗父母”“父母擅刑”属于（　　）。
A. 公罪　　B. 私罪
C. 公室告　　D. 非公室告

8. 在众人聚集的闹市上，对犯人执行死刑的方法在秦代被称为（　　）。
A. 枭首　　B. 弃市
C. 定杀　　D. 车裂

9. 秦朝的耻辱刑中有“耐”刑，就是（　　）。
A. 剃去犯人头发　　B. 剃去犯人胡须
C. 在犯人脸上刺字　　D. 割去犯人的耳朵

10. 秦代法律所规定的罪名极为繁多，其中“非所宜言”犯罪所属罪名类型是（　　）。
A. 危害皇权罪
B. 侵犯财产和人身罪
C. 渎职罪
D. 妨害社会管理秩序罪

11. 统一后的秦代法制比过去更加多样化，其主要法律形式是（　　）。
A. 律　　B. 令
C. 法律答问　　D. 廷行事

12. 秦代自诉案件中的“公室告”是指(　　)。
A. 控告他人的杀伤和盗窃行为
B. 父母控告子女盗窃自己的财产
C. 子女控告父母
D. 奴妾控告主人肆意加诸各种刑罚

13. 秦代刑罚种类极为繁多，下列刑罚中，哪一个属于秦代的经济刑？(　　)
A. 城旦舂　　B. 耐
C. 赀　　D. 收

14. 秦始皇时期，某地有甲乙两家相邻而居，但积怨甚深。有一天，该地发生了一起抢劫杀人案件，乙遂向官府告发系甲所为。甲遭逮捕并被定为死罪。不久案犯被捕获，始知甲无辜系被乙诬告。依据秦律，诬告者乙应获下列哪种刑罚？(　　)
A. 死刑　　B. 迁刑
C. 城旦舂　　D. 笞一百

15. 关于公元前 359 年商鞅在秦国变法，下列哪一选项是正确的？(　　)
A. 商鞅取消郡县制，实行分封制，剥夺了旧贵族对地方政权的垄断权
B. 商鞅“法为律”，突出了法律规范的伦理基础

C. 商鞅推行“连坐”制度，鼓励臣民相互告发奸谋

D. 商鞅提出“轻罪重刑”，反对赦免罪犯，认为凡有罪者皆应受罚

16. 据史书载，以下均为秦朝刑事罪名。下列哪一选项最不具有秦朝法律文化的专制特色？（　　）（司考 2011. 1. 16）

A. “偶语诗书”　　B. “以古非今”

C. “非所宜言”　　D. “失刑”

17. 中国历史上曾进行多次法制变革以适应社会的发展。关于这些法制变革的表述，下列哪一选项是错误的？（　　）（司考 2013. 1. 19）

A. 秦国商鞅实施变法改革，全面贯彻法家“明法重刑”的主张，加大量刑幅度，对轻罪也施以重刑，以实现富国强兵目标

B. 西汉文帝为齐太仓令之女缇萦请求将自己没官为奴、替父赎罪的行为所动，下令废除肉刑

C. 唐代废除了宫刑制度，创设了鞭刑和杖刑，以宽减刑罚，缓解社会矛盾

D. 《大清新刑律》抛弃了旧律诸法合体的编纂形式，采用了罪刑法定原则，规定刑罚分为主刑、从刑

18. 秦律明确规定了司法官渎职犯罪的内容。关于秦朝司法官渎职的说法，下列哪一选项是不正确的？（　　）（司考 2014. 1. 16）

A. 故意使罪犯未受到惩罚，属于“纵囚”

B. 对已经发生的犯罪，由于过失未能揭发、检举，属于“见知不举”

C. 对犯罪行为由于过失而轻判者，属于“失刑”

D. 对犯罪行为故意重判者，属于“不直”

二、多项选择题

1. 下列关于秦朝的刑罚适用原则说法正确的有（　　）。

A. 区分故意与过失原则

B. 共犯与集团犯罪加重处罚的原则

C. 教唆犯罪加重处罚原则

D. 自首减轻处罚原则

2. 秦代的徒刑包括（　　）。

A. 城旦舂　　B. 鬼薪、白粲

C. 隶臣妾　　D. 司寇

E. 候

3. 秦律为惩罚官吏职务犯罪所设罪名有（　　）。

A. 不胜任　　B. 不谦

C. 失刑　　D. 不直

E. 纵囚

4. 从现有的史籍和秦简中特别是从《法律答问》和《封诊式》的记载中，可以看出秦代的基本诉讼原则有（　　）。

A. 有罪推定原则

B. 依法律和事实判决的原则

C. 有条件的刑讯原则

D. 证据原则

E. 重罚原则

5. 依据秦代的有关民事法规，秦代的民事主体中，享有完全民事权利能力的民事权利主体是（　　）。

A. 皇帝

B. 有爵者、士伍或百姓

C. 商贾、赘婿

D. 隶臣妾

E. 人奴妾和官奴婢

6. 秦代的经济法规种类繁多，内容庞杂，有关农牧业管理与资源保护的法律有（　　）。

A. 《田律》　　B. 《仓律》

C. 《金布律》　　D. 《工人程》

E. 《效律》

三、不定项选择题

1. 下列关于秦朝刑罚的叙述：①髡是剃去犯人胡须的耻辱刑；②赎刑是判处犯人缴纳财物的刑罚；③“具五刑”是一种肉刑；④“定杀”是一种死刑，“令人站而斩之”；⑤赀刑是一种以罚金、罚物为主的刑罚。不正确的是（　　）。

A. ①　　B. ②③④

C. ⑤　　D. ①③

2. 秦代的“不直”“纵囚”“失刑”犯罪所属罪名类型是（　　）。

A. 危害皇权罪

B. 侵犯财产和人身罪
C. 渎职罪
D. 破坏婚姻家庭秩序罪

3. 秦代中央机构“三公九卿”中，专门掌司法的职官与机构是（　　）。
A. 太尉　　B. 御史大夫
C. 典客　　D. 廷尉

4. 秦代的死刑执行方法有很多，下列选项中不属于秦代死刑执行方法的有（　　）。
A. 弃市　　B. 族刑
C. 具五刑　　D. 磔
E. 刖

5. 秦代的定罪量刑原则有（　　）。
A. 规定刑事责任年龄
B. 确认主观意识状态，区分故意与过失
C. 教唆同罪，累犯加重
D. 自首减免刑罚
E. 实行连坐和诬告反坐

6. 秦律钳制人民思想言辞的罪名有（　　）。（西南政法大学 2004 年考研真题）
A. 以古非今罪　　B. 偶语诗书罪
C. 腹诽罪　　D. 失期
E. 投书罪

四、名词解释

1. “一法度”
2. 律
3. 令
4. “法律答问”
5. “不直罪”“纵囚罪”
6. “城旦舂”
7. “具五刑”
8. 廷行事（中南财经政法大学 2006 考研真题）
9. “赀”
10. “公室告与非公室告”
11. 诬告反坐
12. 官诉
13. 御史大夫
14. “三公”
15. “九卿”
16. 爰书（中国青年政治学院 2008 考研真题；2003 考研真题）

五、简答题

1. 简述秦代具有行政法规性质的法律规范。
2. 简述秦代的监狱管理制度。
3. 简述秦代的婚姻与继承法律制度。
4. 简述秦代行政法规中关于中央机构和地方机构的设置的规定。
5. 简述秦简《为吏之道》中的“五善”指什么。
6. 简述秦代的民事权利主体的种类。
7. 简述秦代监察制度的内容。
8. 简述商鞅变法的内容与意义。（清华大学 2013 考研真题）
9. 简述秦朝法律的主要形式。（南京师范大学 2010 考研真题）

六、论述题

1. 试论述秦代的定罪量刑原则及其刑罚种类。
2. 试论秦代诉讼制度。
3. 试论韩非法治观对中国传统法律文化的影响。（南京大学 2007 考研真题）
4. 法家所提倡的、秦所实践的“法治”与现代的“法治”有何异同？

七、分析题

秦简《法律答问》有记载：“贼杀伤，盗它人为‘公室告’；子盗父母，父母擅杀、刑、髡子及奴妾，不为‘公室告’。”“‘子告父母、臣妾告主，非公室告，勿听。’何谓‘非公室告’？主擅杀、刑、髡其子、臣妾，是谓‘非公室告’，勿听。而行告，告者罪。告者罪已行，它人又袭其告之，亦不当听。”

试分析上述记载所说明的司法制度。

参考答案

一、单项选择题

1. **答案**：C。对于要负完全刑事责任者，秦律确立以身高为标准，规定为男身高六尺五寸、女身高六尺二寸以上。

2. 答案：C。秦朝时期，凡讯问被告被称为"讯狱"，庭审案件被称为"治狱"。

3. 答案：D。法律答问是以问答方式表现出来的秦官方对法律所作的解释，它对律文、术语、律文意图以及诉讼程序等都作出了明确解释，与律具有同等的法律效力。

4. 答案：C。秦律规定，凡属未成年犯罪，不负刑事责任或减轻刑事处罚。秦律以身高判定是否成年，大约六尺五寸为成年人身高标准，低于六尺五寸的为未成年人。故A项错误。秦律重视故意与过失犯罪的区别。故意诬告者，实行反坐；主观上没有故意的，按告不审从轻处理。故B项错误。秦律规定，教唆未成年人犯罪者加重处罚。故D项错误。C项正确。

5. 答案：B。A项不选，城旦舂是秦朝徒刑中的一种，它强制犯人修筑城墙、舂米之类的劳役，其中男子修城墙，女子舂米，合称为城旦舂。

B项应选，鬼薪、白粲也是秦朝徒刑中的一种，男为鬼薪，即男犯为祠祀鬼神砍柴。女为白粲，即女犯为祠祀择米。

C项不选，司寇也是秦朝徒刑中的一种，即伺寇，意为伺察寇盗，令男犯到边疆服役。

D项不选，隶臣妾同样是秦朝徒刑中的一种，即将犯人及其家属罚为官府服役，男为隶臣，妇为隶妾。

6. 答案：B。AD两项不选，云梦秦简又称睡虎地秦墓竹简。云梦秦简中的有关法律内容，主要包括：《秦律杂抄》《封诊式》《法律答问》《秦律十八种》《为吏之道》等。

B项应选，《封诊式》是关于司法机关审理案件的原则、治狱程式、调查勘验等方面的法律规定，同时也包括一些具体的案例。

C项不选，《法律答问》主要是对秦律的某些条文、术语与立法意图以问答形式进行具有法律效力的解释，包括对诉讼程序中的一些具体问题进行解释和说明。

7. 答案：D。秦朝把杀伤人、偷盗等危害封建统治的犯罪，列为严惩对象，这类犯罪称为"公室告"；把"子盗父母""父母擅刑"等引起的诉讼，称为"非公室告"。对非公室告，官府不予受理，子女坚持告诉的，还要给予处罚。

8. 答案：B。A项不选，枭首，是指斩首后悬其首级于杆上示众。

B项应选，弃市，是指在闹市将犯人杀死。

C项不选，定杀，是指将犯人抛入水中溺死。

D项不选，车裂，即人们常说的五马分尸。

9. 答案：B。秦时经常使用"髡""耐""完"等耻辱刑作为徒刑的附加刑。"髡"是指剃光犯人的头发和胡须、鬓毛；"耐"与"完"是一刑二称，是仅剃去胡须和鬓毛，而保留犯人的头发。

10. 答案：A。

11. 答案：A。

12. 答案：A。

13. 答案：C。

14. 答案：A。秦律规定，故意捏造事实与罪名诬告他人，即构成诬告罪。诬告者实行反坐原则，即以被诬告人所受的处罚，反过来制裁诬告者。本题案例中甲被乙诬告而被定为死罪，根据秦代诬告反坐的刑罚适用原则，对乙应以甲被判处的刑罚加以制裁，即乙应当被判处死刑。故本题选A。

15. 答案：D。商鞅建立了郡县制，而在西汉时取消了郡县制，实行分封制。商鞅改法为律，扩充了法律的内容。强调法律规范的普遍性，具有"范天下不一而归于一"的功能，是在法律观念上的又进一步。强调法律规范的伦理基础是西周的法制思想。商鞅在变法过程中"实行"了连坐制度而不是"推行"了连坐制度。

16. 答案：D。秦代奉行法家思想，轻罪重罚。特别是"偶语诗书""以古非今""非所宜言"等危害皇权的行为，不区分故意和过失，处罚极重，秦朝专制文化色彩浓厚。"失刑"是渎职罪，指司法官因过失而量刑不当，若系故意，则构成"不直"罪。该罪区分故意和过失，最不具有专制色彩，故选D。

17. 答案：C。废除宫刑制度、创设鞭刑和杖刑，均在三国两晋南北朝时期完成。当时刑罚制度改革的主要内容有：一是规定绞、斩等死刑制度。二是规定流刑。把流刑作为死刑的一种宽贷措施。三是规定鞭刑与杖刑。北魏时期开始改革以往五刑制度，增加鞭刑与杖刑，后北齐、北周相继采用。四是废除宫刑制度。北朝与南朝相继宣布废除宫刑，自此结束了使用宫刑的历史，故C项表述错误。

18. 答案：B。"不直"指的是罪应重而故意轻判，应轻而故意重判，故D项正确。"纵囚"指应当论罪而故意不论罪，以及设法减轻案情，故意使案犯达不到定罪标准，从而判其无罪，故A项正确。"失刑"指因过失而量刑不当（若系故意，则构成"不直"罪），故C项正确。"见知不举"指官吏发现犯罪而不揭发、举报，该罪的适用以官吏发现或知道犯罪为前提，而不是所有"已经发生的犯罪"，故B项表述有误。

二、多项选择题

1. 答案：ABCD。刑罚适用原则有以下几种：刑事责任能力的确定以身高为准；区分故意和过失；盗窃按赃值定罪的原则；共犯与集团犯罪加重处罚；累犯加重原则；教唆犯罪加重原则；自首减轻处罚的原则；诬告反坐原则。

2. 答案：ABCDE。

3. 答案：ABCDE。

4. 答案：ABCD。

5. 答案：AB。

6. 答案：AB。

三、不定项选择题

1. 答案：ABD。秦时经常使用"髡""耐""完"等耻辱刑作为徒刑的附加刑。"髡"是指剃光犯人的头发和胡须、鬓毛；"耐"与"完"是一刑二称，指仅剃去胡须和鬓毛，而保留犯人的头发。此外，死刑中的"戮"刑也含有羞辱之意。秦律中对轻微罪适用的强制缴纳一定财物的刑罚主要是"赀"。"赀"是用经济制裁来惩治官吏的一般失职和人民的一般违法行为的独立刑种。

2. 答案：C。

3. 答案：D。

4. 答案：E。

5. 答案：ABCDE。

6. 答案：AB。

四、名词解释

1. 答案："一法度"是指公元前221年秦始皇统一中国，秦国的历史经验使秦始皇充分认识到健全法制对国家富强的重大意义。秦始皇"使法令由一统"，将原来秦国的法制推广到统一后的全国各地；同时又采取种种立法措施加以完善法制，特别是在秦始皇三十四年，由丞相李斯主持"明法度、定律令"对原有的法律加以全面的修订和补充，颁行全国。

2. 答案：律是秦朝最主要的法律形式之一。它是朝廷就某一专门问题正式颁布的法律。律是由商鞅从"法"改变而来。秦朝的律很分散，当时还远没有达到法典的形式，但是律在后世成为中国古代法律的主要形式，其地位即由此奠定。

3. 答案：令也是秦朝经常使用的一种法律形式。它主要是君主或皇帝针对一时之事而以命令形式发布的法律文件。"令"的法律效力要高于"律"。自秦以后，皇帝的诏令成为中国古代最基本和效力最高的法律形式，充分体现了古代中国皇权的至高无上。

4. 答案："法律答问"也是秦代的主要法律形式之一。"法律答问"是秦朝朝廷和地方主管法律的官员对律令所作的权威解释，是对秦律的某些条文、术语以及律文的意图的解释，是对秦代律令条文的重要补充，它们与法律条文一样都具有普遍的约束力。

5. 答案："不直罪""纵囚罪"是秦朝时期所规定的渎职方面的犯罪。"不直罪"是指对罪犯应该重判而故意轻判，应该轻判而故意重判。"纵囚罪"是指对罪犯应当论罪而故意不论罪，以及设法减轻案情，故意使案犯达不到定案的标准，从而达到判其无罪的目的。

6. **答案**："城旦舂"是秦代的一项关于剥夺犯罪人人身自由，强制其参加劳役的刑罚制度。具体要求是男犯筑城，女犯舂米。但实际从事的劳役并不限于男犯筑城，女犯舂米。

7. **答案**："具五刑"是秦代对被处以族刑的犯人本人的处罚方式。即"当夷三族者，皆先黥、劓、斩左右指，笞杀之，枭其首、菹其肉于市。其诽谤詈诅者，又先断舌，故谓之'五刑'"。具五刑是对磔刑的发展，也是后世凌迟刑的萌芽形式。

8. **答案**：廷行事是秦简中的一种判例形式，先秦的司法实践中就适用判例，判例可作为同类案件判决的依据。

9. **答案**：**"赀"是秦代主要的经济处罚刑，"赀"是指秦代用经济制裁来惩治官吏的一般失职和人民的一般违法行为的独立刑种，它包括三种刑种：一是纯罚金性质的"赀甲""赀盾"；二是"赀戍"，即发往边地做戍卒；三是"赀徭"，即罚服劳役。**

10. **答案**："公室告与非公室告"是秦代自诉案件的两种分类。所谓"公室告"，是指控告他人的杀伤和盗窃行为，所谓"非公室告"，是指父母控告子女盗窃自己的财产，以及子女控告父母、奴妾控告主人肆意加诸自己各种刑罚。对于这两类告诉，只有"公室告"才予受理；凡属"非公室告"，官府不予受理，若当事人坚持告发，则告者有罪；若是他人接替告发，也不能受理。

11. **答案**：诬告反坐是秦代的定罪量刑的原则之一，即对于诬告他人者，以所告之罪罪之。按照秦律，在一般情况下，只有故意陷害他人才构成诬告罪。若是出于过失则不算诬告，但若诬告他人杀人，即使是由于过失，同样要以诬告罪论处。

12. **答案**：官诉是将诉讼案件向司法机构告发的一种方式，即官吏纠举，指官吏非因自己被侵害，而是按照其职责要求对犯罪人向司法机构提起的诉讼。

13. **答案**：御史大夫是秦代的中央司法机关之一，御史大夫也是副丞相之职，属三公之一，职责相当广泛。除掌管群臣奏章和下达皇帝的诏令外，还负责监察和亲理诏狱。

14. **答案**：秦代的最高机构的设置。三公分别指丞相、太尉、御史大夫。其中丞相总管全国行政事务，是皇帝之下的最高执政官；太尉是最高专职武官，掌握军政；御史大夫也是副丞相之职，除掌管群臣奏章和下达皇帝的诏令外，还负责监察和亲理诏狱。

15. **答案**："九卿"即奉常（掌宗庙礼仪）、郎中令（掌皇帝侍从警卫）、卫尉（掌宫廷警卫）、太仆（掌宫廷御马和国家马政）、廷尉（掌司法）、典客（掌外交和民族事务）、宗正（掌皇族事务）、治粟内史（掌租税钱谷和财政收支）、少府（掌专供皇帝需用的"山海池泽之税"）。九卿构成中央各重要的行政官职和机构。

16. **答案**："爰书"是秦代一种司法记录文书。秦律明确规定，在案件审讯时，须将审讯经过、在场人员、被告人的口供和所使用的证据等一一记录下来。秦代司法机构的审讯记录和在此基础上整理出来的案情报告，在《封诊式》中均称"爰书"。从《封诊式》所载事例来看，秦代的审讯记录大体上应包括以下内容：被审讯者的姓名、身份、籍贯、现居住地址，以及因何原因被控告；原告的诉词，被告的供述，司法官吏追问时他们的辩解词；被告人是否有前科；证人在讯问过程中提供的证词；有哪些证据；审讯过程中是否进行拷打。

五、简答题

1. **答案**：秦代虽然没有成文的行政法典，却有一系列单行的行政法规，这些行政法规的内容相当全面，几乎涉及当时行政活动的各个领域，并且，这些法规大多数类型完整，结构严密，确定性程度高，从而为各个行政机关提供了行为准则，充分体现出秦代"事皆决于法"的特征。

(1) 机构设置。中央机构：秦代朝廷的机构设置是"三公九卿"。"三公"指丞相、太尉、御史大夫三个最高职官。其中，丞相总管全国行政事务，是皇帝之下的最高执政官；太尉是最高专职武官，执掌军政；御史大夫是丞相之副，掌管群臣章奏和下达皇帝诏令，兼理监察。“三公”之下是“九卿”，即奉常、郎中令、卫尉、太仆、廷尉、典客、宗正、治粟内史、少府，九卿构成中央各重要的行政职官和机构。

地方机构和基层组织：秦代地方实行郡、县制。郡以郡守为最高行政长官，执掌一郡全部政务，由朝廷任命、节制；郡守之下设郡尉，主管一郡军政事务。县以县令为行政长官，主管一县政务并兼理司法，由朝廷任免；其下设丞和县尉，协助县令工作。县之下有乡、里、亭等基层行政组织。乡以“有秩”为主管官吏，其下设乡老、啬夫、游缴等职；里以“里正”或“里典”为主管官吏，里以下按什伍组织编制民户。此外，十里为一亭，设亭长，负责亭内侦察、拘捕人犯等警察事务。

(2) 官吏任用。秦简《为吏之道》云：“审民能，以任吏，非以官禄。”即对民众要严格考察其德、才，方可任用为官吏，为的是不能让其白白享受官禄，而要使他能够处理政事，秦代统治者对官吏必须具备的基本条件作了较为明确的规定，以“五善”为标准。秦简《置吏律》《除吏律》还对任用官吏的时间、原则，特别是违法任用官吏的责任作了规定。

(3) 官吏职责。秦律要求各级官吏严格执行职务。实际上，秦代的各类经济法规和行政法规大多是以确定各专职官吏之职责的形式出现的，秦简中的《田律》《厩苑律》《仓律》等各篇，对各类专职官吏的职责都作了明确规定。

秦代还要求官吏必须通晓法律，并严格执行法律。《语书》云：“凡良吏明法律令……恶吏不明法律令。”是否通晓法律成为区分“良吏”与“恶吏”的标准之一。

(4) 官吏奖惩。秦代依据法家重赏重罚、罚重于赏的思想，非常重视对官吏的考核和奖惩。通过考核，一方面对政绩优异、在履行职务中取得卓著成效的官吏给予奖励，以调动官吏为朝廷效力的积极性；另一方面则对履行职务不力，玩忽职守，给国家政治、经济造成损失的行为，或违法营私行为，分别情形给予处分。

2. 答案：秦代监狱很多，秦简中的许多律条都载有监狱管理的规定，如有关工程建设管理的《司空律》，其内容就主要是管理刑徒的各种法律规定；其他如《工人程》《均工》《工律》《厩苑律》《行书律》《仓律》《金布律》也都有管理刑徒的内容。

秦代已形成了一套较为严密的监狱管理制度。当时法律对于囚犯饮食、衣着的供应标准和服劳役的办法，对于是否加戴刑具以及加戴什么种类、什么规格的刑具，对于不同等级、身份、年龄和不同犯罪性质的囚徒所应享受的不同待遇，都作了相当具体的规定。同时，秦代还形成了一种利用轻罪的“城旦司寇”来监领重罪刑徒的管理办法。秦律还规定，若刑徒不服管理要加重刑罚，狱吏若管理不力或违反规定，也要给予法律制裁。

3. 答案：(1) 婚姻制度。秦律对于婚姻的成立条件、婚姻的形式、夫妻双方的权利义务及婚姻的解除等方面都作了具体的规定。结婚只有到官府登记才有效，未经登记的婚姻是不受法律保护的；丈夫休妻也同样必须报官登记。关于夫妻间的权利义务关系，秦律虽然也维护男尊女卑和夫权，但因受儒家文化影响较小，因而对夫权有所限制，对妻子人身权利的保护也超过汉以后的历代王朝。

(2) 继承制度。秦代的继承范围很广，除常见的继承外，还有皇位继承、宗祧继承、官职继承、爵位继承及其他身份继承。秦律对继承人的确认则有法定继承和指定继承两种，同时对于继承的方法也有比较明确的规定。比如，秦简《法律答问》云：“何谓‘后子’？官其男为爵后”，意即爵位继承人须到官府登记、经官方认可方为有效。

4. 答案：秦代虽没有成文的行政法典，却有一系列单行的行政法规，这些行政法规内容相当全面，几乎涉及当时行政生活的各个领域，并且，这些法规大多类型完整，结构严密，确定性程度高，从而为行政机关提供了行为准则，充分体现了秦代“事皆决于法”的特征。皇帝总揽一切大权，“天下之事无大小皆决于上”，司法大权自然也操纵在皇帝手中。

(1) 中央司法机关。秦代的中央司法机关主要是丞相、御史大夫和廷尉。丞相是最高行政长官，也时常负责审理皇帝交办的案件。御史大夫是丞相之副，除执掌群臣奏章和下达皇帝诏令之外，还负责监察和亲理诏狱。廷尉属“九卿”之一，专理司法，是秦代的中央最高审判机关和最高司法官，其职责是审理皇帝交办的案件和地方不能审理的重大案件，以及审核解决各郡的疑难案件。

(2) 地方司法机关。秦代地方司法机构分郡、县两级，主管一郡的郡守与主管一县的县令也同时掌管郡、县的司法案件。县另设县丞，除负责文书、仓库事务外，还负责协助县令办理狱讼案件。在基层则设有乡官，由有秩或啬夫负责乡的诉讼和赋税事务。狱讼案件若乡里不能决，则报县，由县令、县丞审理；县不能决，则报郡，由郡守审理；郡不能决，则上报中央廷尉。

5. **答案**：秦简《为吏之道》对官吏必须具备的基本条件作了较为明确的规定，规定对民众要严格考察其德、才，方可任用为官吏，为的是不能让其白白享受官禄，而要使其能够处理政事。因此，以“五善”为标准。所谓“吏有五善：一曰忠信敬上，二曰清廉毋谤，三曰举事审当，四曰喜为善年，五曰恭敬多让”。这说明秦时对任官的要求，即忠君敬上、廉洁奉公、以身作则、宽厚平和、严肃认真、果断坚决、讲求工作效率。

6. **答案**：秦代的民事权利主体大致有以下几类：

(1) 国家—皇帝，这是最完全的民事权利主体。秦代有大量的国家财产，这些财产实质上是皇帝的私产；社会的基本生产资料，如土地、山林、河川等均为国家所有。国家经营农牧业，垄断采矿、冶铁、铸钱、兵器等手工业，官府亦经常与百姓发生买卖关系。

(2) 有爵者、士伍或百姓，这是具有完全权利能力的民事权利主体。他们有完全的人身权利、财产权利和婚姻权利，还有单独立户的权利。

(3) 作务、商贾、赘婿、后父，这是有限制权利能力的民事权利主体。他们没有完全的人身权，常与被剥夺了人身自由的罪犯一样发往边地；他们仅有受限的财产权。

(4) 隶臣妾，这也是限制权利能力的民事主体。他们有一定的人身权；由于有服兵役的义务，有可能立功拜爵成为“有爵者”；他们有一定的由法律确认的财产权；也有完全的婚姻权和自立门户的权利。

(5) 人奴妾和官奴婢，这是完全不具有权利能力的人。作为私人或官府的奴婢，他们只是被买卖的客体，完全没有人身自由权利，也没有任何私有财产权和单独立户权，他们只具有不完全的婚姻权，因而不能作为民事权利主体。

7. **答案**：从史籍记载来看，秦已创立了御史监察之制，在中央以御史府（台）为官署，以御史大夫为官长，对地方则派遣监御史。秦的御史制度源于西周、春秋和战国时期的史官制度。至秦时，随着中央集权的君主专制制度的确立，原先在君主左右“掌赞书而授法令”的御史遂发展为兼司纠察之任的监察官吏。据史籍记载，秦代御史的职责相当广泛。

御史大夫属“三公”之一，是秦代的最高监察官，众御史之长。其地位在廷尉之上，十分显赫。御史大夫率属吏组成御史府（台），构成秦代的中央监察机关。秦在各郡还设有监御史，是由朝廷派往地方执行监察任务的官吏，其主要职责是对所在郡的官吏实行纠察，并参与治理刑狱。但监御史并不是地方官职，也不专驻地方，而是隶属于御史府（台），受御史大夫和御史中丞直接指挥和节制。

从上面可以看出，秦代的御史监察之制尚处于初创阶段，其御史大夫、御史中丞及其他御史虽领有纠察之责，辅佐皇帝监察百官，但仍有其他各种行政事务，还不是专职的监察官员。不过，秦代开创的监察制度不仅为后世历代王朝所继承，而且，御史监察百官还成为中国古代政治制度和司法制度的一大特色，其历史影响是极为深远的。

8. 答案：（1）商鞅变法的内容。商鞅在秦国两次发布变法令。第一次是孝公三年（公元前359年），这次变法的重点是打击奴隶主旧贵族的政治势力，其主要内容有："令民为什伍，而相牧司连坐"；奖励告奸；奖励农业生产；奖励军功。第二次是孝公十二年（公元前350年），这次变法的重点是废除奴隶制的土地制度，其主要内容有：重申分户令；取消分封制，普遍建立郡县制；废除井田制，确立封建土地所有制；统一度量衡制度。

（2）商鞅变法的意义。商鞅变法收到了良好的效果，变法剥夺了旧贵族的特权。新法的推行，促进了秦国生产力的发展，使"秦人富强"，秦国的大治，从而为秦国后来完成统一大业奠定了基础。

9. 答案：统一后的秦代法制形成了律、令、式、法律答问、法律文告以及程、课、廷行事等多种法律形式。

（1）律

"律"是朝廷就某一专门事类正式颁布的法律。自商鞅改"法"为"律"之后，"律"便成为秦的主要法律形式。"律"在后世成为中国古代法的代表形式，其地位即由此奠定。

（2）令

"令"是君主或皇帝针对一时之事而以命令形式发布的法律文件，它同"律"一样也是秦时经常使用的一种主要法律形式，但其效力高于律。"制"与"诏"成为皇帝命令的专称，从而不仅使之与其他人发布的命令区别开来，而且更赋予其最高威严，使之具有最高的法律效力。

（3）式

"式"是朝廷统一颁布的规定官吏审理案件的准则以及书写审讯笔录、现场勘察笔录、查封笔录等法律文书程式的法律文件；"式"在文字上指"准则""标准""范例""模式"或"格式"之意。

（4）法律答问

"法律答问"是朝廷和地方主管法律的官员对律令所作的权威性解释，它们与法律条文一样具有普遍的约束力。采用问答形式，对秦律的某些条文、术语以及律文的意图作出了明确解释，是对秦代律令条文的重要补充。

（5）法律文告

"法律文告"是秦代各级官吏在其职权范围内发布的具有法律效力的文告，但其效力通常仅限于发布者职权所辖的特定地区和范围之内。

（6）程、课、廷行事

从《睡虎地秦墓竹简》来看，秦代还有"程""课""廷行事"等多种法律形式。秦简载有《工人程》三条，是朝廷颁布的用来规定主管人员考核官营手工业生产者劳动数量与质量的法律，由其内容分析，"程"与"式"一样含有"标准"之意。秦简中还载有《牛羊课》一条，其内容乃是关于牛羊畜养的法律。此外，秦墓竹简《法律答问》中有十余条直接以"廷行事"作为依据，其"廷行事"即判案成例。

六、论述题

1. 答案：（1）秦代的定罪量刑原则有：①规定刑事责任年龄。秦律规定，凡属未成年人犯罪，不负刑事责任或减轻刑事责任。②确认主观意识状态，区分故意与过失。秦律十分重视人的主观意识状态，一方面注重区别有无犯罪意识，这是作为判定被告人的某些行为是否构成犯罪的重要依据；另一方面则明确区分故意与过失。③教唆同罪，教唆未成年人犯罪加重处罚。④加重原则：累犯加重，共同犯罪和集团犯罪加重。⑤减轻原则：自首减免刑罚，消除犯罪后果减免刑罚。⑥实行连坐。连坐就是一人犯罪，全家、邻里和其他有关的人连同受罚。⑦诬告反坐。秦律即对于故意诬告他人者，以所告之罪罪之。

（2）秦代的刑罚种类极为繁多，大致而言，主要包括以下八大类：笞刑、徒刑、流放刑、肉刑、死刑、羞辱刑、经济刑、株连刑。秦尚未形成完整的刑罚体系，且刑罚极为残酷。①笞刑。笞刑是以竹、木板责打犯人背部的轻刑，是秦代经常使用的一种刑罚方法，大多针对轻微犯罪而设，也有的是作为减刑后的刑罚。②徒刑。在秦代主要包括以下几种：城旦舂、鬼薪白粲、隶臣妾、司寇、候等。③流放刑。包括迁刑和谪刑，都是将犯人迁往边远地区的刑罚。④肉刑。即黥、劓、刖、宫四种残害肢体的刑罚，它们源于奴隶制时代，在秦时不仅沿用，且十分广泛。⑤死刑。秦代的死刑执行方法很多，主要有：腰斩、弃市、戮、磔、车裂、定杀、枭首、族刑、具五刑，等等。秦代还实行过凿颠、抽肋、镬烹、囊扑等残酷的死刑执行方法。⑥羞辱刑。秦时经常使用“髡”“耐”“完”耻辱刑作为徒刑的附加刑。“戮”刑也含有羞辱之意。⑦经济刑。秦代的经济处罚刑主要是“赀”。它包括三种：一是纯属罚金性质的“赀甲”“赀盾”；二是“赀戍”，即发往边地做戍卒；三是“赀徭”，即罚服劳役。秦代还有与财产有关的赎刑。⑧株连刑。主要是族刑和“收”。收，亦称收孥、籍家，就是在对犯人判处某种刑罚时，还同时将其妻子、儿女等家属没收为官奴婢，还有一些其他的刑罚，如废、免、收。

2. 答案：秦代的诉讼制度包括：

第一，诉讼程序：

（1）诉讼的提出。秦代的诉讼案件一般采取以下两种方式向司法机构告诉：一是官诉，即官吏纠举，指官吏非因个人被侵害，而是按其职责要求对犯罪人向司法机构提起的诉讼。二是举发，即为维护自己的利益而向司法机构提出诉讼。

（2）告诉的限制。秦代将自诉案件分为“公室告”与“非公室告”两种。所谓“公室告”，是指控告他人的杀伤和盗窃行为；所谓“非公室告”，是指父母控告子女盗窃自己的财产，以及子女控告父母、奴妾控告主人肆意加诸自己各种刑罚。对于这两类告诉，只有“公室告”才予受理；凡属“非公室告”，官府不予受理，若当事人坚持告发，则告者有罪；若是他人接替告发，也不能受理。秦律还禁止诬告和轻罪重告，对于诬告实行反坐原则，对于轻罪重告也予以惩罚。在通常情况下，也不受理对已死亡被告的控告。

（3）案件的审理。在秦代，案件的审理主要包括原、被告双方到庭、讯问、调查、做审讯记录等内容。秦代同西周一样，在案件审讯时须原、被告双方到场；在案件审理过程中，讯问也是最重要的环节，它包括讯问原告人、被告人和证人，其中尤以讯问被告人以获取口供为关键，调查分为三方面内容：一是为了案件的局部不清问题而专门进行的单项或几项调查工作；二是现场勘验；三是法医检查或鉴定。在案件审理时，须将审讯经过、在场人员、被告人的口供和所使用的证据等一一记录下来。爰书，就是秦代司法机构的审讯记录和在此基础上整理出来的案情报告。

（4）案件的判决和再审。若对判决不服，当事人有权“乞鞫”，即提出重新审判的要求；这种要求既可以由其本人提出，也可以由他人代为提出，但这种要求只能在判决以后提出方予受理，若在案件判决之前则不能受理。

第二，诉讼原则：

（1）有罪推定原则。秦代诉讼最基本的原则是“有罪推定”，即刑事被告人一经被告发，在未经司法机关判决之前，就被推定为有罪，并以罪犯对待。

（2）依法律和事实判决的原则。虽然实行“有罪推定”，但在诉讼过程中，秦律还是严格要求司法官吏认真查验证据，依事实去适用法律，依据法律和事实对案件进行判决。而秦律针对法官责任所规定的“失刑罪”“不直罪”和“纵囚罪”，则是对这一原则的保障。

（3）有条件的刑讯原则。秦简《封诊式》所载《治狱》《讯狱》两则是现存最早的关于中国古代刑讯问题的法律规定。秦代在一般情况下不提倡刑讯，但当司法官吏认为当事人回答问题不实、狡辩时，则允许刑讯，这说明秦律实行的是有条件的刑讯原则。

（4）证据原则。秦代诉讼过程中还贯穿着一系列的证据原则，主要有：以被告人口供作为主要定案依据原则；官吏举告与民人告奸必须举证原则；广泛收集证据原则；各种证据必须详载于笔录的原则；等等。

作为古代中国第一个中央集权的专制王朝，秦代的诉讼制度在中国法制史上具有承上启下的重要地位，秦代上承夏、商、周三代和春秋战国，下启汉以后两千余年的中国古代诉讼传统，其诉讼制度的基本方面，如皇帝严格控制司法权、行政与司法不分、严格限制子女和奴婢的诉讼权利、在审判过程中有条件地实行刑讯逼供、注重证据的使用、重视现场勘验和法医检验、明确司法官吏的责任以及“乞鞫”上诉等制度，均长久地为后世所沿用，直到清末仍基本未改，可见其影响是极为深远的。

3. 答案：（1）韩非法治思想的内容

韩非的法律思想体系，概括了前期法家思想的内容，并在其基础上有所发展，简要地说，一是从历史的发展、人性的好利恶害、人口的增长方面论述了法治的必然性；二是从法的本质、特征、作用等方面论述了法治的必要性；三是从法、势、术三者结合方面论证了法治的可行性。

（2）韩非法治观对中国传统法律文化的影响

①韩非是战国末年法家主要代表，先秦法家法律思想的集大成者。他将刑名法术作为其治国之大器，竭毕生之力来为自己的主张游说，虽然最终未能摆脱因游说不力而被诛杀的命运，但其法术治理国家的理论，发扬了法家的思想，使之成为中国历史上与儒家相抗衡的最为重要的思想，以今天的眼光来看，其原创的许多重要思想，现实意义要远远超过儒家理论，为横在时代十字路口的中华民族，指明了发展的方向。

②韩非在其理论中详细论述了国富民强的根本之策在于法。韩非提出：“法者，事最适者也。”法律是适合时代的东西，必须具有现实的作用。“宪令著于官府，刑法必于民心，赏存乎慎法，而罚加乎奸令也”“法者，编著的图籍设之于官府，而布之于百姓”。法律是由官方编撰的成文法，而且使得人民知晓。这种国家法的观念仍然深刻地影响着现今国家法的建构，对国家法的作用、性质、特征予以理论上的概括总结，现在还在使用。

A. 韩非提出的法治思想，对当时及后世的社会产生了重要的影响。

他主张用赏罚分明的手段、严酷的刑法和相对稳定的律令来实现国家的强盛。对于法，韩非提出“是以赏莫如厚而信，使民利之；罚莫如重而必，使民畏之；法莫如一而固，使民知之”。法成为赏罚的标准，而要使法相对独立，否则“法趣上下，四相反也，而无所定，虽有十黄帝不能治也”。

B. 韩非法治思想的重要方面是与儒家相同的“信”，但是其信的基础和手段都不同于儒家。

第一，信是法推行的保证，如果没有人相信法，法也就不能实现治理社会的功能。韩非在“信”的基础之上，源于性恶的人性基础，确立重刑的思想，使法产生“畏”，从而树立起法的威信，这是推行法律用于实际操作治理国家的必然。这里的信是建立在“畏”之上的信，与儒家传统的人性本善的理论基础是泾渭分明的。

第二，法“固”的特点也是韩非思想的一个重要方面。法“固”的目的是让普通的人民了解，进入普通的社会生活，而不仅仅是上层社会的一种“利器”，用来解决社会的问题“定分止争”，法成为实际可实行操作的“治国利器”。由此，法从理论走向实践，真正开始对社会的发展产生实质的推动作用，随着时代的演进，法开始作为社会治理手段具有无可比拟的优越性。

③韩非的治国思想还体现在其具体的用人之道、方式和手段上。对用人准则的阐释主要体现在《观行》《用人》中。采纳赏罚的手段使得人人各安其职，各尽其责，最终

实现“天下莫得伤，治之至也”，归于老子的无为而治的治国理想境界。在当时实现政治之趋势，是由贵族政治趋于君主专治的政治。法家以此趋势作为构建理论的现实基础，加之其才学智慧，足以辅助君主做彻底的政治改革。当时的国家社会，地域范围日趋扩张，社会组织和社会生活日益复杂，旧式的用人之道已经不能适应，需要革新。

4. 答案：（1）法家所提倡的、秦所实践的“法治”主要包括：

①“一断于法”。中心思想就是取消旧贵族在法律上所享受的一切特权。同时，“刑过不避大臣，赏善不遗匹夫”，主要是指适用法律的原则。这一原则同等级制度原则并不是根本对立的。

②法律必须公开。“布之于百姓”，就是必须向百姓公布所制定的成文法，使民众知晓，让他们“知所避就”，以便在实践中按法律的要求行事，从而否定了“刑不可知，则威不可测”的秘密法。

③轻罪重刑。通过轻罪重刑的手段达到预防犯罪的目的。

该种“法治”虽然强调依法办事，但是在我国封建社会，国家统治、判断是非抛不开君主至高无上的权利，实质上是君主领导下的“法治”。

（2）现代法治强调法律作为一种社会治理工具在社会生活中的至上地位，并且关切民主、人权、自由等价值目标。法治是人类政治文明的重要成果。实施依法治国基本方略、建设社会主义法治国家，既是经济发展、社会进步的客观要求，也是巩固党的执政地位、确保国家长治久安的根本保障。

（3）法家所提倡的、秦所实践的“法治”与现代的“法治”的异同。两者都是强调法的统治，都制定颁布了一系列法律法规，都对社会秩序调整起到了重要作用。但是两者存在本质区别：

①古代法治建立在封建专制主义统治的基础上。秦代维护的是统治阶级的利益，就是封建贵族的利益，现在的法治维护的是最广大人民的利益。

②古代法治的内涵是运用“势、术、法”三种手段统治人民，是一种驭人之术；现代法治是通过完善科学的法律制度维护公民权利和社会公平，是一种民主保障。

③古代的法治只是统治者统治人民的一种手段，维护的是其专制统治，统治阶层可以凌驾于法律之上，所以本质上是“人治”；近代法治，赋予法律最高的地位，一切国家生活都在其框架内运行，没有法外公民，是真正的依法治国。

七、分析题

答案：该材料表明秦律限制子告父母和奴隶告主人。秦律将自诉案件分为“公室告”与“非公室告”两种。从上文解释来看，所谓“公室告”是指控告他人杀伤和盗窃行为；所谓“非公室告”是指父母控告子女盗窃自己的财产，以及子女控告父母，奴妾控告主人肆意加诸自己各种刑罚。对于这两种告诉，只有“公室告”才予受理；凡属“非公室告”，官府不予受理，若当事人坚持告发，则告者有罪；若是他人接替告发，也不能受理。

第四章　汉朝法律制度

基础知识图解

- 汉朝法律制度
  - 法律概况
    - 指导思想：由汉初黄老思想—西汉中期儒家正统法律思想的确立—东汉时期章句律学的兴起
    - 立法概况：汉律六十篇
      文景时期的刑制改革
      西汉中后期立法与东汉时期的主要立法活动
    - 法律形式：律、令、科、比
  - 刑事法律制度
    - 刑罚原则
      - 直接依年龄确定刑事责任
      - 上请
      - “亲亲得相首匿”
      - 恤刑：对老幼、妇孺予以照顾
      - 贵族官员有罪先请
    - 刑罚制度
      - 废墨、劓、刖等肉刑
      - 沿用更规范的刑罚体系、沿用
        - 死刑
        - 宫刑
        - 笞刑
        - 劳役刑
        - 徒边
        - 禁锢
        - 赎刑
    - 主要罪名
      - 危害政权罪：谋反、大逆不道
      - 侵犯皇权、危害皇帝人身安全的犯罪
        - 不敬、大不敬
        - 违反诏令罪
        - 欺谩、诋欺、诬罔罪
      - 危害中央集权：阿党附益
      - 违反伦常罪：不孝、禽兽行等
  - 行政法律制度
    - 职官管理制度
      - 选官方式：察举、征辟等
      - 任用方式：拜、征、守、假、兼、领、行、迁
      - 官吏任用的回避制度
    - 职官考课奖惩制度
      - “上计”考课制度
      - 免官处分制度
    - 监察制度
      - 中央监察机关：御史大夫、御史中丞
      - 地方监察机关：司隶校尉、州刺史
  - 民事法律制度
    - 行为能力的确定：依等级身份
    - 所有权
      - 国家土地所有权
      - 私人土地所有权
      - 所有权的保护
      - 遗失物的处理
    - 债
      - 买卖契约
      - 租佃
      - 借贷
    - 婚姻家庭
      - 婚姻的成立
      - “一夫一妻多妾制”
      - 婚姻的解除
    - 继承权：不承认非子、非正的继承权；诸子均分遗产

- 汉朝法律制度
  - 经济法律制度
    - 税赋立法
      - 田租
      - 算赋和口赋
      - 关税
    - 工商管理立法
      - 盐铁酒专卖法
      - 抑商制度
  - 司法制度
    - 司法机关
      - 中央：皇帝、丞相、御史大夫、廷尉
      - 地方：行政权与司法权没有明确区分
    - 诉讼和审判制度
      - 春秋决狱
      - 疑狱谳报与录囚
      - 秋冬行刑

配套测试

一、单项选择题

1. 上请是什么时候开始成为普遍的特权的？（　　）

A. 西汉　　B. 东汉

C. 三国　　D. 南北朝

2. 汉律六十篇中关于礼仪制度方面的法律是（　　）

A. 《傍章律》　　B. 《朝律》

C. 《越宫律》　　D. 《九章律》

3. “亲亲得相首匿”的思想最早来源于（　　）。

A. 庄子　　B. 孟子

C. 墨子　　D. 孔子

4. 汉文景帝时期下诏废除肉刑着手改革刑制，只有（　　）未改。

A. 墨刑　　B. 宫刑

C. 劓刑　　D. 斩左趾刑

5. “春秋决狱”的首倡者是（　　）。

A. 董仲舒　　B. 汉景帝

C. 汉文帝　　D. 萧何

6. 汉初至文景帝时期法律的指导思想是（　　）。

A. 轻徭薄赋　　B. 约法省刑

C. 德主刑辅　　D. 黄老思想

7. 汉代曾发生这样一件事情：齐太仓令获罪当处墨刑，其女缇萦上书请求将自己没为官奴，替父赎罪。这一事件导致了下列哪一项法律制度改革？（　　）

A. 汉高祖规定“上请”制度

B. 汉文帝废除肉刑

C. 汉文帝确立“官当”制度

D. 汉景帝规定“八议”制度

8. 汉初时期，在黄老思想和约法省刑思想的指导下（　　）时期废除秦代三族罪及妖言令。

A. 汉惠帝　　B. 汉文帝

C. 汉高后　　D. 汉景帝

9. 汉武帝时，有甲、乙二人争言相斗，乙以佩刀刺甲，甲之子丙慌忙以杖击乙，却误伤甲。有人认为丙“殴父也，当枭首”。董仲舒引用《春秋》事例，主张“论心定罪”，认为丙“非律所谓殴父，不当坐”。关于此案的下列哪种评论是错误的？（　　）

A. “论心定罪”是儒家思想在刑事司法领域的运用

B. 以《春秋》经义决狱的主张是旨在建立一种司法原则

C. “论心定罪”仅为一家之言，历史上不曾被采用

D. “论心定罪”有可能导致官吏审判案件的随意性

10. 汉代最高司法机关是（　　）。

A. 刑部　　B. 御史台

C. 廷尉　　D. 司隶校尉

11. 西汉末年，某地一男子偷盗他人一头牛并贩卖到外乡，回家后将此事告诉了妻子。其妻隐瞒未向官府举报。案发后，该男子受到惩处。依照汉代法律，其妻的行为应如何处理？（　　）

A. 完全不负刑事责任

B. 按包庇罪论处

C. 与其丈夫同罪

D. 按其丈夫之罪减一等处罚

12. 汉宣帝地节四年下诏曰：自今子首匿父母、妻匿夫、孙匿大父母，皆勿坐。其父母匿子、夫匿妻、大父母匿孙，罪殊死，皆上请廷尉以闻。“亲亲得相首匿”正式成为中国封建法律原则和制度。对此，下列哪一选项是错误的？（　　）（司考 2010. 1. 13）

A. 近亲属之间相互首谋隐匿一般犯罪行为，不负刑事责任

B. 近亲属之间相互首谋隐匿所有犯罪行为，不负刑事责任

C. “亲亲得相首匿”的本意在于尊崇伦理亲情

D. “亲亲得相首匿”的法旨在于宽宥缘自亲情发生的隐匿犯罪亲属的行为

13. 据《汉书·严助传》载，汉朝廷中大夫严助接受淮南王“厚赂”，与其“交私论议”。后淮南王谋反事发，严助受到牵连，被处弃市。严助所涉的罪名是（　　）。[2021 年法硕（非法学）真题]

A. 见知故纵　　B. 通行饮食

C. 阿党附益　　D. 怨望诽谤

14. 汉律的罪名除沿袭秦制外，又增设了一些新罪名。“左官”便是其中危害中央集权的犯罪之一，具体是指（　　）。[2016 年法硕（非法学）真题]

A. 诸侯国官吏与诸侯王结党，知其犯罪而不举奏

B. 朝廷大臣交通诸侯，助其获得非法利益

C. 朝廷官员“舍天子而仕诸侯”

D. 泄露朝廷机密事宜

二、多项选择题

1. 下列哪些原则属于西汉中期以后的法制指导思想？（　　）

A. “以德配天”　　B. “德主刑辅”

C. “明德慎罚”　　D. “出礼入刑”

2. 下列中国古代法律制度，哪些是直接受儒家思想的影响而形成的？（　　）

A. 汉代的《春秋》决狱

B. 明代的“九卿会审”

C. 《魏律》规定的“八议”制度

D. 《晋律》和《北齐律》确立的“准五服制罪”制度

3. 汉律九章是在《法经》六篇基础上增加三篇而成，这三篇包括（　　）。

A. 《户》　　B. 《兴》

C. 《具》　　D. 《厩》

4. 汉代的法律形式有（　　）。

A. 律　　B. 格

C. 式　　D. 典

E. 令

5. 西汉时期为打击和控制诸侯王的势力加强中央集权而制定的法律有（　　）。

A. 《九章律》　　B. 《傍章律》

C. 《酎金律》　　D. 《朝律》

E. 《左官律》

6. 汉律关于定罪量刑的原则，基本上承袭秦制，但也有部分变化，具体表现在（　　）。

A. 改秦律按身高确定刑事责任为汉律直接按年龄确定刑事责任

B. “亲亲得相首匿”

C. “先自告除其罪”

D. “贵族官员有罪先请”

7. 秦汉时期的刑罚主要包括笞刑、徒刑、流放刑、肉刑、死刑、羞辱刑等，下列哪些选项属于徒刑？（　　）

A. 候　　B. 隶臣妾

C. 弃市　　D. 鬼薪白粲

8. 明太祖朱元璋在洪武十八年（公元 1385 年）至洪武二十年（公元 1387 年）间，手订四编《大诰》，共 236 条。关于明《大诰》，下列哪些说法是正确的？（　　）（司考 2014. 1. 57）

A. 《大明律》中原有的罪名，《大诰》一般都加重了刑罚

B. 《大诰》的内容也列入科举考试中

C. “重典治吏”是《大诰》的特点之一

D. 朱元璋死后《大诰》被明文废除

三、不定项选择题

1. 汉律中关于亲属间有罪相互隐匿，无条件作免罪处罚的情况有（　　）。
A. 子匿父母　　B. 孙匿祖父母
C. 妻匿夫　　D. 夫匿妻
2. 下列关于汉文帝废肉刑的改革：①黥刑改为髡钳城旦舂；②劓刑改为笞五百；③斩左趾改为笞三百；④制定《箠令》；⑤为后来确立封建五刑打下了基础。以上叙述错误的是（　　）。
A. ③②　　B. ②
C. ④　　D. ⑤①
3. 汉武帝后期为了限制相权特别赋予尚书以司法审判权，至汉成帝时，其下设（　　）掌断狱。
A. 刑部　　B. 二千石曹
C. 三公曹　　D. 廷尉
4. 汉文帝十三年下诏废除肉刑，内容包括（　　）。
A. 当完者，完为城旦舂
B. 当黥者，髡钳为城旦舂
C. 当劓者，笞一百
D. 当斩左趾者，笞二百
E. 当斩右趾者，弃市
5. 汉代的买卖契约在当时起着重要的法律作用，称为（　　）。
A. 券书　　B. 傅别
C. 约剂　　D. 传

四、名词解释

1. 乞鞫
2. 汉代读鞫（中国人民大学 2014 年考研真题）
3. “秋冬行刑”（中国人民大学 2009 年考研真题）
4. 黄老思想
5. 春秋决狱（复旦大学 2015 年考研真题）
6. “亲亲得相首隐”
7. “六条问事”
8. 《沈命法》
9. 先请
10. 录囚（中国人民大学 2005 年考研真题）
11. 决事比（中南财经政法大学 2005 年考研真题）
12. 廷尉（中国人民大学 2007 年考研真题）
13. 《九章律》（清华大学 2013 年考研真题，西北政法大学 2006 年考研真题）
14. “德主刑辅”（武汉大学 2015 年考研真题；中山大学 2005 年考研真题）
15. 约法三章（中国人民大学 2012 年考研真题）

五、简答题

1. 简述西汉刑事法律是如何维护以君主为核心的中央集权制度的。
2. 简述汉代关于继承法律制度的主要内容。
3. 试列举西汉中期为了打击诸侯势力而颁布的法律。
4. 简述西汉“三公”制度的确立。
5. 简述汉代的司法机构。
6. 简述汉代法制指导思想的发展变化。
7. 简述汉初黄老学派的法律思想。（中山大学 2006 年考研真题）
8. 董仲舒的法律思想及其影响。（中山大学 2006 年考研真题）
9. 简述汉代刑法对秦代主要罪名的发展。
10. 简述汉文帝、汉景帝时期刑制改革的内容。（中国人民大学 2013 年、2008 年考研真题类似）
11. 简述春秋决狱的主要内容。（中国人民大学 2014 年考研真题）
12. 简述“亲亲得相首匿”原则的主要内容。（中国人民大学 2015 年考研真题）
13. 汉代刑制改革的历史背景、主要内容和历史影响。（西北政法大学 2015 年考研真题）
14. 简述汉代诉讼制度中对“诉权”的限定。（青岛大学 2009 年考研真题）
15. 汉代恤刑原则的内容与实质是什么？

六、论述题

1. 试述汉武帝时期立法的主要内容。
2. 试述秦代刑法原则对汉代的发展。

3. 试述儒家思想对汉代司法的影响。
4. 试述汉代中央监察机关的发展与监察制度的法律化。

七、分析题

据《太平御览》卷《风俗通》云："沛中有富豪，家赀三千万，小妇子是男，又早失母，其大妇女甚不贤。公病困，恐死后必当争财，男儿必不得全，因呼族人为遗令，云：'悉以财属女，但以一剑与男，年十五以付之。'儿后大，姊不肯与剑，男乃诣官诉之。司空何武曰：'剑，所以断决也。限年十五，有智力足也。女及婿温饱十五年已幸矣！'议者皆服，谓武原情度事得其理。"

以上述材料分析汉代的相关继承制度。

参考答案

一、单项选择题

1. **答案**：A。上请制度是汉律儒家化的体现之一，在汉高祖时，他下诏要求通过请示皇帝给予有罪贵族官僚某些优待。
2. **答案**：A。汉律六十篇中，《傍章律》是关于礼仪制度的专门法律；《朝律》是关于朝贺制度方面的法律；《越官律》主要是关于宫廷警卫方面的专门法律；《九章律》是汉朝的基本法律，内容较广。
3. **答案**：D。该原则来源于儒家创始人孔子所言的"父为子隐，子为父隐，直在其中"理论，确立于汉宣帝时期，即亲属之间可以互相隐瞒犯罪。也就是说，对亲属中的卑幼首匿尊长的犯罪行为，不追究刑事责任。对尊长首匿卑幼的，若是死刑案件，可上请皇帝。这一原则一直为后世封建王朝所沿用。
4. **答案**：B。
5. **答案**：A。
6. **答案**：D。
7. **答案**：B。汉文帝开始刑法改革的直接起因是发生在文帝十三年的一件事情：齐太仓令获罪当处墨刑，其女缇萦上书请求将自己没为官奴，替父赎罪，并指出肉刑制度断绝犯人自新之路的严重问题，文帝为之所动，下令废除肉刑。B项正确。
8. **答案**：C。
9. **答案**：C。汉代的"春秋决狱"是法律儒家化在司法领域的体现。其特点是根据儒家的经典《春秋》等著作中提倡的精神原则审判案件，而不仅仅依据汉律审案。《春秋》决狱实行"论心定罪"原则，其要旨是必须根据案情事实，追究行为人的动机，如犯罪人主观动机符合"忠""孝"精神，即使其行为构成社会危害，也可以减免刑事处罚。相反，犯罪人主观动机严重违背儒家倡导的精神，即使没有造成严重危害后果，也要认定犯罪给予严惩。以《春秋》经义决狱为司法原则，对传统的司法和审判是一种积极的补充，但如果仅以主观动机的善、恶判断有罪无罪或者罪行轻重，也会为司法官吏主观擅断提供依据。综上可知，本题选C。
10. **答案**：C。
11. **答案**：A。汉律儒家化的表现之一为"亲亲得相首匿"，主张亲属间首谋藏匿犯罪可以不负刑事责任。来源于儒家"父为子隐，子为父隐，直在其中"的理论，对卑幼亲属首匿尊长亲属的犯罪行为，不追究刑事责任。A项正确。

"亲亲得相首匿"，是指在直系三代血亲之间和夫妻之间，除犯谋反、大逆外，均可相互隐匿犯罪行为，而且减免刑罚。这一思想源于孔子主张的"父为子隐，子为父隐"（《论语·子路》），汉武帝采纳董仲舒"罢黜百家，独尊儒术"后，"亲亲得相首匿"即成为汉律中定罪量刑的一项原则。需要注意的是，根据这项原则，卑幼首匿尊亲长，不负刑事责任；尊亲长首匿卑幼，除死罪上请减免外，也不负刑事责任。这一原则为此后封建法典所继承。

需要注意的是选项C，汉代确立了"见知故纵"的罪名，即无论是民众还是官吏，见知有人犯法，特别是"盗贼"，必须举告，否则就是"故纵"，依律与犯法者同罪。因此题中二人如果不是夫妻关系，则隐瞒不报者将与实施偷盗者同罪。

12. 答案：B。

13. 答案：C。C项，阿党附益，即诸侯国的官吏与诸侯王结党，知其犯罪不举奏为“阿党”；朝廷大臣交通诸侯，助其获得非法利益构成“附益”。本题中，朝廷大臣严助接受诸侯王“厚赂”，与其“交私论议”，助其获得非法利益，构成的罪名是阿党附益。A项，见知故纵，即官吏见知贼盗犯罪真情而不及时举告者，与罪犯判处同等刑罚；如抓到贼盗重犯不及时严办者，判处死刑。B项，通行饮食，即为盗贼提供饮食，传递情报，充当向导者，罪至大辟。D项，怨望诽谤，即因怨恨不满而诽谤朝政。

14. 答案：C。汉律规定的左官罪指官吏违犯法令私自到诸侯国任官，即“舍天子而仕诸侯”。左官受到各种限制，如不得驻留京师、不得宿卫宫廷、诸侯犯罪左官要负连带责任等。A项为汉律规定的阿党罪。B项为汉律规定的附益罪。阿党罪和附益罪合称“阿党附益罪”。D项为汉律规定的漏泄省中语罪。

二、多项选择题

1. 答案：BD。“以德配天”“明德慎罚”是西周的法制指导思想。汉中期以后，被儒家发挥成“德主刑辅，礼刑并用”的基本策略，从而为以“礼法结合”为特征的中国传统法制奠定了理论基础，故BD正确。

2. 答案：ACD。

3. 答案：ABD。

4. 答案：AE。

5. 答案：CDE。

6. 答案：ABCD。

7. 答案：ABD。徒刑即剥夺罪犯人身自由，强制其服劳役的刑罚。秦代主要包括城旦舂、鬼薪白粲、隶臣妾、司寇、候等。弃市属于死刑。

8. 答案：ABC。大诰是明初的一种特别刑事法规。大诰的特点有：其一，对于大明律中原有的罪名，一般都加重处罚；其二，滥用法外之刑；其三，“重典治吏”，大多数条文专为惩治贪官污吏而定，故AC项正确。大诰也是中国法制史上空前普及的法规，每户人家必须有一本，科举考试中也列入大诰的内容，故B项正确。明太祖朱元璋死后，大诰被束之高阁，不具有法律效力，但不是被明文废除，故D项错误。

三、不定项选择题

1. 答案：ABC。汉宣帝诏令“父子之亲，夫妇之道，天性也……自今子首匿父母，妻匿夫，孙匿大父母，皆勿坐，其父母匿子，夫匿妻，大父母匿孙，罪殊死，皆上请廷尉以闻”。也就是说，亲属间的卑幼首匿尊长的犯罪行为，不追究刑事责任，故选ABC项。对亲属中的尊长首匿卑幼的犯罪，一般犯罪不负刑事责任。死刑案件则上请廷尉，是有条件地不负刑事责任，故不选D项。

2. 答案：ABC。适应形势需要，汉文帝在公元前167年进行废肉刑改革，具体的改革方案，把黥刑改为髡钳城旦舂，劓刑改为笞三百，斩左趾改为笞五百，斩右趾改为弃市死刑；汉景帝在文帝刑制改革的基础上，又进行了废肉刑的改革，劓刑笞三百改为笞一百，斩左趾笞五百改为笞二百，制定了《箠令》，文景帝的刑制改革为封建五刑打下了基础。

3. 答案：C。

4. 答案：ABE。

5. 答案：A。

四、名词解释

1. 答案：乞鞫是汉代复审制度。汉律有“有故乞鞫”的规定，就是说对原司法机关的判决不服，允许当事人上诉，向上级司法机关请求复审。复审期限是三个月，过了三个月，便不得请求复审。汉律关于乞鞫的规定，是汉代统治者出于“慎刑”考虑，并企图缓和阶级矛盾，同时通过这项制度，对司法官吏执行法律的情况能起到检查的作用。

2. 答案：略。

3. 答案：汉代对死刑的执行，实行“秋冬行刑”制度。汉代统治者根据“天人感应”的理论，规定春夏不执行死刑。除谋反大逆“决不待时”者外，一般死刑囚犯须在秋天霜降以后冬天以前执行。因为这时候“天地始肃”，杀气已至，便可以“申严百刑”，以示所谓“顺天行诛”。“秋冬行刑”制度对后代有深远的影响，唐律规定“立春后不决死刑”。明清律中规定的“朝审”“秋审”制度亦可源于此。

4. **答案**：形成于战国后期，集道家与法家的思想于一体，西汉初期成为当时的立法指导思想。黄老思想的特点是无为而治，反映在立法指导思想上是“轻徭薄赋”“约法省刑”。黄老思想适应了当时与民休息的历史需要。成为从秦朝“专任刑罚”的法家思想向西汉中期以后“德主刑辅”的儒家思想过渡的一种法律思想。

5. **答案**：春秋决狱是西汉中期儒家代表人物董仲舒提出来的，是一种审判案件的判断方式，主要用孔子的思想来对犯罪事实进行分析、定罪，即除用法律外，可以用《易》《诗》《书》《礼》《乐》《春秋》六经中的思想来作为判决案件的依据。

6. **答案**：在直系三代血亲和夫妻之间，除犯谋反、大逆外，均可互相隐匿犯罪行为，而且减免刑罚。最早提出这一原则的是孔子。他主张“父为子隐，子为父隐”。汉代儒家思想定为一尊之后，“亲亲得相首隐”便成为汉律中定罪量刑的一项原则。根据这一原则，卑幼首匿尊长，不负刑事责任；尊亲长首匿卑幼，除死罪上请减免外，其他也不负刑事责任。这一原则为后世封建法典所继承。

7. **答案**：汉武帝为刺史监察地方而制定的监察法规是刺史用于行使监察权的依据。“六条”的内容是：一条，强宗豪右，田宅逾制；二条，二千石不奉诏书；三条，二千石不恤疑狱；四条，二千石选署不平；五条，二千石恃枯荣势，请托所监；六条，二千石违公下比，阿附豪强。其中一条和五条主要是防止地方豪强与郡国首相相互勾结，形成地方割据势力，威胁中央集权的统治。

8. **答案**：为了有效镇压农民起义，汉武帝作《沈命法》规定：“群盗起不发觉，发觉而弗不满品着，两千石以下至小吏主者死。”沈，没的意思，沈命，即指对敢于隐藏盗贼的人，剥夺其生命。《沈命法》的意思就是惩处隐匿盗贼之法。颁布此法的目的是督促官吏及时发现和缉捕盗贼。根据这个法律，如果“群盗起”有关官吏未发觉或者发觉而未全部逮捕，郡守以下皆处死。

9. **答案**：两汉时期颁布了多部关于贵族官员有罪先请的诏令。规定公侯及其嗣子和官员三百石以上者在法律上皆享有有罪“先请”的特权，凡经上请一般都可以减刑或免刑。先请制度确立于西汉，并为后世封建帝王所沿袭，也是“刑不上大夫”刑法原则的体现。

10. **答案**：所谓“录囚”，是指上级司法机关对在押囚犯的复核审录，以检查下级司法机关对案件的审理是否有失公正，并纠正冤假错案。汉代录囚有皇帝录囚、刺史录囚及郡守录囚。关于皇帝录囚，此事始于东汉明帝时期。刺史录囚，指朝廷派往地方的刺史从事录囚活动，以平反冤狱。刺史之制始于汉武帝时，按规定，刺史于每年秋冬季节到郡国巡察，成为“行部”。刺史行部的主要任务是“省察治状”，这当然包括审核狱讼情况，东汉时仍沿袭此制。总而言之，两汉时期，通过皇帝、刺史及郡守的录囚活动，使一些冤假错案得到了平反，也有利于提高地方司法官明法慎刑的自觉性，从而使当时的司法状况得到一定程度的改良，并对后世的司法实践产生了积极的影响。

11. **答案**：汉代法律形式之一。又称“比”，是用来比照判案的典型判例。比能补律令互不足，“凡律无条，取比类以决之”。汉代广泛采用判例断案，比的数量很多。

12. **答案**：汉朝的法律制度是考查重点，而汉朝的司法诉讼制度以及检察制度则是重中之重。

廷尉是秦汉至北齐主管司法的最高官吏，审理全国案件。廷尉属丞相之下的列卿之一，地位颇高，其下设正和左右监等属官，助其办理具体事务。廷尉的主要任务：一是负责审理皇帝下令审理的案件；二是审理地方移送的重大和疑难案件。两汉时期，廷尉制度日臻完善，它的奏谳定刑、司法监察、制定法律的功能日趋凸显，反映出我国封建社会上行阶段司法缺席的完善。与此同时，廷尉制度维护了封建君主的绝对独尊地位，使封建君主有效地约束官吏的行为，达到了以法治吏从而肃清吏治的目的，但这也带来一定负面的影响。

13. **答案**：《九章律》是汉朝的主要法律之一。汉朝建立后，汉高祖刘邦鉴于全国形势，感到“三章之法，不足以御奸”，于是令萧何参照秦律“取其宜于者，作律九章”。《九章律》是在《法经》六篇的基础上加上《户律》(户籍、赋税、婚姻的法律)、《兴律》（征发徭役、域防守备的法律)、《厩律》（牛马畜牧、驿传的法律）共九章，史称《九章律》。

14. **答案**：“德主刑辅”思想是由汉朝董仲舒正式提出来的，一直影响着整个中国封建社会的法律制度。“德主刑辅”思想的主要内容在于：①统治者应秉承“天意”，对人民进行教化。②不反对动用刑罚，但教化是“本”，刑罚为“末”。③董仲舒还把人分为上、中、下三等，上等人能“循三纲五纪”，是教化的立法者和执行者，而贫穷的下等人性本恶，必须经过统治者的教化后才可以为善。④对不同等级的人施行德和刑的时候应当各有所侧重：少数上等人天性向善，当然没有什么施刑的问题。而对于中间阶层，主要通过教化使之为善，所以，对他们应当“厚其德而减其刑”。对于穷苦人民是教化不过来的，则要侧重用刑，只能“发刑罚以立其危”。

15. **答案**：“约法三章”是指西汉初年的一项立法活动。汉高祖刘邦率军攻入秦都咸阳之时，为了争取民心，便以废除秦朝苛法为号召，与关中父老约法三章：“杀人者死，伤人及盗抵罪。”这与繁密严苛的秦朝法律比较，简便易懂，故使“兆民大悦”，颇受秦人欢迎。后来，随着汉朝政权在全国的确立，新的政治、经济形势使汉帝国的统治者深感“三章之法，不足以御奸”，于是丞相萧何受命制定新的法典。

五、简答题

1. **答案**：西汉刑事法律以全面维护以君主为核心的中央集权制度为目标，主要体现在以下几个方面：

   其一，维护皇帝的安全与尊严。在西汉的立法中针对危害皇帝安全与尊严的行为，规定了一系列罪名，对这些犯罪处以严厉的刑罚。

   其二，颁布特别法限制和打击诸侯王的势力，以巩固皇帝和中央政府的权威。主要包括：阿党附益之法，阿党附益是指中央官员外附诸侯，犯此罪者皆处重罚；舍弃朝廷的官职而奉事诸侯，是对抗中央的犯罪行为；酎金律是惩罚诸侯在酎祭时所献贡金质量不合标准的法律；诸侯不得未经中央许可而过度役使地方官吏，否则以违法论罪。

   其三，严厉镇压民众反抗，并强化官吏的镇压职能。汉律中有谋反、贼盗、群盗、通行饮食等罪名及相应的严厉处罚，以镇压民众的政治反抗。

   其四，宣扬并维护家国一体，忠君孝亲。汉律把“盗贼”“群盗”与杀父母都作为大逆不道的重罪给予严厉惩罚，从而把齐家与治天下联系起来，通过对孝道的维护达到维护君主权威的目的。

2. **答案**：两汉的王位继承仍实行嫡长子继承制，强调父死子继。汉律有关于“非子”“非正”的规定，非子“指非亲生子”，非正“指非嫡妻子”，即不承认非亲生之子、非嫡妻之子的继承权。

   关于财产继承，主要指土地和财物。汉代开始出现诸子均分财产的情况。汉代已有遗嘱继承，书面遗嘱叫“遗令”或“先令书”。

   此外汉代出现了收养制度，中官的养子，与亲生子的地位相同。

3. **答案**：由于汉中期诸侯王实力不断加强，逐步形成与中央对抗的割据势力，并最终酿成“七国之乱”，因此汉中央政府制定了一系列限制、打击诸侯势力的单行法律，主要包括：

(1) 阿党附益之法。阿党附益是指中央官员外附诸侯，犯此罪者皆处重罚。

(2)《酎金律》，酎金律是惩罚诸侯在酎祭时所献贡金质量不合标准的法律。

(3)《左官律》，“舍天子而仕诸侯”，被称为“左官”。舍弃朝廷的官职而奉事诸侯，是对抗中央的犯罪行为。

(4)《事国人过律》，诸侯不得未经中央许可而过度役使地方官吏，否则以违法论罪。

4. 答案：汉初，朝廷执掌行政、军事、监察事务的最高官吏仍是丞相、太尉和御史大夫。丞相势力极大，至汉武帝，随着封建经济、政治实力的增强和战争的胜利，皇权显著上升，丞相职位虽高，权力则逐渐缩小。皇帝经常通过内廷保管文书的尚书署亲自裁决政务。有时更加给宦官以“中书令”的称号，使之与闻国政。与此同时，汉武帝撤销了太尉，亲自管理军事行政，另设“大司马”，成帝时御史大夫改称“大司空”。哀帝时丞相改称“大司徒”。至此，秦时创设的丞相、太尉、御史大夫的职位，遂为大司徒、大司马、大司空所取代，也即“三公”制度。

大司徒掌管民政、财政、教育，其具体职权带有很大的伸缩性，经常以皇帝的信赖程度为转移。

大司马初设时仅作为领兵统帅“大将军”的加衔，西汉后期外戚权臣担任大司马，遂掌握了管理军事行政的权力。

大司空管理土木营造，原御史大夫主管的文书工作，归尚书令，监察的职权专属御史中丞，御史台的机关名称开始出现。从此在我国封建国家的发展史上，第一次建立了专门的监察机构。

“三公”制度的确立，一方面，是围绕着加强皇权，削弱丞相权力进行的。另一方面，也是在封建社会关系日益复杂的情况下，为了更有效地发挥国家的统治效能。

5. 答案：两汉时期，随着封建国家机构的逐渐完善，逐渐形成了中央、地方两级比较完备的司法机关。

(1) 中央司法机关

廷尉是汉代最高司法机关，这时机关名与长官名一致，掌全国刑狱，其长官也叫廷尉。廷尉的主要职责是负责审理皇帝交办的诏狱，同时审理地方上报的疑难案件。其属官有：廷尉正、左右临、左右平等。

其他参与司法活动的机关：如汉初规定丞相有诛罚之权；汉中后期为了限制相权特别赋予尚书以司法审判权，其下设“三公曹”断狱；御史大夫与御史中丞是监察机关的长官，但也可以参与重大案件的审判。

(2) 地方司法机关

地方司法机关基本上是郡、县两级。郡守、县令因为有司法之权，故下设机关惩治不法。

汉代县以下设乡，乡有三老：有秩、啬夫、游徼，他们调解处理轻微的刑事案件和民事纠纷，调解不成再到县廷起诉。

6. 答案：由于社会政治经济前后发生了重大变化，汉王朝的法制指导思想，也相应发生很大变化，从总体上看，大致可分为两个阶段：

(1) 汉初至文景时期。这一时期，是以黄老思想为主，并辅以法家思想为法制观念的指导思想。黄老思想的特点是“无为而治”。

汉初，连年战争，社会生产遭到严重破坏，统治者需要有一个相对稳定的局面，以巩固刚刚建立的政权。崇尚无为的黄老思想受到了统治阶级的重视。无为而治的思想，反映在立法指导思想上是“轻徭薄赋”“约法省刑”。

在黄老思想的指导下，汉高祖首先废除秦朝繁苛的法律，制定《九章律》，奠定汉代法制的基础；实行十五税一，减轻百姓的租税负担。文景时期继续减轻赋税，并推行刑制改革，废除某些肉刑。黄老思想与西汉初期的社会需要相符合，促进了社会生产的恢复和发展。

(2) 汉武帝以后。这一时期，是以儒家思想为主，并辅以法家思想为法制指导思想，其中心是“德主刑辅”。

这时，汉初分封的诸侯王势力也逐渐强大，同中央发生了尖锐的矛盾。为了建立大一统的中央集权，汉武帝采纳董仲舒的建议，“罢黜百家，独尊儒术”，在思想上确立了儒学的独尊地位，以“德主刑辅”作为官方正统法制思想。强调治理国家要把德与刑结合起来，但以德为主，以刑为辅；要先用德礼进行教化，教化无效再辅以刑罚。这一思想对后世历代王朝的立法影响很大。

此外武帝时期还颁布了大量诏令，作为律的补充。

7. 答案：汉初黄老学派的法律思想及其在政治、法制实践中的运用，我们可以从四个方面来加以阐述。

（一）无为而治，与民休息

西汉初期，汉初君臣严厉批判了“专任刑罚”的法家思想，主张“无为而治”“与民休息”。刘邦死后，惠帝继位，吕后称制。在他们统治时期，相继重用崇尚黄老之学的曹参、陈平等为相，积极推行“黄老之治”。文帝、景帝在位期间，继续实行西汉建国以来“无为而治”“与民休息”的方针，“轻徭薄赋”“平狱缓刑”，移风易俗，以至“政宽人和”，天下“富实”，出现了多年未见的繁荣景象，史称“文景之治”。

（二）文武并用，“德刑相济”

汉初封建统治者认识到在崇尚和推行黄老“无为而治”的同时，还必须兼采儒法各家的思想，以便有效地统治天下。西汉建国之初，陆贾经常在刘邦面前称道《诗》《书》，陆贾在《新语》一书中，论述了以仁义德教治国的重要性。文帝在位期间，议论务在宽厚，“专务以德化民”，“兴于礼义”。

（三）“罚不患薄”“约法省刑”

陆贾总结了秦亡的教训，极力劝谏刘邦：“设刑者不厌轻”，“行罚者不患薄”，惠帝、吕后继承了“约法省刑”的传统，“刑罚罕用”并进一步采取了一些省刑除苛的措施。特别是文帝，他曾获得“几致刑措”的好评。其一，废除连坐孥法。其二，废除诽谤妖言法。其三，废除肉刑。

（四）“轻徭薄赋”“以粟为赏罚”

西汉建国初年，刘邦先后颁布了“以有功劳行田宅”和“复从军吏卒”的法令。陆贾曾极力向刘邦建议“稀力役而省贡献”。惠帝、吕后时期，“天下晏然”“民众稼穑，衣食滋殖”。贾谊主张“以民为本”，并向文帝建议“轻赋少事，以佐百姓之急”。文景时期确实采取了一系列“劝趣农桑”“轻徭薄赋”的措施。总的说来，汉初实行“轻徭薄赋”等政策，取得了较好的效果。

综上所述，西汉初期统治者从总结秦亡的教训出发，严厉批判了秦朝“专任刑罚”等法家思想，转而采取黄老学说作为治国的指导思想，“约法省刑”“轻徭薄赋”等措施使社会经济迅速得到恢复和发展，社会矛盾有所缓和。

8. 答案：董仲舒是西汉中期最重要的儒学大师，是继孔子、孟子、荀子之后和宋代朱熹之前儒家学派最有影响的代表人物。从法律思想方面来看，他倡导的君权至上、“三纲五常”、“德主刑辅”、春秋决狱等，反映出地主阶级的法律思想已初步完善，封建正统法律思想已经形成。这种封建正统法律思想，完全适应了地主阶级加强专制皇权和统治人民的需要，影响中国达两千年之久。

（一）君权神授，皇权至上

西汉中期，汉武帝为了巩固大一统局面，加强对人民的思想统治，迫切需要一种为专制皇权服务的新的政治法律理论。董仲舒秉承汉武帝的旨意，在《天人三策》《春秋繁露》等著述中，把封建皇权和封建统治的基本原则神圣化、永恒化、合理化了。董仲舒新儒学的基础是“天人感应”学说，即认为天是宇宙间最高的主宰，自然界的变化规律、国家的治国之道以及个人的道德、情感、思想、行为都要与天道相符，整个宇宙是一个大一统的秩序体。董仲舒对天的神化，是为了对地上统治者的神化，是为了给“君权神授”制造理论根据。君权不仅是神授的，而且君主又是代表上天来统治人世的，这样他就把天和人沟通起来，建立起“君权神授”说。至于君主的思想言论，即用于表达天意的“名”，董仲舒认为它是区分是非的标准。

既然君主的言论是区分是非的标准，当然就具有法律效力了。在封建制度下，君主的言论是金科玉律，神圣不可侵犯，绝不允许阳奉阴违，抗拒不从。君主的诏令具有至高无上的权威，它可以取消法律，更改法律，代替法律。为了维护皇权，确保君主的权力及其人身的绝对安全，历代封建王朝都从立法方面作了严格规定。所谓谋反、谋大逆、谋叛、大不敬等罪名，都是为了维护皇权而制定的。

（二）维护封建等级制的“三纲五常”论

董仲舒根据人间君臣、父子的伦理纲常、仁义道德思想，以及“阳尊阴卑”的神学理论，提出了一套维护封建等级制度的“三纲五常”论，并被董仲舒及后世经学大师立为德礼教化和立法的根本原则。“三纲”是指君为臣纲、父为子纲、夫为妻纲，是对儒家礼教尊尊、“亲亲原则”的具体化，构成了国家与家族互相维系的纵向服从关系。

董仲舒倡导的“三纲”，是以“君为臣纲”为主，“父为子纲”和“夫为妻纲”是从属于“君为臣纲”的。所以，封建统治者为了维护君主至高无上的权力，巩固他们的统治，就极力宣扬“三纲”的说教，并使之成为封建立法的根本原则。“五常”是指仁、义、礼、智、信，是处理君臣、上下关系的准绳，是调整统治者与被统治者的关系的基本原则，构成了维系横向社会关系的首要规范。只要统治者用仁、义、礼、智、信教化人民，就能得到天和鬼神保佑。“三纲”是单向的服从关系，“五常”是双向的互动关系，“三纲”“五常”纵横交叉，成为维护封建专制秩序的伦理支柱。董仲舒的“三纲五常”是围绕维护和巩固君主的权利而展开的，它体现了整个封建统治的各种关系，纠正了法家思想极端功利与暴虐的一面，同时也使得中国古代法律思想开始具有以儒家道德为主导、法律规则与道德规则相混同的特点。

（三）“大德小刑”与“德主刑辅”的立法思想

德刑关系问题是中国古代法律思想史上一直争论不休的问题，也是中国古代法律思想的一个核心理论。先秦以孔孟为代表的儒家继承了西周“明德慎罚”思想，提倡“为政以德”的“德治”和“以德服人”的“仁政”，重视道德感化作用，轻视法律及其强制作用。董仲舒继承儒家这一观点，并对其进行了充分的论证，使之系统化和理论化，使“大德小刑”“德主刑辅”成为中国正统法律思想的重要组成部分。汉初统治者鉴于秦朝“专任刑罚”二世而亡的教训，在统治方法上特别强调德的一面。

（四）《春秋决狱》

《春秋决狱》又称《经义决狱》，在儒家思想取得正统地位以后，董仲舒提倡以《春秋》大义作为司法裁判的指导思想，凡是法律中没有规定，司法官就以儒家经义作为裁判的依据。凡是法律条文与儒家经义相违背的，则儒家经义具有高于现行法律的效力。精研《春秋》的董仲舒是引经断狱，以儒家的经义应用于法律的第一人。

《春秋决狱》一书虽已失传，但根据当时和后代其他著作的记载，亦可窥见“春秋决狱”的一些原则：第一，尊尊：“春秋之义，君亲无将，将而诛之”，即保护君主和嫡亲尊长的特权。第二，亲亲：“春秋之义，父为子隐，子为父隐”，即亲属之间，尤其是父子之间应相互包庇隐瞒，不得相互揭发犯罪行为。第三，反对株连：“春秋之义，善善及子孙，恶恶止其身”“春秋之义，诛首恶而已”。第四，“原心定罪”：“春秋之听狱也，必本其事而原其志。志邪者不待成，首恶者罪特重，本直者其论轻”，即应该根据犯罪的动机、心理的善恶来定罪量刑，而将犯罪的行为、效果放在次要地位。《春秋决狱》对中国封建法制的发展产生了深远的影响。首先，它推动了法律的儒家化，使得儒家的思想与法家已经创制完成的法律规则结合起来，并有所发展，从而奠定了中华法系儒法结合的基本样式。《春秋决狱》修正了法家偏重于客观归罪的定罪量刑标准，确立了“必本其事而原其志”的新原则，强调在客观事实的基础上推究行为人的主观方面。

但是，引经决狱也具有相当的消极性。在引经决狱的过程中，往往会任意改变法律的规定，从而使本来就不稳定的法律进一步失去其应有的严肃性、公正性和权威性，为法律虚无主义开了门户。

(五)“德刑时令说”与秋冬行刑

董仲舒的新儒学是汉代处于独尊地位的官方学说。它是在先秦原始经学的基础上，吸收了阴阳家、名家、法家等学说，杂糅而成的一种学术思想体系。它在把战国时期以邹衍为代表的阴阳家的阴阳五行学说纳入其唯心主义轨道的同时，也把阴阳家“德刑时令说”进行了加工改造，变成了其思想体系的一个重要组成部分，进而对汉代乃至整个封建时代的立法、司法活动都有着很大的影响。

董仲舒认为天地间的阳和阴，分别代表着春夏秋冬4个季节。春夏是万物发生、成长的季节，这时只能施行仁德；秋冬是萎缩、收敛的季节，这时始可执行刑罚。据此，春天司法部门要疏通监狱，解除犯人桎梏，停止狱讼和拷掠人犯；夏天为避免囚犯发生疾疫，对轻罪犯人要抓紧决遣和宽缓，对重罪犯人要放松管理，改善伙食，暂停审讯；秋冬之时，进行审讯和判决，凡断决死刑，都要在孟冬十月进行。自此，汉代立春至秋分停止决囚、春季行赦、遇灾异行赦、秋冬行刑等遂成定制，并对后世产生了巨大的影响。

综上所述，董仲舒的法律思想，完全适应了封建统治阶级的需要，因而成为官方的统治思想，在封建社会长期居于统治地位。在汉代，中国封建社会还处于上升时期，地主阶级生气勃勃，积极进取，因此董仲舒为之创造的维护和巩固封建大一统的政治法律思想体系，曾起了一定的进步作用。然而，随着封建制度的日益腐朽，它的消极、反动的一面就日益显露出来，成为封建统治阶级镇压人民的思想武器。因此，清除董仲舒法律思想中的封建遗毒，仍是我们的一项重要任务。

9. 答案：两汉刑法中的罪名也多沿袭秦制，如不敬、诽谤、杀伤、妄言等，但随后又规定了许多新的罪名。主要归纳为以下几个方面：

(1) 危害中央集权的犯罪，包括：阿党与附益；事国人过律；非正；僭越；出界；露泄省中语等。

(2) 危害君主专制的犯罪，包括：欺谩、诋欺、诬罔；非议诏书毁先帝；怨望诽谤政治；左道；废格诏书等。

(3) 危害皇帝尊严和皇帝安全的犯罪，包括：不敬、大不敬；阑入宫殿门。

(4) 危害封建统治的犯罪，包括：大逆不道；群饮罪；首匿罪；通行饮食罪；见知故纵罪。

10. 答案：文帝时期的刑罚改革的起因，据《汉书·刑法志》载，齐太仓令淳于公有罪当刑，诏令押解长安，淳于公无男，只有五女，其幼女缇萦，非常悲痛，便随父到长安，上书文帝，表示愿意“没为官婢，以赎父刑”。文帝“怜悲其意”，下诏说：“刑至断肢体，刻肌肤，终身不息”，是“不德”，表示要以其他手段代替。

(1) 汉文帝十三年（公元前167年），下诏废除肉刑，规定：当完者，完为城旦舂；当黥者，髡钳为城旦舂；当劓者，笞三百；当斩左趾者，笞五百；当斩右趾者，弃市。

(2) 景帝即位元年（公元前156年）至中元六年（公元前144年）曾两次下诏减少笞数，第一次是笞五百减为三百，笞三百减为二百。第二次是笞三百减为二百，笞二百减为一百，而且规定了刑具规格、受刑部位以及施行时中途不得换人。改革之后，除死刑外，还有笞刑，而宫刑未改。

对汉初文帝“除肉刑”之举，后世多有评说，大多认为是出于“怜悲”缇萦，体现了文帝的“德政”。然而，从封建制度确立到汉初，已经历了三百多年，地主阶级在其统治实践中逐步认识到，既要使犯罪者受到惩罚，又能使其保存劳动能力，是更为有利的。这一刑制的改革，在中国法制史上意义重大，它是中国古代刑制由野蛮阶段进入较为文明阶段的转折点。这一改革，更加适应了封建经济基础需要，同时为封建刑制向新“五刑”的过渡奠定了基础。

11. 答案：“春秋决狱”又称“经义决狱”，是西汉中期儒家代表人物董仲舒提出来的，是一种审判案件的推理判断方式，主要用孔子的思想来对犯罪事实进行分析、定罪。在西汉中期儒家思想取得正统地位后，董仲舒等人提倡以《春秋》大义作为司法裁判的指导思想，凡是法律中没有规定的，司法官就以儒家经义作为裁判的依据；凡是法律条文与儒家经义相违背的，则儒家经义具有高于现行法律的效力。“春秋决狱”主要根据案件的事实，追究犯罪人的动机来断案。如果他的动机是好的，那么一般要从轻处理，甚至可以免罪。如果动机是邪恶的，即使有好的结果，也要受到严厉的惩罚，犯罪未遂也要按照已遂处罚。首犯要从重处罚。

“春秋决狱”的核心是“论心定罪”，也就是按当事人的主观动机、意图、愿望来确定其是否有罪及量刑的轻重。其积极作用有：（1）对中国古代法律的儒家化有重大推动作用。（2）有利于维护国家的统一。“春秋决狱”案件有不少都是用《春秋》中的“君亲无将，将则诛焉”的原则，对直接危害封建政权和皇权的犯罪给予严惩，维护皇权在很大程度上是有积极意义的，从历史上看，在皇权巩固的时期，国家都是统一的，国家统一时期，社会基本是稳定的，人民生活也相对安定些。反之，国家分裂，社会动荡，人民流离失所。（3）对封建法律中有关人情之处有所纠正。（4）在量刑上改重为轻，有利于缓和社会矛盾。春秋决狱在一定程度上限制了刑罚株连家族的问题，对减轻秦朝以来的严酷法律制度有一定的帮助。“春秋决狱”一定程度上稳定了当时的汉朝政权统治，并将儒家思想带进法律之中，进一步加强儒家思想对统治阶级的影响力。（5）对中国古代犯罪构成理论的完善起到重大推动作用。“春秋决狱”的基本精神是“原心定罪”，董仲舒说：“《春秋》之决狱也，必本其事而原其志。志邪者不待成，首恶者罪特重，本直者其论轻。”意即《春秋决狱》必须根据犯罪事实来探索罪犯的犯罪动机等主观心态。凡心术不正，故意为恶的，即使是犯罪未遂，也要加以处罚。对共同犯罪中的首谋和组织领导者等首恶分子要从重处罚，而行为动机、目的纯正合乎道德人情，即使其行为违反法律，造成损失，也可以减轻甚至免予处罚。所以“原心定罪”的实质是强调根据犯罪动机、目的、心态等主观方面的因素来定罪和量刑。这与法家理论刚好相反。

法家主张人性恶，认为人生来就“性恶”。所以，每个人时刻都有犯罪动机，都是潜在的罪犯。因此，法家认为在审理案件时用不着探究罪犯犯罪时的主观心态，只看客观方面，如果某人在客观实施了危害国家或社会利益的行为，就构成犯罪，应给予处罚。汉律受法家理论影响，只注重犯罪的客观方面，失之偏颇，结合具体案件，就出现许多有关人情的情况，如董仲舒以“春秋决狱”处理的几个案件都是儒家主张“原心定罪”，强调根据罪犯的主观善恶来定罪量刑，强调犯罪的主观方面，而不注重犯罪的客观方面，也不全面。但若把儒家理论和法家理论结合起来，则互纠其偏。随着“春秋决狱”和“引经注律”的盛行，儒家的精神原则不断地融入法律中，中国古代关于犯罪构成的理论也日益趋于完善。

董仲舒的这种思想对以后封建时代官吏审判案件起了指导作用，一般案件特别是民事案件，基层官吏审判时都是按照动机以及伦理道德来定罪量刑的，不是严格按照法律条文来定罪。但由于其具有一定的主观性及模糊性，尤其是将道德和法律的界限也模糊处理，也为后世的“文字狱”等统治者的主观意愿断案甚至是为惩罚某人而定罪提供一定的依据。其实际上是扩大了断案者的主观判断影响力，也使断案产生了一定的随意性，从而给最终的断案结果带来负面影响。

12. 答案：“亲亲得相首匿”是汉代法律规定的直系三代血亲和夫妻之间相互首谋隐匿犯罪，免予刑事追究的制度。它源于孔子“父为子隐，子为父隐，直在其中”，是汉代法律儒家化的典型体现。其具体内容为：“子首匿父母，妻匿夫，孙匿大父母，皆勿坐。其父母匿子，夫匿妻，大父母匿孙，罪殊死，皆上请廷尉以闻”，即卑幼首匿尊长，不负刑事责任；尊亲长首匿卑幼，除死罪上请减免外，其他也不负刑事责任。“亲亲得相首匿”与今天我们在刑事诉讼法理论上探讨的沉默权有着某种价值上相通的意义。

唐代在汉代亲亲得相首匿的基础上，扩大了允许相隐的范围。唐律规定：凡同财共居以及大功以上亲属有罪皆可以互相包庇隐瞒，部曲、奴婢也可以为主人隐瞒犯罪；即使为犯罪者通报消息，帮助其隐藏逃亡，也不负刑事责任；小功以下亲属相容隐的，减犯人三等刑罚，但唐律规定了法律保留：犯谋反、谋叛、谋大逆的不得适用这一原则。

13. 答案：（一）汉代刑制改革的历史背景

（1）自战国至秦朝，封建制度已经逐步确立。就刑罚体制来说，战国和秦朝却依然沿用旧的奴隶五刑，只是为了形势需要，又补充增加了许多新的刑罚种类。这样一来，新旧刑罚混杂，层次体系不清，使刑罚制度显得杂乱无章。

（2）西汉初年，基本采用秦朝的刑罚制度，文帝以前，虽不时也实行改革刑罚的措施，但刑罚体制与秦朝相比并无本质的区别。

（3）随着政权的巩固，社会秩序的稳定，社会生产的恢复和发展，严刑峻法招致了众多批评。因此改革肉刑成了法律改革的一项重要任务。

（二）汉代刑制改革的内容

（1）废除肉刑，宽缓刑罚。

（2）对执行笞刑的刑具和执行方法作了具体规定。

（3）对劳役刑作了改革，即决定将终身服役的劳役刑制度改为有期限的劳役刑制度。

（三）汉代刑制改革的历史意义

文景二帝废除肉刑，顺应了历史发展的潮流，有利于保护社会生产力。废除肉刑使我国古代的刑罚手段由野蛮残酷变得较为人道。改革后的汉朝刑罚，除死刑外，主要是劳役刑或笞刑，这就为封建制五刑的形成奠定了基础。因此，文景二帝改革刑制，是我国古代法制史上具有历史意义的事件，是由奴隶制五刑向封建制五刑过渡的重要标志。

14. 答案：汉代的起诉又称“告劾”，一方面是指当事人自己直接到官府告诉，就是今天所说的“自诉”；另一方面指官府的官吏，主要是监察官吏御史和司隶校尉，“察举非法”“举劾犯罪”，就是今天所说的“公诉”。

（1）武帝时，为了加强司法方面的镇压，由张汤、赵禹等“条定法令，作见知故纵、监临部主之法”，以加强各级官吏纠举犯罪之责任。同时，还制定了有关奖励吏民告发犯罪的法令。颜师古注引孟康曰：“有不输税，令民得告言，以半与之。”按照《告缗令》规定，凡是对自己的财产隐瞒不报或呈报不实者，被人告发以后，罚戍边一年，财产没官，而其中一半赏给告发者，以资奖励。

（2）两汉时期，在一般情况下，必须按司法管辖逐级告劾，但有冤狱，可以越级上书皇帝。然而，当时有冤者往往“不远千里，断发刻肌，诣阙告诉，而不为理”，甚至“百上不达”。结果，劳民伤财，有冤难伸。又根据汉律“亲亲得相首匿”原则，除大逆、谋反之外，在一般情况下不准卑幼告发尊长，告者要受到惩处。

15. 答案：景帝后元三年（公元前 141 年）著令：对年八十岁以上的老人、八岁以下的幼童，及怀孕未产的妇女、老师、侏儒等，在有罪监禁期间，给予不戴刑具的优待。

宣帝元康也下诏说，除诬告与杀伤人罪外，八十岁以上老人犯罪都享受免予刑事处分的优待。东汉光武帝再下诏令，凡老人幼童及连坐妇女，除犯大逆不道诏书指明追捕的犯罪外，一律不再拘捕监禁。

汉朝统治者以“为政以仁”“以仁孝治天下”相标榜，强调贯彻儒家矜老恤幼的恤刑思想。汉律之所以给老幼以优待，是因为他们的犯罪行为较少构成严重危害。如构成严重危害，如犯“大逆不道”等罪时，同样严惩不贷。

六、论述题

1. 答案：汉武帝时期是自汉初以来又一次立法高峰。当时黄老之术已逐渐失去权威地位，儒学虽已经被确立为官学，但是尚未对立法产生重大影响。汉武帝时期立法以加强中央集权为主要内容。其具体表现在以下方面：

（1）进一步加强皇帝的权威。命张汤制定《越宫律》二十七篇，命赵禹制定《朝律》六篇，加强宫廷警卫、规范朝会礼仪，以严密保护皇帝的人身安全，尊崇皇帝权威。

（2）重刑镇压人民反抗。定“沈命法”“见知故纵之法”，严“首匿罪”“通行饮食罪”，并制定了钳制思想的“腹诽罪”。

（3）严厉打击诸侯割据势力。行“推恩法”，作“左官律”“阿党附益之法”，定“非正”“出界”等罪名，使地方诸侯动辄获罪削藩，加强大一统皇帝的权威。

（4）打击地方豪强，颁布算缗、告缗等法令。

此外汉武帝时期还颁布了大量诏令，作为律的补充。

2. 答案：汉律关于定罪量刑原则，基本上沿袭秦制，但也有所发展和变化：

（1）关于刑事责任年龄。秦律以身高确定刑事责任，汉律则直接按年龄确定刑事责任，并有最低年龄和最高年龄的区别，这一方法为后世封建法典所沿袭。两汉刑事责任年龄大体可以分为 8 岁以下 80 岁以上，7 岁以下 70 岁以上，或者 7 岁以下 80 岁以上，10 岁以下 80 岁以上。在此年龄之内，根据犯罪情节，确定科刑轻重，但一般都处以轻刑或免刑。虽有“矜老”“怜幼”之意，但实际上未满 7 岁和 70 岁以上人犯罪的社会危害性较小，对这些人同正常犯罪在处刑上有所区别。

（2）“亲亲得相首匿”，是指在直系三代血亲之间和夫妻之间，除谋反、大逆外，均可以互相隐匿犯罪行为，而且减免刑罚。根据这一原则，卑幼首匿尊亲长，不负刑事责任；尊亲长首匿卑幼，除死罪上请减免外，其他不负刑事责任。这一原则为此后封建法典所继承。

（3）先自告除其罪。汉律的自首叫“自告”或“自出”。犯罪者在其罪行未发觉以前，自己到官府报告其犯罪事实，可以免除其罪，叫作“先自告除其罪”，但在数罪并罚的情况下，只免除其自首之罪，其未自首之罪，仍予追究；对犯罪集团中的出谋划策者，自首也不免其罪。

（4）贵族官员有罪“先请”。两汉时期，多次颁布贵族官员有罪“先请”的诏令，以便保护他们在法律上特权规定公侯及其嗣子和官员三百石以上者在法律上皆享受有罪“先请”的特权，凡经上请，一般都可以减刑或免刑。

以上几项法律原则，或秦律所无，或虽有但两汉时发展变化较大，而“亲亲得相首匿”，则是自汉代始入律条。

3. 答案：西汉中期“罢黜百家、独尊儒术”以后，儒家思想逐渐渗透到司法领域之中，极大地影响了汉代的司法原则和司法制度，形成了汉代独具特色的司法制度。主要体现在以下方面：

（1）实行春秋决狱，是指在审判案件时，如果法律无明文规定，则以儒家经义作为定罪量刑的依据，其首创者为董仲舒，基本精神是“本其事而原其志；志邪者不待成，首恶者罪特重，本直者其论轻”。即其要旨是根据案情事实，追究行为人的动机；动机邪恶者即便犯罪未遂也不免刑责；首恶者从重惩治；主观上无恶念者从轻处理。这里强调审判时应重视行为人在案情中的主观动机，在着重考察动机的同时，还要依据事实，分别首犯、从犯和已遂、未遂。在法律烦琐而又不完备的当时及此后相当长的时间里，《春秋》经义决狱为司法原则的发展和审判上的一种积极的补充，实质上是把儒家的伦理道德准则法律化了。然而以《春秋》经义决狱在动作中容易产生流弊，在某种程度上为擅断论提供了不实依据。

(2) 实行“秋冬行刑”制度。汉代统治者根据“天人感应”理论，规定春夏不执行死刑。除谋反大逆“决不待时”者外，一般死刑犯须在秋天霜降以后、冬天以前执行。因为这时“天地始肃”，杀气已至，便可以“申严百刑”，以示所谓“顺天行诛”。“秋冬行刑”制度，对后世有深远影响，唐律规定“立春后不决死刑”，明清律中的“朝审”“秋审”制度亦可溯源于此。

(3) 实行“乞鞫”制度的规定。就是说对原司法机关的判决不服，允许当事人上书，向上级司法机关请求复审。“乞鞫”是汉代统治者出于儒家“慎刑”原则，企图缓和阶级矛盾的一种制度。

此外，汉代还实行录囚制度，时常进行大赦等，都体现了儒家思想的影响。

4. 答案：汉代的监察制度，最初沿袭秦制，后来不断调整，从中央到地方建立了一套自成体系的监察组织。汉初，御史大夫位居三公之一执掌中央监察权，有权案举丞相，借以牵制丞相权力机关的行使。

至西汉末年，丞相由“三公”制发展成“三司”制，具体的职权范围发生了变化，为了适应这种变化，建立了“御史台”作为专门行使监察权的监察机关，以御史中丞为长官。东汉沿袭这种体制，监察机关的地位和职权不断加强，组织机构也不断扩大。御史台职权极为广泛，可以监察礼仪、财政、军事、官风、官纪并参与制定法律，以及考察百官、荐举人才。御史台与尚书台，以及管理宫廷传达的“谒者台”，并称“三台”。

为了加强中央对地主的监督，汉初废秦时“监御史”，而由丞相随时派出“丞相史”监察数郡。至汉武帝时由于推行强化中央集权的政策，严格中央对地方的控制。遂划分全国为十三部州，作为监察区，各派出刺史一人为固定的监察官。值得注意的是，汉代地方监察官兵职权范围均有法律明文规定。汉惠帝三年颁行御史监察州郡九条。汉武帝时，各部刺史在中央御史中丞的领导下，根据汉武帝手订的“六条”，对部内所属郡、国进行监督。“六条”内容是“一条，强宗豪右，田宅逾制……二条，二千石不奉诏书……三条，二千石不恤疑狱……四条，二千石选署不平……五条，二千石恃怙荣势，请托所监；六条，二千石违公下比，阿附豪强……”其中一条规定监察强宗豪右，五条规定监察郡国守相。

西汉刺史进行监察的依据，除上述六条外，还有一条不成文的规定，即考察诸王，如有罪状及时上报皇帝。由于部刺史是皇帝在地方上的耳目，并代表中央监察地方，所以实际职权不断发展。部刺史只是中央派出的监察官，而非郡守以上的地方官，郡守失职，刺史可以上报朝廷，但无权直接处理。如超出“六条”滥用职权，要受到丞相的弹劾。但到西汉末年，刺史的实际权限已超出“六条”的范围，直接干预地方行政事务。这就使刺史的侵权行为由非法变成合法。

西汉中央监察机关御史台的建立与地方固定监察官刺史的设置，不仅标志着封建的监察制度的发展，同时也是中央集权进一步加强的结果。汉代监察机关的活动，对于严肃吏治，纠弹不法，确实起到一定作用。汉代的监察制度，有些颇有借鉴意义。

七、分析题

答案：汉代的继承制度强调父死子继。从材料中可以看出：第一，当时已出现遗嘱继承，这个遗嘱是家长生前病危时立的，反映了家长的意愿。第二，庶子、女儿都有财产继承权。

第五章　三国两晋南北朝法律制度

基础知识图解

- 三国两晋南北朝法律制度
  - 法律概况
    - 立法活动
      - 三国：沿用汉律阶段
        - 制定新法阶段：《新律》十八篇
      - 两晋：晋律《泰始律》
      - 南北朝：北魏律、北齐律
    - 法律形式：律、令、科、格、式
    - 律学成就
      - 法典编纂技术的成熟完善
      - 法律注释水平的空前提高
      - 刑法理论的重大进步
  - 法律制度
    - 刑罚体系
      - 废止肉刑
      - 缩小族刑连坐范围
      - 初步形成新五刑
    - 罪刑适用原则的儒家化
      - 准五服以制罪
      - 存留养亲
      - 重罪十条
    - 官僚贵族特权法的强化
      - 八议
      - 官当
      - 九品官人法
      - 品官占田荫户制
  - 司法制度
    - 司法机关体系：增设律博士
    - 司法审判制度
      - 皇帝参与审判录囚
      - 上诉与直诉
      - 完善死刑复奏制度
      - 盛行刑讯逼供之法

配套测试

一、单项选择题

1. 三国两晋南北朝时期的法律制度较秦汉时期有了重大发展，其中确立于这一时期并对后世影响较大的制度没有以下哪一项？（　　）

A. 春秋决狱

B. “官当”

C. “准五服以制罪”

D. 定流刑为减死之刑

2. 三国两晋南北朝时期，首次将“准五服以治罪”列入律典的是（　　）。

A.《晋律》　　B.《北齐律》

C.《魏律》　　D.《新律》

3. “死刑复奏制度”确立于（　　）。

A. 西周时期　　B. 秦汉时期

C. 北魏时期　　D. 隋唐时期

4. 重罪十条是为了镇压危害封建专制统治和违反伦理纲常的行为而制定的规定，始见于（　　）。

A.《新律》　B.《晋律》

C.《北齐律》　D.《大统式》

5.《北齐律》继承了《北魏律》确立五刑为（　　）。

A. 死、流、宫、徒、鞭

B. 死、流、徒、鞭、杖

C. 死、流、徒、杖、笞

D. 死、髡、赎、杂抵罪、罚金

6. 八议之说源于《周礼》“八辟”。（　　）时期，“八议”成为刑律的主要内容。

A. 两汉　B. 曹魏

C. 西晋　D. 北魏

7.（　　）为了钳制中书省行使职权成立了以侍中为主管长官的门下省。

A. 晋代　B. 北魏

C. 东汉　D. 北齐

8. 北齐改九卿之一的廷尉为（　　）并将其扩建，是当时最高的司法机关。

A. 大理寺　B. 御史台

C. 少府　D. 尚书省

9. 晋代沿袭南朝规定如因买卖田宅牛马如生纠纷，官府可以（　　）为据进行裁决。

A. 文券　B. 券书

C. 契约　D. 契税

10.（　　）为了增强法典的科学性将《晋律》的《刑名》《法例》合并为一篇，名为《名例》，冠于律首。

A. 北齐　B. 北周

C. 北魏　D. 魏

11. 据《魏书·刑罚志》记载，北魏延昌三年，冀州阜城之民费羊皮为葬母而卖女为婢，按律当死。此案在朝野引起巨大争议，后经宣武帝权衡各方意见，作出最终裁决：“羊皮卖女葬母，孝诚可嘉，便可特原。”关于此案判决所遵循的法律原则，下列表述正确的是（　　）。［2013 年法硕（非法学）真题］

A. 亲属相犯，罪不至死

B. 为伸张孝道，可特赦罪责

C. 诏令与律条冲突时，须依律断案

D. 子女的人格从属尊长，不受法律保护

二、多项选择题

1. 北魏确立了下列哪些制度或者原则？（　　）

A. 官当　B. 准五服制罪

C. 死刑复奏制　D. 重罪十条

2. 魏晋南北朝时期法律发生了许多发展变化，对后世法律具有重要影响。下列哪些表述正确揭示了这些发展变化？（　　）

A.《北齐律》共 12 篇，首先将刑名与法例律合为名例律一篇

B.《魏律》以《周礼》“八辟”为依据，正式规定了“八议”制度

C.《北周律》首次规定了“重罪十条”

D.《北魏律》与《陈律》正式确立了“官当”制度

3. 下列属于“八议”内容的有（　　）。

A.“议亲”　B.“议贤”

C.“议功”　D.“议宾”

4. 三国两晋南北朝时期，礼法结合体现在关于（　　）的规定。

A. 八议　B. 官当

C. 服制定罪　D. 重罪十条

E. 五刑

5. 三国两晋南北朝时期经过对法律形式、法典体例的完善而形成的，法律的主要形式有（　　）。

A. 律　B. 令　C. 格

D. 例　E. 式

三、不定项选择题

1. 下列有关曹魏《魏律》的不正确说法有（　　）。

A. 由汉律的九篇增加为十二篇

B.“准五服制罪”入律

C. 改革刑罚，使刑罚制度进一步规范化

D. 将《九章律》中的“具律”改为“法例”置入律首

2. 下列叙述中，①《北齐律》以“纳礼入律，礼律并重”为其突出特色；②《晋律》是魏晋南北朝时期立法水平最高、影响最大、施行最久的一部法典；③《北魏律》以“法令明审，科条简要”而著称；

④《陈律》以“官当”入律；⑤《北齐律》最早确立法典十二篇结构。错误的是（ ）。

A. ①②　　B. ③

C. ④⑤　　D. ①②③

3. 魏晋南北朝时期，为了体现恤刑及加强皇帝对司法审判的控制，确立了（ ）。

A. 律博士　　B. 登闻鼓制度

C. 死刑复奏制度　　D. 废除肉刑

4. 留养制度又称“存留养亲”，在（ ）时已入律，并为后世所沿袭，它是中国古代法律家族化、伦理化的体现。

A. 北齐　　B. 北魏

C. 北周　　D. 西魏

5. （ ）对于《晋律》中的法律概念和术语做出了规范性、科学性的解释，对后世律学产生了深远的影响。

A. 崔浩　　B. 陈群

C. 张斐　　D. 杜预

四、名词解释

1. 八议（清华大学 2013 年考研真题、复旦大学 2012 年考研真题）
2. 《晋律》
3. 服制定罪（中国人民大学 2009 年考研真题）
4. 存留养亲（中南财经政法大学 2008 年考研真题）
5. 登闻鼓
6. 九品中正制
7. 官当（中国人民大学 2008 年考研真题）
8. 准五服以制罪（中国人民大学 2015 年考研真题）
9. 《北齐律》（青岛大学 2011 年考研真题；1999 年考研真题）

五、简答题

1. 简述三国两晋南北朝时期立法的主要成就。
2. 简述三国两晋南北朝时期中央监察机关的发展。
3. 简述三国两晋南北朝时期法律形式的发展变化。
4. 简述《晋律》与汉、魏律相比的特点。
5. 简述三国两晋南北朝时期刑罚制度改革的主要内容。
6. 简述“服制”对中国古代法律的影响。
7. 简述魏晋南北朝时期中国刑事法律儒家化的主要表现。（中南财经政法大学 2007 年考研真题）
8. 简述三国两晋南北朝时期门阀世族特权的法律化。

六、论述题

1. 论述三国两晋南北朝时期的主刑体例和诉讼制度的变化。
2. 论述《北齐律》的特点及其历史地位。
3. 试论“重罪十条”的由来及其影响。

七、分析题

据《隋书·刑法志》记载，东晋成帝时，庐陵太守羊聃为非作歹，滥施刑杀，一次错杀无辜一百九十人，“有司奏聃罪当死”，但因景献皇后是他祖姑，属“议亲”之列，竟免处死。

试结合材料分析当时的相关制度。

参考答案

一、单项选择题

1. **答案**：A。“官当”“准五服以治罪”、定流刑为减死之刑是三国两晋南北朝时期法律制度发展变化的内容，而春秋决狱是汉代的一项制度，因此是错误的。

2. **答案**：A。A 项应选，《晋律》史称“泰始律”，又因张斐、杜预为之作注，故《晋律》又称为“张杜律”。

“五服”制度本是中国古代以丧服为标志，规定亲属之间亲疏远近的一种制度。在西晋定律时，第一次把“五服”制度纳入法典之中，作为判断是否构成犯罪及衡量罪行轻重的标准。

B 项不选，《北齐律》是三国两晋南北

朝时期立法成就最高的一部法典。其首先将严重危害封建统治秩序的重大犯罪归纳为“重罪十条”，至隋唐确立为“十恶”，成为封建法典中一项重要的核心制度。其在中国法制史上以“法令明审，科条简要”而著称。

CD两项不选，《魏律》史称曹魏“新律”，其正式将“八议”制度列入法典。

3. **答案**：C。死刑复奏制度，即奏请皇帝批准执行死刑判决的制度，北魏太武帝时正式确立这一制度。
4. **答案**：C。
5. **答案**：B。
6. **答案**：B。
7. **答案**：A。
8. **答案**：A。
9. **答案**：D。
10. **答案**：A。
11. **答案**：B。皇帝对法律的解释或者是诏令，大于制定好的律条，因为按律当死的罪名皇帝可以赦免。题中并没有提到亲属相犯的事由，题中的核心是“孝诚可嘉”，故重点是伸张孝道。

二、多项选择题

1. **答案**：AC。《北魏律》首次规定了官当和死刑复奏制度，故AC项正确；《晋律》首次规定了准五服治罪；《北齐律》首次规定了重罪十条，故BD项错误。
2. **答案**：ABD。首次规定了“重罪十条”的法典是《北齐律》而不是《北周律》。
3. **答案**：ABCD。“八议”是指法律规定的以下八种人犯罪，一般司法机关无权审判，必须奏请皇帝裁决，由皇帝根据其身份及具体情况减免刑罚的制度。这八种人是：“议亲”“议故”“议贤”“议能”“议功”“议贵”“议勤”“议宾”，“八议”制度源于西周时的“八辟”，正式入律是在曹魏时期。
4. **答案**：ABCD。
5. **答案**：ABCE。

三、不定项选择题

1. **答案**：ABD。《曹魏律》在《九章律》的基础上增加了诈伪、断狱等九篇，共十八篇，故A项不正确。把《九章律》中的“具律”改为“刑名”，故D项不正确。改革刑罚，使刑罚制度进一步规范化，故C项正确，《晋律》首次以“准五服制罪”入律，故B项不正确。
2. **答案**：ABD。《晋律》20篇，文字简约，法律概念规范，以“刑宽禁简”而著称，以“纳礼入律，礼律并重”为其突出特色，是六朝中使用最久的法律，但不是立法水平最高的法典，在魏晋南北朝时期，水平最高、对后代影响最大的是《北齐律》，它最早确立法典12篇结构，以“法令明审，科条简要”而著称。此外南朝陈制《陈律》，首次以“官当”入律。
3. **答案**：C。死刑复奏制度是指奏请皇帝批准执行死刑判决的制度，北魏太武帝时正式确立这一制度，为唐代的死刑三复奏打下了基础，这一制度的建立既加强了皇帝对司法审判的控制，又体现了皇帝对民众的体恤。
4. **答案**：B。
5. **答案**：CD。

四、名词解释

1. **答案**：“八议”对八种特殊的人物，在他们犯罪以后，在审判上给予特殊的照顾，所谓“大者必议，小者必赦”，官府不得专断。这八种人是“亲”“故”“贤”“能”“功”“贵”“勤”“宾”。“八议”之说源于《周礼》“八辟”。周有“刑不上大夫”，汉有“先请”之制，但未形成完整的体系，曹魏总结前代经验，制定魏律时，“八议”成为封建法典的内容。“八议”入律使贵族官僚地主享有特权，凌驾一般法律之上，为地主阶级之中的不法分子破坏法律大开方便之门。
2. **答案**：曹魏末年，晋王司马昭命贾充、杜预、裴楷等人以汉魏律为基础，修订律令。历时四年，至晋武帝司马炎泰始三年完成，次年颁行全国，史称《晋律》或《泰始律》。该律又经张裴、杜预作注释，为武帝首肯“诏颁天下”与吕文同具法律效力，故又称《晋律》为“张杜律”。这一形式成为以《唐律疏议》为代表的律疏并行的先河。《晋律》共二十篇，六百二十条，九万八千六百四十三字。《晋律》为东晋、宋、齐沿用，至南朝梁武帝改律共承用二百三十五年，是两晋南北朝时期行世最久远的一部法典，对后世的立法影响深远，促进了封建法律和法学的发展。

3. **答案**：依服制定罪是《晋律》的首创，目的在于“峻礼教之防”。它是指亲属间的犯罪，依据五等丧服所规定的亲等来定罪量刑。尊长杀伤卑幼，关系越近则定罪越轻，反之加重，但有些犯罪，如卑幼盗窃尊长财务，则恰恰相反。这是自汉以来立法合流的又一体现。以后历代法典均相沿用，明代更将丧服图列于律首。

4. **答案**：在“法为治要”的基础上创制了针对只有独子的老人的存留养亲制度，即法律对于非“十恶”大罪的犯人，允许通过上请程序从宽处罚，流刑可免发遣，徒刑可缓期执行。以保证其父母尊长有人养老送终，待老人去世后再按规定处置。

　　存留养亲的核心是国家部分放弃对犯罪的惩罚权力，帮助犯罪人完成其孝养长辈的责任，以巩固亲伦关系，强化人们的忠孝价值观念。

5. **答案**：晋武帝始设登闻鼓，悬于朝廷或都城之内，百姓可以击鼓鸣冤，由司闻声录状上奏。这种不以诉讼管辖等级，直接诉于皇帝或钦差大臣的直诉制度，是诉讼中的特别程序。自晋代以后直诉制度方为历代所相承。

6. **答案**：九品官人之法是魏文帝黄初元年采纳尚书陈群的建议而定的，九品中正制始于魏，沿用至宋、齐、梁、陈各代。规定郡设小中正官，州设大中正官。中正官的职责是依照家世、才能、德行，将辖区内的士分成上上、上中、上下、中上、中中、中下、下上、下中、下下九等；由下中正将品评结果申报大中正，再经大中正申报司徒，最后由中央按品第高下任官。这一制度的施行巩固了大土地所有制基础上建立起来的士族制度，保障了士族垄断政治统治权的特殊地位。但由于九品之分标准不确定，凭中正官的主观臆断，再加上请托、权势、裙带关系等影响，不但造成了“上品无寒门，下品无世族”，使士族与庶族相隔天壤，矛盾日益加深，且弊端丛生，贿赂公行，加速了士族、官员的腐化。

7. **答案**：三国两晋南北朝时期，多实行“九品中正制”，朝廷用人以家世门第为标准，为保证士族贵族在国家政权中的地位，进一步扩大官僚的律上特权，“官当”制度遂应运而生，即官员犯罪的可以用官职折抵一定的刑期。这种制度到隋唐时期日臻完备。明清时为加强官吏控制而被取消。

8. **答案**：“五服”制度是中国古代礼治中为死去的亲属服丧的制度。根据血缘关系亲疏和身份的尊卑，亲属分为五等，由亲至疏依次是斩衰、齐衰、大功、小功、缌麻。《晋律》首次把“五服”制度纳入法典之中，确立“准五服以制罪”的定罪量刑原则。“五服制罪”的原则实质上是“同罪异罚”的原则在家族范围内体现，它在刑法方面的适用原则是：亲属相犯，以卑犯尊者，处罚重于常人，关系越亲，处罚越重；若以尊犯卑正好相反；亲属相奸，处罚重于常人，关系越亲，处罚越重；亲属相盗，处罚轻于常人，关系越亲，处罚越轻。在民事方面，如财产转让时有犯，则关系越亲，处罚越轻。“准五服以制罪”是封建法律儒家化的又一次重大发展，是中国封建伦理法特征的集中体现。

9. **答案**：《北齐律》是南北朝时期北齐的一部重要法典。公元550年，东魏权臣高洋自立为帝，改东魏为北齐。初沿用《麟趾格》，至武成帝河清三年（公元564年）在封述等人主持下，以《北魏律》为蓝本，校正古今，锐意创新，省并篇名，务存清约，编定成《北齐律》十二篇，九百四十九条。《北齐律》以“法令明审，科条简要”著称。上承汉魏律之精神，下启隋唐律之先河，成为隋唐法典的蓝本。近人程树德说：“南北朝诸律，北优于南，而北朝尤以齐律为最。”

五、简答题

1. 答案：三国两晋南北朝时期，由于律学的兴盛，魏晋和北朝的许多统治者对法律的高度重视，使得这个时期在立法方面取得了可观的历史成就。其主要立法成就大略体现在以下五个方面：

（1）律学对传统法律的发展影响日益深远。这一时期律学成果逐渐为传统法律所吸收，《北魏律》的“累犯加重”“共犯以造意为首”就是例证。

（2）礼律日趋融合。汉代儒家思想只能通过司法影响法制，自魏晋时期开始，儒家思想已经开始直接指导立法。八议、官当、服制定罪、重罪十条，这些都是儒家礼制的法律化。

（3）封建法律形式日益完备。严格区分了律、令的不同，格、式都成为比较成熟的法律形式。

（4）律典的篇章体例更加合理。从魏律、晋律、北魏律到北齐律，逐渐形成了以《名例律》为开篇的精当的十二篇的律典体例。

（5）经过无数律学家的解释，法律概念日趋准确。

2. 答案：三国两晋南北朝时期中央监察机关仍为御史台，由皇帝直接掌握御史台，仍以御史中丞为长官，拥有“震肃百僚”的威仪。

魏晋以后，皇帝还允许御史学“风闻言事”，而无须持有真凭实据。如百官有罪，御史中丞失纠，则要免官。同时还规定大士族不得为御史中丞，以防止其徇私舞弊，影响监察职能的发挥。晋朝以后，御史中丞以下设殿中侍御史，也设置检校御史、督运御史、监军御史。总之名目繁多，机构庞大，且多系因事设置，职权也不统一。

曹魏以后不再设置固定的地方监察机关。对地方官的监察，由中央不定期派出巡御史担任。东晋逐步废除汉代设置的司隶校尉，并其行政权于扬州刺史，并其监察权于御史台。

三国两晋南北朝时期中央监察机关的职权与机构的扩大，以及官职人选的严格，一方面，说明监察机关是皇帝的耳目之司和纠弹封建官吏失职的重要工具；另一方面，也说明了统治者从长期的统治经验中逐渐认识到只有整肃吏治，强化统治效能，才能维护封建国家的统治。

3. 答案：魏、晋、南北朝时期对先朝的法律形式有所改进。其时律令已有别，科为格取代、式的出现、比的沿用等成为变化的主要内容，特别是刑名法例的出现意义尤为深远。

（1）律的发展与法典结构的变化。这一时期律仍是法律的主要形式。其变化较大的是律典的篇章体例和逻辑结构。

首先是《名例律》的形成。魏律把汉《九章律》的第六篇《具律》改为《刑名》篇，置于全律之首；晋律分《刑名》为《刑名》《法例》两篇，至北齐将《晋律》的《刑名》《法例》合并为一篇，名为《名例》，冠于律首。《名例律》集中规定了封建法典的重要原则，类似于近代法典的总则。

其次是律典的篇目趋于简约。魏《新律》在汉《九章律》的基础上删繁就简，全律十八篇；《晋律》《北魏律》均为二十篇；《北齐律》最后确立了十二篇的体例，完成了自汉律以来，我国封建法典由繁至简的改革历程。

（2）令的发展与变化。三国两晋南北朝时期，令和律一样，仍是法律的主要形式，但其内涵已开始有别于秦汉时代。魏时除律的编修外，也有令，但区分仍不明显。至晋时明确区分律令。有所谓“律以正刑名，令以存事制”的说法。

律为固定性规范，令是暂时性法律。违令有罪者，依律定罪处刑。

（3）以格代科。曹魏时期，科是当时主要的法律形式。至魏明帝制定《新律》，将科按性质分列为律令，科作为一种独立的法律形式走向衰落。北魏中期，开始以格代科，格成为一种辅律而行的法律形式。北魏后期至北齐初期，格取代律成为当时主要的法律形式，《北齐律》的颁行，律重新取得主要法律形式的地位，而格虽与律并行，但退回复法地位，在律无正条情况下暂作定刑依据。

(4) 式的出现。式，西魏文帝时编定《大统式》，成为隋唐以后律、令、格、式四种基本法律样式之一的“式”的先声。

此外，这一时期仍沿用汉以来用“比”和经义断案的传统。

4. 答案：《晋律》又称《泰始律》是由贾充、杜预、裴楷、羊祜等律学家以汉、魏律为基础修订而成的。颁行之后又经张斐、杜预作注释，律文与释文合为一体，具有同等的法律效力。《晋律》为东晋、宋、齐沿用，是两晋南北朝时期行世最久远的一部法典，对后世影响深远。与汉、魏律相比较，《晋律》具有以下特点：

(1) 经过张斐、杜预对法律概念系统的解释，使得法律概念更加规范化、科学化。

(2) 篇章体例更加合理。《晋律》将魏律《刑名》改为《刑名》《法例》两篇，置于全篇之首，进一步加强了它们作为刑法总则的功能。

(3) 礼法合流进一步完善。《晋律》首创服制定罪，以“峻礼教之防”；在沿用八议的同时，还规定官吏可以通过除名或免官来抵罪。

(4) 《晋律》将法定刑简化为死、髡、赎、杂抵罪和罚金五种，每一种又细分为数等。

5. 答案：三国两晋南北朝时期立法方面成绩可观，刑罚制度改革主要涉及以下几个方面：

第一方面是法定刑的规范化。魏《新律》将法定刑分为死、髡、完、作、赎、罚金、杂抵罪数种。晋律定刑为五种：死、髡、赎、杂抵罪和罚金。《北魏律》定刑为六种：死、流、宫、徒、鞭、杖。《北齐律》承其后，最终确立死、流、徒、鞭、杖五刑。

第二方面是刑罚更加宽缓，具体体现在：

首先，免除宫刑，进一步废除肉刑。自汉文帝改革刑制以来，宫刑时用时废。《北魏律》还把宫刑作为一种法定刑。西魏文帝大统十三年、北齐后主天流五年，先后诏令废除宫刑，从此宫刑不复作为一种法定刑。

其次，连坐的范围有所缩小。曹魏时期所定《新律》缩小了连坐的范围，并开连坐不及出嫁女的先例。南朝《梁律》进一步缩小连坐的范围，创连坐妇女免处死刑的先例。《北魏律》孝文帝以诏令特加缩小：非干名犯义之重罪者，连坐处死皆止自身。

最后，定流刑为减死之刑。北魏、北齐均按“降死从流”原则，将流刑降为法定刑，从而填补了自汉文帝改革刑罚以来死、徒二刑间的空白。

6. 答案：“服制”本是中国古代以丧服为标志，规定亲属之间亲疏远近的一种制度。封建服制把亲属分为五等：斩衰亲，服丧三年，着不缝边的极粗生麻布丧服；齐衰亲，服丧一年或一年以下，着缝边的次等生粗麻布丧服；大功亲，服丧九个月，着粗熟麻布丧服；小功亲，服丧五个月，着稍粗布丧服；缌麻亲，服丧三个月，着细熟布丧服。

服制不仅确定了继承与赡养等权利义务关系，也确定了亲属相犯时刑罚轻重施用的原则。在刑法适用上，凡服制越近以尊犯卑，处罚越轻；以卑犯尊，处罚越重。凡服制越远，以尊犯卑，处罚相对变重；以卑犯尊，处罚相对变轻。“准五服以制罪”制度的确立，是封建法律儒家化的重要标志之一，其影响深远，直至明清。

其中最为代表的是《晋律》的“准五服以制罪”的制度。此时的家族伦理关系已正式规定为法律关系。通过一系列的立法及法律实践活动，魏晋南北朝纳礼入律，礼的精神已经融化于法律之中，把礼的原则和规范法律化了，礼之所许，律亦不禁，赋予伦理关系以法律关系的性质。凡是维护这些关系者即遵礼亦即守法；反之，便是违礼亦即犯法。甚而尚未入律之礼，人们也要遵守。按礼教约束自己，即使无意中触犯了法律，统治者也会原心曲法，在给予高度的道德评价的同时也给予积极的法律救济。

这种“礼法结合”的趋势，到了唐律中得到了全面的肯定。唐以后的传统刑律都规定有丧服制度，清律卷首更画有《五服图》，以朝廷强制力认可并推行礼的规范。传统的儒家思想为这种伦理与法律的结合提供了思想基础。于是，君权、父权、夫权的神圣不可侵犯得以巩固，同时也将父权引入了传统社会的法律领域，而君权则成了全国父权的化身，借以达成强化君权及其合理性的目的。

7. 答案：（一）确立重要的刑法原则

（1）确立“八议”原则

最先确立“八议”原则的是三国时期的《魏律》。《魏律》以《周礼》的“八辟”为依据，规定司法机关对八种人（即各种贵族及一定地位的官员）犯罪，必须奏请皇帝，由皇帝交有关大臣集议减免刑罚。从此，直至清朝，各朝法典均规定了“八议”原则。

（2）确立“减轻妇女从坐”的原则

秦、汉时期，妇女随何亲属从坐，法律无明确规定。往往妇女父家或夫家有人犯罪，妇女皆可能从坐。至三国曹魏，开始明确规定：未嫁之女，随其父母从坐；已嫁之妇，随其夫家从坐。这一规定废除了妇女的双重从坐，至东晋，则进一步减轻对从坐妇女的处刑。

（3）确立“准五服以制罪”原则

最先确立“准五服以制罪”原则的是西晋时期的《晋律》，即《泰始律》。五服是中国古代标志亲等的丧服制度，西晋以前，曾用来确定人们的赡养、继承等民事关系，自《晋律》规定“准五服以制罪”后，则又成为处理亲属相犯等刑事案件的原则。依据这一原则，服制越近，以尊犯卑处刑则轻，以卑犯尊处刑则重；服制越远，以尊犯卑处刑相对变重，以卑犯尊处刑相对变轻。

（4）确立“官当”原则

“官当”就是官员犯罪用官职折抵刑罚的制度。《魏律》和《晋律》规定的“杂抵罪”是“官当”之源。《北魏律》规定的犯官可用其官爵折抵徒刑的内容是“官当”之实。至南朝《陈律》则始有“官当”之名。

（二）发展耐罚制度

继汉文帝废除肉刑后，三国两晋南北朝进一步朝着废除肉刑的方向发展。至西魏、北齐，汉文帝废除肉刑时即使未被废除的宫刑也基本上被废除。另外，三国两晋南北朝的刑罚制度，亦逐渐趋于简明和规范。

（三）设立“重罪十条”

《北齐律》将秦汉以来危害封建专制统治和封建礼教的主要罪名归纳为“重罪十条”。“重罪十条”对后世的立法影响很大。隋朝在《开皇律》中将其改定为“十恶之条”，使其成为封建法典的重要内容。

8. 答案：建立在士族大地主经济基础上的三国两晋南北朝法律制度，以维护贵族官僚地主阶级的利益为目的，表现出封建特权法的鲜明特征。其中，曹魏统治时期，“八议”入律就是突出表现。魏明帝在制定《魏律》时，以《周礼》“八辟”为依据，正式规定了“八议”制度。“八议”制度是对封建特权人物犯罪后实行减免处罚的法律规定。它包括议亲（皇帝亲戚）、议故（皇帝故旧）、议贤（有封建德行与影响的人）、议能（有大才能）、议功（有大功勋）、议贵（贵族官僚）、议勤（为封建国家勤劳服务）、议宾（前代皇室宗亲）。自此以后，“八议”成为各代刑律的重要内容。

“官当”是封建社会允许官吏以官职爵位折抵徒刑的一种特权制度。它正式出现在《北魏律》与《陈律》中。《北魏律法例篇》规定：每一爵级抵当徒罪二年。南朝《陈律》规定更细，凡以官抵折徒刑，同赎刑结合使用。如官吏犯罪应判四年至五年徒刑，准许以官当徒两年，其余年限服劳役。若判处三年徒刑，准许以官当徒两年，剩余一年可以赎罪。这表明当时封建特权法有进一步发展。

六、论述题

1. 答案：（1）三国两晋南北朝时期不同阶段对五刑的规定也不同，表现在魏《新律》将法定刑分为死、髡、完、作、赎、罚金、杂抵罪数种。

晋律定刑为五种：死、髡、赎、杂抵罪和罚金。其中死刑三等，髡刑四等，赎、杂抵罪和罚金各五等。《北魏律》定刑为六种：

死、流、宫、徒、鞭、杖。《北齐律》承其后，最终确立死、流、徒、鞭、杖五刑。

（2）三国两晋南北朝时期诉讼制度的变化主要体现在以下几个方面：

①限制诉讼权利。秦汉时不许未决犯告发犯罪。晋律规定囚徒诬告人犯，罪及家属；北魏律："诸告事不实者，以其罪罪之。"北齐法律规定禁止囚犯告诉。②皇帝频繁直接干预和参与司法审判。如魏明帝改"平望观"为"听讼观"，南朝宋武帝也"折疑狱"录囚徒，北周武帝常常亲自听讼。③直接诉制的形成。直诉讼作为制度成于西晋，即不依诉讼等级直接诉于皇帝或钦差大臣，晋武帝始设登闻鼓，悬于朝堂或都城内，百姓可击鼓鸣冤，有司闻声录状上奏。这种不依诉讼等级直接诉于皇帝或钦差大臣的直诉的制度，是诉讼中的特别程序。自晋以后直诉制度方为历代相承。④刑讯用测立法。《梁律》首定测罚之制。凡在押人犯，不招供者均施以"测罚"之刑。具体做法是"断食三日，听家人进粥二升，女及老小，一百五十刻与粥，满千刻止"。《陈律》在此基础上创立"测立"之制。此法入隋而止。⑤死刑复核制度形成。魏明帝曾下令死罪"有乞恩者，使与奏"；北魏律规定"当死者，部案奏闻"。北魏时期死刑决定权只归皇帝，一方面是慎刑，另一方面也是控制。⑥上诉制度的变化。曹魏时期即改革汉代上诉制度，防止诉事拖延，限制当事人漫无限制的上诉；北魏律规定，虽然可以受理上诉，但是可以对上诉人实行刑讯，以防止上诉不实。⑦加强自上而下的司法监督。为加强司法监督，至曹魏及晋代，县令的审判权受到限制，凡重囚，县审判官须报郡，由郡派出督邮验案。各代还普遍施行特使察囚制度，加强对地方审判的监督。⑧妇女犯罪行刑上享有特殊规定。对妇女实行体罚，减鞭、杖之半数执行，并可以赎金代之。对孕妇不得实行体罚，须处死刑者，产后百日才可以执行。

2. **答案**：《北齐律》于武成帝河清三年（公元前564年）由封述等人主持编纂完成，其主要特点有：

（1）《北齐律》以法令明审，科条简要而著称。《北齐律》分为十二篇，较六十篇的汉律，十八篇的魏《新律》，二十篇的《晋律》《北魏律》都大为简省。

（2）进一步改革法典体例，省并篇目。将《晋律》的《刑名》《法例》合并为一篇，名为《名例》，冠于律首，改《北魏律》的宫卫律为禁卫律，增加违制律。

（3）在内容上锐意创新，推行礼法结合。《北齐律》所创之"重罪十条"强化了对封建三纲的维护；还确立了死、流、徒、鞭、杖五刑制度。

《北齐律》条文简明，篇章合理，完成了自汉代以来封建法典由繁至简的改革过程。隋《开皇律》和后来的唐律，都采用十二篇的体例，并以《名例律》为开篇；《北齐律》的五刑制度为隋唐封建五刑制度的定型奠定了基础；其"重罪十条"被稍加变革，改为"十恶"，为隋唐以后历代所沿袭。

3. **答案**：为加强镇压危害封建专制统治和违反伦理纲常的行为。"重罪十条"正式入律，始于北齐。此时形成的"重罪十条"，也就是后世所称的"十恶"。北齐时，在法律上将直接危害国家根本利益的最严重的十种犯罪置于律首，"一曰反逆，二曰大逆，三曰叛，四曰降，五曰恶逆，六曰不道，七曰不敬，八曰不孝，九曰不义，十曰内乱。其犯此十者不在八议论赎之限"，是为"重罪十条"。早在汉代，已有"不道""不孝"等罪名，其他如"作上""犯上""大不敬""大逆""降叛""禽兽行"等罪名，亦见于秦汉以来律令之中。

晋律有不孝罪弃市，南北朝时进一步罗列罪名，《北魏律》规定"大逆不道腰斩"，南梁律规定"其谋反、降、叛、大逆以上皆斩"就是为了镇压危害专制统治和违反伦理纲常的行为。

可以看出晋律以及南北朝时的"重罪十条"远不及北齐时规定得明确、具体，《北齐律》所定"重罪十条"，从更广泛的意义上维护了封建宗法制度化的各个方面，进一步把礼法结合起来，强化了对于君权、父权、夫权的保护。隋唐律在此基础上发展为“十恶”定制，并为宋、元、明、清历代所沿袭。

七、分析题

答案：材料中主要涉及的是当时的“八议”制度。所谓“八议”是指“议亲”“议故”“议贤”“议能”“议功”“议贵”“议勤”“议宾”。“亲”是皇帝宗室亲戚；“故”是皇帝故旧；“贤”是朝廷认为有大德行的贤人君子；“能”是政治、军事等方面有大才能者；“功”是对国家有大功勋者；“贵”是有一定级别的官爵者；“勤”是为国家服务卓著有大勤劳者；“宾”是前朝皇帝及后裔。对这八种权贵人物，在他们犯罪后在审判上给予特殊照顾。“八议”之说源于《周礼》“八辟”。周有“刑不上大夫”，汉有“先请”之别，但未必已成完整体系。曹魏总结前代经验，制定魏律时，“八议”成为封建法典主要内容之一。“八议”的入律，使得贵族官僚地主享有特权，凌驾于一般法律制裁之上，为统治阶级中不法分子破坏法律大开方便之门。

第六章　隋唐法律制度

基础知识图解

- 隋朝法律制度
  - 法制思想：重视德治、严格依法办事
  - 立法成就
    - 开皇律
    - 确立法典的篇目体例
    - 确立封建制五刑
    - “十恶”重罪
    - 贵族、官员法律特权扩大化：议、减、赎、当
  - 司法制度
    - 诉讼
    - 讯囚
    - 死刑复核
- 唐朝法律制度
  - 法律概况
    - 立法思想
      - 立法要求上，以隋为鉴，立法简洁，具有连续性且宽严适中
      - 指导思想上，德礼为政教之本，刑罚为政教之用
      - 严明法制、一断以律，不分贵贱一律惩处
    - 立法成就
      - “唐律疏议”、“唐六典”
      - 唐律疏议的内容、结构
    - 法律形式定型：律、令、格、式
  - 行政法律制度
    - 政权体制
    - 监察体制
    - 职官管理
  - 民事法律制度
    - 权利能力与行为能力
    - 所有权
    - 契约：买卖、借贷
    - 婚姻家庭与继承
      - 婚姻
        - 结婚
        - 离婚：强制、协议
      - 家庭关系：维护家长的特权
      - 继承
  - 经济法律制度
    - 赋税立法
    - 农业与手工业法规
    - 商业法规
  - 刑事法律制度
    - 刑名：笞、杖、徒、流、死
    - 适用原则
      - 十恶严惩
      - 贵族、官僚减免
      - 其他
        - 累犯加重
        - 刑事责任年龄以及老、少、废、疾犯罪减免处罚
        - 同居相隐不为罪的原则
        - 自首减免原则
        - 官吏犯罪，“私罪”从重，“公罪”从轻
        - 共犯区分首从
        - 数罪并罚
        - 类推
        - “化外人相犯”

- 唐朝法律制度
  - 罪名
    - 危害国家罪
    - 侵犯人身安全罪
    - 侵犯公私财产罪
    - 官吏职务犯罪
    - 破坏家庭秩序罪
    - 破坏公共秩序罪
  - 唐中后期刑法的变化
    - 轻法改重法
    - 酷刑代五刑
  - 唐朝法制的特点与历史影响
    - 儒家思想是唐律的灵魂
    - 唐律是中华法系的代表
    - 唐律对周边国家和后世立法的影响：对西方、东南亚、日本、朝鲜等以及对后世的影响
- 司法制度
  - 司法机关
    - 中央：三法司
    - 地方
  - 诉讼审判制度
    - 起诉：分为“举劾”和“告诉”管辖
    - 审判：三司推事与换推、证据制度、判决、上诉
    - 执行：死刑执行三复奏法官责任制度
  - 监察制度
    - 御史台制度
    - 谏官制度

配套测试

一、单项选择题

1. 中国传统法制的成熟、定型阶段是（　　）。

A. 秦汉时期

B. 三国两晋南北朝时期

C. 隋唐时期

D. 宋元明清时期

2. 隋文帝的《开皇律》首次确立了以下哪种制度？（　　）

A. 封建制五刑　　B. 加役流

C. “重罪十条”　　D. “十恶”

3. 第一次以法典的形式，肯定了法官的回避制度的是什么法典？（　　）

A.《唐律疏议》　　B.《唐六典》

C.《宋刑统》　　D.《开皇律》

4. 唐朝在婚姻解除上与前代不同的是（　　）。

A. “七出”　　B. “三不去”

C. “和离”　　D. “义绝”

5. 殴打或谋杀父母等尊长亲属的行为属于唐律“十恶”中的（　　）。

A. 不孝　　B. 恶逆

C. 不睦　　D. 不义

6. 唐朝对重大案件常由大理寺、刑部和御史台会同审判，这被称为（　　）

A. 三司推事　　B. 三司会审

C. 圆审　　D. 三司圆审

7. 唐律的总则《名例律》规定：“诸化外人，同类自相犯者，各依本俗法；异类相犯者，以法律论”，体现了（　　）原则。

A. 属人主义与属地主义的结合

B. 属人主义

C. 属地主义

D. 保护主义

8.（　　）是我国现存的一部最古老的行政法典，它反映了当时行政立法的高度发展以及封建法典编纂的重大变化。

A.《大明会典》　　B.《贞观政要》

C.《唐六典》　　D.《永徽律疏》

9. 唐代诉讼制度不断完善，并具有承前启后的特点。下列哪一选项体现了唐律据证定罪的原则？（　　）（司考 2017. 1. 17）

A. 唐律规定，审判时“必先以情，审察辞理，反复参验，犹未能决，事须拷问者，立案同判，然后拷讯，违者杖

六十"

B.《断狱律》说:"若赃状露验,理不可疑,虽不成引,即据状断之"

C. 唐律规定,对应议、请、减和老幼残疾之人"不合拷讯"

D.《断狱律》说:"(断狱)皆须具引律、令、格、式正文,违者笞三十"

10. 唐代沿袭隋制,皇帝下设了三大司法机构,共同行使中央司法机关各项职能,其中( )是中央最高审判机关。

A. 大理寺　　B. 刑部

C. 御史台　　D. 尚书省

11. 御史台( )专掌纠察朝仪、巡视京都以及朝会、郊祀等,以维护皇帝的尊严为其基本职责。

A. 殿院　　B. 台院

C. 察院　　D. 大理寺

12. 依据唐律疏议的规定,( )是指盗窃御用物品,因过误而导致皇帝的人身安全受到威胁等罪行。

A. 谋反　　B. 谋大逆

C. 恶逆　　D. 大不敬

13. 关于唐律中五刑,下列哪一选项是正确的?( )

A. 笞刑、羞辱刑、流放刑、经济刑、死刑

B. 笞刑、徒刑、流放刑、株连刑、死刑

C. 笞刑、杖刑、徒刑、流刑、死刑

D. 杖刑、徒刑、流刑、肉刑、死刑

14. 唐朝开元年间,旅居长安的突某(来自甲国)将和某(来自乙国)殴打致死。根据唐律关于"化外人"犯罪适用法律的原则,下列哪一项是正确的?( )

A. 适用当时甲国的法律

B. 适用当时乙国的法律

C. 当时甲国或乙国的法律任选其一

D. 适用唐朝的法律

15. 关于中国古代社会几部法典的结构体例,下列哪一选项是错误的?( )

A.《法经》中相当于近代刑法典总则部分的"具法"是被置于六篇中的最后一篇

B.《魏律》对秦汉旧律有较大改革,如将"具律"改为"刑名",并将其置于律首

C.《晋律》将刑名与法例合为"名例律"一篇,并将法典篇章数定为二十篇

D.《永徽律疏》将疏议分附于律文之后颁行,分为十二篇三十卷

16. 杜甫有诗云:"朝回日日典春衣,每日江头尽醉归。酒债寻常行处有,人生七十古来稀。"对诗歌涉及的典当制度,下列哪一选项可以成立?( )

A. 唐代的典当形成了明确的债权债务关系

B. 唐代的典当契约称为"质剂"

C. 唐代的典当称为"活卖"

D. 唐代法律规定开典当行者构成"坐赃"

17. 元代人在《唐律疏议序》中说:"乘之(指唐律)则过,除之则不及,过与不及,其失均矣。"表达了对唐律的敬畏之心。下列关于唐律哪一表述是错误的?( )(司考 2016.1.17)

A. 促使法律统治"一准乎礼",实现了礼律统一

B. 科条简要、宽简适中、立法技术高超,结构严谨

C. 是我国传统法典的楷模与中华法系形成的标志

D. 对古代亚洲及欧洲诸国产生了重大影响,成为其立法渊源

18.《唐律·名例律》规定:"诸断罪而无正条,其应出罪者,则举重以明轻;其应入罪者,则举轻以明重。"关于唐代类推原则,下列哪一说法是正确的?( )(司考 2014.1.17)

A. 类推是适用法律的一般形式,有明文规定也可"比附援引"

B. 被类推定罪的行为,处罚应重于同类案件

C. 被类推定罪的行为,处罚应轻于同类案件

D. 唐代类推原则反映了当时立法技术的发达

19. 唐永徽年间，甲由其祖父乙抚养成人。甲好赌欠债，多次索要乙一祖传玉坠未果，起意杀乙。某日，甲趁乙熟睡，以木棒狠击乙头部，以为致死（后被救活），遂夺玉坠逃走。依据唐律关于谋杀尊亲处斩，但无致伤如何处理的规定。对甲应当实行下列哪一处罚？（　　）（司考 2015. 1. 17）

A. 按"诸断罪而无正条，其应入罪者，则举轻以明重"，应处斩刑

B. 按"诸断罪而无正条，其应出罪者，则举重以明轻"，应处绞刑

C. 致伤未死，应处流三千里

D. 属于"十恶"犯罪中的"不孝"行为，应处极刑

二、多项选择题

1. 《唐律疏议》又称《永徽律疏》，是唐高宗永徽年间完成的一部极为重要的法典。下列关于《唐律疏议》的表述哪些是正确的？（　　）

A. 《唐律疏议》是由张斐、杜预完成的法律注释

B. 《唐律疏议》引用儒家经典理论作为律文的理论依据

C. 《唐律疏议》奠定了中华法系的传统

D. 《唐律疏议》对唐代的《武德律》等法典有很深的影响

2. 永徽四年（公元 653 年），唐高宗李治的妹夫房遗爱谋反案发犯"十恶"罪。依《永徽律疏》的规定，对房遗爱应作何处置？（　　）

A. 可适用"八议"免予死刑

B. 应被判处死刑

C. 可以赦免

D. 不适用自首

3. 下列有关我国唐宋时期法制的表述哪些是正确的？（　　）

A. 《永徽律疏》不仅是中华法系的代表性法典，也是中国封建法制的最高成就

B. 《宋刑统》不仅是一部具有统括性和综合性的法典，也是中国历史上第一部刊印颁行的法典

C. 自首、类推、化外人、区分公罪与私罪等原则都是唐律中重要的刑罚原则

D. 唐代和宋代在中央司法机构的设置上是一致的，即在皇帝以下设置大理寺、刑部、御史台三大司法机构，分掌中央司法审判职权

4. 唐代的"六赃罪"仅限于身份犯的有（　　）。

A. 坐赃罪　　B. 受所监临赃

C. 不枉法赃　　D. 枉法赃

5. 下列哪些机关享有对地方上报案件的复核权？（　　）

A. 唐朝的大理寺　　B. 唐朝的刑部

C. 清朝的大理寺　　D. 清朝的刑部

6. 唐朝规定的"六杀"是依犯罪人的主观意图所作的分类，下列选项中，因主观上过失而构成犯罪的有（　　）。

A. 谋杀　　B. 斗杀

C. 戏杀　　D. 过失杀

7. 关于离婚，唐律所规定的"三不去"原则包括（　　）。

A. 恶疾　　B. 有所受而无所归

C. 娶时贱而后贵　　D. 存留养亲

E. 经持舅姑之丧

8. 唐律规定"请"的规格低于"议"，它主要适用于（　　）。

A. 皇太子妃大功以上亲

B. 应议者期以上亲及孙

C. 官爵五品以上

D. 官爵七品以上

E. 皇后缌麻以上亲

9. 唐代仍将"五听"作为审判的主要形式并确认了刑讯的合法性，下列关于唐律刑讯的规定包括（　　）。

A. 刑讯必须用常行杖

B. 拷囚不得超过三度

C. 总数不得过二百杖

D. 中间不得换人行刑

E. 对享有"议""请""减"等特权人物及老、少、废疾者，禁止使用刑讯

10. 《疑狱集》载："张举，吴人也。为句章令。有妻杀夫，因放火烧舍，乃诈称火烧夫死。夫家疑之，诣官诉妻，妻拒而不认。举乃取猪二口，一杀之，一活之，乃积薪烧之，察杀者口中无灰，活者口中有灰。因验夫口中，果无灰，以此鞫之，妻乃伏罪。"下列关于这一事例的哪些表述是不成立的？（　　）

A. 作为县令的张举重视证据，一般用猪来作为证据

B. 张举之所以采取积薪烧猪的方法来查验证据，乃因当时的法律没有规定刑讯的程序

C. 该案杀人者未受刑而伏罪，因其符合当时法律规定禁止使用刑讯的一般条件

D. 张举在这个案件中对事实的判断体现了当时法律所规定的"据状断之"的要求

11. 唐朝时期，中央或地方如发生特别重大的案件，往往由三司组成中央临时最高法庭实行"三司推事"，三司包括（　　）。

A. 大理寺卿　　B. 尚书令

C. 刑部侍郎　　D. 中书侍郎

E. 御史中丞

12. 唐太宗时期的《贞观律》，较之以往在（　　）等方面出现了重大的变化。

A. 创设加役流刑，作为减死之罪

B. 规定"十恶""八议"

C. 规定同居相隐不为罪

D. 明确了比附类推所应遵循的法律原则

E. 改革"兄弟分居，连坐俱死"之法

13. 为了维护封建官僚体制，巩固专制统治的基础，唐律规定对于官僚犯罪，可用（　　）等方法抵罪。

A. 官当　　B. 除名

C. 免官　　D. 赎铜

E. 减

14. 乾隆五十一年，四川发生一起杀人案：唐达根与宋万田本不相识，因赴集市买苞谷遂结伴同行。途中山洞避雨，宋万田提议二人赌钱。后宋万田得赢，唐达根将钱如数送上。归途，宋万田再次提议赌钱，唐达根得赢。宋万田声称唐达根要骗不肯给钱，唐达根与之争吵进而双方互殴，争斗中唐达根将宋万田打死。依据《大清律例》及《大清律辑注》，你认为唐达根有可能被官府认定犯下列哪些罪行？（　　）（司考 2010. 1. 58）

A. 唐达根系没有预谋、临时起意将宋万田打死，应定故杀

B. 唐达根系恼羞成怒，欲夺赌钱故意将宋万田打死，应定谋杀

C. 唐达根系无心之下，斗殴中不期将宋万田打死，应定斗殴杀

D. 唐达根系无怨恨杀人动机，以力共戏将宋万田打死，应定戏杀

15. 关于《永徽律疏》，下列哪些选项是错误的？（　　）（司考 2008. 1. 58）

A. 《永徽律疏》又称《唐律疏议》，是唐太宗在位时制定的

B. 《永徽律疏》首次确立了"十恶"即"重罪十条"制度

C. 《永徽律疏》对主要的法律原则和制度作了精确的解释，而且尽可能以儒家经典为根据

D. 《永徽律疏》是对《贞观律》的解释，在中国立法史上的地位不如《贞观律》

16. 关于历史上法学家法律解释、法学著作的效力，下列哪些选项是正确的？（　　）

A. 中国西晋及唐朝，律学家、官员对法律的解释经皇帝批准颁行以后，具有法律效力

B. 古代罗马帝国时代，经皇帝授权的法学家的解释具有法律效力

C. 美国有许多著名的法学家同时为杰出法官，他们的法学作品具有立法的意义

D. 在现代德国，法学教授的著述是法官适用民事法律时的重要参考材料

17. 《唐律疏议·贼盗》载："祖父母为人杀私和"疏："若杀祖父母、父母应偿死者，虽会赦，仍移乡避仇。以其与子孙

为仇，故令移配。”下列哪些理解是正确的？（　　）（司考 2013. 1. 56）

A. 杀害同乡人的祖父母、父母依律应处死刑者，若遇赦虽能免罪，但须移居外乡

B. 该条文规定的移乡避仇制体现了情法并列、相互避让的精神

C. 该条文将法律与社会生活相结合统一考虑，表现出唐律较为高超的立法技术

D. 该条文侧面反映了唐律“礼律合一”的特点，为法律确立了解决亲情与法律相冲突的特殊模式

三、不定项选择题

1. 唐律中“十恶”中危害国家安全的是（　　）。

A. 内乱　　B. 谋反

C. 谋叛　　D. 恶逆

2. 唐宣宗时颁布的（　　）在编纂体例上影响了五代及宋的立法。

A.《同光刑律统类》

B.《大中刑律统类》

C.《大统式》

D.《大周刑统》

3. 作为当时法律的重要补充（　　）是指由皇帝发布的、国家机关必须遵守的各类单行敕令与指示的汇编。

A. 律　　B. 令

C. 格　　D. 式

4. 唐律规定“二罪以上俱发”，“以重者论”，具体内容包括（　　）。

A. 同时犯了两个以上罪，以重罪作为处刑的标准

B. 如果相等，取一罪处理

C. 如果一罪已经论决，余罪后发，又与已判罪相等，不再追究

D. 如果后发的余罪重于已判的罪，则以前后罪的刑差作为定罪的标准

E. 如果一罪已经论决，余罪后发，则合并论罪

四、名词解释

1.《开皇律》

2.《贞观律》（华东政法大学 2008 年考研真题）

3. 律

4. 格

5. 三省六部

6. 御史台

7. “三师”与“三公”

8. 九寺

9. 五监

10. “十恶”（西北政法大学 2017 年考研真题）

11. “请”

12. “六杀”（中国人民大学 2006 年考研真题）

13. 义绝（中南财经政法大学 2006 年考研真题）

14. 死刑复奏

15. 谏官制度

16. “三法司”（中国人民大学 2008 年考研真题）

17. 保辜（中国人民大学 2006 年考研真题）

18. 出入人罪（中国人民大学 2006 年考研真题）

19. 内乱（中国人民大学 2006 年考研真题）

20. “唐六典”（中国人民大学 2007 年考研真题）

21. 谋叛（中国人民大学 2007 年考研真题）

22. 三复奏（中南财经政法大学 2007 年考研真题）

23. 唐律赎刑（中国人民大学 2015 年考研真题）

24. “唐律疏议”（西北政法大学 2014 年考研真题）

25. 类推（青岛大学 2010 年考研真题）

五、简答题

1. 简述《贞观律》较之以往出现的重大变化。

2. 简述唐律共犯的原则。

3. 简述唐律类推原则的规定。

4. 简述唐代关于离婚的规定。

5. 简述唐律“数罪并罚”的原则。

6. 简述《开皇律》的内容特点。

7. 化外人相犯规则。（西北政法大学2003年考研真题、华东政法大学2013年考研真题）

8. 简述唐初的法制指导思想。（华东政法大学2006年考研真题）

9. 简述唐律律令格式的性质和区别。（清华大学2013年考研真题）

10. 唐代的法律形式及其相互关系。（华东政法大学2014年考研真题）

11. 什么是唐律？现存的《唐律疏议》是指哪部律疏？（华东政法大学2015年考研真题）

12. 简述唐律五刑。（中国人民大学2012年考研真题）

六、论述题

1. 试述唐律维护贵族官僚特权的内容。

2. 试论唐律关于自首原则的规定。

3. 试述唐律的历史地位及其立法的指导思想。

4. 试述唐律所反映的基本精神。

5. 简述从《法经》“具律”到隋唐律“名例律”的发展演变。

6. 试论唐律所确立的刑法适用原则，并简要说明其意义。（中南财经政法大学2005年考研真题）

7. 简要说明中国古代“八议制度”的历史发展、内容和实质。（西北政法大学2006年考研真题）

8. 试论《唐律疏议》的基本精神与历史地位。（中山大学2009年考研真题）

9. 简述“十罪”到“十恶”的变化及其意义。（青岛大学2011年考研真题）

相关试题：

（1）简述《唐律》中的“十恶”罪名。（中山大学2010年考研真题）

（2）请列举出《唐律疏议·名例律》中的“五刑”和“十恶”。（华科2007年考研真题）

（3）什么是“十恶”？其用意是什么？（中南财大2003年考研真题）

七、分析题

唐律规定：“诸共犯罪者，以造意为首，随从者减一等。若家人共犯止坐尊长；侵损于人者，以凡人首从论，即其监临主守为犯，虽造意，仍以监主为首，凡人以常从论。”

试分析上述材料所说明的唐律中的相关原则。

参考答案

一、单项选择题

1. 答案：C。

2. 答案：A。封建制五刑是由《开皇律》首次规定的；加役流、“十恶”是由《贞观律》首次规定的；“重罪十条”是由《北齐律》首次规定的，故只有A正确。

3. 答案：B。为防止审判官因亲属或仇嫌关系而故意出入人罪，《唐六典》第一次以法典的形式肯定了法官的回避制度，即所谓“鞫狱官与被鞫人有亲属仇嫌者，皆听更之”。

4. 答案：C。“义绝”“七出”“三不去”都是唐朝沿袭前朝的婚姻解除制度，所谓“义绝”是指夫妻情义已绝，即夫妻中任何一方殴伤对方尊亲属，或夫妻双方家庭成员相殴伤，即为“义绝”。犯“义绝”者，必须强制离婚；否则，夫妻双方要承担相应的法律责任。

“和离”，是指如果夫妻在感情不和时，双方愿意离婚，法律不予惩处。

5. 答案：B。唐律规定的“十恶”是指“谋反”“谋大逆”“谋叛”“恶逆”“不道”“大不敬”“不孝”“不睦”“不义”“内乱”。

A项不选，A项的“不孝”是指告发祖父母、父母，未经祖父母、父母同意私立门户、分异财产等不孝行为。

B项应选，B项的“恶逆”是指殴打或谋杀祖父母、父母等尊长亲属的行为，应选。

C项不选，C项的“不睦”是指谋杀或杀五服（缌麻）以上亲属，殴打或控告丈夫及大功以上尊长、小功以上尊亲等行为。

D项不选，D项的“不义”是指杀主管上司、现授业师等行为。

6. **答案**：A。唐代中央和地方发生特别重大案件时，由大理寺、刑部和御史台长官会同审判，称为“三司推事”。

7. **答案**：A。

8. **答案**：C。

9. **答案**：B。A项是对刑讯条件的规定，即在拷讯之前，必须先审核口供的真实性，然后反复查验证据。证据确凿，仍狡辩否认的，经过主审官与参审官共同决定，可以使用刑讯；未依法定程序拷讯的，承审官要负刑事责任。故A项不合题意。B项体现的是根据证据定罪的原则，即对那些人赃俱获，经拷讯仍拒不认罪的，也可“据状断之”，故B符合题意。C项规定的是禁止使用刑讯的情形。D项体现的是依法判决的原则，故选B项。

10. **答案**：A。

11. **答案**：A。

12. **答案**：D。

13. **答案**：C。唐律五刑。唐律五刑承用隋《开皇律》中所确立的五刑，即笞刑、杖刑、徒刑、流刑、死刑。

14. **答案**：D。《唐律·明例律》规定：“诸化外人，同类自相犯者，各依本俗法；异类相犯者，以法律论。”即同国籍外国侨民在中国犯罪的，由唐王朝按其所属本国法律处理，实行属人主义原则；不同国籍侨民在中国犯罪的，按唐律处罚，实行属地主义原则，故本题答案为D项。

15. **答案**：C 。《法经》是历史上第一部系统的封建成文法典。共有六篇：《盗法》《贼法》《网法》《捕法》《杂法》《具法》。《魏律》又名《曹魏律》，共十八篇。《魏律》对秦律旧律有较大改革，将《具律》改为《刑名》并置于律首；以周礼“八辟”为依据，首次规定了“八议”制度。《晋律》又名《泰始律》，共二十篇。《晋律》将《魏律》的《刑名》进一步分为《刑名》《法例》两篇，作为《晋律》的总则。而C项中说的是《北齐律》，将刑名与法例二者合为一篇。

16. **答案**：A。唐末开始用“典”或“典当”一词。宋承唐制，规定了更加具体的制度。西周的买卖契约称为“质剂”。宋代典卖又称“活卖”。《唐律》中的“坐赃”，指官吏或常人非因职权之便非法收受财物的行为。

17. **答案**：D。唐律作为中华法系的代表作，不仅在本国而且在世界法制史上也占有重要地位。它对亚洲诸国产生了重大影响：朝鲜《高丽律》篇章内容都取法于唐律；日本文武天皇制定《大宝律令》，也以唐律为蓝本；越南李太尊时期颁布的《刑书》，大都参用唐律；但对欧洲诸国产生重大影响的提法不准确，故D项错误。

18. **答案**：D。类推适用于对律文无明文规定的同类案件，法律有明文规定不可“比附援引”，A项错误。被类推定罪（即入罪）的行为，表示该行为比律文规定的行为违法性或社会危害性更大，但是处罚是否重于或轻于同类案件，不可一概而论，如同类案件被处以斩刑，被类推入罪的行为则不可能处罚更重，故BC项错误，D项正确。

19. **答案**：A。《唐律·名例律》规定：“诸断罪而无正条，其应出罪者，则举重以明轻；其应入罪者，则举轻以明重。”即对律文无明文规定的同类案件，凡应减轻处罚的，则列举重罪处罚规定，比照以解决轻案；凡应加重处罚的罪案，则列举轻罪处罚规定，比照以解决重案。唐律规定，谋杀（即预谋杀害）尊亲处斩，但无已伤已杀（即既遂，出现伤害、死亡的客观结果）重罪的条文，在处理已杀已伤尊亲的案件时，通过类推就可以知道更应处以斩刑，故A项正确，BC项错误。D项，谋杀尊亲属于“十恶”犯罪中的“不睦”行为。

二、多项选择题

1. **答案**：BC。《唐律疏议》体现了“礼法合一”，是中华法系形成的标志。故BC正确。《唐律疏议》在《武德律》之后，由张斐、杜预完成法律注释的是《晋律》而非《唐律》，故AD错误。
2. **答案**：BD。唐律中“十恶”的处理。唐律中规定，凡犯“十恶”者，不适用八议等规定，且为常赦所不原，故A、C错误，正确答案为B、D。
3. **答案**：ABCD。《永徽律疏》作为中国封建法制的最高成就，全面体现了中国封建法制的水平。A项正确。《宋刑统》是中国历史上第一部刊印颁行的法典，所以B项正确。唐律中的刑罚原则有区分公罪与私罪、自首、类推、化外人原则，所以C项正确。在司法机构的设置上，宋沿唐制，所以D项正确。
4. **答案**：BCD。唐朝把侵夺官、私财物的行为归为六类，定名为“六赃罪”，即枉法赃(接受当事人的财物而枉法处断的行为)、不枉法赃（接受当事人的财物，没有枉法处断的行为）、受所监临赃（监临主司官员收受所辖部内之人馈赠的钱物的行为），此三者皆职务犯罪，必须是具有一定身份的人才构成此类犯罪，故称身份犯。其他三赃分别是坐赃、强盗赃、窃盗赃。
5. **答案**：BC。唐朝刑部行使复核权，唐朝刑部复核案件的范围是全国徒刑以上案件（包括大理寺审理的和地方上报的）；明、清大理寺为复核机关，清朝刑部审理地方上报的重案，故BC正确。
6. **答案**：BCD。唐律依犯罪人的主观意图将杀人罪分为六种，即“谋杀”“故杀”“斗杀”“误杀”“戏杀”“过失杀”。

   A项不选，A项的“谋杀”是指预谋杀人，属故意犯罪，故不选。

   B项应选，B项的“斗杀”是指在斗殴中出于激愤失手将人杀死，不属于故意杀人的行为，而属因主观上过失而构成犯罪，故应选。

   CD两项应选，C项的“戏杀”是指双方相互嬉戏，因行为不当造成一方死亡；D项的“过失杀”是指因过失而造成他人死亡。据此，CD项均为因当事人的过失而造成他人死亡，故应选。
7. **答案**：BCE。
8. **答案**：ABC。
9. **答案**：ABCDE。
10. **答案**：ABC。《疑狱集》由五代后晋和凝父子编著，是中国现存最早的一部案例选编。刑讯在唐代比较规范。唐律确认了刑讯逼供的合法性，但是对刑讯手段的使用却作了严格限定。《断狱律》规定，审判时“必先以情，审察辞理，反复参验，尤未能决，事需拷问者，立案同判，然后拷问，违者杖六十”。也就是要求承审官员在拷问之前，必须先审核证据的真实性，然后反复查验证据。证据确凿，仍狡辩否认的，经过主审官与参审官共同决定，可以使用刑讯；未依法定程序拷讯的，承审官要负刑事责任。同时规定对那些人赃俱获，经拷讯仍不认罪的，也可以“据状断之”，即根据证据定罪。由此可知，本题答案为ABC。
11. **答案**：ACE。
12. **答案**：ADE。
13. **答案**：ABCDE。
14. **答案**：AC。《唐律》六杀即谋杀、故杀、斗杀、误杀、过失杀、戏杀。谋杀是指预谋杀人；故杀是指事先虽无预谋，但情急杀人时已有杀人的意念；斗杀是指在斗殴中出于激愤失手将人杀死；误杀是指由于种种原因错置了杀人对象；过失杀是指耳目所不及，思虑所不到，即出于过失杀人；戏杀是指以力共戏而导致杀人。唐达根并无事先预谋，而是情急时杀人，故选项B错误。唐达根和宋万田属于斗殴而非嬉戏中产生了杀人的后果，故选项D错误。
15. **答案**：ABD。《唐律疏议》(《永徽律疏》)是唐高宗李治在位时期完成的，并非在唐太宗在位时制定。《北齐律》首次确立了“重罪十条”制度，隋《开皇律》确定了“十恶”制度。《永徽律疏》的完成标志着中国古代立法达到了最高水平。

16. 答案：ABD。在中国古代，律学家、官员对法律的解释经皇帝批准颁行以后，具有法律效力，如著名的《张杜律》和《唐律疏议》。而在古代罗马帝国时代，经皇帝授权的法学家的解释具有法律效力，其中著名的是当时的五大法学家（盖尤斯、乌尔比安、伯比尼安、保罗、莫迪斯蒂努斯）。在现代德国，其法律体系属于大陆法系。在德国根据"有法律依法律，无法律依习惯，无习惯依法理"的法律适用原则，因此法学教授的著述是法官适用民事法律时的重要参考材料。美国法学家的法学作品对法律发展具有影响，但不能说具有立法的意义，因为法学家没有立法权。

17. 答案：ABCD。A项解释了"移乡避仇"的含义，BCD的表述亦均正确。

三、不定项选择题

1. 答案：BC。唐律中"十恶"制度所规定的犯罪大致可以分为两类：一为侵犯皇权与特权的犯罪；二为违反伦理纲常的犯罪。唐律将这些犯罪集中规定在名例律之首，并在分则各篇中对这些犯罪相应规定了最严厉的刑罚。而且，唐律规定凡犯"十恶者"，不适用"八议"等规定，且为常赦所不原。此即俗语所谓"十恶不赦"的渊源。这些特别规定充分体现了唐律的本质和重点在于维护皇权、特权、传统的伦理纲常及伦理关系。本题中，谋反、谋叛都属于危害国家安全的犯罪，而内乱、恶逆则属于违反伦理纲常的犯罪。因此，本题的正确选项为B、C。

2. 答案：B。

3. 答案：C。

4. 答案：ABDE。

四、名词解释

1. 答案：开皇元年（公元581年）到开皇三年（公元583年）修订颁布的《开皇律》，是隋文帝时期立法上的重大成就，也是当时法律改革的主要成果。隋文帝为高颖、裴政等官僚规定了"取适于时，故有损益"的法律原则，主要参详魏晋以来各朝刑律，而多采"后齐之制"。开皇三年，鉴于当时"律尚严密""人多陷罪"的局面，隋文帝又令苏威、牛弘等更定新律，"除死罪八十一条，流罪一百五十四条，徒杖等千余条"。终定律文五百条，十二卷，使《开皇律》成为"刑网简要，疏而不失"的封建大法。

2. 答案：自贞观元年（公元627年）春正月到贞观十一年（公元637年）正月，前后耗时十一年之久，终于修订了著名的《贞观律》，并且昭告天下。《贞观律》总共十二篇、五百条。经过全面修订的《贞观律》，内容上有重大变化：第一，创设加役流行，作为减死之罚；第二，改革"兄弟分居，连坐俱死"之法；第三，以大法的形式，明确了比附类推所应遵循的法律原则。《贞观律》不仅具有完善的内容，而且构筑了唐律的基本模式，以至于成为唐代世代相袭的定制，很少予以删改。

3. 答案：律是封建国家的大法，令、格、式则是律的重要补充。东汉许慎在《说文解字》中说："律，均布也。"可见，律具有普遍性。律又被古人视为一种标准，以期达到"范天下之不一而归于一"的目的。在适用法律以确定刑名与罪名时，律起着"正刑定罪"的标准作用，所谓"一断以律"。由上不难看出，律是具有普遍性、经常性的封建成文法典。唐代的律主要有高祖的《武德律》、太宗的《贞观律》、高宗的《永徽律》、玄宗的《开元律》等。律涉及的范围相当广泛，它包括刑事、民事、行政、经济以及诉讼等各方面的内容。

4. 答案：格是由皇帝发布的、国家机关必须遵行的各类单行敕令与指示的汇编。汇编后的格，唐时称为"永格"，使单行的敕令上升为普遍性和经常性的法律，也有"百官有司所常行"的定制。唐代重要的格有《武德格》《贞观格》《开元格》等。格涉及范围广，灵活具体，效力最高，成为系统法律的重要补充。

5. 答案：唐代实行三省六部制，其中中书省、门下省是天子之下最高的行政立法与审核机构。中书省以中书令为长官，以中书侍郎为副职，其下设有众多的属吏。门下省以侍中为长官，门下侍郎为副职，并设有若干属吏。中书省立法，门下省审察，这就形成了比较完整的立法程序。尚书省以尚书令或左右仆射为长官，下设左右丞等官吏。尚书省之下设有吏、户、礼、兵、刑、工六部，六部以尚书为长官，侍郎为副职，并设有若干属吏。六部分掌官吏，财政，教育、仪礼，军事，司法行政、审判，水利与营造等项工作。总之，尚书省是国家行政的最高执行机构，它负责具体实行皇帝及中书省、门下省的命令或决议的法令，行使行政管理大权。

6. **答案**：唐代中央设置相对独立的监察机构。御史台以御史大夫为长官，以御史中丞二人为辅佐。御史台下设台院、察院、殿院三院，从而完善了从封建中央到地方的行政监察与司法检察。台院地位比较显赫，设侍御史若干人，负责监察中央百官，参与大理寺的审判与皇帝直接交办的案件。殿院设殿中侍御史若干人，专掌纠察朝仪、巡视京都以及朝会、郊祀等，以维护皇帝的尊严为其基本职责。察院设监察御史若干人，执掌地方州县官吏的监察工作（包括行政与司法）。

7. **答案**：唐代中央设有“三师”（太师、太傅、太保）与“三公”（太尉、司徒、司空）等顾问军国大计的高级官僚的名誉职称。

8. **答案**：九寺是指太常、光禄、卫尉、宗正、太仆、大理、鸿胪、司农、太府。唐代九寺的职能和秦汉以来的九卿相同，但六部的权力增大，九寺的权力有所下降。

9. **答案**：五监是指国子、少府、将作、军器、都水，是国家行政的具体执行机构，分掌教育、手工业生产、工程营建、军器监造以及水利、航运、堤防、桥梁的管理工作。因五监主管的工作往往与尚书六部重叠，加之六部权力的膨胀，五监在实际上成为六部——中央行政管理机关的附属机构。

10. **答案**：唐律的“十恶”是危及封建皇权和封建国家的十种重罪的总称。它的渊源，如《疏议》所说：“汉制九章，虽非湮没，其不道、不敬之目见存”，“周齐虽具十条之名，而无十条之目。开皇创制，始备此科”，“自武德以来，仍遵开皇，无所损益”。即说自汉制《九章律》便有某些罪名；北齐、北周则汇总为“重罪十条”；隋制《开皇律》时，才完备了“十恶”之目，从而奠定了唐律“十恶”的基础。唐律“十恶”的具体内容如下：一是谋反，二是谋大逆，三是谋叛，四是恶逆，五是不道，六是大不敬，七是不孝，八是不睦，九是不义，十是内乱。

11. **答案**：“请”的规格低于“议”，它主要适用于“皇太子妃大功以上亲”“应议者期以上亲及孙”“官爵五品以上，犯死罪者”。对这类人犯罪，官吏有权条陈其罪即应“请”的情状，如是死罪，则依律确定应斩或绞，奏明皇帝听候发落；流刑以下，自然减刑一等。“请”的限制条款比“议”多，除犯“十恶”外，“反逆缘坐，杀人，监守内奸，盗，略人，受财枉法者”，不用“请”条。

12. **答案**：关于杀人罪，唐代对封建刑法理论的最大发展，就是在《斗讼律》中区分了“六杀”，即所谓的“谋杀”“故杀”“斗杀”“误杀”“过失杀”“戏杀”。唐律的“谋杀”指预谋杀人；“故杀”指事先虽无预谋，但情急杀人时已有杀人的意念；“斗杀”指在斗殴中出于激愤失手将人杀死；“误杀”指由于种种原因错置了杀人对象；“过失杀”指“耳目所不及，思虑所不至”，即出于过失杀人；“戏杀”指“以力共戏”而导致杀人。基于上述区别，唐律规定了不同的处罚。“六杀”理论的出现，反映了唐律对传统杀人罪理论的发展与完善。

13. **答案**：唐朝强制离婚的制度。夫妻互殴对方之祖父母、父母或杀害对方近亲属，以及双方近亲属互相杀害者均为义绝。

14. **答案**：唐代刑事案件，通常先由中央有关部门复查，然后报请皇帝裁定，但又规定死刑执行前必须进行复奏。贞观初年，唐太宗以“人命之重，一死不可再生”为由，改在京死刑三复奏为五复奏，即决前一日二复奏，次日又三复奏。各州的死刑案件仍实行三复奏，但犯“谋反”等重罪及部曲、奴婢犯杀主罪的，一复奏即可。到《永徽律疏》制定时，又法定为三复奏，即所谓“奏画已讫，应行刑者，皆三复奏讫，然始下决”。如果“不待复奏报下而决者，流二千里”；“限未满而行刑者，徒一年”；“过限，违一日杖一百，二日加一等”。死刑复奏制反映了初唐统治者“慎刑省罚”的思想，以及唐代死刑制度的完善，同时说明唐代皇帝对死刑权的控制又有明显的加强。

15. 答案：唐代谏官隶属于中央政府的中书、门下两省，成为正式的司谏职官。其名号很多，主要有：左右散骑常侍，左右谏议大夫，左右补阙、拾遗、起居郎、起居舍人，给事中。唐代谏官的执掌主要有以下几个方面：第一，谏议，以皇帝为对象，皇帝的个人生活直至王国大政都在谏议之列。如谏止皇帝奢侈、非法滥罚、穷兵黩武，以及谏议时政得失，等等。第二，封驳，即还封皇帝失宜的诏命，驳正臣下有违误的奏章。第三，知起居事。即通过掌记天子言行，与宰臣入阁记事，掌故记事，对皇帝及左右近臣进行监督。第四，知匦事。武则天时期于朝堂设置匦匣四枚，接受臣民有关劝农、谏论时政、自陈冤屈、治国谋略方面的投书。补阙、拾遗与御史等人充任理匦史在朝堂知掌匦事，受纳诉状、每日所有投书，晚上一并奏报皇帝。

16. 答案：在唐一代，中央或地方如发生特别重大的案件，往往由大理寺卿、刑部侍郎、御史中丞在京组成中央临时最高法庭，加以审理，时称“三司使鞫审”，亦叫“三司推事”制。到封建后世，“三司推事”制逐渐演变为“三法司”联合审判制。至于地方众案不便递解中央的，则由皇帝指派大理寺评事、刑部员外郎、监察御史组成临时法庭，前往鞫审。唐代三大司法机构既有所分工，又彼此互相监督，有效地加强了封建司法统治，以及皇帝对中央司法权的控制。

17. 答案：保辜是指对伤人罪的后果不是立即显露的，规定加害方在一定期限内对被害方伤情变化负责的一项特别制度。在限定的时间内受伤者死亡，伤人者承担杀人的刑责；限外死亡或者限内以他故死亡者，伤人者只承担伤人的刑事责任。唐律中规定了保辜制度，可以促使加害人积极进行救治，也可以防止无端扩大加害人责任。

18. 答案：若司法官不依律断罪，适用法律错误，以致造成“出入人罪”的，要依律追究司法官的刑事责任。所谓“出罪”是指把有罪判为无罪或重罪判为轻罪。司法官故意出入人罪的，依律处刑；过失出入人罪的，减等处罚。唐律作此规定，意在强调加重司法官的责任，以保证法律的统一适用，减少冤案的发生。

19. 答案：内乱是《开皇律》和《唐律疏议》中规定的“十恶”中的一种，指奸小功以上亲属及父祖妾等乱伦行为。因犯“十恶”者为“常赦所不原”（通常称为“十恶不赦”），因此，内乱是后果非常严重的行为。

20. 答案：隋唐的法律制度是考查重点，特别是在唐朝有意义的对后世有影响的立法，如《永徽律疏》和《唐六典》。

《唐六典》是记载唐代封建国家行政制度的一部重要文献。唐玄宗于开元十年命令大臣以当时的国家行政体制为基础，仿照西周《周官》一书依官职分类的体例编纂《唐六典》，至开元二十六年完成，共三十卷，分理、教、礼、政、刑、事六部分，其内容主要记载了唐朝国家机构的设置，官员的编制、品级及职责，官员的选拔、任用、考核、监督、奖惩、俸禄、退休等制度的规定，可以称为中国历史上第一部较系统的行政法典，是继《永徽律疏》后唐代立法的又一重大成就，也是中国封建行政法制逐渐走向成熟完备的标志之一。

21. 答案：唐律“十恶”是危及封建皇权和封建国家的十种重罪的总称，谋叛，“十恶”之一，是“背国从伪”，即图谋背叛朝廷，投奔“藩国”或国内与朝廷敌对的政权。《唐律·名例律》的“十恶”把“谋叛”

列为重罪严厉处罚，充分表明唐代统治者对危害皇权与封建国家的政治性犯罪所采取的态度。

22. 答案：唐朝规定，“凡决死刑，虽令则杀，乃三复奏”，即死刑的执行必须经过三复奏程序，死囚执行前一日复奏两次，执行当日仍可复奏一次，提请皇帝审慎考虑是否立即执行。

23. 答案：赎刑是唐代立法中维护官僚贵族特权的一种手段。它指应议、请、减者及九品以上官，及七品以上官之祖父母、父母、妻、子、孙，凡犯流罪以下，均可以铜赎罪，但犯不孝流、反逆缘坐流和会赦犹流者不适用此规定。唐代通过议、请、减、赎、当等制度建立了严密而成熟的官僚贵族特权维护网。

24. 答案：《唐律疏议》，原名律疏，又名唐律，故唐律疏议，是东亚最早的成文法之一。唐朝刑及其疏注的合编，亦为中国现存最古老、最完整的封建刑事法典，共三十卷。

25. 答案：“类推”是唐代一项重要的刑事司法原则。《名例律》规定：“诸断罪而无正条，其应出罪者，则举重以明轻；其应入罪者，则举轻以明重。”即，类推首先是律文没有明确规定的，且必须是同类案件；对于应当从轻处理的罪，法律列举重款，轻者通过类推可以自明；对于应当从重处理的罪，法律列举轻款，重者通过类推可以自明。唐代类推原则的完善反映了当时立法技术的发达。

五、简答题

1. 答案：《贞观律》总共十二篇，五百条。经过全面修订的《贞观律》，较之以往，出现了重大的变化，具体表现在：

第一，创设加役流刑，作为减列之罪。弘献、房玄龄等反复与“八座”集议，终于创设了流三千里、居作三年的加役流制度，取代了断右趾等残酷的肉刑，为封建统治阶级提供了替代死刑的比较适当的手段。

第二，改革“兄弟分居，连坐俱死”之法。贞观年间，以配官为奴或者流配的形式取代了以往族刑连坐“兄弟俱死”之法，缩小了族刑连坐的死刑范围，反映了当时的封建刑法制度较之以往有了明显的进步。

第三，以大法的形式，明确了比附类推所应遵循的法律原则。《贞观律》中明确规定了类推所应遵循的原则。其中规定：“诸断罪而无正条，其应出罪者，则举重以明轻；其应入罪者，则举轻以明重”，“称加者，就重次；称减者，就轻次”。就是说，对于从重处罚的罪，法律列举出轻的条款，通过比照，重者自明；对于从轻处罚的罪，法律列举出重的条款，比照类推，则轻者自明。同时还严格规定了法官断案失误所应承担的刑事责任。故意出入人罪者，以罪人罪之。

由上不难看出，贞观年间经过君臣们长期的审慎斟酌，《贞观律》对沿袭《开皇律》《武德律》做了大量的改革工作，从而使唐律步入成熟期。《贞观律》不仅具有完善的内容，而且构筑了唐律的基本模式，以至于成为唐代世代相袭的定制，很少予以删除。

2. 答案：唐律规定：“诸共犯，以造意为首，随从减一等。若家人共犯，止坐尊长；侵损于人者，以凡人首从论。即其监临主守为主犯，虽造意，仍以监主为首，凡人以常从论。”唐代的共犯，强调的是二人以上共同犯罪，而不问主观上是否有共同的故意，有别于现今刑法的“二人以上共同故意犯罪”的概念。唐代共犯理论的中心环节，是在于区别主犯与从犯的关系。在一般情况下，“倡首先言”的“造意者”，要作为共犯罪的“首犯”处理，反映了封建刑法注重惩治犯意及扼杀犯罪于谋划阶段的特点。在家人共犯的情况下，因强调家长负有制止家人犯罪的义务，如不履行，就作为主犯加以制裁，从而反映了家族主义对封建刑法的影响。唐代把“家人共犯”的原则推广到社会，认为官长即父母，负有制止属下犯罪的义务，如不履行，即以主犯加以惩治，可见唐代共犯原则体现了维护封建君主专制主义的要求，浸透了儒学礼教及宗法观念。

3. 答案：(1)《名例律》规定："诸断罪而无正条，其应出罪者，则举重以明轻；其应入罪者，则举轻以明重。"即，类推首先是律文没有明确规定，且必须是同类案件；对于应当从轻处理的罪，法律列举条款，轻者通过类推可以自明；对于应当从重处理的罪，法律列举轻款，重者通过类推可以自明。《唐律疏议》举律文说，谋杀尊亲处斩，但无已伤已杀重罪的条文，在处理已杀已伤尊亲的案件时，通过类推就可以知道应处以斩刑了。唐代类推原则的完善反映了当时立法技术的发达。

(2)《名例律》规定："诸化外人，同类自相犯者，各依本俗法；异类相犯者，以法律论。"所谓"化外人"，指"藩夷之国"的人，即外国人。按照唐律规定，同属一国的侨民之间的犯罪，由唐代按其本国的法律处断；不同国籍的侨民犯罪，由唐代按照唐律处理。这种将刑法的属人主义与属地主义的巧妙结合，在当时世界各国还是罕见的。这不仅维护了国家主权，同时也比较妥善地解决了外国侨民的犯罪问题。

4. 答案：唐律关于离婚的规定体现在《户婚律》上，它极力维护封建婚姻家庭制度。在离婚上，唐律规定了"七出"与"义绝"等项制度。凡妻子无子、淫佚、不事姑舅、口舌、盗窃、妒忌、恶疾，都可以作为丈夫"出妻"的理由。与此同时，唐律又规定了"三不去"的原则。所谓"三不去"，是指"经持舅姑之丧""娶时贱而后贵"，以及"有所受而无所归"，具备了其中的一个条件，丈夫就不得休妻。

"义绝"是指夫或妻杀伤对方直系尊亲或旁系尊亲的行为。这种行为构成法律上的强制离婚的要件。《户婚律》规定："诸犯义绝者，离之，违者，徒一年。"但在实际上，丈夫居于家庭的支配地位，他们可以采用各种名目"休妻"而另娶。而妻则受到夫家的严格控制，不得以任何理由离家出走。违者，"徒二年"。这些规定反映了封建夫妻关系上的不平等，也是"夫为妻纲"这一儒家纲常原则在法律上的体现。总的来说，唐朝在离婚制度上进一步确认了丈夫与妻子之间的不平等地位，用于维护有利于封建统治阶级的社会秩序。

5. 答案：为充分发挥封建刑法的镇压职能，唐代统治者总结以往经验，进一步完善了刑法适用的原则。唐代把有两个以上罪同时被告发被审理的，叫作"二罪以上俱发"，并采取"以重者论"的处理原则。具体讲，同时犯了两个以上罪，以重罪作为处刑的标准；如果相等，取一罪处理；如果一罪已经论决，余罪后发，又与已判罪相等，不再追究；如果余罪重于已判的罪，则以前后罪的刑差作为定罪的标准，即所谓"能计前罪，以充后罪"。唐代"数罪并罚"的理论较前轻缓，反映了初唐统治者"恤刑慎罚"的思想，以及谋求王朝长久统治的愿望。

6. 答案：首先，从封建五刑制度上看，隋《开皇律》删除了北周不少苛酷的刑罚内容。隋代废除了北周磬（《唐六典》注：磬作磔）、枭、裂等残酷的生命刑，把死刑法定为绞、斩两种，改北周流刑五等为流刑三等，并缩短距离，分别为一千里、一千五百里、二千里，一律不加鞭；改北周一至五年的五等徒刑，为徒一年、徒一年半、徒二年、徒二年半、徒三年五等，并且取消附加的鞭笞刑，改北周鞭刑为杖刑，杖六十至杖一百五十等；改北周杖刑为笞刑，笞十至笞五十共五等。从客观上看，以绞、斩死刑替代以往残酷的生命刑，以笞、杖、徒、流刑替代以往野蛮的肉刑制度，无疑是历史上的进步，也是隋代政治经济发展、社会文明程度提高的一种反映。隋代五刑体系的出现，标志着封建刑罚制度趋于成熟，并直接影响到唐代。

其次，从封建刑律的内容上讲，《开皇律》吸收北齐"重罪十条"而加损益，正式定为"十恶"罪，使法律更有利于镇压各种形式的反抗斗争，更有助于统治阶级维护现存的社会秩序。隋变北齐"反逆""大逆""叛""降"为"谋反""谋大逆""谋叛"（吸收了欲谋投降的内容），强调把反、叛等严重犯罪扼杀于谋划阶段，借以减轻犯罪危害程度。同北齐重视现行犯相比，隋律严厉惩治预谋犯罪，这是一个重要变化，它反映了封建统治经验的丰富与发展。此外，增设“不睦”条，以便更好地维护封建宗法关系。因为隋代“十恶”能够有效地维护封建皇权与封建国家的统治，所以，唐后各代相继承袭，以至于成为不能轻易变更的定制。

最后，从封建特权法的角度来看，隋《开皇律》既承袭了魏、晋、南北朝的“八议”“官当”“听赎”制，又有所发展。首先，创设“例减”之制，即八议人员、七品以上官犯罪非“十恶”者，依例自然减刑一等。此外，《开皇律》比照以官当徒，规定了以官当流的制度。(犯私罪）当处流刑者，“三流同比徒三年”，即以官当流二千里，比当徒三年；当流一千五百里，比当徒二年；当流一千里，比当徒一年。“若犯公罪，徒各加一年，当流者各加一等”，即比照犯公罪当徒多当一年的制度，犯公罪当流者也多当一个刑等。《开皇律》的“例减”与“三流同比徒三年”的规定，为违法犯罪的贵族官僚地主提供了更多的司法保障，反映了隋代法律维护封建特权的固有性质。

综上可知，《开皇律》是隋初统治集团总结以往立法经验而制定的一部具有代表性的封建成文法典。它承袭北齐律“法令明审，科条简要”的传统，对刑律体例加以调整，对法律内容作了重新修订。因此，在中国封建法制史上起到了承前启后的重要作用。同时还应指出，隋文帝法律改革，是迫于当时的阶级斗争形势，并且是在保障封建统治阶级根本利益的前提下进行的。所以，《开皇律》镇压广大农民群众的阶级本质并无变化。

7. 答案：关于化外人相犯，我国古代法律就有相关规定，最早也最为杰出的代表是唐律。它将外国人犯罪分为两类情况：第一类是“诸化外人同类相犯者，各依本俗法”，即同一国别的外国人之间发生侵犯时，以其国家的法律为准。第二类是“异类相犯者，以法律论”，即不同国家的外国人，或外国人与中国人之间相侵犯时，适用中国法律。

8. 答案：唐朝初年立法指导思想同当时“安民立策”的总方针政策密切相关，大体可以归纳为三点：

(1) 礼刑并用。唐太宗总结历史经验教训，积极推行以“教化为主、刑罚为辅”的政策。把“德礼”作为推行政治教化的根本，刑罚只是为保障推行“德礼”而设，二者相辅而行。

(2) 法令简约。所谓简约，就是条文简明，使人易知。

(3) 宽仁慎刑。所谓宽仁就是提倡用轻刑。所谓慎刑，就是对犯罪者处刑采取慎重的态度。

9. 答案：唐朝法规的基本形式有律、令、格、式四种。关于这四种法律形式的性质和区别，《唐六典》的解释说明为“凡律以正刑定罪，令以设范立制，格以禁违止邪，式以轨物程式”。具体来说，律、令、格、式并不是并列的。其中以律为主，律是封建国家的大法，既具有相对稳定性，又具有完整的结构体系。内容相当广泛，包括刑事、民事、婚姻家庭和继续、行政、经济、诉讼等部门法，都合编在一起。违反其他部门法及令、格、式的规定，均以律所规定的刑罚处理。唐代的律主要有高祖的《武德律》、太宗的《贞观律》、高宗的《永徽律》、玄宗的《开元律》等。令在《说文解字》中解释为“发号也”。实际上是封建皇帝针对特定事项、临时颁布的各项命令，上至国家的大政方针、政权组织方面的制度与规定，下至某个特定对象，内容相当广泛。所以，令的主要作用是规范国家体制与严格尊卑贵贱的等级秩序。唐代重要的令有《武德令》《贞观令》《开元令》等。格，也是由皇帝发布的、国家机关必须遵行的各类单行敕令与指示的汇编。汇编后的格，唐时称为“永格”，使单行的敕条上升为普遍性与经常性的法律，也是“百官有司所常行”的定制。唐代重要的格有《武德格》《贞观格》《开元格》等。格涉及范围广，灵活具体，效力最高，成为系统法律的重要补充。式在《说文解字》中解释为“法也”。实际上，式是有关封建国家各级政权组织或各类机关活动的规则，以及中央与地方、上级与下级之间的公文程式的细致规定。唐代编定的式称为“永式”，是带有行政法规性质的经常适用的法律规范。唐代重要的式有《武德式》《贞观式》《开元式》等。

10. 答案：唐朝的法律形式有：(1) 律，是规定犯罪与刑罚的刑事法律，是定罪量刑的主要依据。(2) 令，是国家规章制度的汇编。(3) 格，是皇帝发布的各种敕令的汇编。(4) 式，是国家机关的办事细则和公文程式。(5) 典，即指《唐六典》，它是唐朝的一部组织法典。

唐朝的律、令、格、式之间存在有一定的关系。

(1) 律与令、格、式有明确的分工和明显的区别。律以刑法为内容，令、格、式则以国家制度、办事细则和公文程式为内容，各有自己调整的范围，各不相同。从其作用来看，也各有异，律更偏重于消极地惩治犯罪，令、格和式则侧重于积极地规范人们的行为。

(2) 违反了令、格和式要依律科刑。在一般情况下，司法官按照律对犯罪者定罪量刑，而不是依照令、格和式。

(3) 到了唐朝的中后期，由于社会情况发生了较大的变化，律又无法适应这种变化，同时又不能随意修改，唐朝在开元以后已不再修律，而是不断编撰格、敕，《大和格后敕》《开成详定格》等先后出台，成为司法官定罪量刑的主要依据。

11. 答案：唐朝的律是规定犯罪与刑罚的刑事法律，是定罪量刑的主要依据。唐朝先后颁行过《武德律》《贞观律》《永徽律》及其《律疏》《开元律》及其《律疏》等，它们均为十二篇，五百条（或为五百零二条）。

《永徽律疏》后称为《唐律疏议》保存至今，它是现存的世界上第一部刑法典。

12. 答案：唐律《唐律疏议》中的五刑制度是在隋《开皇律》中首次确定的，包括笞、杖、徒、流、死五种基本的法定刑罚，只是在细节上稍有改变。

(1) 唐律五刑的内容

①笞刑，即用法定规格的荆条责打犯人的臀或腿，自十至五十分为五等，每等加十，是五刑中最轻的一等，用于惩罚轻微或过失的犯罪行为。

②杖刑，即用法定规格的“常行杖”（又称法杖）击打犯人的臀、腿或背，自五十至一百分为五等，每等加十，稍重于笞刑。

③徒刑，即在一定时期内剥夺犯人的人身自由并强迫其戴着钳或枷服劳役，自一年至三年分为五等，每等加半年，是一种兼具羞辱性和奴役性的劳动。

④流刑，即将犯人遣送到指定的边远地区，强制其戴钳或枷服劳役一年，且不准擅自迁回原籍的一种刑罚，自二千里至三千里分为三等，每等加五百里，是仅次于死刑的一种较重的刑罚。唐太宗时创设“加役流”作为死刑减等处理的一种刑罚，“流三千里，役三年”。妇女犯流罪的在原地服劳役三年。

⑤死刑，即剥夺犯人生命的刑罚，是五刑中最重的一种，分为斩、绞两等，绞因得以保全遗体而稍轻于斩。

(2) 唐律规定的五刑制度与前代相比，有以下几个特点：

①五种刑罚的排列顺序改隋律的由重到轻为由轻到重，且某些刑罚有所减轻，在历代封建法典中属于较为轻缓的刑制。

②依照唐律的规定，除犯“十恶”应死之罪、犯不孝流、反逆缘坐流及会赦犹流者不得赎罪外，判处其他各刑，均准许以铜赎罪，赎金的数额根据刑罚的轻重依次递加。赎刑的实行造成了封建社会“富者得生，贫者独死”的局面。

六、论述题

1. 答案：唐律仍然体现了平民百姓与官僚贵族地位的不平等。唐律对于贵族官僚的特权的保护体现在如下规定：

(1) “八议”。唐代沿袭曹魏以来的“八议”之制，对八类特权人物犯罪作了减免处罚的规定。“八议”一指“议亲”，即皇帝的亲戚；二指“议故”，指皇帝的故旧；三指“议贤”，即品行达到封建道德最高水准的人；四指“议能”，即有大才干的人；五指“议功”，即功勋卓著者；六指“议贵”，即封建大贵族大官僚；七指“议勤”，即勤于为封建国家服务的人；八指“议宾”，即前朝皇室后代被尊为国宾者。按照唐律规定，上述八类人犯罪，如是死罪，官吏必先奏明皇帝，并“议其所犯”，交皇帝裁处。按照通例，一般死罪可以降为流罪，流罪以下自然减刑一等，但犯有“十恶”罪的，不包括在此范围。

(2)“请”。“请”的规格低于“议”，它主要适用于“皇太子妃大功以上亲”“应议者期以上亲及孙”“官爵五品以上，犯死罪者”。对这类人犯罪，官吏有权条陈其罪及应请的情状，如是死罪，则依律确定应斩或绞，奏明皇帝听候发落；流刑以下，自然减刑一等。“请”的限制条款比“议”多，除犯“十恶”外，“反逆缘坐，杀人，监守内奸、盗、略人，受财枉法者”，不适用“请条”。

(3)“减”。“减”的规格低于“请”，它适用于七品以上官，及应请者的亲属。如有犯罪，又在流罪以下，可以自然减刑一等。

(4)“赎”。“赎”的规格低于“减”，适用于九品以上官、七品以下官吏的亲属。上述人犯罪在流刑以下，听凭以铜赎罪。犯流刑以上罪的，不在减赎之列，为官的，要除名，配流依法照办。

(5)“官当”。指官吏犯罪可以官品抵当刑罪。按以官当徒原则，公罪比私罪抵当为多，官品高的比官品低的抵当为多。

(6)“免官”。指通过免官来抵当刑罪。凡免官者“免所居官者，比徒一年”。此外唐律还规定，免所居官者，一年后，降原级一等叙用；免官者，三年后，降原级二等叙用。

免官之外，唐代还规定“除名”，“除名”可以“比徒三年”，六年以后叙用。

唐代统治者通过“议”“请”“减”“赎”“官当”“免官”等方式，将贵族官僚的特权法律化，用于维护封建官僚体制，巩固专制统治的基础。清人薛允升说：“（唐律）优礼臣下，可谓无微不至矣。”唐代贵族官僚的特权规定，较以前更加广泛、系统，从而反映了唐律的特权法性质，但必须指出，在封建君主专制条件下的唐代，任何贵族官僚的特权都只有相对的意义，并以不触犯皇权及地主阶级根本利益为限度，如犯有“十恶”之罪，则同样严惩不贷。

2. **答案**：唐律完善了自首的规定。第一，严格区分自首与自新的界限。唐代以犯罪未被举发而能到官府交代罪行的，称作自首。对于自首者，唐律采取“原其罪”的原则，即免予追究刑事责任。但犯罪被揭发，或被官府查知逃亡后，再投案者，唐代称作自新。自新是被迫的，与自首性质不同。唐代对自新采取减轻刑事处罚的原则。第二，唐律规定不是所有犯罪都可以享受自首的待遇。凡“于人损伤，于物不可赔偿”，“越渡关及奸，并私习天文者，并不在自首之列”，即对侵害人身、毁坏贵重物品、偷渡关卡、私习天文等犯罪，即便投案也不能按自首处理。因为这些犯罪的后果已不能挽回。第三，唐律规定自首者虽然可以免罪，但“正赃犹征如法”，即赃物必须按法律规定如数偿还，以防止自首者非法获财。第四，对自首不彻底行为作了严格规定。唐代对犯罪分子交代犯罪性质不彻底的，叫“自首不实”；对犯罪情节不作彻底交代的，叫“自首不尽”。《名例律》规定，凡“自首不实及自首不尽者”，各依“不实不尽之罪罪之。至死者，听减一等”。至于如实交代的部分，不再追究。

此外，唐代还规定，轻罪已发，能首重罪，免其重罪；审问他罪而能自首余罪的，免其余罪。出于分化打击犯罪的目的，唐代全面系统地发展了封建刑法的自首原则，这些内容不仅影响到封建后世，至今不乏借鉴价值。

3. **答案**：(1)唐律集封建法律之大成，是中华法系的代表作，在中国及东南亚法制史上具有深远影响，唐律的完备，标志着中华法系走向成熟。以中国封建时代的唐律为内涵，以周边国家法律为外延，构建了区域性的法律体系。中华法系与世界其他四大法系并称五大法系，中华法系与其他法系既有共通之处，又有自身固有的特点，它以自己独特的风采影响着亚洲与其有交往的各地，在世界法制史上占有重要贡献的地位。

在中国法制史上，唐律居于承前启后的重要地位，无论是立法思想、原同、篇章体例，还是法律内容（“五刑”、“十恶”、“八议”、刑法适用原则等)，都承袭了以往各代立法的成果，是立法之集大成者，同时又有所发展和创新，使唐律融封建法律之共性与自身发展完善于一体，以“一准乎礼，得古今之平”著称于世，成为完备的封建法律形态。唐律不仅对唐代政治经济起到巨大的促进作用，而且直接影响了后代中国法律的发展，成为后世封建法制的典范。五代、宋、元、明、清立法皆参照唐律。

唐律对中外封建立法的广泛影响，不仅表明其特有的典型价值，还证明它是世界封建社会中最辉煌的一部法律。如果说《罗马法》是奴隶制法典的典型，《法国民法典》是资本主义法典的典型，那么唐律无疑是封建法典的典型，它同样是有世界意义的著名成文法典。

(2) 唐初封建法制的建设，不仅为唐代的法制奠定了基础，而且在整个封建法制史上也是辉煌的一页。这固然与封建经济、政治、文化密切相关，同时也深受唐初统治者重视法制的思想影响：①明法慎刑。唐初君臣都亲身经历了隋帝国由盛转衰，最终在农民起义中顷刻覆亡的过程。他们认真总结了隋朝覆亡的历史教训，认为原因之一是法纪败坏。因此唐代统治者在统一全国以后，实行一系列政治、经济改革的同时，十分重视曲章法制的创制，强调法是治理国家的准绳。通过法制建设，一方面“弘风阐化”，另一方面“禁暴惩奸”。唐太宗李世民在立法上提出了“以宽仁治天下，而于刑法尤慎”的思想。对于死刑的审判，实行九卿会审，对于死刑的执行，实行“三复奏”，后又改为“五复奏”；同时还严惩贪官，防止官吏贪财坏法。对于司法官吏在审判中失于出入者，规定“各以其罪罪之”。②礼刑并用。礼刑并用的思想在中国古代是由来已久的，经过两汉的充实和发展，至唐代达到了一个新的阶段。李世民采纳魏征的建议，推行以“德礼为本、刑罚为用”的政策。他们剔除了春秋战国时期儒法两家各持一端、互相辩驳的偏见，综合了汉以来运用礼刑进行统治的经验，并以最高统治者——皇帝的权威身份，宣布德礼与刑罚不是对立的，不能割裂二者之间的统一关系，这对当时立法与司法都有重大影响。《贞观律》中，许多原属礼的规范，被赋予法的形式。而汉初以来流行七百年的“经义决狱”，也由于唐律完美地体现了礼与刑的结合而终于废止。③立法宽简稳定。针对隋末法令滋彰、任意废法的亡国之弊，从高祖李渊起便强调立法要宽简，使人易知。李世民多次指出：“死者不可复生，用法务在宽简。”在他主持下制定的《贞观律》是封建法典中较为简约宽平，明白易知的。《永徽律》继续贯彻了上述思想。太宗李世民不仅要求法律简明，还强调保持稳定。他说“法令不可数变。数变则烦……吏得以为奸”。在这种思想指导下，终太宗一世，律、令、格、式“无所变改”。④“人有所犯，一断于法”。在封建时代，官吏奉法守法是维系封建法制的重要环节，要做到这一点取决于至高无上的皇帝是否遵法守法。贞观时期法治秩序的建立，是和李世民率先示范分不开的。关于唐太宗守法的事例不胜枚举。而到了贞观后期，李世民也走上了封建皇帝无法摆脱的老路，他“任情以轻重”“屈伸在乎好恶”“轻重由乎喜怒”，加剧了统治阶级内部矛盾，唐初艰难缔造的法制秩序受到了破坏。

总结以上，唐初统治者的立法指导思想，是恢复和整顿封建的法律秩序，限制某些特权者的恣意横行为基点的，这是从隋亡的历史教训中总结出来的，有其深刻的历史背景。贞观时期正是由于积极制定和大力贯彻法律，才或多或少地缓和了社会矛盾，稳定了全国的形势，为经济文化的发展创造了有利条件。在中国历史上，兴盛的王朝总是和统治者重视法律分不开的，在这方面贞观之治提供了许多值得借鉴的经验。

4. 答案：（1）唐律体现了君主专制主义与封建特权精神。唐律强行贯彻封建专制主义的文化方针，强调“君为臣纲”，使之居于三纲之首。因而，企图推翻皇帝统治，毁坏皇室宗庙陵墓宫殿，背叛皇帝“家天下”的“谋反”“谋大逆”“谋叛”被列于篇端，作为“十恶”之首，予以最严厉的打击。进而凡是触犯皇帝的行为，一律视为无人臣之礼，列入“十恶”之一的“大不敬”。臣是君的统治基础，根据礼治“刑不上大夫”的要求，唐律在“尊君”的同时，赋予官吏在法律上有议、请、减、赎、当的特权，优待更无微不至。但上述特权，被严格限定在“君为臣纲”的范畴之内，必须与尊君相一致。官吏倘若犯有“十恶”大罪，则一概予以严惩，君主所赐予的特权也就丧失。

封建社会基本组成单位的家长是君主在家庭中的代表，家国相通，孝忠相维。

根据“夫为妻纲”的原则，唐律确认“七出”和“义绝”为离婚条件，规定夫妻相殴，妻殴夫量刑重于夫殴妻等，使夫有离婚主动权和高于妻的法律地位，以维护夫权。由上可见，在君主专制的唐王朝，君臣不平等，君尊臣卑，臣置于君的绝对支配之下。在封建大家族与大家庭中，父子不平等，父尊子卑，子置于父的绝对支配之下。在夫妻之间是严重不平等的夫尊妻卑，妻置于夫的绝对支配之下。

（2）唐律体现了封建家族伦理精神与小农经济意识。在盛行君主专制主义的唐王朝，非常重视维护封建家庭在巩固国家统治方面所起的重要作用。在自给自足自然经济占统治地位的大唐帝国，注重保护封建王朝的经济基础。这些都体现了唐律维护封建家族伦理与小农经济结构的基本精神。首先，亲属关系越近，刑法上的效果越重。其次，亲属相犯，同罪异罚。

唐律为稳固封建专制的政治制度，注重维护自然经济与小农经济结构。《唐律·户婚律》严格禁止自耕农出卖国家授予的口分田，如农户将口分田私自出卖，要给予笞杖不等的刑事处罚，但没收的田地仍交农户耕种。这些说明，唐代立意维护封建的经济基础与小农经济结构，这不仅可以稳定均田制与租庸调制，保证封建国家剥削，同时又将农民固着在土地上，使他们有田可耕，不至于成为流民，而能维护其基本的生活水准。

（3）唐律体现了封建伦理道德的基本精神。唐律实行“一准乎礼”的方针，体现了封建伦理的基本精神，即完全以儒家礼教纲常作为立法的指导思想和定罪量刑的理论依据。唐律的“一准乎礼”，是中华法系与其他法系相区别的主要特点，其具体表现为：①以礼为立法根据。《唐律疏议》标榜其以礼作为指导思想，因此，礼的核心——三纲五常便成为唐律的立法根据。②以礼作为定罪量刑的标准。凡是违背礼义规定的，都要严加惩处。③以礼注释经典。唐律的疏议部分以概念准确、阐述详明、语言凝练、逻辑严谨著称，而长孙无忌等人注疏唐律，往往直接引证于礼。

综上所述，礼是唐律的立法灵魂，礼的精神完全融化在唐律之中；唐律是礼的法律表现，其内容处处可见礼的精神。

（4）唐律体现“用刑持平”的精神。在“礼法结合”“务在宽简”思想的指导下，唐律与历代刑律相比，表现出“中典治国，用刑持平”的精神。从刑罚体系看，唐律采用笞、杖、徒、流、死的封建制五刑。从死刑数目看，唐律比前期后代均有所减省。从量刑幅度看，唐律比秦、汉、明、清各律相对为轻。

此外，唐律还有疑罪从轻的明文规定，较前后各代用刑更为客观、慎重。因此，唐律在封建法典中被认为是“得古今之平”，刑罚适中、罪刑相当的典型。

（5）唐律体现“规范详备，科条简约”的精神。唐律规范详备，涉及社会政治、经济、军事、外交、婚姻、家庭等领域，确立并完善了封建法律中一系列重要原则和制度，它所规定的四百余种罪名，大至谋反大逆、杀人劫掠，小至家庭詈骂、夫妻斗殴，凡是有害于封建社会秩序的言行，无不网罗其中；各种社会关系、生活细节的调整，无不周详严密。唐律以其简约的律条，调整着社会生活的各个方面，表明唐代封建立法技术的成熟与发达。

5. 答案：隋唐律“名例律”是由《法经》“具律”发展演变而来，其演变过程如下：

（一）战国时期李悝制定的《法经》六篇的第六篇《具法》是规定定罪量刑的通例与原则的法律，相当于现代刑法的总则篇，其位于律尾。

（二）汉朝的《九章律》在《法经》六篇的基础上增加了户、兴、厩三篇，使得类似于刑法总则篇的《具律》的位置既不在首，又不在尾。三国曹魏《新律》（又称为《曹魏律》）将《具律》改为《刑名律》，置于律首，从而改变了以往刑法总则篇的位置既不靠前，又不靠后的弊端，使得在法典编纂体例上朝着科学性方面迈出了关键的一步。

（三）西晋《泰始律》将《刑名律》分为《刑名律》和《法例律》两篇。

（四）南北朝《北齐律》又将《刑名律》和《法例律》合并为《名例律》，冠于篇首。

（五）隋朝《开皇律》和唐朝《唐律疏议》均采用这种方式，并且在《唐律疏议》中对《名例律》的总则性质作出了确切说明，不过不同于现今总则的含义。总之，唐律是对以往立法经验的总结和提高，使封建法律制度更加系统、科学和完备。

6. 答案：唐律刑法中适用的主要原则有以下七种，分别是：

(1)“累犯”加重原则。唐律中没有累犯的确切概念，但出现了与之相似的“累科”。唐律的累科以犯罪被告发和判处徒刑已发配作为要件。唐代对累科采取“各重其后犯之事”的处罚原则。唐代对累科的处罚，既注重后犯之罪，又兼顾前犯之罪，从而反映了我国古代累犯加重原则的固有特点。

(2) 老、少、废、疾犯罪减免处罚的原则。唐代统治者认为，老、少、废、疾等犯罪，是因为“皆少智力”的缘故。因为他们“不堪受刑”，所以采取从轻处罚的原则。对于教唆上述犯罪者，则采取处罚教唆者的原则，但要求所有赃物必须偿还，以维护封建国家与私有财产的不可侵犯。

(3) 自首原则。唐代严格区分自首与自新。自首是指犯罪未被揭发而能到官府交代罪行的，对于自首者，唐律采取“原其罪”的原则，即免予追究刑事责任。自新是指犯罪被揭发，或被官府查知逃亡后，再投案者，对自新采取减轻刑事处罚的原则。另外，对侵害人身、毁坏贵重物品、偷渡关卡、私习天文等犯罪，即便投案也不能按自首处理。自首者虽免罪，但赃物必须按法律规定如数偿还，以防止自首者非法获财。并且，唐代对犯罪分子交代犯罪性质不彻底的，叫“自首不实”；对犯罪情节不做彻底交代的，叫“自首不尽”。此外，唐代还规定，轻罪已发，能首重罪，免其重罪；审问他罪而能自首余罪的，免其余罪。出于分化打击犯罪的目的，唐代全面系统地发展了封建刑法的自首原则，这些内容不仅影响到封建后世，至今也不乏借鉴价值。

(4) 共犯的原则。唐代的共犯，强调的是二人以上共同犯罪，同时其中心环节，在于区分主犯与从犯。在一般情况下，“倡首先言”的“造意者”，要作为共犯的“首犯”处理，反映了封建刑法注重惩办犯意即扼杀犯罪于谋划阶段的特点。在家人共犯的情况下，因强调家长负有制止家人犯罪的义务，如不履行，就作为主犯加以制裁，从而反映了家族主义对封建刑法的影响。唐代把“家人共犯”的原则推广到社会，认为官长即父母，负有制止属下犯罪的义务，如不履行，即以主犯加以处罚。可见，唐代共犯原则体现了维护封建君主专制主义的要求，浸透了儒学礼教及宗法观念。

(5)“数罪并罚”的原则。唐律规定同时犯了两个以上罪的，以重罪作为处刑的标准；如果相等，取一罪处理；如果一罪已经论决，余罪后发，又与已判罪相等，不再追究；如果余罪重于已判的罪，则以前后罪的刑差作为定罪的标准，即所谓“通计前罪，以充后数”。唐代“数罪并罚”的理论较前轻缓，反映了初唐统治者“恤刑慎罚”的思想，以及谋求王朝长久统治的愿望。

(6) 类推制度。类推首先是律文没有明确规定的，且必须是同类案件；对于应当从轻处理的罪，法律列举重款，轻者通过类推可以自明；对于应当从重处理的罪，法律列举轻款，重者通过类推可以自明。唐代类推原则的完善反映了当时立法技术的发达。

(7)“化外人”犯罪的原则。按照唐律规定，同属一国的侨民之间的犯罪，由唐代按其本国的法律处断；不同国籍的侨民犯罪，由唐代按照唐律处理。这种将刑法的属人主义与属地主义的巧妙结合，在当时世界各国还是罕见的。这不仅维护了国家主权，同时也比较妥善地解决了外国侨民的犯罪问题。

7. 答案：“八议”是封建时代规定贵族官僚中八种人犯罪后，享有法律特权的制度，即议亲、议故、议贤、议能、议功、议贵、议勤、议宾。(1)“八议”源于奴隶制时代的“刑不上大夫”的原则；汉代有上请制度；三国时期曹魏《新律》首次将“八议”之制载入律典。(2) 隋《开唐律》将“八议”列为封建法律的基本制度。(3) 唐律进一步完善“八议”制度，明确划定了亲、故、贤、能、功、贵、勤、宾八种人的范围，及其所享有的具体法律特权和实现特殊的程序，并规定“犯十恶者不用此律”。(4) 此后历朝律典均沿用“八议”之制，直至清末制定《大清新刑律》，才最终予以废止。

“八议”包括议亲、议故、议贤、议能、议功、议贵、议勤、议宾。“亲”指皇室一定范围的亲属；“故”指皇帝的某些故旧；“贤”指朝廷认为“有大德行”的贤人君子；“能”指“有大才业”，能整军旅、莅政事，为帝王之辅佐、人伦之师范者；“功”指“有大功勋”者；“贵”指职事官三品以上、散官二品以上及爵一品者；“勤”指“有大勤劳”者；“宾”指“承先代之后为国宾者”。这八种人犯了死罪，官府不能直接定罪判刑，而要将他的犯罪情况和特殊身份报到朝廷，由负责官员集体审议，提出意见，报请皇帝裁决。犯流以下的罪，要减一等论罪，但若犯“十恶”罪，则不适用上述规定。

“八议”制度，是“刑不上大夫”的礼制原则在刑罚适用上的具体体现，实质是对八种权贵人物在审判上给予照顾的制度，给这八种人以优越于平民百姓的特权。

8. 答案：见论述第 4 题、第 5 题。

9. 答案：(1)“十罪”是指“重罪十条”。为加强镇压危害封建专制统治和违反伦理纲常的行为，“重罪十条”正式入律，始于北齐。此“重罪十条”即后世法典中之“十恶”，即将直接危害国家根本利益的最严重的十种犯罪置于律首。这十条是：“一曰反逆，二曰大逆，三曰叛，四曰降，五曰恶逆，六曰不道，七曰不敬，八曰不孝，九曰不义，十曰内乱。其犯此十者不在八议论赎之限。”具体内容包括：①反逆，即造反；②大逆，即破坏皇帝宗庙、山陵与宫殿；③叛，即叛变；④降，即投降；⑤恶逆，即殴打、谋杀尊亲属；⑥不道，即凶残杀人；⑦不敬，即盗用皇室器物及对皇帝不尊重；⑧不孝，即不侍父母，不按礼制服丧；⑨不义，即杀本府长官与授业老师；⑩内乱，即亲属间乱伦。

(2)“十恶”对“十罪”的继承与修订

唐律沿袭隋律确立的十类被视为严重侵犯纲常礼教的犯罪，在《名例律》中明确说明“十恶”的具体罪行表现。

①谋反。“谋反”是“谋危社稷”，即图谋推翻皇帝的统治。②谋大逆。指“谋毁宗庙、山陵及宫阙”，即图谋毁坏皇帝祖庙、皇陵和官殿。③谋叛。指预谋“背国从伪”，即谋划背叛封建国家，投降伪政权，突出了对预谋犯罪的镇压，并将“反”“叛”等严重犯罪扼杀在谋划阶段，借以减轻犯罪的危害程度。④恶逆。指殴打、谋杀尊长亲属。⑤不道。即“杀一家非死罪三人及肢解人，造畜蛊毒，厌魅”，也就是使用凶暴手段致人以死，或畜养毒虫、使用邪术害人。⑥大不敬。指盗取皇帝服用物，盗取皇帝或伪造

皇帝印玺，给皇帝配药不按本方，做饭犯食禁，指责皇帝，诽谤朝政，对皇帝使臣无礼等，即侵犯皇帝人身及其尊严的各类行为。⑦不孝。指诅骂或告发直系尊亲，或供养有缺，或别立户籍私有钱物，或私自婚娶，父母去世，匿不举哀等。⑧不睦。指“谋杀及卖缌麻以上亲，殴告夫及大功以上尊长、小功以上尊亲”。⑨不义。指杀本属长官与授业老师。⑩内乱。指亲属间的乱伦行为。

(3)“十恶”相对于“十罪”的变化主要体现在以下几点：

①“十恶”中的部分罪名强调主观恶性，“十恶”中“谋反”“谋大逆”和“谋叛”都强调了行为人主观上的恶性，排除了过失或无意识的行为，更具有科学性。不是有意为之者，不应属于“十恶”。“十罪”中则没有对行为人的主观恶性。②将叛、降两种罪名合并，统称谋叛。③增加了不睦罪，强化了对于家族秩序的维护。④对不敬和不孝的含义进行了扩大，将一些新的行为纳入“十罪”当中。

(4) 变化的意义

①部分罪名强调主观恶性，体现了刑法的科学性，使得“十恶”重点打击的是主观上有故意的人，从而更好地实现刑法的目的。②增加不睦罪，强化了对于封建家庭伦理的维护，使礼法结合得更为紧密。③扩大了部分罪名的内涵，将更多的行为纳入“十恶”之中，强化了封建专制统治的力度。④“十恶”的内容更加具体，含义更加丰富和科学，因而为后世所继承，基本成为定制。

七、分析题

答案：该材料表明，唐代的共犯，强调的是二人以上共同犯罪，区别于现今刑法的“二人以上共同故意犯罪”的概念。唐律共犯理论的中心环节是区别主犯与从犯的关系。在一般情况下，“倡首先言”的“造意者”，要作为共犯的“首犯”处理，反映了封建刑法注重惩办犯意及扼杀犯罪于谋划阶段的特点。在家人共犯的情况下，因强调家长负有制止家人犯罪的义务，如不履行，就作为主犯加以制裁，从而反映了家族主义对封建刑法的影响。唐代把“家人共犯”的原则推广到社会，认为官长即父母，负有制止属下犯罪的义务，如不履行，即以主犯加以惩罚。可见，唐代共犯原则体现了维护封建君主专制主义的要求，浸透了儒学礼教及宗法观念。

第七章　宋、辽、西夏、金法律制度

基础知识图解

- 宋代法律制度
  - 法律概况
    - 立法思想
      - 强化中央集权的立法思想
      - 从“立法严、用法恕”至“立法贵乎中”
      - “政丰”“理财”“通商惠工”
    - 立法活动
      - 宋刑统
      - 编敕与例
      - 南宋《庆元条法事类》
  - 刑事法律制度
    - 特点
      - 普通刑法外又有特别刑法，即“重法地法”
      - 严惩贼盗
    - 刑罚制度的变化
      - 折杖法
      - 刺配
      - 死刑（凌迟）
  - 行政法律制度
    - 特点：加强中央专制
    - 规定
      - 国家政权机构的调整
      - 官吏选任与考课制度
      - 监察制度
        - 台谏合一的监察制度，百官是监察的对象
        - 台谏之官必须由皇帝亲自选任
        - 加强对地方的监督
  - 民事法律制度
    - 确认保护所有权
    - 确定买卖、典卖契约的有效要件
    - 完善财产继承的制度
      - 一般遗产的继承
      - 户绝遗产的继承
      - 遗嘱继承
      - 中外客商死后财物的继承
  - 经济法律制度
    - 商业立法
    - 专卖立法
    - 对外贸易法规
    - 财政管理法规
  - 司法制度
    - 君主集权的司法机关体系
      - 中央司法机关及其职权：大理寺、刑部、御史台、审刑院
      - 地方司法机关及其职权
      - 皇帝亲自介入审判活动
    - 司法体制上设提刑官
    - 诉讼程序上实行民刑有别
    - 鞫谳分司的审判制度
    - 翻异别勘的复审制度
    - 检查勘验制度
- 辽、西夏、金法律制度
  - 辽立法概况和法制特点：新定条制
  - 西夏立法概况和法制特点：天盛改旧新定律令
  - 金立法概况和法制特点：泰和律义

配套测试

一、单项选择题

1. 中国古代法制由成熟、稳定走向极端专制的时期是（　　）。
A. 秦汉时期
B. 三国两晋南北朝时期
C. 隋唐时期
D. 宋元明清时期

2. 宋代时，在犯人否认其口供，且“所翻情节，实碍重罪”时，案件改由原审机构其他官员或上级机构官员另行审理。此种审判制度被称作（　　）
A. 理雪　　B. 条限
C. 鞫谳分司　　D. 翻异别勘

3. 编敕作为一种重要的立法活动和立法形式形成于哪朝？（　　）
A. 隋朝　　B. 唐朝
C. 宋朝　　D. 明朝

4. 宋朝路一级设置的司法机关称（　　）。
A. 提点刑狱司　　B. 提刑按察使司
C. 肃政廉访司　　D. 行御史台

5. 南宋庆元年间，某地发生一桩“杀妻案”。死者丈夫甲被当地州府逮捕，受尽拷掠，只得招认“杀妻事实”。但在该案提交本路（路为宋代设置的地位高于州县的地方行政区域）提刑司审核时，甲推翻原口供，断然否认杀妻指控。提刑司对本案可能做出的下列处置中，哪一种做法符合当时“翻异别勘”制度的规定？（　　）
A. 发回原审州府重审
B. 指定本路管辖的另一州级官府重审
C. 直接上报中央刑部审理
D. 直接上报中央御史台审理

6. 宋朝把由于犯人翻供而改由原审机构的其他审判官重新审理称为（　　）。
A. 别推　　B. 别移
C. 别勘　　D. 回避

7. 宋代在宫中设置了（　　），凌驾于三法司之上，以加强皇帝对司法权的控制。
A. 审刑院　　B. 审官院
C. 大宗正府　　D. 宣政院

8. 宋太祖赵匡胤创设的（　　）改变了封建制五刑的执行方法。
A. 刺配　　B. 凌迟
C. 折杖法　　D. 具五刑

9. （　　）是我国古代第一部法医学专著。
A.《洗冤集录》
B.《折狱龟鉴》
C.《庆元条法事类》
D.《淳熙条法事类》

10. 宋代以有无不动产为标准，将户口分为（　　）。
A. 主户与客户　　B. 主户与佃户
C. 主户与农户　　D. 农户与客户

11. 关于宋代法律和法制，下列哪一选项是错误的？（　　）（司考 2009. 1. 14.）
A.《宋刑统》为我国历史上第一部刊印颁行的法典
B. 宋代法律因袭唐制，对借与贷作了区分
C. 宋仁宗朝敕、例地位提高，“凡律所不载者，一断于敕、例”
D. 宋建隆四年颁行“折杖法”

12. 随着商品经济的繁荣，两宋时期的买卖、借贷、租赁、抵押、典卖、雇佣等各种契约形式均有发展。据此，下列哪一说法是错误的？（　　）（司考 2017. 1. 18）
A. 契约的订立必须出于双方合意，对强行签约违背当事人意愿的，要“重蝇典宪”
B. 买卖契约中的“活卖”，是指先以信用取得出卖物，之后再支付价金，且须订立书面契约
C. 付息的消费借贷称为出举，并有“（出举者）不得迴利为本”的规定，防止高利贷盘剥
D. 宋代租佃土地契约中，可实行定额租，佃农逾期不交租，地主可诉请官府代为索取

13. 南宋时，霍某病故，留下遗产值银 9000 两。霍某妻子早亡，夫妻二人无子，只

有一女霍甲，已嫁他乡。为了延续霍某姓氏，霍某之叔霍乙立本族霍丙为霍某继子。下列关于霍某遗产分配的哪一说法是正确的？（ ）（司考 2016. 1. 18）

A. 霍甲 9000 两

B. 霍甲 6000 两，霍丙 3000 两

C. 霍甲、霍乙、霍丙各 3000 两

D. 霍甲、霍丙各 3000 两，余 3000 两收归官府

14. 关于中国古代婚姻家庭与继承法律制度，下列哪一选项是错误的？（ ）

A. 西周时期“七出”“三不去”的婚姻解除制度为宗法制度下夫权专制的典型反映，然而“三不去”制度更着眼于保护妻子权益

B. 西周的身份继承实行嫡长子继承制，而财产继承则实行诸子平分制

C. 宋承唐律，但也有变通，如《宋刑统》规定，夫外出三年不归，六年不通问，准妻改嫁或离婚

D. 宋代法律规定遗产除由兄弟均分外，允许在室女享有部分的财产继承权

15. 宋承唐律，仍实行唐制“七出”“三不去”的离婚制度，但在离婚或改嫁方面也有变通。下列哪一选项不属于变通规定？（ ）（司考 2012. 1. 16）

A.“夫外出三年不归，六年不通问”的，准妻改嫁或离婚

B.“妻擅走者徒三年，因而改嫁者流三千里，妾各减一等”

C. 夫亡，妻“若改适（嫁），其见在部曲、奴婢、田宅不得费用”

D. 凡“夫亡而妻在”，立继从妻

二、多项选择题

1. 中国南宋规定户绝指家无男子继承。按照南宋的继承制度，若出现户绝，立继承人的方式有哪些？（ ）

A.“立继” B.“祖继”

C.“嗣继” D.“命继”

2. 宋朝的主要立法活动呈现出的复杂情形有（ ）。

A. 编例 B. 编敕

C. 制定《宋刑统》 D. 编纂《条法事类》

E. 制定问刑条例

3. 宋朝的商事活动频繁，这一时期的商事立法主要有（ ）。

A. 市易法 B. 市舶条法

C. 禁榷法 D. 重法地法

E. 钞法

4. 宋朝经过对唐法律的修改，形成的法律形式主要有（ ）。

A. 断例 B. 指挥

C. 事例 D. 刑统

E. 编敕

5. 下列有关我国唐宋时期法制的表述哪些是正确的？（ ）

A.《永徽律疏》不仅是中华法系的代表性法典，也是中国封建法制的最高成就

B.《宋刑统》不仅是一部具有统括性和综合性的法典，也是中国历史上第一部刊印颁行的法典

C. 自首、类推、化外人、区分公罪与私罪等原则都是唐律中重要的刑罚原则

D. 唐代和宋代在中央司法机构的设置上是一致的，即在皇帝以下设置大理寺、刑部、御史台三大司法机构，分掌中央司法审判职权

三、名词解释

1.《洗冤集录》

2.《宋刑统》（西北政法大学 2007 年考研真题）

3. 编敕（中国人民大学 2010 年、2014 年考研真题）

4. 断例和事例

5. 折杖法（中国人民大学 2009 年考研真题）

6. 刺配

7. 凌迟（中国人民大学 2013 年考研真题）

8. 市易法

9. 禁榷法

10. 市舶条法

11. 条法事类

12. 客户
13. 主户
14. 提点刑狱司
15. 翻异别勘制（中南财经政法大学2008年考研真题）
16. 理雪制度（辽宁大学2005年考研真题）
17. “四司”

四、简答题

1. 简述宋朝援法而治的特色。
2. 简述《宋刑统》与前朝法律的不同之处。
3. 简述宋朝的刑事证据制度。
4. 简述宋朝职官制度。

五、论述题

1. 试论宋朝刑罚制度。
2. 试论宋朝的立法思想。

六、分析题

1. 据《续资治通鉴长编》卷六记载：宋太祖开宝二年（公元969年）九月诏：“初令民典卖土地者，输钱印契。”

试分析这句话所说明的宋代民事类法规的发展变化问题。

2. （宋朝）寿州有人杀妻之父母兄弟数口，州司以为不道，缘坐妻子。刑曹驳曰：殴妻之父母，即是义绝，况于谋杀乎？不当复坐其妻。请解释该判决的理由。
3. 待制马宗元少时，父麟殴人，被系守辜。而伤者死，将抵法。宗元推殴时在限外四刻。因诉之郡，得原父死。请结合宋朝的有关法律分析这段话。
4. 《宋会要辑稿》记载：“州狱翻异，则提刑司差官推勘；提刑司复翻异，则以次至转运、提举、安抚司。本路所差既遍，则又差邻路。”

请运用中国法制史的知识和理论，分析上述材料并回答下列问题：[2016年法硕（非法学）真题]

（1）材料反映的是宋代司法中的何种制度？

（2）材料如何体现这一制度的运行？

（3）如何评价该制度在宋代司法活动中的意义？

参考答案

一、单项选择题

1. **答案**：D。
2. **答案**：D。本题考查的是宋代的“翻异别勘”制度。
3. **答案**：C。宋朝时，对皇帝临时发布的诏令加以汇编，使之成为带有普遍性的法律，称为“编敕”。
4. **答案**：A。A项应选，D项不选，A项的“提点刑狱司”为宋朝设立的地方司法机构，其作为中央在各路的司法派出机构。地方死刑案件一般由州一级审判，上报路一级转送刑部复核。

B项不选，B项的“提刑按察使司”为明朝省级专门司法机关。

C项不选，C项的“肃政廉访司”为元朝地方监察机关。

5. **答案**：B。宋代实行“翻异别勘”制度。在诉讼中，人犯否认口供（称翻异），事关重大案情的，由另一法官或另一司法机关重审，称“别勘”，故B项正确。
6. **答案**：A。两宋注重证据，在诉讼中，如果人犯否认口供，且事关重大案情的，则案件由另一法官或另一司法机关重审，此即“翻异别勘”制度。改换法官审理，称为“别推”，改换司法机关审理称为“别移”。
7. **答案**：A。
8. **答案**：C。
9. **答案**：A。
10. **答案**：A。
11. **答案**：C。《宋刑统》由宋太祖于建隆四年（公元963年）修订，成为中国历史上第一部刊印颁行的法典，全称《宋建隆重详定刑统》，简称《宋刑统》。宋代法律因袭唐制，对借与贷作了区分。借指使用借贷，而贷则指消费借贷。当时把不付息的使用借贷称为负债，把付息的消费借贷称为出举。宋神宗朝敕地位提高，“凡律所不载者，一断于敕”，敕已到足以破律、代律的地步。宋建隆四年颁行“折杖法”，意在笼络人心，革除五代以来刑罚严苛的弊端。

12. 答案：B。宋代买卖契约分为绝卖、活卖与赊卖三种。绝卖为一般买卖。活卖为附条件的买卖：当所附条件完成，买卖才算最终成立。赊卖是采取类似商业信用或预付方式，而后收取出卖物的价金，故 B 项错误，ACD 项正确。

13. 答案：D。本题考查南宋关于户绝财产继承的规定。户绝指家无男子承继。户绝立继承人有两种方式：凡“夫亡而妻在”，立继从妻，称“立继”；凡“夫妻俱亡”，立继从其尊长亲属，称为“命继”。继子与户绝之女均享有继承权，但只有在室女的（未嫁女），在室女享有 3/4 的财产继承权，继子享有 1/4 的财产继承权；只有出嫁女（已婚女）的，出嫁女享有 1/3 的财产继承权，继子享有 1/3 的财产继承权，另外的 1/3 收为官府所有。本题属于只有出嫁女（已婚女）的情况，故霍甲、霍丙、官府各享有 1/3，故 D 项正确。

14. 答案：B。西周时期的“三不去”规定的是：女子若有“三不去”的理由，夫家即不能离异休弃。“三不去”是对妻子权利的保护，故 A 项正确。西周时期，在宗法制下形成嫡长子继承制。这种继承主要是王、贵族政治身份的继承，土地、财产的继承是其次。在本题 B 项中，“财产的继承是诸子平分制”是错误的，西周时期的财产继承仍然实行嫡长子继承制，只不过这是次要的。在离婚方面，宋仍然实行唐制“七出”与“三不去”制度，但是也有少许变通。例如，《宋刑统》规定：“夫外出三年不归，六年不通问，准妻改嫁或离婚。”故 C 项正确。宋代法律在继承关系上，有较大的灵活性。除沿袭以往遗产兄弟均分制外，允许在室女享有部分继承财产权，故 D 项正确。

15. 答案：D。D 项本身表述正确，但属于继承制度，不是离婚或改嫁方面的变通，与题意不合，故当选。

二、多项选择题

1. 答案：AD。南宋时期，规定了绝户继承的办法有两种方式：“立继”和“命继”，要明确其具体的含义，还要注意继子和绝户之女、出嫁之女享有的继承权的份额，故 AD 正确。

2. 答案：ABCD。

3. 答案：ABC。

4. 答案：ABDE。

5. 答案：ABCD。《永徽律疏》作为中国封建法制的最高成就，全面体现了中国封建法制的水平。故 A 项正确。《宋刑统》是历史上第一部刊印颁行的法典，故 B 项正确。唐律中的刑罚原则有区分公罪与私罪、自首、类推、化外人原则，故 C 项正确。在司法机构的设置上，宋沿唐制，故 D 项正确。

三、名词解释

1. 答案：《洗冤集录》是宋代著名法医学家宋慈所著的一部法医学专著，该书在总结前人办案经验的基础上，把实践中获得的药理、人体解剖、外科、骨科、检验等多方面的知识汇集成书。《洗冤集录》是我国古代第一部法医学专著，不仅指导了宋朝及其后世的司法实践，同时还对世界各国产生了重大影响，数百年来，该书被译成荷兰、英、法、德等国文字，被中外奉为法医学的经典。

2. 答案：宋代的基本法律，即《宋建隆重详定刑统》。宋朝初年沿用后周《显德刑律统类》，后因其“科条繁浩，或有未明”，诏令窦仪等人重新修订，建隆四年（公元 963 年）完成，刊版印刷，颁行全国。《宋刑统》在体制上模仿了唐末《大中刑律统类》和后周《显德刑律统类》，采取律敕并重，令格式合编的体例，是秦汉隋唐以来法典编制体例上的一大变化。《宋刑统》共三十一卷，分为二百一十三门。其中律有十二篇，五百零二条，令格式一百七十七条，起请三十二条。《宋刑统》从《显德刑律统类》中删除令式宣敕一百零九条，重新恢复原《唐律疏议》的律疏全文，但原篇首回顾历史沿革的文字仍删去不录。《宋刑统》与唐律相比，在形式上的变化主要是其称刑统而不称律，编制体例上分门，新增了起请条，并在名例律后附有“余条准此”的类推性质条文。就内容而言：一是创建了“折杖法”；二是有关民商立法比唐律更加完善。

3. **答案**：敕是以皇帝命令随时发布的诏令，编敕是将过去历年散敕编纂而使其具有普遍适用效力的立法活动和立法形式。宋承唐五代编敕以应时势变化的余续，并将其大加利用，编敕地位上升，用于损益和补充成法；编敕数量大幅增长，每次修敕皆在千条以上。编敕成为自太宗以后的主要立法活动和立法形式。宋代编敕，不仅有通行全国者，也有适用于省院寺监及各部等中央机构者，以及用于一路一州一县者。既有各类散敕通编者，又有专门编辑有关刑名敕者，后者便形成与《宋刑统》并行的系统的刑事法源。

4. **答案**：是宋代另一个足以征引的法源。宋代编例、断例起自仁宗赵祯庆历时命“刑部、大理寺以前后所断狱及定夺公事编为例”之诏，附在编敕之后；神宗熙宁时又将“熙宁以来得旨改例为断，或自定夺，或因比附辩定、结断公案堪为典型者，编为例”，形成《熙宁法寺断例》十二卷；后又有神宗《元丰断例》六卷、哲宗赵煦《元符刑名断例》三卷、徽宗赵佶《崇宁断例》、南宋《绍兴编修刑名疑难断例》二十二卷、《乾道新编特旨断例》二十卷、《开禧刑名断例》十卷。事例则是以皇帝“特旨”和尚书省等官署发给下级指令的“指挥”编类为例。神宗以后，“御笔手诏”等特旨和指挥的地位渐高。

5. **答案**：宋太祖赵匡胤为“洗五代之苛”，于建隆四年（公元963年）定折杖之制：流刑四等自加役流至流三千里，流二千五百里、流二千里，分别决脊杖二十，配役三年，或决脊杖二十、十八、十七，均配役一年，免去流远；徒刑五等自徒三年至徒一年，分别决脊杖二十、十八、十七、十五、十三后释放；笞刑五等自笞五十至笞十，分别决臀杖十下、八下、七下后释放。折杖法使“流罪得免远徙，徒罪得免役年，笞杖得减决数”。

6. **答案**：宋太祖为宽贷杂犯死罪而立刺配之法，刺面、配流且杖脊，是对特予免死人犯的一种代用刑，但后来则成了常用刑种之一，太宗以后有关刺配的编敕逐渐增多，南宋孝宗时达“五百七十余条”，不仅盗贼徒以上罪要刺配，军士犯罪也要刺配。

7. **答案**：《宋史·刑法志》：“凌迟者，先断其支体，乃抉其吭，当时之极法也。”真宗赵恒时，大臣屡有请行凌迟刑者，真宗均未允准。仁宗天圣六年（公元1028年），荆湖地区杀人祭鬼，遂下诏对之适用凌迟之刑。后凌迟刑多用于“强劫贼人”，神宗以后甚至用于“口语狂悖致罪者”。南宋《庆远条法事类》将凌迟与斩、绞并列，成为法定刑种。

8. **答案**：王安石变法时，为打破富商巨贾垄断市场，于神宗熙宁五年（公元1072年）三月颁行其法：成立市易务，设置提举等官，并招募行人、牙人，“平价”收购滞销货物；国家拨出一百万贯作本钱，借贷或赊给务官、行人、牙人及一般商贩，但须“以地产为抵押”或以“金银作抵押”，半年或一年内还清；外来商人可将难以脱手货物卖给市易务，或折合换取市易务其他货物。

9. **答案**：禁榷法包括榷盐、榷茶、榷酒等，即对这些货物的专卖制。榷盐、榷茶是在国家组织盐、茶的生产和收购的前提下，由国家进行官运官销或有限制地批发给商人零售。其法，根据盐、茶产地和产量，划定运销范围，由官或商人发卖。私产、私运、私销，即为“私盐”“私茶”，处罚较重。商人发卖，须买“盐引”“茶引”，分“长引”“短引”，前者可以运往他路销售，后者只能在本路内销售。

10. **答案**：宋代在东南沿海各港口设市舶司，管理商旅出海外与藩国贩易其来华外商贸易诸事。市舶司负责发给舶商出海“公凭”，检验其货物有无禁止出海物。对外商来船进行“抽解”（即抽分，实即实物税），抽分比例为“十五取其一”或“十取其一”不等，高者达“十分抽两分”。对抽分后的货物进行“博买”（即官买），尤其是对象牙、珠宝等细货一律博买。抽分和博买后的货物，外商可以请给公凭，在当地或外州发卖。

11. **答案**：条法事类是以事类（公事性质）为标准分门（篇章）编纂的法规大全，每项事类中同时收入相关的敕、令、格、式、申明及法律解释。条法事类产生于孝宗淳熙年间，当时因敕令格式合编为一典，内容庞杂，不便检索，遂将敕令分类编排。淳熙七年（公元1180年）首次编成《淳熙条法事类》，共四百二十卷，总门三十三，别门四百二十。次年颁行。其后，宁宗朝编有《庆元条法事类》，理宗朝编有《淳佑条法事类》。现除《庆元条法事类》有残卷外，余皆散佚。条法事类立法形式的出现，不仅有利于克服上述弊病，对敕令格式的内部协调，也有一定的作用。

12. **答案**：宋代以有无不动产为标准，将户口分为主户和客户。客户是指向地主租佃土地的下层农民。由于租佃制占支配地位，客户不再是地主的私属附庸，而是封建国家的编户齐民。客户的法律地位比以前有所提高，享有较大的人身自由，他们与地主之间的关系是一种契约关系，租佃、退佃等行为都受宋代法律保护。

13. **答案**：宋代以有无不动产为标准，将户口分为主户和客户。主户是指具有一定数量土地的地主和自耕农，他们承担国家赋役，分为五等。四五等是自耕农，二三等是中小地主，一等是大地主，但是随着土地私有化和财富流转的加快，有产者之间的士庶界限逐渐被打破。

14. **答案**：提点刑狱司为中央派出各路的专司司法的机构，拥有诸州大辟案的复核权，并对诸州监禁人犯及审案情况进行监督，甚至对各州及运转使“批断未允”案件有受理重断的权力。

15. **答案**：翻异，指的是犯人推翻原来的口供；别勘，又称别推、别鞫、移推，指改换审判官重新审理。翻异别勘制就是犯人推翻原口供，是应该重审的制度。宋代，当犯人不服判决临刑称冤，或家属代为申冤时，则改由另一个司法机关重审或监司另派官员复审。凡州县死刑犯人或犯罪品官，业已结案，但未经本路提刑司录问而推翻原来的口供，或其家属诉冤，则移送提刑司重新审判；如果已经本路提刑司录问而翻供、诉冤，则由提刑司审查，改换审判官重审；如果死刑犯人临赴刑时喊冤，由本路无干碍监司重审，或者移送临路提刑司审理。按法律之规定，翻异可三次至五次。妄行翻异叫冤者，别推时加重刑罚。这种制度就其实质来说，是司法机关自动复审，虽有时因多次翻异而影响司法机关的审判效率，但从总体上来说能够在一定程度上杜绝冤假错案的发生，也是宋朝统治者慎刑精神的表现。

16. **答案**：理雪制度是宋朝时期的一项司法申诉制度。理雪即定案后由囚犯或其家人申诉另审从而理冤雪诬。对理雪有时规定时效制度，“命官犯罪经断后，如有理雪者，在三年外更不施行”。在制度上，判决后赋予犯人及其家属以理雪的申诉权是为防止冤诬的存在，故有时规定在判决前掌管检法的司法参军等人，若能“举驳别勘，因此驳议从死得生，即理为雪活”，而凡“雪活得人者，替罢日刑部给与优牒，许非时参选”。

17. **答案**：“四司”是宋代中央向地方路一级派出的监管机构，指经略安抚使、转运使、提刑按察使和提举常平使，又分别称为帅司、漕司、宪司和仓司，分管地方军事、财政赋税、审理刑狱和经济行政事务（主要是盐铁专卖）等事。宋代地方为县、州、路三级，路一级的设置主要是为了防止州一级长官的权力过重而形成地方势力，这主要是吸取唐末藩镇之祸的教训；因此在路一级专门根据事务划分设置中央监管机构，这一级的“四司”又称“监司”，分别隶属四职，不至于集中权力，防止其成为分化中央权力的主体。

“四司”的设置典型地体现了宋代加强中央权力、严格控制地方权力的政策方针。

四、简答题

1. **答案**：援法而治是我国古代法律的重要传统

之一。《宋刑统》不仅完全继承了唐律援法而治的精神与规定，而且根据社会的需要对之加以完善和补充，形成了自己的特色。主要有以下几个方面的表现：

第一，在审理刑事案件中实行鞫谳分司制度，即审与判分为两事，前者称为鞫司，后者称为谳司（又称法司）。宋代，除个别人口较少的州外，一般来说，从州到大理寺，都实行审判与检法相分离的鞫谳分司制。在州，有司理参军与司法参军之分。鞫谳分司制度的实行，不仅有助于减少冤狱，防止官吏作弊，而且为援法断罪提供了重要的保证。宋朝的法律形式复杂，有敕、令、格、式、例、申明、看详等，而且数量巨大。设专官负责“检法断刑”，使得援法断罪获得制度上的保障，提高了适用法律的准确性。而职司其事的官员，也因工作关系而不得不熟悉浩如烟海的各种法条，以确保情得其实，法当其罪。

第二，由于民事法律关系的发展与民事立法的加强，要求司法官严格依法作出民事判决。在发给当事人的“断由”中，要包括适用法律条文的内容，以示断结有据。

虽然宋朝建立了促进和保障援法断罪的制度，但是在封建专制统治之下，援法断罪只能是相对的。儒家礼义观念的深刻影响使司法官在判断民事案件时不得不兼顾法意与人情，由于皇权始终凌驾在法律之上，所以敕令及条例的增多及其与法典本身存在的矛盾，使援法而治在某种意义上成为援例而治、援敕而治，并为官吏随意出入人罪提供了便利。

2. 答案：首先，在形式上，《宋刑统》的体例模仿了唐末《大中刑律统类》和后周《显德刑律统类》，采取律敕并重，令格式合编的体例，是秦汉隋唐以来法典编制体例上的一大变化。改变后的编排方式便于司法人员查阅。在律文之后还附以选录的自唐开元至建隆三年间的敕令格式中通行的刑事规范。

其次，《宋刑统》在内容上的发展变化主要有两点：一是在刑罚制度上创建了“折杖法”；二是有关民商立法比唐律更加完善。而其在形式上的变化则极为显著，主要有四个方面：其一是法典不称“律”，而称“刑统”。其二是分门类编。《宋刑统》在每卷中标明门类，共分为二百一十三门。其三是新增“臣等起请”三十二条。所谓“臣等起请”，指窦仪等修律者为适应宋时形势发展的需要，对前朝行用的敕令格式经过审核详虑后，向朝廷提出的变动建议。其四是总括“余条准此”，列于名例律后。所谓“余条准此”，是指具有类推适用性质的条文。

3. 答案：宋承唐法，刑事证据主要分为口供、证言和物证三大类，并以口供为主。被告的口供和原告的陈告是基本的断案依据。取得被告口供的方法是“五听”，当口供不足以定案时，可使用拷讯的办法逼使被告承认。当被告人为“不合拷讯者”时，可取证人证言定案。证人证言在数量上必须是“众人”即三人以上的众证，法定可以相容隐者、老小及笃疾不能作证。物证是口供的重要补充。宋代证据制度的发展在于物证理论的突破，在物证确凿的情况下，也可据物证断罪。宋代的检验制度相当完备与重视物证的关联极大。

4. 答案：宋朝对职官严格管理，无论任用调迁、考课奖惩都有一定的制度与程序。

(1) 职官选用。科举取士是选官的主要途径。考试内容虽仍侧重诗赋、经义，但切近国家实际治理的策论受到重视。选任方式按官阶品类分属于四选：尚书左选、尚书右选、侍郎左选、侍郎右选。高级文武官员不参加常选，单独由中书省及枢密院选授。选任标准重视年资与考核结果。

(2) 职官考课。京朝官由审官院掌考，州县官由考课院掌考。对地方州县官以“四善三最”的标准进行考核。四善是：德义有闻、清谨明著、公平可称、恪勤非懈。三最是：治事之最、劝课之最、抚养之最。考课每年一次，三年为一任，并根据考课的治绩来定赏罚。

(3) 职官监察。由御史台之三院（台院、殿院、察院）负责，察院的监察御史职责尤为重要，掌分察六曹及百司之事，纠其谬误。地方监察，主要靠设于各路的监司（转运使和提点刑狱使等）兼管，负责巡按州县。

五、论述题

1. 答案：与唐朝相比，宋朝刑罚制度的主要变化是创制了折杖法，出现并广泛适用刺配刑，凌迟成为法定刑种。

（1）折杖法。宋初宋太祖赵匡胤为“洗五代之苛”即定折杖之制。具体执行办法是：流刑四等自加役流至流三千里、流二千五百里、流二千里，分别决脊杖二十，配役三年，或决脊杖二十、十八、十七，均配役一年，免去流远；徒刑五等自徒三年至徒一年，分别决脊杖二十、十八、十七、十五、十三后释放，免去徒役；杖刑五等自杖一百至杖六十，分别决臀杖二十至十三后释放；笞刑五等自笞五十至笞十，分别决臀杖十下、八下、七下后释放。折杖法使“流罪得免远徙，徒罪得免役年，笞杖得减决数”。

（2）刺配。起初，刺配刑是宋太祖为了宽贷杂犯死罪而采用的，即先刺面、配流且杖脊，是对特予免死犯人的一种代用刑，后渐成为常用刑种之一。太宗之后有关刺配的编敕渐渐增多。刺配不仅适用于盗贼徒以上犯罪，也适用于军士犯罪。

（3）凌迟。凌迟，俗称“千刀万剐”，即先用脔割肢解的办法残害人的肢体，然后施加各种酷刑，使犯人在惨痛当中缓慢死去。凌迟盛行于两宋。仁宗时荆湖地区杀人祭鬼，遂下诏对之适用凌迟之刑。后凌迟刑多用于“强劫贼人”，神宗以后甚至用于“口语狂悖致罪者”，南宋《庆元条法事类》将凌迟与斩、绞并列，使之成为法定刑种。

2. 答案：宋朝十分强调法律的作用，它的立法思想主要有：

（1）从“立法严、用法恕”至“立法贵乎中”。自宋太祖赵匡胤，宋太宗赵光义即以“重典”治理为导向。宋初在立法与司法上的宽严并不一致，即以重典治理为立法导向，但皇帝在亲自折狱虑囚时，又以“忠厚为本”，即在司法上以宽仁为治。太祖、太宗两朝之后，在立法上大抵以“宽猛得中”为准则。尽管有这个变化，宋代的立法也呈现出复杂情形。太祖虽用重典，但开国之初就制定了减轻刑罚的折杖法，后来强调“法用中典”，但在法律的某些方面一直是重典治理，如在惩治盗贼方面就有重法地法。

（2）“上下相维，轻重相制”实际上也是整个宋代法律创制的指导思想，即在加强中央集权和皇帝控制权，并在各部门之间形成牵制与制约，消除造成封建割据和威胁皇权的种种因素。太祖时，收回了节镇兵权、敛其财权和司法上的刑杀权，太宗时设置提点刑狱公事监督州县司法，设审刑院以加强自己对司法的控制，使中央集权和皇帝控制权得以加强。同时编敕地位的提高、参知政事与宰相分割相权、枢密院与“三衙”分掌发兵与领兵权、三司共掌财权、台谏合一的监察体制、通判监督知州的连署制等，都是“上下相维，轻重相制”思路的展开。

（3）“政丰”“理财”“通商惠工”。由于宋朝统治者重视“政丰之术”，强调治国须先“理财”，因而使经济立法得到了空前的发展。以“通商惠工”为宗旨，出台了一系列开放市场和禁止勒索商人的法律条规，如王安石变法期间颁布的市易法及专门调整海外贸易的市舶条法。在关心国家财政与渔业的同时，宋代统治者也重视农民的利益，北宋至南宋逐渐增多的允许“越诉”的法条，基本上都是小民受到官吏侵犯，求生无门，以及应得到的民事利益，上于官府的原因而得不到补偿和恢复而被允许提起的。

六、分析题

1. 答案：宋朝时期民事类法规的发展变化，从土地政策的变化开始，土地政策的变化影响了其他方面。材料中的这句话表明，先前颁行的《宋刑统》中所谓“均田制”下不得买卖“口分田”的规定，原本就是具文。只要履行了“输钱印契”的程序，土地买卖就是合法的。时人讥宋朝“田制不立”，“不抑兼并”，是向“切田制”看齐的。实际上，“不抑兼并”本身就是一种“田制”，这是土地私有不受国家政策法律干预的经济规律作用的趋势发展的结果。因而，宋代法律主要是均税，防止的是地多税少、地少税多、有地无税、地去税存的倾向，而重心不在“均田”。

因此而带来的法律变化是，宋代有关土地买卖和土地租佃的法律规定的完善，以及由此而来的关于地权的更细分化。国家只是关心土地交易税是否缴纳、是否割过了税赋，以及买卖是否正当，有关土地买卖的法律禁约主要是在此方面。因“不抑兼并”而产生大量的无地之人成为佃农，使得土地租佃普遍起来。租佃制的发展，推动了土地所有权、占佃权、使用权的分离。由土地所有权派生的永佃权、占佃权、使用权的用益物权，也可以独立进行有偿转让。

2. **答案**：该案件涉及的法律制度主要有：

（1）对不道罪的处罚适用连坐。不道罪指的是“谓杀一家非死罪三人，肢解人，造畜蛊毒、厌魅”。对于不道罪，法律规定，杀一害非死罪三人及肢解人者，不分首从，皆处斩刑，妻、子流二千里。因此州司认为夫杀妻之父母兄弟数口，适用不道罪，其妻应当连坐。

（2）义绝制度。《宋刑统·户婚律》“和娶人妻”条规定：诸犯义绝者，离之，违者徒一年。根据本条疏议，所谓义绝，即“谓殴妻之祖父母、父母，及杀妻之外祖父母、伯叔父母、兄弟姑姊妹。若夫妻祖父母、父母、外祖父母、伯叔父母、兄弟姑姊妹自相残杀，及妻殴詈夫之祖父母、父母，杀伤夫外祖父母、伯叔父母、兄弟姑姊妹，及与夫之缌麻以上亲若妻母奸，及欲害夫者，虽会赦，皆为义绝”。义绝是宋代法定离婚理由之一，而且是强制性的。《宋刑统》继承了唐律的有关内容，规定凡义绝者，“离之，违者徒一年”，即凡有义绝情形发生，夫妻双方必须离婚，否则要受到徒刑一年的惩罚。

（3）“举轻以明重”的入罪原则。宋朝与唐朝一样，在律无正条时，若入人罪，则以相关构成犯罪的较轻行为来认定该行为已构成犯罪。刑曹认为根据《宋刑统》所附疏议内容来看，本案中夫杀死妻之父母兄弟数口的行为，比殴妻之祖父母、父母的行为要严重得多，所以根据“入罪举轻以明重”的类推规定，夫的行为已构成义绝无疑。因为夫谋杀妻之父母，下手之时妻已与夫义绝，既已义绝，则不再存在夫妻关系，因此在惩罚夫时不应连坐该妻。

该案例对宋代法律规定的义绝制度作了扩张性的解释，从而使判决丰富和完善了义绝制度与连坐制度。

3. **答案**：本案涉及的主要是保辜制度。

《宋刑统·贼盗律》规定了保辜制度：责令犯人医治殴伤人者，辜限内如因伤死者，以斗杀论，辜限外死者，则以殴伤人论。“诸斗殴折跌人肢体，及瞎其一目者，徒三年。辜内平复者，各减二等。限满不平复者，各依律全科。”保辜的立法目的，是促使行为人积极为被害人医治，尽量减轻社会危害程度。因而，殴伤人者，被害人只要限内未死亡，即按殴伤罪论处。

在本案中，殴人者马麟殴人致死。死亡时间是否在辜限内成了区别斗杀罪与殴伤罪的标准。其子马宗元虽年少，但在理解辜限问题上表现出了难得的机智与聪慧。将被殴时间确定在辜限外四刻，亦即从被殴时起算，被殴者并非死于限内，而是限外。据此，得以减其父原拟之死刑为徒三年。

郡守对马宗元关于辜限的理解最终予以支持，也说明了司法官准确把握了辜限这一时间性极强的概念，并作了严格解释，充分体现了与当时历史条件相适应的依法办事精神。

4. **答案**：（1）材料反映的是宋代司法中翻异别勘（推）制度。翻异别勘，即犯人推翻原口供的，交由其他机构或者司法官重新审理。

（2）材料具体反映的是州狱案件应当如何适用翻异别勘。犯人推翻原口供时，先由提刑司官员重审；犯人再翻供的，交由本路转运、提举、安抚司等机构依次重审；本路机构均参与重审后，犯人又翻供的，改由相邻路的司法机关重审。

（3）翻异别勘在一定程度上减少了冤假错案的发生，有利于司法公正的实现，体现了宋代司法的慎刑精神。

第八章　元朝法律制度

基础知识图解

- 立法思想
  - “祖述变通”“附会汉法”
  - “因俗而治”蒙汉异制
- 立法概况
  - 至元新格
  - 风宪宏纲
  - 大元通制、元典章
  - 至正条格
- 行政法律制度
  - 国家政权体系
    - 中央
    - 地方
  - 行政法律规范
  - 行政监察制度
    - 御史台、行政史台及肃政廉访司体制的确立
    - 监察内容：行政、司法等具体事项
- 民事法律制度
  - 所有权
  - 契约之债
  - 婚姻继承：实行依各自俗制
- 刑事法律制度
  - 体现民族特色的刑事立法
    - 推行严苛残酷的刑罚体系：笞杖刑以“七”为尾数，徒刑附加杖刑
    - 凌迟成为惩治严重危及统治秩序犯罪的常刑
    - 五刑之外设黥、劓等肉刑
    - 确立民族压迫的刑罚原则：“四等人”制度
    - 维护宗教僧侣的法律特权
  - 刑罚原则：民族压迫歧视的政策和“四等人”制度
  - 维护宗教僧侣的法律特权
- 司法制度
  - 司法机构
    - 中央：大宗正府；刑部、宣政院
    - 地方：行省、路、府、州、县等
  - 诉讼制度上的变化：诉讼代理制度的出现

配套测试

一、单项选择题

1. 元代的（　　）自成系统，是全国最高的宗教管理机关与宗教审判机关。

A. 理藩院　　B. 大理寺

C. 宣政院　　D. 大宗正府

2. 下列关于《元典章》的表述，不正确的是（　　）。［2016年法硕（非法学）真题］

A.《元典章》附载了五服图

B.《元典章》为元朝第一部成文法典

C.《元典章》开创了以六部分篇的编纂体例

D.《元典章》是元朝地方官府自行汇编的法规大全

3. 元朝上都、大都所属蒙古人、色目人与汉

人相犯的案件，普通司法机关无权管辖，须由专门机构审理裁决。该专门机构是（ ）。[2013年法硕（非法学）真题]

A. 理藩院　　B. 大理寺
C. 宣政院　　D. 大宗正府

二、多项选择题

1. 元代中央司法机构具有自己的特点，这些机构主要有（ ）。

A. 大宗正府　　B. 大理寺
C. 刑部　　D. 宣政院
E. 理藩院

2. 元代的主要立法成果是蒙古旧制与汉法的混合物，主要有（ ）。

A. 编敕
B. 大元通制
C. 至正条格
D. 庆元条法事类
E. 风宪宏纲

三、名词解释

警迹人

四、简答题

1. 简述元代五刑体制的发展。
2. 简述元代的立法指导思想。
3. 简述元代中央司法机构的设置。

五、论述题

论元代法律制度的民族歧视性。

六、分析题

诸老废笃疾，事须争诉，止令同居亲属深知本末者代之。若谋反大逆，子孙不孝，为同居所侵侮，必须自陈者听。诸致仕得代官，不得已与齐民讼，许其亲属家人代诉，所司毋侵扰之。诸妇人辄代男子告辩争讼者，禁之。若果寡居，及虽有子男，为他故所妨，事须争讼者，不在禁例。

——《元史·刑法志》

请运用中国法制史的知识和理论，分析上述文字材料并回答下列问题：[2019年法硕（非法学）真题]

（1）元朝诉讼代理适用的一般情形有哪些？

（2）元朝禁止哪类人代理诉讼？有何例外？

（3）如何评价元朝诉讼代理制度？

参考答案

一、单项选择题

1. 答案：C。

2. 答案：B。A项，《元典章》首次附载五服图，并为明清律典所附载，以供司法官查验。B项，元朝第一部成文法典是《至元新格》，而非《元典章》。C项，《元典章》首创六部分篇的编纂体例，此编纂方式为明清法典所继承。D项，《元典章》是元朝江西地方官府对世祖以来约50年间有关政治、经济、军事、法律等方面的圣旨条例的汇编，系统保留了元朝法律的内容，成为研究元朝社会及法律的珍贵材料。

3. 答案：D。大宗正府，是管理蒙古贵族事务的机构，也是具有独立管辖范围的中央司法机关，掌握“诸王、驸马、投下蒙古色目人等”所“犯一切公事”以及“汉人奸盗诈伪、蛊毒厌魅”等刑狱。宣政院，是元朝主持全国佛教事务和统领吐蕃地区军、民之政的中央机构，同时也是全国最高的宗教审判机关，负责审理重大的僧侣案件和僧侣纠纷案件。理藩院，是清朝管理少数民族事务的机构，用于加强对少数民族聚居区的司法管辖。大理寺，相当于现代的最高法庭，掌刑狱案件审理，秦汉为廷尉，北齐为大理寺，清为大理院。

二、多项选择题

1. 答案：ACD。
2. 答案：BCE。

三、名词解释

答案：元朝规定盗窃犯在服刑完毕后，发付原籍充“警迹人”。在其家门首立红泥粉壁，在其上开具姓名、犯事情由，由邻居监督其行止，且每半个月面见官府接受督察。五年不犯者除籍，再犯者终身拘籍。

四、简答题

1. **答案**：元代基本沿用宋金以来的汉法五刑，这也反映了其民族压迫的色彩经历了一个由蒙古旧制逐步向汉法转变的过程。成吉思汗时，有斩决、流放和用柳条责打等刑罚方式。忽必烈即位后，刑罚制度逐步向汉法的笞、杖、徒、流、死五刑体系转变，但是元代的五刑与唐宋五刑相比有所发展。笞刑形成自笞七至笞五十七共六等，笞七本为减三下，但笞五十七使笞刑变为六等（而非唐宋制之中的五等）；杖刑形成自杖六十七至杖一百零七共五等的体系，最高决杖数高于唐宋制中的一百；徒刑自一年至三年五等（每半年为一等）皆加杖，分别杖六十七至一百零七；流刑实行“南人迁于辽阳，迤北之地，北人迁于南方湖广之乡”，三等仍分为二千里、二千五百里和三千里三等；死刑有斩、凌迟二等，而无绞刑。

2. **答案**：元代的立法指导思想，一是元世祖忽必烈提出的“祖述变通”“附会汉法”，即要考稽成吉思汗以来蒙古汗国的制度，特别是参用汉法，参用汉法对法律制度进行变通。因此而形成的元代法律是蒙古旧制与汉法的混合物。二是“因俗而治”“蒙汉异制”。元代仿照辽代“因俗而治”的办法，在婚姻立法等方面明确规定蒙古人适用汉法规范。蒙汉异制也更有利于保护蒙古人的各项特权，如在司法上，蒙古人、色目人犯罪案件由大宗正府掌理。蒙古人在任官、刑罚等方面亦享有一系列特权，并得到法律的保护。

3. **答案**：元代中央司法机构主要有大宗正府、刑部和宣政院。

(1) 大宗正府设于元初，内设断事官称为达鲁花赤，其职责有二：一是治理诸王、驸马、投下、蒙古、色目人刑名词讼等事；二是对汉人奸盗、诈伪、蛊毒厌魅、诱拐逃驱（奴隶）、轻重罪囚负有审理职能。

(2) 刑部属中书省，是元朝中央主要司法行政及审判机构，据《元史·百官制》，刑部“掌天下刑名法律之政令。凡大辟之按覆，系囚之详谳，孥收产没之籍，捕获责赏之试，冤讼疑罪之辨，狱具之制度，法令之拟议，悉以任之”，原属大理寺的职能，也部分地归于刑部。

(3) 宣政院是全国最高的宗教管理机关与宗教审判机关。宣政院的司法职能是掌管僧人僧官的刑事民事案件，凡各地涉及僧侣的奸盗、诈伪、人命重案虽也由地方官审理，但必须上报宣政院。

五、论述题

答案：元代法律制度具有鲜明的民族歧视和压迫色彩，表现在诸多方面。

(1) 在制度上，蒙古人、色目人、汉人、南人被人为地分成四个等级，蒙古人和色目人在政治、经济及法律上的地位都高过汉人与南人。元代一系列民族歧视和压迫政策正是在区分四个等级的基础上制定的。

(2) 在法律指导思想上保存旧制，实行民族压迫。这在元朝初年表现得比较突出。有些原本只适用于蒙古人的习惯法也被运用于其他民族。

(3) 在行政法律规范上，保证由以蒙古人为首的统治集团牢牢掌握官署的控制权。中书省、枢密院、御史台长官，地方路、府、州、县之正官皆由蒙古人担任，较高级的行政人员，也都排挤汉人、南人出任。

(4) 在刑事法律和诉讼法律规范方面，蒙古人、色目人与汉人、南人往往同罪异罚，在刑罚适用上“南北异制”，实行公开的不平等。元朝法律规定蒙古人殴打汉人，汉人不得还手。蒙古人若因争斗及酒醉而殴死汉人，不需偿命，只断罚出征，支付烧埋银（丧葬费）。而汉人殴死蒙古人，则处死，并“断付正犯人家产，余人并征烧埋银”。蒙古人与色目人还享有多项特权。蒙古人犯罪除死罪外不必拘押。蒙古人和色目人犯奸、诈伪案件由专门的大宗正府掌握。蒙古人、色目人在刑罚的具体执行上也享有特殊待遇。

(5) 元统治者为维护其统治，为汉人与南人制定了多种禁制，并严惩违禁者。一是禁止汉人、南人执有和收藏兵器。二是禁止汉人练习武艺，违者杖七十七。三是禁止汉人聚众集会、结社、集众作佛事、迎赛神社、聚众演唱词话、练习杂戏等活动均在禁止之列。

这些禁制无视汉民族的生活习惯与风俗，集中体现了民族压迫与民族歧视。

六、分析题

答案：(1) 元朝开始出现诉讼代理，考虑到年老、残疾行动不便者，自诉能力有限，允许其亲属中了解情况者代理诉讼。在实际诉讼中，元朝的代理只适用于两种人：一种是年老和疾病、行动不便者；另一种是退休或暂时离任的官员。

(2) 禁止妇女为男子的诉讼代理人；例外，寡居的妇女，若家中子男有受妨碍事由不能参加诉讼，且争议须经诉讼解决的，可代为诉讼。

(3) 元朝从实际出发，较为详细地规定了诉讼代理制度，维护了一些特殊人群的诉讼权利，是中国古代诉讼制度的重要发展和完善。

第九章　明朝法律制度

基础知识图解

- 明朝法律制度
  - 法制概况
    - 立法思想
      - 重典治国
      - 明礼导民的礼法结合原则
    - 立法活动
      - 大明律
      - 明大诰
      - 问刑条例
      - 明会典
  - 刑事法律制度
    - 立法原则：“轻其轻罪，重其重罪”
    - 严法整饬吏治与重典惩治贪官的举措
      - 严惩贪官失职、渎职的行为
      - 创设“奸党”罪，严禁臣下朋党和内外结交
      - 加重处罚反逆大罪
    - 刑罚残酷
      - 继续适用封建制五刑
      - 增设充军刑、枷号刑
      - 实行廷杖制度
      - 存在大量的法外酷刑
  - 民事经济法律制度
    - 民事法律制度
      - 继续户籍管理制度
      - 所有权方面：私有制的发展
      - 契约：发展更加规范
      - 婚姻家庭制度：婚姻制度更加详密、注意维护家长的权威
      - 继承制度：仍坚持嫡长子继承制和财产继承的诸子均分制
    - 经济法律制度
      - 工商禁绝法规，即专卖制度：茶法、盐法
      - 财政金融法规：钱法、钞法
  - 行政法律制度
    - 行政管理体制的变化
      - 废除丞相制度，建立内阁制
      - 改革地方行政管理体制
    - 职官制度
      - 选任
      - 考核
    - 监察制度、地方设巡按御史、提刑按察使司
  - 司法制度
    - 司法机关
      - 中央三法司职责、名称均有变化
      - 地方：三级制：府、县司法权与行政权合一，省级单设提刑按察使
    - 会官审录制度
      - 三司会审与圆审
      - 朝审
      - 大审
      - 热审
    - 特设厂、卫司法机构，干预司法

配套测试

一、单项选择题

1. 明朝立法的指导思想是（　　）。

A. 重典治国　B. 尚德缓刑

C. 德本刑用　D. 刑无等级

2. 明朝中央审判机关是（　　）。

A. 刑部　B. 大理寺

C. 都察院　D. 御史台

3. 每年霜降后，明朝三法司会同公侯、伯审理重囚的制度称（　　）。

A. 朝审　B. 秋审

C. “九卿会审”　D. 热审

4. 明太祖时期创立的（　　）是清朝秋审制度的前身。

A. 圆审　B. 三司会审

C. 会官审录　D. 寒审

5. 明太祖朱元璋为巩固帝业打击官僚朋党为奸而增设的一项新罪名是（　　）。

A. 左官罪　B. 奸党罪

C. 腹诽罪　D. 上言大臣德政罪

6. 明代由皇帝委派宦官主持的特殊会审制度是（　　）。

A. 大审　B. 热审

C. 朝审　D. 会官审录

7. 明代很重视基层单位的司法建设，在最基层的乡一级设置了（　　）以调处民事纠纷。

A. 什伍制度　B. 乡长审理制度

C. 州县派驻机构　D. 申明亭制度

8. 明代在《唐六典》基础上完善的具有行政法大全性质的立法是（　　）。

A. 明大诰　B. 问刑条例

C. 明实录　D. 明会典

9. 明太祖朱元璋亲自主持制定的刑事特别法是（　　）。

A. 大明律　B. 明大诰

C. 问刑条例　D. 盗贼重法

10. 在对违律婚姻的处罚上，明律量刑与唐律相比，（　　）。

A. 两者处罚相同

B. 明律比唐律为重

C. 明律比唐律为轻

D. 视不同情况而各有轻重

11. 关于中国古代刑罚制度的说法，下列哪一选项是错误的？（　　）（司考 2010. 1. 15）

A. “八议”制度自曹魏《魏律》正式入律，其思想渊源为《周礼·秋官》的“八辟”丽邦法之说

B. 秋冬行刑制度自唐代始，其理论渊源为《礼记·月令》关于秋冬季节戮有罪，严断刑之述

C. 大诰是明初的一种特别刑事法规，其法律形式源自《尚书·大诰》周公对臣民之训诫

D. 明刑弼教作为明清推行重典治国政策的思想基础，其理论依据源自《尚书·大禹谟》明于五刑，以弼五教之语

12. 关于中国古代法律历史地位的表述，下列哪一选项是正确的？（　　）（司考 2012. 1. 18）

A.《法经》是中国历史上第一部比较系统的成文法典

B.《北魏律》在中国古代法律史上起着承前启后的作用

C.《宋刑统》是中国历史上第一部刊印颁行的仅含刑事内容的法典

D.《大明会典》以《元典章》为渊源，为《大清会典》所承继

13. 关于明代法律制度，下列哪一选项是错误的？（　　）（司考 2011. 1. 17）

A. 明朱元璋认为，“夫法度者，朝廷所以治天下也”

B. 明律确立“重其所重，轻其所轻”刑罚原则

C.《大明会典》仿《元六典》，以六部官制为纲

D. 明会审制度为九卿会审、朝审、大审

二、多项选择题

1. 明代的特务机关是（　　）。

A. “卫”　B. “东厂”

C. “西厂”　　D. 都察院

2. 明代在唐宋法律基础上，形成了一套比较齐备的会审制度，主要有（　　）。

A. 大明律　　B. 明大诰
C. 问刑条例　　D. 盗贼重法

3. 明朝刑罚残酷，除了继续适用封建五刑以外，明朝的司法实践中增设了一些刑种，主要有（　　）。

A. 充军　　B. 枷号
C. 廷杖　　D. 刺配
E. 发遣

4. 参加圆审又称九卿会审的官员有（　　）。

A. 大理寺卿　　B. 左都御史
C. 通政史　　D. 六部尚书
E. 司礼太监

5. 明代很重视严法惩贪，法律规定的官吏贪污受赃罪名有（　　）。

A. 监守盗　　B. 常人盗
C. 枉法　　D. 坐赃
E. 不枉法

6. 由于商业发达，明代重视以法征税。明代的商税主要有（　　）。

A. 关税　　B. 市税
C. 舶税　　D. 茶税
E. 酒税

7. 明代的会审制度有（　　）。（西南政法大学 2006 年考研真题）

A. 三司会审　　B. 九卿公审
C. 秋审　　D. 朝审
E. 三司推事

8. 下列中国古代法律制度，哪些是直接受儒家思想的影响而形成的？（　　）（司考 2005. 1.64）

A. 汉代的《春秋决狱》
B. 明代的“九卿会审”
C.《魏律》规定的“八议”制度
D.《晋律》和《北齐律》确立的“准五服制罪”制度

9. 关于《明大诰》，下列哪些选项是正确的？（　　）（司考 2008. 1. 58）

A.《明大诰》是朱元璋在位时，为防止“法外遗奸”而制定的
B.《明大诰》强调“重典治吏”，其中多数条文是专为惩治贪官污吏而定的
C.《明大诰》对《大明律》中原有的罪名，一般都加重了处罚
D.《明大诰》在当时家喻户晓，是中国法制史上空前普及的法规

10. 明太祖朱元璋在洪武十八年（公元 1385 年）至洪武二十年（公元 1387 年），手订四编《大诰》，共二百三十六条。关于明《大诰》，下列哪些说法是正确的？（　　）（司考 2014. 1. 57）

A.《大明律》中原有的罪名，《大诰》一般都加重了刑罚
B.《大诰》的内容也列入科举考试中
C. “重典治吏”是《大诰》的特点之一
D. 朱元璋死后《大诰》被明文废除

三、名词解释

1. 圆审
2. 朝审（中国人民大学 2008 年、2007 年考研真题）
3. 大审
4. 会官审录
5.《明会典》
6.《大明律》
7.《明大诰》
8. “轻其轻罪，重其重罪”的刑法原则
9. 六赃罪
10. “奸党”罪
11. 充军
12. 枷号
13. 廷杖
14. 三司会审
15. 热审
16. 通政使司

四、简答题

1. 简述明代严法整饬吏治和惩治官吏的法律规定。
2. 简述明初立法指导思想的主要内容及其产生的历史背景。
3. 简述明代特务司法机构。

4. 简述明代诉讼制度的特点。
5. 明代中央司法机关有何发展变化?
6. 《明大诰》的结构、特征。(中国人民大学2007年考研真题)
7. 简述明代中央司法机构的组织与职能。(华东政法大学2007年考研真题)

五、论述题

1. 试论明代通过法律手段对传统商业进行法律调控的方式。
2. 论述明代会审制度的发展。

六、分析题

1. 《大明律·吏律·职制》规定“凡奸邪进谗言左使杀人者,斩”“若犯罪律该处死,其大臣小官,巧言谏免,暗邀人心者,亦斩”“若在朝官员,交结朋党,紊乱朝政者,皆斩,妻子为奴,财产入官”“若刑部及大小各衙门官吏,不执法律,听从上司,使出入人罪者,罪亦如之。若有不避权势,明具实迹,亲赴御前,执法陈诉者,罪坐奸臣,言告之人与免本罪,仍将犯人财产均给充赏,有官者升二等,无官者量与一官,或赏银二千两”。

   试分析上述材料。
2. “民间户婚、田土、斗殴相争,一切小事,不许辄便告官,务要经由本管里甲、老人理断。若不经由者,不问虚实,先将告人杖断六十,仍发回里甲、老人理断。”——[明]朱元璋:《教民榜文》

   根据上述材料,请运用中国法制史的知识,回答以下问题:[2017年法硕(非法学)真题]

   (1)明初处理民间词讼的诉前程序是什么?

   (2)若违反这些程序,当如何处理?

   (3)明初设定此种程序的意义何在?

参考答案

一、单项选择题

1. **答案**:A。A项应选,“重典治国”是明朝立法的指导思想。

   B项不选,“尚德缓刑”是清朝立法的指导思想。

   C项不选,“德本刑用”是唐初统治者提出“德礼为政教之本,刑罚为政教之用”的法制指导思想,即强调伦理道德为治国之根本,刑罚镇压为辅助手段。这一思想是对西周“礼刑并用”、汉代“德主刑辅”、魏晋以来“引礼入律”思想的继承和发展。

   D项不选,“刑无等级”是战国时期法家的法制指导思想。
2. **答案**:A。明代设立刑部、大理寺、都察院三大司法机构,通称“三法司”。

   刑部为中央审判机关,主掌对重大案件的审判,受理地方上诉案件和中央与京师的案件;大理寺负责司法行政与复核案件;都察院掌纠察,设监察御史,司法活动限于会审及审理官吏犯罪案件。
3. **答案**:A。A项应选,明朝的朝审,是指每年霜降之后,“三法司”会同公侯、伯,在吏部尚书(或户部尚书)主持下,会审重案囚犯的制度。

   B项不选,秋审是清朝的一种会审制度,是清代最重要的死刑复审制度,因在每年秋天举行而得名。

   C项不选,“九卿会审”制度是复审制度,是会审皇帝交付的案件或已判决囚犯仍翻供不服的案件。

   D项不选,热审也是清朝的一种会审制度,是对发生在京师的笞杖刑案件进行重审的制度,于每年小满后十日至立秋前一日,由大理寺官员会同各道御史及刑部承办司共同进行。
4. **答案**:C。
5. **答案**:B。
6. **答案**:A。
7. **答案**:D。
8. **答案**:D。
9. **答案**:B。
10. **答案**:C。
11. **答案**:B。魏明帝在制定《魏律》时,以《周礼》“八辟”为依据,正式规定了“八议”制度。汉代对死刑的执行，实行“秋冬行刑”制度。大诰是明初的一种特别刑事法规。大诰之名来自儒家经典《尚书·大诰》，原为周公东征殷遗民时对臣民的训诫。“明刑弼教”一词，最早见于《尚书·大禹谟》，明刑弼教思想，完全是借弼教之口实，为推行重典治国政策提供思想理论依据。

12. **答案**：A。B项，《北魏律》“取精用宏”，是当时著名的法典，但在魏晋南北朝时期，称得上在中国封建法律史上起着承前启后作用的是《北齐律》。C项，《宋刑统》是中国历史上第一部刊印颁行的法典，但是它不仅包含刑事内容，也包含有契约、婚姻继承等民事内容。D项，《大明会典》属行政法典，调整国家行政法律关系。它基本仿照《唐六典》，以六部官制为纲，分述各行政机关执掌和事例，为《大清会典》所承继。需要注意的是，《大清会典》是康熙、雍正、乾隆、嘉庆、光绪五部会典的统称，也称“五朝会典”。

13. **答案**：C。《大明会典》属行政法典，调整国家行政法律关系。它基本仿照《唐六典》，以六部官制为纲，分述各行政机关执掌和事例，故C项错。

二、多项选择题

1. **答案**：ABC。设立“厂”“卫”特务机关是明代司法的一大特点，“卫”是指皇帝亲军十二卫中的“锦衣卫”，下设镇抚司。“厂”是直属皇帝的特务机关，在明代不同时期先后有东厂、西厂、内行厂，均由宦官掌握。厂卫干预司法的特征是：①奉旨行事，厂卫作出的裁决，三法司无权更改。②非法逮捕行刑，不受法律约束。
2. **答案**：ABCD。
3. **答案**：ABC。
4. **答案**：ABCD。
5. **答案**：ABCDE。
6. **答案**：ABC。
7. **答案**：ABCDE。
8. **答案**：ACD。汉代的《春秋决狱》是法律儒家化在司法领域的反映，其特点是依据儒家经典——《春秋》等著作中提倡的精神原则审判案件，而不仅仅依据汉律审案。三国两晋南北朝时期随着社会政治经济关系的变化，法律内容也有所发展，主要表现在礼法结合进一步发展。也就是说，在汉代中期以后的法律儒家化的基础上，更广泛、更直接地把儒家的伦理规范上升为法律规范，使礼、法更大程度上实现融合，具体表现在以下几个方面：(1)“八议”入律与“官当”制度确立；(2)“重罪十条”的产生；(3)刑罚制度改革；(4)“准五服制罪”的确立；(5)死刑复奏制度。由此可知，本题答案为ACD。
9. **答案**：ABCD。朱元璋在修订《大明律》的同时，为防止“法外遗奸”，又从洪武十八年到洪武二十年，手订四编《大诰》，共二百三十六条，具有与《大明律》相同的法律效力。《明大诰》集中体现了朱元璋“重典治世”的思想。《大诰》是明初的一种特别刑事法规。《大诰》之名来自儒家经典《尚书·大诰》，原为周公东征殷遗民时对臣民的训诫。明太祖将其亲自审理的案例加以整理汇编，并加上因案而发的“训导”，作为训诫臣民的特别法令颁布天下。《大诰》对于律中原有的罪名，一般都加重处罚。《大诰》的另一特点是滥用法外之刑。四编《大诰》中开列的刑罚如族诛、枭首、断手、斩趾等，都是汉律以来久不载于法令的酷刑。“重点治吏”是大诰的又一特点，其中大多数条文专为惩治贪官污吏而定，以此强化统治效能。《大诰》也是中国法制史上空前普及的法规，科举考试中也列入大诰的内容。明太祖死后，《大诰》被束之高阁，不具法律效力。
10. **答案**：ABC。《大诰》是明初的一种特别刑事法规。《大诰》的特点有：其一，对于大明律中原有的罪名，一般都加重了处罚；其二，滥用法外之刑；其三，“重典治吏”，大多数条文专为惩治贪官污吏而定，故AC项正确。《大诰》也是中国法制史上空前普及的法规，科举考试中也列入《大诰》的内容，故B项正确。明太祖朱元璋死后，《大诰》被束之高阁，不具法律效力，但不是被明文废除，故D项错误。

三、名词解释

1. **答案：**圆审也称九卿会审，是由大理寺卿、左都御史、通政史会同吏、户、礼、兵、刑、工六部尚书，对重大、疑难案件进行复审的制度。其适用范围是重大死刑案件，尤其是经过二度审判，案犯仍执异词不肯服判的案件。圆审的结果须报请皇帝审核批准才能执行。
2. **答案：**朝审是明代对死刑案件进行复核的制度之一。明英宗时成为定制。朝审由中央"三法司"会同有关公、侯、伯等，在每年霜降之后对全国上报的死刑案件重新审理。朝审不仅复核死刑，而且带有宽宥之意。对于可予以矜怜或可疑的，改为戍边，囚犯有翻异供词的移调官府再审，符合律令的监候听决。
3. **答案：**大审，又称宦官会审，是明代宦官擅权操纵司法的产物。每五年，由皇帝命一名司礼太监，会同三法司的长官，在大理寺审理积案。大审不仅在两京举行，而且派官到外地会同御史录囚。
4. **答案：**会官审录，定制于洪武三十年，由五军都督府、六部、都察院、六科、通政司、詹事府，有时包括驸马都尉在内，共同审理案件。死罪和冤案奏闻皇帝，其余案件依律判决。会官审录制是清代秋审制度的前身。
5. **答案：**《明会典》又称《大明会典》，具有行政法规大全性质会典，于明孝宗正统年间开始编纂，至明孝宗弘治十五年年初编制完成，又经过明武宗正德年间的参校补正，正式颁行。《明会典》规模浩大，内容详尽，汇集了有关行政律令典章的内容。在编纂上采用了"官领其属""事归其职"的体例，在六部下分司、科，标明种种条注，体例结构规范、系统，便于实际执行。《明会典》是一部在《唐六典》基础上制定的更加完善的封建行政法典，对《清会典》的制定具有重大影响。
6. **答案：**《大明律》是明代的基本法律。它草创于明太祖朱元璋吴元年，至洪武三十年修订完毕。《大明律》分为《名例律》《吏律》《户律》《礼律》《兵律》《刑律》《工律》七篇，共四百六十条。《名例律》是统率以下六律的总纲，其余六律的主要内容分别是关于对官吏公务方面、民事和经济方面、维护礼制方面、军事方面、诉讼和处罚方面、工程兴造和水利交通方面的法律规定。《大明律》历经三十年而制定成功，标志着明代基本法律的最后定型，是明代立法成就的最高体现。它不仅直接影响了清代立法的格局，还对朝鲜、日本、越南等国的立法产生了重要影响。
7. **答案：**朱元璋亲自编纂的一部特别刑法。用于严惩臣民犯罪，弥补律文的不足。《明大诰》采集官民过犯的典型案例，加上明太祖的例令，由《大诰一编》《大诰续编》《大诰三编》和《大诰武臣》四个部分组成。《明大诰》巧立罪名，采用酷刑，刑法苛重。在内容上，以严刑惩吏为重点。《明大诰》不仅是明朝重典治国思想的具体体现，而且将这一思想推行至极端，因其刑酷法严，明太祖朱元璋死后，《大诰》被束之高阁，不具法律效力。
8. **答案：**明代是以唐宋法律为基础制定的中国封建社会后期具有代表性的法律。二者相比起来，显现出来的鲜明特点为"唐律犹近古，明律则颇尚严刻矣"。即在典礼及风俗教化等事，唐律均较明律为重，在盗贼及有关钱粮等事，明律则又较唐律为重。这就是明律相对唐律而言的"轻其所轻，重其所重"的刑法原则。所谓"轻其所轻"的原则，即在涉及"礼典及风俗教化"等一般性犯罪方面，相比唐律，明律处罚较轻。如"闻父母丧匿不举哀"，唐律处流刑二千里，明律改为杖六十，徒一年，对于"祖父母、父母在，子孙别籍异财"罪，唐律处徒刑三年，明律处杖一百。所谓"重其所重"的原则，即明律和唐律相比较，在某些事项上如果唐律处罚严厉，那么《大明律》则规定得更加残酷。这些事项主要是涉及盗贼及贪污挪用官府钱财粮物、谋反谋大逆等严重政治性犯罪。这是明代统治者根据犯罪的具体情况在适用刑法原则上作了重大的调整。

9. **答案**：明代法律很重视对官吏渎职行为中的贪赃犯罪的刑处，并且把贪赃分为六种：监守盗、常人盗、窃盗、枉法、不枉法与坐赃，且绘六赃图标于律首，以示重惩贪墨之罪，这是中国法律史上的一大变化，但立法者将官吏利用职权授受贿赂的渎职犯罪与偷窃等侵犯财产犯罪相提并论，就犯罪学而言是不科学的。

10. **答案**：朱元璋建明称帝后，为了巩固帝位，防止臣下朋比结党，内外上下勾结，在中国法制发展史上，首立“奸党”罪。“奸党”罪的表现和相应刑罚：第一，“凡奸邪进谗言左使杀人者，斩”；第二，“若犯罪律该处死，其大臣小官，巧言谏免，暗邀人心者，亦斩”；第三，“若在朝官员，交结朋党，紊乱朝政者，皆斩，妻子为奴，财产入官”；第四，“若刑部及大小各衙门官吏，不执法律，听从上司，使出入人罪者，罪亦如之。若有不避权势，明具实迹，亲赴御前，执法陈诉者，罪坐奸臣，言告之人与免本罪，仍将犯人财产均给充赏，有官者升二等，无官者量与一官，或赏银两千两”。从上述规定看，对“奸党”罪的刑处是很严厉的，目的在于“以示重绝奸党之意也”。

11. **答案**：虽然充军刑在宋元时期已经存在，但使其发展成为正式刑却始于明代。明初只是把犯人送到边疆开荒种地，后来逐渐成为经常使用的刑罚，并“定制，分极边、烟瘴、边远、边卫、沿海、附近。军有终身，有永远”。定制后的五等充军刑称为“五军”。充军远近不等，从四千里到一千里，凡充军者均行杖刑一百。充军分为“终身”“永远”两种，终身充军是指本人充军到死，死后刑罚执行完毕；永远充军是指本人死后，还要罚及子孙，由子孙后代接替继续充军，直至“丁尽户绝为止”。

12. **答案**：明初创立枷号刑，是指强制罪犯戴枷于监狱外或官府衙门前示众，以示羞辱，使之痛苦。明代的枷号有断趾枷令、常枷号令、枷项游历之分。刑期为一月、二月、三月、六月、永远五种。枷号重量有十几斤至几十斤不等，最重者达到一百五十斤之重。宦官擅权的明武帝时期，刘瑾就设置过一百五十斤重的枷号，戴上此枷的囚犯往往几天内就会毙命。

13. **答案**：即在皇帝决定和监督之下，在殿廷前对“违抗”皇命的大臣直接施以杖刑的法外刑罚，由司礼监监刑，锦衣卫施刑。洪武六年之后，廷杖逐成定制，廷杖的范围也逐渐扩大。明武宗和明世宗时曾一次廷杖一百六十多人和一百三十多人，毙命者分别是十五人和十六人，是明代历史上两次规模最大的施用廷杖刑的例子。

14. **答案**：三司会审是在唐代“三司推事”的基础上发展起来的，凡遇重大、疑难案件，有刑部尚书、大理寺卿和都察院左都御史三法司长官共同审理，最后由皇帝裁决的制度。

15. **答案**：即农历小满后十余日，有刑部奉旨会同督察院、锦衣卫等审理囚犯的制度。“热审始于永乐二年，止决遣轻罪”。其目的在于暑热之时，及时梳理牢狱，轻罪审决后执行，未能审决的，令出狱听候。明宪宗成化年间，热审开始规定了重罪情疑可矜者，免死，轻罪分别减等处刑，枷号暂时去枷释放的内容。开始，热审决囚只适用于北京，后又实行于南京，并逐渐推行到“其在外审录，亦依此制”。

16. **答案**：通政使司是明代创设的，其职能有类于南北朝的通事舍人、唐代的知匦使、宋代的合门使及通进银台司等机构之合并。在理论上是君主和臣下之间的一个联系机关，任何官署上奏事件都必须经由其手，从而剥夺了丞相查阅奏章的权力，居七卿之下的最高位次。明中晚期，通政使司实际已被奸党所控制，通达下情之意荡然无存了。

四、简答题

1. **答案**：明统治者为巩固政权，在国家体制上进行了一系列有利于加强中央集权的改革，由于皇权高度集中的需要，也由于吏治的不断腐败，在明初重典治国思想的指导下，明代统治者对于官吏的不法行为，予以严厉打击。

首先，对于官吏的失职、渎职及贪污行为予以严惩。在失职罪方面，《大明律》规定军官有应请旨而不请旨者处绞，在临军征讨时，如未按时准备好军器和粮草者，杖一百。因各种原因而构成失误军事者，一律处斩。文官有应奏请而不奏请者，杖一百。在选拔考核官吏方面，有贡举非其人罪和举用有过官吏罪。在值宿方面，有擅离职役罪。在起草印刷发送文书方面，有照刷文卷罪和磨勘卷宗迟错罪，等等。在渎职罪方面，明代尤重对贪赃罪的处罚，《大明律》把贪赃分为监守盗、常人盗、窃盗、枉法、不枉法和坐赃六种，并将六赃图标于律首，以示重惩贪墨之罪。对于监守盗，不分首从，并赃论罪，一贯以下杖八十，四十贯处绞刑。官吏有受财而枉法者，一贯以下杖七十，受财达八十贯者处以绞刑。对于负责监察百官的风宪官，若有受财于人的情节，加罪二等处罚。

一些法外的措施也被用来整顿吏治。如在府、州、县及乡里设立申明亭，将官吏犯法之事予以公布，以示惩罚。另在府、州、县、卫设皮场庙（剥皮之所）。贪官被剥皮实草后，悬于官府左右，以提醒在任官员勿犯赃罪。

其次，创设奸党罪，严禁臣下朋党。奸党罪为朱元璋制律时所设。第一，凡奸邪进谗言左使杀人者，斩。第二，有替罪该处死者谏言者，亦斩。第三，在朝官员交结朋党，紊乱朝政者，皆斩，妻子为奴，财产没官。第四，刑部及其他各级司法官吏，出入人罪者，亦斩。有敢于揭发者，予以加官重赏。

总之，明初惩治贪官污吏，对于吏治的整肃和君主极端专权的巩固，起了一定的积极作用，但也带来了巨大的消极作用，刑罚残酷造成统治阶级内部众叛亲离，人心不稳，影响了国家机器的正常运转。

2. **答案**：明朝初年，以开国皇帝朱元璋为代表的统治集团在总结历史经验尤其是元朝亡国的历史教训中，逐步形成了一系列的法律思想，并对整个明朝立法产生了深远的影响，具体有：

第一，“明刑弼教”“重典治国”。礼刑并用、“明刑弼教”是中国封建社会治国的根本措施和基本方略。“重典治国”包括重典治吏和重典治民两个方面。重典治吏即对官吏犯罪予以严惩。重典治民就是要用严刑酷法来使民知重刑之威，从而畏于犯罪。明朝法律巧立罪名，设诸多酷刑，且有厂卫特务冤狱，杀人至惨，用刑至毒，试图用恐怖主义的刑罚手段来治民。

第二，“明礼导民”“定律以绳顽”。朱元璋深刻地认识到礼在治理国家中的重要作用。他认为，在礼法关系上，封建道德的教育感化是先导，刑罚镇压是手段。并告诫后世子孙，在和平时代，应当用法轻缓。《大明律》规定“存留养亲”“同居亲属有罪得相互容隐”“奴婢不得告主”“弟不证兄、妻不证夫、奴婢不证主”等多项条款，进而使封建道德的精神统治力量与封建法律的强制执行力合为一体，有效地发挥了维护封建统治的作用。

上述立法思想是明初统治者充分认识元末明初社会现实以及在总结历朝经验的基础上而产生的。

首先，明初统治者认为天下初定，但仍是一个乱世，对于乱世应该用重典治理，并且认为元朝灭亡的重要原因在于为政宽纵、吏治腐败，从而导致农民起义。

其次，元末明初之际，内外形势复杂，前元的法制极其松弛，极不可取，因此，明初承元乱世就必须“明刑弼教”，修明法度，施以重典。

最后，朱明王朝建立伊始，维护皇权的神圣性与权威性是其重要目标。为此，明初统治者采取了严刑镇压人民，清除统治阶层中对皇权形成威胁的异己的手段来确立皇权的不可挑战性。

3. **答案**：明代在普通司法机关之外，还特设特务司法机构厂卫组织。厂是东厂、西厂、内行厂，卫是锦衣卫，合称厂卫。它们在正式的司法体制之外，受到皇帝的特许，兼管刑狱，并有巡察缉捕、专理诏狱和审判之权，它由宦官操纵，直接听命于皇帝。

锦衣卫，掌管宫室警卫与皇帝出入仪仗，后来权力日益扩大，兼管刑狱并有巡察缉捕的权力，下设南镇抚司掌本卫刑名，后又设北镇抚司专治诏狱，直接取旨行事，并设有法庭和监狱，审理大案。锦衣卫用刑以残酷著称。

东厂设于明成祖永乐年间，由亲信宦官掌管，直属皇帝，专门负责监视官员，缉访谋逆、妖言、大奸恶等重大案件。西厂设于明宪宗成化年间，由太监汪直督领，直属皇帝，专事侦缉、刑狱。人员比东厂多一倍，权势也在锦衣卫之上，活动范围从京师遍及各地。明武宗时又设内行厂，由宦官刘瑾自领，主要负责监督东厂和西厂，参与司法审判活动，比东厂、西厂的活动更为猖獗酷烈。

明代厂卫组织是前所未有的不受法律约束的特务司法机构，其对罪名的罗织无遗，刑罚残酷，可谓于斯而极，形成厂卫之毒。

4. **答案**：明代诉讼制度在唐宋法律基础上更加具体，显现出封建社会后期诉讼制度比较典型的形态。

(1) 实行军民不同的诉讼制度。军人诉讼时严格按照百户所、千户所、卫、都指挥司的顺序逐级进行，民诉讼按照县、府、按察司的顺序进行。

(2) 禁止越诉。一般情况下，不得越诉。有重大特殊案件时，允许越级申诉。在地方可以拦轿，在京师可以击登闻鼓，甚至可以告御状，但若所告情节失实，要从重论罪。

(3) 禁止诬告。明律规定凡诬告人者要加重处罚。被诬者的全部损失，由诬告者赔偿。

(4) 禁止匿名信告人罪。明律加重对投匿名信者的刑罚，对捕捉匿名信犯罪者，给予奖赏，同时相对减轻了对送匿名信者及受理者的刑罚。

(5) 司法机关受理诉讼的规定。明代强化了具体的司法责任对应受理而不受理的词讼，都要按情节轻重给予刑处。同样，对于依法不得受理而受理的词讼也要承担法律责任，包括被囚禁人告举他事，受理者笞四十，刑部、大理寺、都察院、府、按察司违规接受词讼的，都要受到惩处。

(6) 司法官吏受理诉讼的回避制度。司法官吏受理诉讼，凡与诉讼人有服亲、姻亲、师生关系者，都要回避，这与唐律相比是一大进步。

5. **答案**：明代中央司法机关与唐宋时相比，发生了较大的变化，主要体现如下：

(1) 刑部主掌审判，大理寺负责复核与驳正，是与原先“唐宋旧制适相反”的一大变化。在废除宰相制度后，刑部提高成为中央主审机关，设尚书和左、右侍郎为正副长官，专掌审判，其下设司厅和十四清吏司，分别受理地方上诉案件和中央百官案件及审核地方上的重案。

(2) 大理寺由原来的主审机关变为慎刑机关，掌驳正、审谳平反，一般不掌审判。

(3) 都察院由唐宋御史台改名而来，职掌纠察。主管中央与地方的司法监督，对刑部的审判和大理寺的复核及地方审判进行监督，同时经常受皇帝派遣巡查各地，拥有“大事奏裁，小事立断”的权力。

“三法司”的设置和运作方式，体现出职权分离和相互牵制的特点。刑部审理判决案件（死刑除外），定罪后，将罪犯连同案卷送大理寺复核，再由刑部具奏行刑，死刑案件奏请皇帝批准，对于刑部的审判和大理寺的复核，都察院有权进行监督。

6. **答案**：《明大诰》共四编，二百三十六条，其中，大诰七十四条；大诰续编八十七条；大诰三编四十三条；大诰武臣三十二条。

《明大诰》具有如下特征：

(一) 大诰是明初的一种特别刑事法规。大诰之名来自儒家经典《尚书·大诰》，原为周公东征殷遗民时对臣民的训诫。明太祖将其亲自审理的案例加以整理汇编，并加上因案而发的“训导”，作为训诫臣民的特别法令颁布天下。

（二）滥用法外之刑。四编大诰中开列的刑罚如族诛、枭首、断手、斩趾等，都是汉律以来久不载于法令的酷刑。

（三）以严刑惩吏为重点，“重典治吏”。其中大多数条文专为惩治贪官污吏而定，以此强化统治效能。

（四）空前普及。大诰也是中国法制史上空前普及的法规，每户人家必须有一本大诰，科举考试中也列入大诰的内容。明朝政府在颁行大诰时，要求家有大诰，犯罪时可减一等处罚，没有的要加一等处罚。

7. **答案**：明代中央司法机关的组织严密，职能完备。

明代中央正式的司法机关是刑部、大理寺、都察院，合称“三法司”。

(1) 刑部。明朝刑部建制沿袭唐宋，仍为中央六部之一，但与唐代相比，其职掌发生了一些变化。唐代以刑部为复核机关，负责审核大理寺徒、流案件及地方徒以上案件，而明代刑部则“总掌天下之刑名及徒隶勾覆关禁之政令”，主掌审判。通过胡惟庸一案，朱元璋借机取消中书省，废除丞相设置，更定六部官秩，由自己直接管辖六部。六部之一的刑部地位随之上升，审判权限逐渐扩大。洪武十四年，朱元璋赋予刑部“听两造之词，议定入奏”的权力。洪武十五年，刑部又得到了“天下诸刑狱皆属刑部”的职权，其主掌审判的地位由此确立。

(2) 大理寺。大理寺原为唐代中央审判机关，审理京师徒以上及百官案件，而明代的大理寺则相当于唐代的刑部，主掌复核驳正，负责复核刑部审理的案件，即所谓“掌审谳平反刑狱之政令”。流以下案件大理寺复核后有权决定是否驳回刑部重审，但死罪案件，大理寺的复核并非决定性程序，其结果均须经皇帝最后批准，才能执行。大理寺原则上是专掌复核之职，但遇有重大案件时或审录，或三法司会审，或九卿会审，大理寺亦派员参与审理。在弘治朝以前，大理寺还设有监狱，有些囚犯要到寺内应审。

(3) 都察院。明初循元制，置御史台。洪武十三年五月，因胡惟庸案，明太祖朱元璋撤御史台，改为都察院。都察院是明代中央监察机关，主要负责监察百官，但同时也有权参与审理大案，有“大狱重囚，（都御史）会鞫于外朝，偕刑部、大理寺谳平之”之说。中央六部地位上升后，为加强对于六部的监督，明代在都察院之外，还专设“六科”，一科对一部，每科之负责官吏称给事中，直接对皇帝负责。

以刑部为主要审判机关，以大理寺为复审复核机关，以都察院为监督机关。“三法司”之间分工负责，相互牵制，共同对皇帝负责，从而构建了由明一代以皇权为核心的中央司法体系。

五、论述题

1. **答案**：虽然明代商业十分发达，但是明代仍实行传统的抑商政策，并通过法律的规定，对传统商业进行有力的法律调控，其中最有影响的是关于茶盐的专卖立法以及税法制定。

(1) 茶法。明代茶有官茶与商茶之分。官茶主要用来换取邻邦的马匹，以充军备，实行于陕西汉中和四川地区，专设茶司以主其事。政府在向茶户征收茶课和向商人征收引税后可以买卖的是商茶，实行于江南地区。在实行官茶的地区政府按一定比例收购后，余茶允许商人持引贩卖。商人于产茶之地买茶，必须纳钱请引，无引及茶引相离者或茶引不当即为私茶。明代对于私茶，特别对于边境的茶叶走私防范甚严，定期派遣官员巡查，缉查私茶。明律规定：凡犯私茶者同私盐法论罪，即杖一百，徒三年。私茶出境及关隘失察者，并凌迟处死。

(2) 盐法。为加强对盐的官营专卖，洪武元年制定《盐引条例》，规定贩商必须持有盐引，犯私盐者处绞刑，私犯并持有军器者，处斩刑。《大明律》有“盐法”十二条，并附有七条盐法条例。十二条盐法规定对有犯私盐者、买食私盐者、贩卖官盐盐引不符者，均要处杖刑和徒刑。监临官吏和权势之人纳钱请卖盐引，侵夺民利的杖一百，徒三年，盐货没官。客商买盐引后，中途增价转卖、阻坏盐法者，买主卖主各杖八十。

(3) 商税立法。明代由于商业发达，由开始的法无明文规定任意征税到重视以法征税。明代的商税主要有关税、市税和船税三种。关税又称通过税，是指在商人必经交通要道设关立卡，征收通过税。明宣德年间开始在水道上设立关卡，征收船料税，按船之大小长阔，定其税额。神宗万历以后，关卡增多，税目四出，商税增重，使商业大受破坏。市税基本上按三十取一和“凡物不鬻于市者勿税”的原则征收，但到明仁宗时施行钞法，商法从门摊向市肆发展，才课税于门肆门摊。明宣宗时，市税增加五倍，以后，税率杂派不断增加。明隆庆年间开始对各国舶货征收舶税。征税方法分三种：一为水饷，以船的长宽计算征税，由船商承担；二为陆饷，按货物多少，计值征税，由铺商承担；三为加增饷，对从吕宋贸易回来只载白银的船只，每船加征白银一百五十两。法律还对各种匿税行为进行严厉处罚。凡是民间对于茶盐商税年终不足纳者，以不足之数额多少处以笞杖刑，罪止杖八十，仍要追课纳官。税务官员不用心办课有亏兑者处以笞刑。

2. **答案**：明代在唐宋法律的基础上，形成了一套比较齐备的会审制度。明代的会审制度始于明太祖洪武年间（公元 1368—1398 年）定于明宪宗成化年间（公元 1465—1487 年）。这些会审制度有的是出于慎刑和减少冤狱的目的，而有些则是太监干预司法的重要途径。明代主要的会审制度有三司会审、圆审、朝审、大审、热审和会官审录。

(1) “三司会审”是在唐代“三司推事”的基础上形成的，指的是由皇帝下令，刑部、大理寺和都察院三个机关共同对重大、疑难案件进行会审，审理结果报请皇帝批准执行。

(2) 圆审也称九卿会审，由大理寺卿、左都御史、通政史会同六部尚书即吏、户、兵、刑、工、礼，对重大、疑难案件进行复审。其适用范围是重大死刑案件，尤其是经过二度审判，案犯仍执异词不肯服判的案件。圆审的结果须报请皇帝审核批准才能执行。

(3) 朝审由中央“三法司”会同有关公、侯、伯等，在每年霜降之后对全国上报的死刑案件重新审理，不仅复核死刑，且带有宽宥之意。对于可予以矜怜或可疑的，改为戍边，囚犯有翻异供词的移调官府再审，符合律令的监候听决，这也是清代朝审的开端。

(4) 会官审录，定制于洪武三十年，由五军都督府、六部、都察院、六科、通政司、詹事府，有时包括驸马都尉在内，共同审理案件。死罪和冤案奏闻皇帝，其余案件依律判决。会官审录制是清代秋审制度的前身。

(5) 大审，又称宦官会审，是明代宦官擅权操纵司法的产物。每五年，由皇帝命一名司礼太监，会同“三法司”的长官，在大理寺审理积案。大审不仅在两京举行，而且派官到外地会同御史录囚。

(6) 热审是暑天为疏通监狱而设的减免刑罚的审判制度。每年农历小满后十余日，由刑部奉旨会同都察院、锦衣卫等审理囚犯，轻罪审决后执行，未能审决的，令出狱听候。明宪宗时，又规定了重情疑可矜者，免死，轻罪分别减等处刑，枷号暂去枷释放。后热审又实行于南京，并逐渐推行到“其在外审录，亦依此制”。

六、分析题

1. **答案**：朱元璋建明称帝后，为了巩固帝业，防止臣下朋比结党，内外上下勾结，在中国法制发展史上，首立“奸党”罪，材料中所列，为“奸党”罪的四种表现及相应的刑罚。从中可以看出，对“奸党”罪的处刑是很严厉的，目的在于“以示重绝奸党之意也”。“凡所以防臣下之揽权专擅，交结党援者，固已不遗余力矣。”明代严厉惩治奸党的规定，对于防止官吏上下、内外勾结，徇私舞弊，加强君主专权，起了一定的积极作用；但同时，也导致明代的冤狱迭出，引起统治阶级内部的危机；促使了皇帝疏远朝臣，宠信宦官，为明朝中后期黑暗的宦官专政提供了条件。

2. **答案**：（1）明初处理民间词讼的前置程序是：必须先经本管的里甲、老人理断，不服理断者，始可告官；不可以不经本管里甲、老人理断而直接起诉。

（2）违反程序处理办法：不管案情是否属实，一律将告诉人处以杖六十的刑罚，案件仍须发回，由里甲、老人处理。

（3）申明亭于明初创建，受理和调处有关婚姻、田土、斗殴等民事纠纷和轻微的刑事案件，若经申明亭调解仍不愿意和息，方可向官府起诉。申明亭具有地方基层司法组织的性质，是部分民事案件和刑事案件的诉前程序。明初设置此种程序的意义有：

①有利于发挥家族、宗族组织的纠纷调处功能，对乡民实行教化，以达到息讼的目的，稳定社会秩序。②可发挥里甲、老人在乡里的道德影响力，劝谕人民和谐相处，减少民间诉讼，加强对基层乡里的控制权。③将矛盾在基层解决，从而有利于社会的稳定。这一程序在一定程度上限制了民众的诉权。

第十章　清朝法律制度（上）

基础知识图解

- 清朝法律制度（上）
  - 法律概况
    - 立法思想
      - 入关前：“参汉酌金”“渐就中国之制”
      - 入关后：“详译明律、参以国制”
    - 立法活动
      - 大清律例
      - 大清会典
      - 各部院则例
      - 民族立法
  - 法制的基本特点及历史地位
    - 特点：法律的完备性
    - 表现：立法——多种形式的立法体制，在全国范围内建立了空前统一的法制秩序
      - 法律内容——从政治到军事，从经济到文化等无一不包罗其中
      - 司法制度——从中央到地方形成了完备的司法机关体系
    - 地位：承上启下，开创近代法制历史的先河
  - 刑事法律制度
    - 罪名的发展
      - 加大“十恶”重罪中反逆、叛、大不敬等犯罪的惩罚力度
      - 惩治异端思想与妖言罪（文字狱）
      - “奸党”罪
      - 兴贩与吸食鸦片罪
    - 刑名沿袭明制
  - 民事法律制度
    - 主体扩大化
    - 所有权
      - 广泛确认土地私有权
      - 加大对土地所有权的保护
    - 债
      - 契约形式发展：典买卖契约、买卖契约、借贷契约、租佃契约
      - 侵权及损害赔偿之债发展
    - 婚姻家庭
      - 婚姻
      - 家庭
      - 继承
  - 经济法律制度
    - 赋役立法：制定《赋役全书》摊丁入亩
    - 农业立法：垦田法
    - 工商立法
    - 限制对外贸易
    - 漕运立法
  - 行政法律制度
    - 部院立法高度集权的行政管理体制
    - 职官管理
      - 铨选
      - 考绩
      - 监察
    - 监察制度的发展变化
  - 司法制度
    - 司法机关
      - 中央：“三法司”——刑部、都察院、大理寺
      - 地方：县厅州、府、按察使司、总督巡抚、专门司法机构
    - 刑事诉讼程序的发展
      - 逐经审转复核程序
      - 刑讯与证据规定
      - 秋审与“九卿公审”制度
      - 司法官的责任制度
    - 民事诉讼与审判制度
      - 诉讼制度（管辖、起诉、受理）
      - 审判制度（审理、证据、调解、判决、执行）
      - 上诉制度
    - 幕吏擅权与司法弊政
    - 少数民族地区的司法制度、理藩院

配套测试

一、单项选择题

1. 我国最后一部封建成文法典是（　　）。
A.《大清律例》　B.《大清新刑律》
C.《大清会典》　D.《大清民律草案》

2. 在清朝，负责少数民族事务的机关是（　　）。
A. 宣政院　B. 理藩院
C. 审刑院　D. 大宗正府

3. 清初统治者在立法上确立了（　　）的原则。
A.“参汉酌金，渐就中国之制”
B.“重其所重，轻其所轻”
C.“法贵简当”
D.“一准乎礼”

4. 康熙时，为解决律与例之间轻重互异的矛盾，帝命刑部将所有新旧条例重新酌定并酌拟新则，次年编制完成（　　）。
A. 刑部现行则例　B. 问刑条例
C. 康熙会典　D. 理藩院则例

5. 乾隆年间，四川重庆府某甲“因戏而误杀旁人”，被判处绞监候。依据清代的会审制度，对某甲戏杀案的处理，适用下列哪一项程序？（　　）（司考 2006. 1. 18）
A. 上报中央列入朝审复核定案
B. 上报中央列入秋审复核定案
C. 移送京师列入热审复核定案
D. 上报中央列入“三司会审”复核定案

6. 太平天国时，结婚一般由乡官发放的结婚证书叫作（　　）。
A. 合挥　B. 婚书
C. 婚约　D. 婚契

7. 清代涉及旗人的案件由特定机构审理，其中兼理地方旗人民刑案件的机构是（　　）。
A. 宣政司　B. 宣政府
C. 理事厅　D. 县衙

8. 依《大清律例》，清代死刑的执行方式有（　　）。
A. 发遣　B. 立决与监候
C. 斩与绞　D. 迁徙与安置

9. 清代负责主持律例修订工作的是（　　）。
A. 都察院　B. 御史台
C. 刑部　D. 大理寺

10. “名例律”作为中国古代律典的“总则”篇，经历了发展、变化的过程。下列哪一表述是不正确的？（　　）（司考 2013. 1. 18）
A.《法经》六篇中有“具法”篇，置于末尾，为关于定罪量刑中从轻从重法律原则的规定
B.《晋律》共二十篇，在刑名律后增加了法例律，丰富了刑法总则的内容
C.《北齐律》共十二篇，将刑名与法例律合并为名例律一篇，充实了刑法总则，并对其进行逐条逐句的疏议
D.《大清律例》的结构、体例、篇目与《大明律》基本相同，名例律置首，后为吏律、户律、礼律、兵律、刑律、工律

11. 根据清朝的会审制度，案件经过秋审或朝审程序之后，分四种情况予以处理：情实、缓决、可矜、留养承嗣。对此，下列哪一说法是正确的？（　　）（司考 2014. 1. 18）
A. 情实指案情属实、罪名恰当者，奏请执行绞监候或斩监候
B. 缓决指案情虽属实，但危害性不能确定者，可继续调查，待危害性确定后进行判决
C. 可矜指案情属实，但有可矜或可疑之处，免予死刑，一般减为徒、流刑罚
D. 留养承嗣指案情属实、罪名恰当，但被害人有亲老丁单情形，奏请皇帝裁决

12. 清时屡兴文字狱，但律例中并无关于惩治思想犯罪的规定。审理此类案件，一般比附的罪名是（　　）。[2016 年法硕（非法学）真题]
A. 妖书妖言　B. 谋大逆
C. 大不敬　D. 谋叛

13. 清代被称为“天下刑名之总汇”的中央

司法机关是（　　）。[2018 年法硕（非法学）真题]

A. 军机处　　B. 大理寺
C. 都察院　　D. 刑部

二、多项选择题

1. 以下对于会审的说法正确的是（　　）。
A. “九卿会审”，是由六部尚书及通政使司的通政使、都察院左都御史、大理寺卿九人会审皇帝交付的案件或者已经判决但囚犯仍翻供不服之案
B. 清代会审制度形成了秋审、朝审、热审等比较规范的会审体制
C. 清代秋审是最重要的死刑复审制度
D. 在清朝，案件经过秋审或者朝审复审程序后，分四种情况处理：情实、缓决、可矜、留养承嗣

2. 下列哪些法典属于七篇体例？（　　）
A.《贞观律》
B. 洪武六年《大明律》
C. 洪武二十二年《大明律》
D.《大清律例》

3. 清朝朝审复核的对象是下列哪些案件？（　　）
A. 一般地方上报的绞监候案件
B. 一般地方上报的斩监候案件
C. 京师及京师附近地方上报的绞监候案件
D. 京师及京师附近地方上报的斩监候案件

4.《大清会典》包含（　　）。
A.《康熙会典》　　B.《雍正会典》
C.《乾隆会典》　　D.《嘉庆会典》

5. 清初顽固坚持压抑限制工商业，扼制资本主义经济因素发展的政策颁布的（　　），完全阻绝了海外贸易。
A. 禁海令　　B. 迁海令
C. 五口通商章程　　D. 禁榷法

6. 清朝地方司法机关中，第二审级为（　　）。
A. 府　　B. 总督巡抚
C. 直隶厅　　D. 州
E. 县

7. 与唐朝时的做法不同，清律有关化外人的法律规定适用于（　　）。
A. 经商的外侨　　B. 归化者
C. 来降者　　D. 求学的外侨
E. 旅行的外侨

8. 中国传统戏剧多有剧目涉及中国古代法律观念和法律制度。对此，下列哪些说法是成立的？（　　）（司考 2010. 1. 57）
A. 越剧《梁山伯与祝英台》中，祝父强许祝英台婚配马文才的情节，反映了东晋仍然沿袭西周确立的父母之命婚姻缔结原则
B. 粤剧《斩娥》中，窦娥被无赖诬陷又被官府错判斩刑的案件，反映了元代对诬告等行为严加处罚的具体法律规范
C. 昆曲《十五贯》中，况钟对娄阿鼠偷盗十五贯杀死店主尤葫芦案调查取证的故事，反映了清初明律令重调查、唯证据的审案观念
D. 京剧《徐九经升官记》中，徐九经“当官不为民做主，不如回家卖红薯”的唱词，反映了清末为官清明、为民父母的法律思想和观念

9. 中国古代社会的死刑复奏制度是指奏请皇帝批准执行死刑判决的制度。关于这一制度，下列哪些选项是正确的？（　　）（司考 2008. 1. 57）
A. 北魏太武帝时正式确立了死刑复奏制度
B. 唐朝的死刑案件在地方实行“三复奏”，在京师实行“五复奏”
C. 明清时期的朝审制度取代了死刑复奏制度
D. 死刑复奏制度的建立和完善既加强了皇帝对司法、审判的控制，又体现了皇帝对民众的体恤

10. 关于明清时期的司法制度，下列哪些选项是正确的？（　　）（司考 2008. 1. 59）
A. 明清时期各中央司法机构的职能与隋唐时期相反，刑部负责审判，大理寺负责复核
B. 明朝的廷杖之制是根据皇帝意志而形

成的法外用刑惯例

C. 明清会审制度是慎刑思想的反映，但是导致多方干预司法，使实际执法与法律制度日益脱节

D. “申明亭”为明代法定的基层调解机构，对维护社会秩序有一定的积极作用

11. 清乾隆年间，甲在京城天安门附近打伤乙被判笞刑，甲不服判决，要求复审。关于案件的复审，下列哪些选项是正确的？（　　）（司考 2012. 1. 57）

A. 应由九卿、詹事、科道及军机大臣、内阁大学士等重要官员会同审理

B. 应在霜降后十日举行

C. 应由大理寺官员会同各道御史及刑部承办司会同审理

D. 应在小满后十日至立秋前一日举行

12. 在清朝司法实践中，幕友发挥着重要作用。下列关于幕友的表述，正确的有（　　）。[2019 年法硕（非法学）真题]

A. 幕友须精通复杂的律例

B. 幕友由各级官府衙任命

C. 以专办刑事审判实务的“刑名幕友”地位为最高

D. 幕友是各级地方官及中央司法部门长官的政法顾问

13. 清朝制定的适用于少数民族聚居区的专门法律包括（　　）。[2006 年法硕（非法学）真题]

A. 西宁番子治罪条例

B. 蒙古律

C. 钦定八旗则例

D. 回律

三、名词解释

1. 理事厅

2. 《大清会典》（中国人民大学 2011 年考研真题）

3. 五城察院

4. 秋审（西北政法大学 2013 年考研真题）

5. “九卿会审”（中南财经政法大学 2008 年考研真题）

6. “刑名幕友”

7. 朝审

8. 秋审处（中国人民大学 2007 年考研真题）

9. 发遣（中国人民大学 2007 年考研真题）

10. 监候（中国人民大学 2015 年考研真题）

11. 留养承嗣（中国人民大学 2015 年考研真题）

12. 《天朝田亩制度》

13. 《资政新篇》

四、简答题

1. 简述清朝文字狱的特点。

2. 简述清朝法律在经济立法方面的特点。

3. 简述《大清律例》在刑罚制度上的发展变化。

4. 简述清代中央“三法司”的职权。

5. 简述清朝地方司法体制。

6. 简述清代对旗人案件的司法管辖。

7. 简述太平天国法制的革命性与局限性。

8. 简述清朝法制的基本特点及其历史地位。

五、论述题

1. 试论清律与唐明律在刑罚适用原则上有何发展变化？

2. 试述太平天国经济与婚姻立法的主要内容和特色。

3. 论清朝时期的立法指导思想。

4. 论述清代朝审制度的主要内容与特点。（中国人民大学 2014 年考研真题）

六、分析题

顺治康熙年间，浙江人庄廷钺编刻《明书》，称努尔哈赤为“建州都督”，仍以南明政权为正朔，事被告发，时庄廷钺已死，朝廷下令开棺戮尸，并将其兄弟、子侄以及该书刻印者、读者、保存者甚至“疏忽不觉”的地方官共七十余人全部处死。从此以后，“文字狱”迭兴不断，康、雍、乾三朝多达一百多起，株连士人数万，杀人甚多。

试根据上述材料分析这一现象。

参考答案

一、单项选择题

1. 答案：A。A 项应选，《大清律例》是中国历史上最后一部封建成文法典。《大清律例》以《大明律》为蓝本，是中国传统封建法典的集大成者。汉唐以来确立的封建法律的基本精神、主要制度，在《大清律例》中都得到充分体现。

B 项不选，《大清新刑律》是中国历史上第一部近代意义上的专门刑法典，其采用西方资产阶级刑法典的编排体例、刑法原则及法律术语，是一部现代意义的刑法。于 1911 年 1 月正式公布，但并未真正施行。

C 项不选，《大清会典》是为了规范国家机关的组织、活动，加强行政管理的行政法规。

D 项不选，《大清民律草案》中的总则、债、物权三编由松岗正义等人仿照德、日民法典的体例和内容草拟而成，吸收了大量的西方资产阶级民法的理论、制度和原则，而亲属、继承两编则带有浓厚的封建色彩，保留了许多封建法律的精神，但在《大清民律草案》完成后不久，清王朝即被推翻，因此，该草案未正式颁布施行。

2. 答案：B。A 项不选，宣政院是元朝管理僧侣案件的中央机关。

B 项应选，理藩院是清朝处理少数民族事务的机关。

C 项不选，审刑院为宋代的中央审判机关，后撤销。

D 项不选，大宗正府为元朝处理蒙古贵族王公案件的机关。

3. 答案：A。

4. 答案：A。

5. 答案：B。清代会审制度包括秋审、朝审和热审。秋审是最重要的死刑复审制度，因在每年秋天（农历八月）举行得名。秋审的审理对象是全国上报的斩、绞监候案件。朝审是对刑部判决的重案及京师附近的斩监候、绞监候案件进行的复审，于每年霜降后十日举行。热审是对发生在京师的笞杖刑案件进行重审的制度，于每年小满后十日至立秋前一日举行而得名。“三司会审”是指由刑部、大理寺、都察院组成的中央三大司法机关（称为“三法司”）对重大疑难案件的共同会审。本题题干交代“被判处绞监候”，而清代秋审审理的对象是全国上报的斩监候、绞监候案件，故本题答案为 B。

6. 答案：A。

7. 答案：C。

8. 答案：B。

9. 答案：C。

10. 答案：C。C 项前半段表述正确，“《北齐律》共十二篇，将刑名与法例律合并为名例律一篇，充实了刑法总则”，但是最后一句表述错误，《北齐律》并没有“对其进行逐条逐句的疏议”。疏议是唐代继承汉晋以来，特别是晋代张斐、杜预注释律文的已有成果，对《永徽律》进行逐字逐句的解释，从而形成《唐律疏议》，标志着中国古代立法达到了最高水平。

11. 答案：C。情实指罪情属实、罪名恰当者，奏请执行死刑，故 A 项错误。缓决指案情虽属实，但危害性不大者，可减为流三千里，或发烟瘴极边充军，或再押监候，故 B 项错误。可矜指案情属实，但有可矜或可疑之处，可免予死刑，一般减为徒、流刑罚，故 C 项正确。留养承嗣指案情属实、罪名恰当，但有亲老丁单情形，合乎申请留养条件者，按留养奏请皇帝裁决，故 D 项错误，留养承嗣针对的是犯罪人而不是被害人有亲老丁单情形。

12. 答案：B。清律中没有关于文字狱的直接条款，但绝大多数文字狱都比照“谋大逆”判罪，一旦构成，往往全家遭诛甚至灭族。A 项，清朝没有“妖书妖言”这一罪名。C 项，大不敬是指触犯皇帝尊严，蔑视皇帝权威的行为。D 项，谋叛是指意图背叛朝廷，投奔外国。

13. 答案：D。清沿明制，以刑部、大理寺、都察院为“三法司”，是既相互分工又相互制约的中央司法机关。其中，刑部是最高司法审判机关，有“刑名总汇”之称，下设十七省清吏司分掌各省审判事务，另设有追捕逃人的督捕司、办理秋审的秋审处、专掌律例修订的修订法律馆。刑部是清朝最重要的中央机构，在处理全国司法事务方面起着主导作用。

二、多项选择题

1. 答案：ABCD。

(1) 明代的会审制度

“九卿会审”（明代又称圆审）是由六部尚书及通政使司的通政使、都察院左都御使、大理寺卿九人会审皇帝交付的案件或者已经判决但囚犯仍翻供不服之案。

朝审：每年霜降之后，“三法司”会同公侯、伯，在吏部尚书（或者户部尚书）主持下会审重案囚犯，从此形成制度。清代秋审、朝审皆渊源于此。

(2) 清代的会审制度

在明代会审制度基础上，进一步完善了重案会审制度，形成了秋审、朝审、热审等比较规范的会审体制。

秋审：是最重要的死刑复奏制度，因在每年秋农历八月中下旬举行而得名。

朝审：是对刑部判决的重案及京师附近绞、斩监候案件进行的复审，其审判组织、方式与秋审大体相同，于每年霜降后十日举行。案件经过秋审或朝审复审程序后，分四种情况处理：其一情实，指罪情属实、罪名恰当者，奏请执行死刑；其二缓决，指案情虽属实但危害不大者；其三可矜，指案情虽属实，但有可矜或可疑之处，可免予死刑；其四留养承嗣，指案情属实，罪名恰当，但是有亲老丁单的情形，合乎申请留养条件者，按照留养奏请皇帝裁决。

热审：是对发生在京师的笞杖刑案件进行重审的制度，于每年小满后十日至立秋前一日，由大理寺官员会同各道御史及刑部承办司共同进行，快速决放在监笞杖刑案犯。

2. 答案：CD。《贞观律》为十二篇五百条；洪武六年《大明律》也是十二篇体例，是仿唐的；洪武二十二年《大明律》为七篇，分别是名例和吏、户、礼、兵、刑、工六律；《大清律例》的结构、形式、体例、篇目与《大明律》基本相同，共七篇，故CD正确。

3. 答案：CD。清朝的朝审是对刑部判决的重案以及京师附近的斩、绞监候案件进行的复审，故CD正确。

4. 答案：ABCD。清代自康熙朝开始，仿效《大明会典》进行会典的编纂和修订工作，记述各朝主要国家机关的职掌、事例、活动规则与有关制度。先后编有康熙、雍正、乾隆、嘉庆、光绪五部会典，合称“五朝会典”，统称《大清会典》。

5. 答案：AB。

6. 答案：ACD。

7. 答案：BC。

8. 答案：ABCD。西周婚姻制度中的“父母之命、媒妁之言”的原则；秦代诬告反坐原则；重调查、唯证据的审案观念；为官清明、为民父母的法律思想和观念。

9. 答案：ABD。死刑复奏制度是指奏请皇帝批准执行死刑判决的制度。北魏太武帝时正式确立这一制度。唐代沿用了隋朝的死刑复奏制度，在地方实行“三复奏”，在京师实行“五复奏”。明清时期的朝审制度始于明天顺三年（公元1459年），明英宗命每年霜降之后，“三法司”会同公、侯、伯，在吏部尚书（或户部尚书）主持下会审重案囚犯，从此形成制度，可见朝审制度只是对重案囚犯的一次审理，并不涉及死刑的执行问题。

10. 答案：ABCD。明清时期刑部负责审理中央百官犯罪、审核地方上报的重案（死刑交大理寺复核）、审理发生在京师的笞杖刑以上案件、处理地方上诉案及秋审事宜、主持司法行政与律例修订事宜，而隋唐时期的刑部有案件复核权。明清时期大理寺掌复核驳正，以及死刑复核。所以明清时期大理寺和刑部的职能与隋唐相反。明清时期的会审制度是一种慎刑思想的反映，但却导致多方干预司法，以至于皇帝家奴也插手司法；最终结果是司法更加冤滥，法律制度与实际执法日益脱节，加速了王朝整个政体的腐朽。“申明亭”是明太祖朱元璋于洪武五年（公元 1372 年）创建的，老人有调解中间人的作用，在创立之初，申明亭对维护社会秩序有一定的积极作用。

11. **答案**：CD。对发生在京师的笞杖刑案件进行复审的制度，叫热审，于每年小满后十日至立秋前一日，由大理寺官员会同各道御史及刑部承办司共同进行，快速决放在监笞杖刑案犯，故 CD 正确，AB 错误。

12. **答案**：ACD。AC 两项，明清时规定一切地方司法行政事务必须由州县长官亲自处理，而官员大多是科举出身的士子，平时所学、科举所考与任官事务毫不相干，尤其不熟悉复杂多变的律例，只能聘请一些有政治法律知识的读书人为顾问，幕友以专办司法审判事务的“刑名幕友”地位为最高。B 项，幕友是由官员私人聘请的政法顾问，俗称“师爷”，不是由各级官府衙门任命。D 项，清初官员倚仗幕友办案已成惯例，各级地方官及中央司法部门长官都有幕友的帮助。

13. **答案**：ABD。清朝制定的适用于少数民族聚居区的专门法律包括《西宁番子治罪条例》《蒙古律》《回律》《番律》《苗律》《西藏禁约十二事》《番律条款》等。C 项，《钦定八旗则例》是清政府就所管辖的特定事项而制定的行政规则，适用于全国范围内的“八旗”满人。

三、名词解释

1. **答案**：理事厅是兼理地方旗人民刑案件的机构。理事厅是各府（州）理事同知（或通判）的办事机构。理事同知（或通判）专门负责联络八旗军与当地政权关系和处理有关旗人事务，都由旗人担任，审理旗人的民刑案件是其主要职责之一。理事厅对旗人的司法管辖权，大体上相当于州县对于一般民人的司法管辖权，即仅管辖民事案件和笞杖罪的刑事案件。如罪至徒流死，则由该旗都统将军题奏皇帝请旨。旗人命盗案件，由理事厅会同州县审理，州县官无权对旗人单独作出判决。若是仅系民事案件，旗人也可单诉之于州县官审理，无须理事厅会审，但地方州县官不能动用刑具罚责旗人。

2. **答案**：《大清会典》又称五朝会典。它是康熙、雍正、乾隆、嘉庆、光绪五个朝代所修会典的统称。其目的是规范行政活动，提高行政效能。《康熙会典》仿《明会典》修订，采取“以官统事，以事隶官”的编纂体例。它按中央各行政机关分卷，在每个行政机关之下，具体规定该机关的职掌、职官设置、处理政务的程序方法等，这构成了会典的正文。在正文之末又附有与机关相关的则例，作为正文的补充。《乾隆会典》采取“以典为纲，以则例为用”的原则，将典例分别编纂成新体例。改变的原因在于典与例的性质不同，典经久不变，例因时损益。《大清会典》详细记述了清代从开国到清末的行政法规和各项事例，反映了封建行政法制的高度完备。到《光绪会典》编定时，其正文共有一百卷，事例一千二百二十卷，附图二百七十卷，总计达一千五百九十卷。《大清会典》五朝首尾相连，内容翔实繁复，体例严谨，在我国古代乃至世界都是最为完备的行政法典。

3. **答案**：清朝京师地方司法机构主要是五城察院。京师分为东、西、南、北、中五城（犹今制设区），每城设一衙门，掌治安。长官为巡城御史，并设有兵马司，设指挥、副指挥、吏目等官，专司“访缉逃盗、稽查奸宄”等。五城察院审理管界内发生的户婚、田土、钱债、斗讼等案件。杖罪以下由巡城御史自行审结，徒罪以上报刑部定案。凡人命案件，由五城兵马司指挥相验报巡城御史审断；盗窃案件，由副指挥与吏目踏勘别解，重者报巡城御史审理。凡徒罪以上的命盗案均拟判后报刑部定案。

4. **答案**：秋审在清代号称国家大典，每年一度，是对在押死刑犯进行特别复核的制度。它系沿袭明代朝审制度而来。依《大清律例》，死刑判决有立决、监候两种，凡判为斩监候或绞监候者，即监押等候复核。因复核例于每年秋农历八月中下旬举行，故曰秋审。在秋审前，各省须将入于秋审案件整理复核好。此种整理复核自上而下，由州县到省，对在押死囚一一复核，按其犯罪性质、情节，区分为情实、缓决、可矜、留养四类。因可矜、留养者少见，故实际上主要是区分实、缓。当秋审日，在天安门前金水桥西，齐集内阁、军机、九卿、詹事、科道及各院寺司监官员，对各省已复核并作区分的案件进行会审。全国上千秋审案件，一日会审完毕，实为“逐一唱名”，由会审官员共签共诺而已。此即秋审或秋谳大典。大典之后，由刑部领衔具题奏报皇上，皇帝作出或实或缓或矜或养的最后裁决。

5. **答案**：清代的会审情形很多，大多成为制度。其中最典型的是“九卿会审”。凡遇特别重大的案件，皇帝常命六部尚书、大理寺卿、都察院长官（左都御史）、通政司通政史等高官会同审理，称为“九卿会审”。“九卿会审”主要是重审斩监候、绞监候的案件，也审理当年死刑案件。许多案件在进入朝审、秋审之前已经过“九卿会审”。朝审、秋审虽有内阁、詹事、科道等参与，但以九卿为主，故亦可视为“九卿会审”的主要方式。

6. **答案**：清朝的司法审判中，幕吏擅权是一大特点，也是严重弊政。所谓“刑名幕友”，是指官员私人聘请的宾客顾问，其虽然活跃在地方各级政府中，但只接受主人的束修，而不享有国家俸禄。幕友是以通晓刑名律例、钱粮会计、文书案牍等知识服务于官府的，有时也代主官查核胥吏。因此，幕友在官场上起着“代官出治”的重要作用。刑名幕友在司法审判中主要是拟律和批答案牍。

7. **答案**：清代司法制度的发展和特点要予以重视，特别是秋审和朝审制度。

朝审是明代对死刑案件进行复核的制度之一，明英宗时成为定制，即由“三法司”会同公、侯、伯，在吏部尚书（或户部尚书）的主持下会审重案囚犯。朝审不仅符合死刑，而且带有宽宥之意。对于可予以矜怜或可疑的，改为戍边，囚犯有翻异供词的移调官府再审，符合律令的监候听决。清代的朝审、秋审皆渊源于此。在清代，“朝审”是清朝秋审以外的另一重要的会审形式。朝审所复审的案件主要是刑部判决的案件，以及京城附近发生的斩监候、绞监候案件。朝审于每年霜降后十日进行。清代秋审、朝审的结果，一般分为四种情况处理：情实、缓决、可矜、留养承嗣。

8. **答案**：隶属刑部的办事机构，掌核秋审、朝审各案。地方的秋审准备工作结束后，各省题本都汇总到刑部秋审处，进入中央的秋审程序。

9. **答案**：清朝规定的一种刑罚，一般是将罪犯发配给驻防官兵做奴隶，经常用于政治刑案犯，其地位比流放犯和军犯的地位还低。清代发遣犯多发往东北、新疆等边疆地区。其类似充军，但比充军重，服刑一般只限本犯，而且本犯若情节较轻，遇赦还可放还。

10. **答案**：又称“斩候”“斩监候”“斩立决”的对称，是指对于判处斩刑的罪犯，不立即执行，暂先在狱中监禁，待秋审、朝审时再按照情实、缓决、可矜和留养承嗣四种情况作出裁决。凡定为情实的，就执行斩首；定为缓决、可矜、留养承嗣的，或继续监禁，或减等发落，或枷责释放。故判决斩监候的犯人，有可能处斩，也有可能不处斩。

11. **答案**：留养承嗣属于清代秋审后的处理结果之一，是在符合“孀妇独子”等情况下，经刑部提出留养申请，或皇帝首肯后，免除处死，在施以一定刑罚后准其留养。其并非清代首创，《北魏律》就规定了存留养亲制度，它规定对那些犯非“重罪十条”之重罪或应判徒、流刑的罪犯，若直系尊亲属需要侍养，身边又无成年子孙及亲戚可以照顾生活，允许通过上请暂不执行原判刑罚，准其奉养老人，直至尊亲去世后再继续执行或予以改判。这体现了法律对儒家伦理中“孝”的重视。

12. **答案**：《天朝田亩制度》是以反对封建土地私有制为中心的政治纲领，也是太平天国的土地法制通则。它以土地制度为核心，具体规定了土地所有、劳动方式、财产分配等一系列与农民切身利益息息相关的制度。其基本制度是土地平均占有，共同参加劳动，财产归圣库所有，平均分配。实施这一制度的目的在于彻底废除贫富不均的社会现象，真正实现所有的社会成员“有田同耕，有饭同吃，有钱同使，无处不均匀，无处不饱暖”。它反映了长期在经济上处于受压迫地位的农民对于自给自足生活的向往，也表现了将“均贫富”的极端小农思想变为政治、经济纲领的政策，但由于这一设想明显脱离生产力实际水平，违背生产力的发展规律，因而成为缺少现实基础的空想社会蓝图，虽以法典的方式正式颁布，但未能有效实施。

13. 答案：《资政新篇》为太平天国革命后期重要领导人洪仁玕所著。其核心思想是健全太平天国的政权体制，加强国家与社会的法制化程度，并通过法律手段，推行具有资本主义性质的商业、贸易和生产。洪仁玕认为，国家的强盛与衰弱和法律制度是否健全密切相关。他主张仿效英美的法律体系，使整个社会规范化、有序化。在此体系下，国家应建立正常的官民沟通机制，确立新闻官、确立官员民选制度。在经济上，洪仁玕主张学习西方，兴办实业，要发展铁路、公路、轮船，开办银行、矿业，实施专利制度、保险制度。虽然对太平天国来说，《资政新篇》提出的法制方针与经济政策是空想，但其在促进中国社会近代化方面具有重要意义。

四、简答题

1. 答案：由于清朝实行的军事征服和阶级、民族的双重压迫，激化了当时反封建专制主义的启蒙民主思想，这种反清民主意识的存在，汇成了一股社会思潮，被清统治者视为异端邪说。于是清廷大肆搜剔、任意苛责，甚至一文一字均可酿成重案，史称“文字狱”。其特点表现在：

首先，清朝文字狱不经由各级司法机关或“三法司”常规审理，而是由皇帝亲自过问，任意判决，实际上往往是未审判而先定案，唯皇帝个人意志为法则。

其次，清朝文字狱是谋反、大逆罪的任意扩大化，处刑苛重，株连极广。凡涉此类案件，无罪错判，轻罪重判，蒙冤受屈者比比皆是。

最后，清朝文字狱不论巨细毫无区别对待，对于丧失刑事责任能力的人也不宽贷，不仅同样论罪，而且不免酷刑。

清朝文字狱的迭兴，不仅是比之历代有过之无不及，而且是历史上所罕见。因此，清朝文字狱是封建专制统治极其腐朽、虚弱、日趋灭亡的反映。

2. 答案：清作为封建末代王朝，极力扼制工商业，其特点主要表现在：

（1）阻挠沿海对外贸易。清初即颁布《禁海令》和《迁海令》，从而完全阻绝了海外贸易。康熙时再申禁海之令，沉重地打击了刚刚兴起的对外贸易和沿海工商业。《大清律》及相关条例对违禁下海者及进行海外贸易者予以严惩。

（2）限制采矿业的发展。清朝法律对开采矿产严加限制。为控制云南采铜业，清政府规定了官借工本、官收余铜的政策，有私相买卖者，铜没收，人治罪。

（3）重征商税以抑制民间商业。清政府广设税卡，重征商税。有偷越关卡及偷漏税者，客商依律严惩，地方官一并议处。在关税外，征收名目繁多的商税。

（4）实行官营制度。清政府将盐茶等最有利润的商业收归官方垄断，禁止民间私卖。清还实行官营手工业制度，许多日用品只准官营工场作坊生产，由官府销售。官营制度极大地打击了民间手工业和商业。

3. 答案：清朝的刑罚制度的变化主要体现在：

（1）在“明刑弼教”“修德安民”思想的指导下，对定型于隋唐的笞杖刑进行了改革。将行刑的刑具改为竹板；行刑数在原来的基础上“打四折，以五等为等差，除零数”。因此，清的笞杖刑的行刑数为笞四板、五板、十板、十五板、二十板；杖二十板、二十五板、三十板、三十五板、四十板。

（2）迁徙、充军、发遣成为法定刑。迁徙就是将罪犯本人及其家属迁出千里之外安置，不得返回原地居住。它类似于流刑，又不同于流刑。充军刑是将罪犯发配到边远地区服苦役，重于一般的流刑。它分为附近充军、边卫充军、边远充军、极边充军、烟瘴充军五个等级，故又称为“五军”。发遣是清代独创的一种刑罚，是法定刑之一。它是将罪犯发配到边远地区，为驻防官兵充当奴隶，是仅次于死刑的重刑。

(3) 死刑制度上的变化。清代的死刑分为立决和监候两类。立决分为斩立决与绞立决，即宣判后立即执行斩、绞，监候分为斩监候和绞监候，是对那些构成死罪，但并非罪大恶极之囚，可以先行拘押，待秋审复核之后再决定是否执行死刑。另外，凌迟、枭首、戮尸等酷刑被运用于罪大恶极的犯罪。在适用范围、行刑方式上较明代有所发展。

(4) 刺字刑的广泛适用。清初刺字只适用于少数几种犯罪。后来刺字之法适用范围愈加广泛，刺字的方式也趋于规范化。

(5) 满汉异罚，在刑罚的适用上满人拥有特权。满人在触犯刑律时与汉人不同，他们可以享有减等与换刑的特权。犯轻罪时可不处以笞杖刑，而处以鞭刑，犯较重罪时，徒刑、流刑、充军、发遣可按罪行轻重折换成枷号。

4. **答案**：清中央“三法司”是刑部、大理寺、都察院。

(1) 刑部为中央最高审判机关。刑部的实际权限，具体来说有三个方面：一是在皇帝的统率下行使全国最高审判权，包括核拟死刑上报皇帝最后批准，批结全国军流案件，审理发生在京师的笞杖以上现审案件及中央官吏犯罪案件。二是司法行政职权，如造办黄册、狱政管理、赃款罚没之管理等。三是立法方面的职权，主要是负责律例馆的工作，主持修订律例，平时积累例案，开馆时纂修定拟。

(2) 大理寺在清时地位大大下降，主要职责是复核刑部拟判的死刑案件。如发现刑部定拟不当，可以驳回；同时也主持热审案件，不过，大理寺在复核死刑、参与秋审、朝审时只是陪衬而已。

(3) 都察院号称风宪衙门，是法纪监督机关，主掌官员监察，并职谏议。都察院参与司法事务主要有两个方面：一是参与会谳，即各省死刑案件在刑部核拟后，送都察院，都察院列署其意见转大理寺。二是参加秋审和朝审，执行复奏之职。

“三法司”之中，刑部主审判，都察院监察，大理寺复核，但实际上，刑部权限较重，院寺并无司法审判实权。

5. **答案**：清代的地方司法体制为省督抚、省按察司、府、县（州、厅）四级。(1) 县（厅、州）为第一审级。州县之知州知县为唯一法官，并设佐贰官辅助审判。州设吏目、县设典史为捕官，专司缉捕和监狱，但无权受理词讼。(2) 府（直隶厅、州）为第二审级。直隶厅州也辖理一审案件，因其与府平级，故呈送道台为第二审。州县上报刑事案件（流罪以上案件），府复审后提出判决意见，再上报省按察司。(3) 省按察司（即提刑按察使司）为第三审级。按察司对府（直隶厅州）上报的刑案进行复审，其中对徒刑案件仅进行复核，对军流、死刑案件及人犯进行复审。(4) 总督巡抚为第四等级。督抚有权批复按察司复核无异议的徒刑案件，并决定执行。对军流刑案件加以复核。

6. **答案**：清的统治基础以满旗人为主，因此在司法上也作出了一些旨在保护其特权的安排。就其案件的管辖来说，旗人在地方民刑案件，不由县审理，而是由理事厅审理。理事厅是兼理地方旗人民刑案件的机构。理事厅是各府（州）理事同知（或通判）的办事机构。理事同知（或通判）专门负责联络八旗军与当地政权关系及处理有关旗人事务，都由旗人担任，审理旗人的民刑案件是其主要职责之一。理事厅对旗人的司法管辖权，大体上相当于州县对于一般民人的司法管辖权，即仅管辖民事案件和笞杖罪的刑事案件。如罪至徒流死，则由该旗都统将军题奏皇帝请旨。旗人命盗案件，由理事厅会同州县审理，州县官无权对旗人单独作出判决。若是仅系民事案件，旗人也可单诉之于州县官审理，无须理事厅会审，但地方州县官不能动用刑具罚责旗人。京师满人诉讼，由内务府慎刑司审理；盛京地区满人诉讼，由盛京将军及各部府尹会同审理，至于宗室贵族案件，则由宗人府审理。

7. 答案：首先，太平天国法制的革命性主要表现在以下三个方面：第一，《天朝田亩制度》的均田方案是对封建土地所有制的根本否定。其中包含的平等思想是对旧专制制度进行革命的强大武器。第二，太平天国法律为实现推翻清政府的革命目的，坚决镇压官僚地主等封建敌对势力，并反对帝国主义的经济侵略。第三，创设了具有民主精神的诸多制度，如公有公用的圣库制度，整饬吏治的保升奏贬制度，带有民主选举性质的乡官保举制度，自由平等的婚姻制度，多级复核、公开审判的司法制度等。

其次，太平天国的局限性主要有以下四个方面：第一，缺乏科学的立法指导思想。作为小生产者的农民，虽然有革命的积极性，但由于他们本身不可能自发地产生先进的科学世界观，因而在革命实践中缺乏科学的理论指导，并未制定出切实可行的革命纲领和制度。第二，混淆敌我界限。太平天国领导人缺乏科学的世界观，在运用法律打击封建反动势力的同时，损害了革命队伍内部的力量，极大地影响了革命内部的团结，损害了法律的尊严，削弱了专政工具的作用，致使太平天国后期政权内部发生分裂，太平军军法废弛，进一步导致了太平天国军事上的失利。第三，保留了大量的封建残余。太平天国的法律中，等级特权制、多妻制和世袭制等封建法律内容都得到肯定和保留。第四，宗教迷信色彩严重。太平天国革命既未超出旧式农民革命的范畴，其领导人也就必然会像中国古代农民革命那样利用宗教来发动、组织农民起义，从而使革命法制蒙上一层浓厚的宗教色彩。太平天国在司法实践中除引用法律条文外，还实行宗教裁判。宗教与法条结合，又使得法律出现许多乖逆人情的严刑苛罚。这显然不利于太平军内部的团结，削弱了太平天国法律本身的战斗作用。

8. 答案：清朝经过康、雍、乾三朝一百余年相对稳定的统治，无论经济、政治、文化都取得了超越前朝的明显发展。与此相适应，清朝法制最基本的特点就是法律的完备性，具体表现如下：

第一，在立法上，随着统一多民族国家的稳定，在总结历代法制建设经验的基础上，进行了多种形式的立法建制，在全国范围内建立了空前统一的法制秩序。其立法之详密，制度之完备，程序之健全，均达到中国封建法制史上的高峰。

第二，在法律内容上，全面维护和加强专制主义统治。法律的调整范围从政治到军事，从经济到文化，从生产到生活，从家庭到个人，从宗族到民族，从学校到寺庙，无一不包罗其中。

第三，在司法制度上，从中央到地方形成了完备的司法机关体系，审级清晰、官管辖分明，并深入边陲少数民族的聚居地区。就诉讼而言，建立了一套严密的程序。就审判而言，死刑的复核、复审达到了相当完备的程度。

历史地位：1840 年以后，中国处在社会大转折时期。封建法制在封建经济基础已经动摇条件下逐渐解体，外国法通过不同的渠道开始输入中国。它所引起的变化集中表现在 19 世纪末 20 世纪初的变法修律上。因此可以说，清朝的法制建设不仅承上，而且启下；不仅是传统的封建法制的最后形态，而且开了近代法制历史的先河。

五、论述题

1. 答案：清律刑罚适用原则在继承唐明律的基础上，有着相当丰富完备的规定，其发展变化主要表现在如下五个方面：

（1）自首原则。清律因袭明律，除对自首的各种情形作了严格的规定外，其变化主要在于扩大了自首免罪的适用范围。康熙时《督捕条例》规定逃走三次的“逃人”“自回自首”者，仍可免罪。嘉庆年间规定脱逃犯“自行投归”者，照原犯罪名各减一等发落。即不但不追究脱逃之罪，反而成原判罪刑一等。

(2) 共犯的处理原则。清律关于共犯的基本规定与明律相同，但结合司法实践有些补充。清律与明律一样，取消了唐律本有的若干规定，对官吏共犯责任有所减轻，对侵犯国家政治的共犯处罚有所加重。对家人共犯，定有专例并有所加重。《名例律》规定家人共犯以尊长为首，而专例则规定凡属家人共犯奸盗杀伤之罪，一律以首犯论处。这也体现了重典治重罪的精神。

(3) 公罪私罪区别对待原则。清承明制，在《大清律》中规定，官吏犯公罪者，罪止杖一百降四级调用，犯私罪者，罪止杖一百革职离任，对私罪的处罚明显比公罪为重。这样做旨在使官吏明察公私的界限，用于激发其行使职权的主动性和创造性，提高统治的效率。

(4) 依法定刑与有限类推并存。清朝实行自唐律以来一以贯之的依法定罪、依法量刑原则。不仅如此，清承明制，规定了比唐律限制更多、更严格的类推制度。依唐律，断罪无正条时，官司可以依“出罪者举重明轻，入罪者举轻明重”的原则自行类推适用相近条文，而明清律规定，要议定奏闻，上报皇帝审批，不得擅自断决。

(5) “化外人犯罪”的处理原则。唐律规定“诸化外人，同类自相犯者，各依本俗法，异类相犯者，以法律论”。明清律对此作了重大更改：凡化外来降人犯罪者，并依律拟断。这一规定导致如下两点变化：一是以清律作为处断所有涉外案件的依据，排除了外国法适用的可能；二是化外人仅为“来降者”和归化者，在中国经商求学旅历的外侨不在考虑之列，故该条文在主体适用范围上有所缩小。唐律对外侨犯罪采取属人与属地相结合原则，清律则一概采取属地主义原则。

2. **答案**：首先，太平天国经济立法的特色在于充满了中国传统小农平均主义、共产主义理想。传统小农平均主义理想在《天朝田亩制度》中表现得比较突出。作为太平天国的土地法制通则，它规定，分配土地，严格按照人口多寡进行，按土地肥瘠分为九等，分配时杂以九等，以绝对的平均主义来实现“耕者有其田”的理想。而太平天国的圣库制度和供给制度则集中体现了共产主义理想。圣库制度要求“一切所有缴纳于公库，全体衣食俱由公款开支，一律平均”。圣库制度开始仅在军中实行，后来推广于天京城内。这种规定反映了太平天国小农共产制的乌托邦理想。

其次，在婚姻家庭制度方面，在一定程度上体现了男女平等的理想，但相当多的封建因素也得到保留。妇女基本上享有与男子同等的权利，可以参军、出任文武官职乃至将帅。在婚姻制度上，提倡一夫一妻制，规定“婚姻不论财”，废除买卖婚姻及一切旧例，准许婚姻自主。结婚，一般由乡官发给“合挥”(结婚证书)。允许寡妇再嫁，但不许离婚。为保障妇女权益，禁止纳妾，买卖奴婢，严禁娼妓。在家庭关系上，太平天国实行禁欲主义。所有男子编为男营，女子编为女营，不许男女私相授受，除诸王外，不许已婚者同居。未婚者“凡婚配必听其师择配，不得苟合”，违者严惩。

3. **答案**：清入关以前法律制度即后金的法律制度相对简陋，正处于习惯法向成文法的过渡之中。至皇太极时期，清形成了一套自己的立法指导思想。清代的立法指导思想主要有以下两个方面的内容：

一是“参汉酌金，渐就中国之制”。这是针对清入关前的简陋法制而确立的指导思想。清入关前的法律制度相对简陋，早期的立法多系在汉族成文法的影响下对原有习惯法的记录与整理。皇太极时树立了“参汉酌金，渐就中国之制”的基本立法思想。“参汉”就是引进或借用汉族（明代）法制，“酌金”就是适当整理记录提炼后金原有的习惯法及旧法令，二者结合起来要实现的目标就是“渐就中国之制”即向汉族地主政权的先进法制靠拢。清入关之初，由于法制未及完善，因此在制颁《大清律集解附例》之前，多次下令暂用《大明律》。这种以《大明律》作为入关之初过渡性法律的状况一直持续到顺治三年（公元 1646 年）。

二是“详译明律，参以国制”。这是顺治三年《大清律集解附例》序文对立法原则的阐述。“详译明律”即详细推导演绎和借鉴《大明律》，并以之为蓝本。“参以国制”就是适当参考保留入关前的旧有典章制度。事实上，这一立法思想并未完全贯彻，由于主持定律的尽是明代旧臣，他们多不了解清入关前的法制，所以只是简单地抄袭《大明律集解附例》。这种思想指导了此后清代的立法活动，使清律得以不断发展完善。清律历经顺治、康熙、雍正、乾隆百余年，有过三四次大的修律活动，至乾隆初期律文基本定型，此后不再修改，仅定期增修“附例”。

4. **答案**：清代朝审与秋审并行，先朝审，后秋审。清代朝审是指由朝廷派员会审死囚案件的制度。一般于每年霜降后，“三法司”会同公、侯、伯会审判处监候的死罪囚犯，然后分别作出不同处理，称为“朝审”。清代朝审是由刑部每年秋天农历八月，对所管辖的京师地方监候死囚，届时派王公大臣在天安门外金水桥朝房审理。朝审时，“三法司”、九卿、詹事、科道入座，当堂命吏对应死人犯朗读罪状及所定实、缓意见。朝审后的处理与“秋审”同。朝审是每年霜降之后，由中央“三法司”会同公、侯、伯等，在吏部或户部尚书的主持下，对全国上报的重案囚犯重新审理。朝审不仅复核死刑，且带有宽宥之意。对于可予以矜怜或可疑的，改为戍边，囚犯有翻异供词的移调官府再审，符合律令的监候听决。清代的秋审、朝审皆渊源于此。其在清代是秋审以外的另一重要的会审形式。清代朝审所复审的案件，主要是刑部判决的案件，以及京城附近发生的斩监候、绞监候案件。举行朝审的时间略早于秋审，于每年霜降以后十日进行。朝审的程序与秋审基本相同。

六、分析题

答案：该材料表明，清代推行空前的严刑峻法和政治思想的高压政策，严惩思想异端，大兴文字狱来威慑知识分子。虽然清统治者多次声称“不以语言文字罪人”，在大清律中也确实没有关于文字狱的直接条款，但所有文字狱均是按谋反大逆定罪，这是最严重的罪名，且处极刑并株连最广。这种政策及司法，显然是为了镇压具有反对封建专制主义意识和反抗民族压迫意识的社会思潮。这充分体现了清律作为中国封建社会末代王朝的法律制度所具有的封建社会末期特色。

第十一章　清朝法律制度（下）

基础知识图解

- 清朝法律制度（下）
  - 概况
  - 背景
    - 社会国情变化与传统法制的危机
    - 西学东渐促进法观念的更新
  - 修律
    - 方针：“参考古今，博稽中外”
    - 目的及实质
      - 以资产阶级法律形式掩盖君主专制统治
      - 配合预备立宪缓和矛盾抵制革命
      - 实质：具有封建性和买办性特点，半殖民地半封建性质
    - 主要内容
      - 宪法类
        - 预备立宪及《钦定宪法大纲》
          - 内容
          - 意义
        - 《资政院院章》和《咨议局章程》
        - 宪法重大信条十九条
      - 刑事法律类
        - 《大清现行刑律》
        - 《大清新刑律》
          - 性质及意义：第一部资本主义性质的刑法典
          - 内容的改革
            - 采取资本主义刑罚体系和体例
            - 删除封建特权制度
        - “礼法之争”
      - 经济法律
        - 《改订大清商律草案》
        - 奖励商人投资法
        - 《商人通例》与《公司律》
        - 《破产律》
        - 《大清矿务章程》
        - 《铁路简明章程》
        - 《票据法》
        - 《海船法草案》
      - 民事法律类：大清民律草案
        - 背景、制定过程
        - 指导思想
        - 内容
        - 特点
      - 行政法律
        - 大清会典
        - 则例的修订
        - 监察法的修订
        - 新官制法
        - 《大清印刷物专律》和《大清报律》
      - 诉讼法律
        - 刑事诉讼律草案
        - 民事诉讼律草案
  - 司法制度的变化
    - 领事裁判权和会审公廨
    - 司法机构的改革
      - 中央
        - 刑部改法部
        - 大理寺改大理院
        - 设总检察厅
      - 地方
        - 京师地方审判机构
        - 各省地方审判机构
        - 《法院编制法》的制定
    - 诉讼审判制度的改革

配套测试

一、单项选择题

1. 中国清末修订法律馆于 1911 年 8 月完成《大清民律草案》。下列有关该草案的表述哪一项是错误的？(　　)
   A.《大清民律草案》的结构顺序是：总则、债、物权、亲属、继承
   B. 日本法学家参与了《大清民律草案》的起草工作
   C.《大清民律草案》的基本思路体现了“中学为体，西学为用”的精神
   D.《大清民律草案》经正式公布，但未及实施，清王朝即告崩溃

2. 关于清末“预备立宪”，下列哪一选项可以成立？(　　)
   A. 1908 年颁布的《钦定宪法大纲》作为中国近代史上第一部宪法性文件，确立了资产阶级民主共和国的国家制度
   B.《十九信条》取消了皇权至上，大大缩小了皇帝的权力，扩大了国会与内阁总理的权力
   C. 清末成立的资政院是中国近代第一届国家议会
   D. 清末各省成立了谘议局作为地方督抚的咨询机关，权限包括讨论本省兴革事宜、预决算等

3. 下列哪个机构属于资产阶级性质的议会组织？(　　)
   A. 清末谘议局
   B. 清末资政院
   C.《中华民国临时约法》上的参议院
   D.《中华民国临时约法》上的法院

4. 1903 年，清廷发布上谕：“通商惠工，为古今经国之要政，急应加意讲求，著派载振、袁世凯、伍廷芳，先定商律，作为则例。”下列哪一说法是正确的？(　　)(司考 2016. 1. 19)
   A.《钦定大清商律》为清朝第一部商律，由《商人通例》《公司律》和《破产律》构成
   B. 清廷制定商律，表明随着中国近代工商业发展，其传统工商政策从“重农抑商”转为“重商抑农”
   C. 商事立法分为两个阶段，先由新设立商部负责，后主要商事法典改由修订法律馆主持起草
   D.《大清律例》《大清新刑律》《大清民律草案》与《大清商律草案》同属清末修律成果

5. 1902 年，清政府任命了两位修订法律大臣，一位是沈家本，另一位是(　　)。
   A. 张之洞　　B. 伍廷芳
   C. 劳乃宣　　D. 刘坤一

6. 清末，诉讼制度改革，在诉讼程序上实行什么制度？(　　)
   A. 四级终审制　　B. 三级终审制
   C. 四级三审制　　D. 四级二审制

7. 领事裁判权最早是在下列哪一条约中规定的？(　　)
   A.《中英五口通商章程及其税则》
   B.《中美望厦条约》
   C.《中英南京条约》
   D. 1864 年清政府与英、美、法三国驻上海领事协议

8. 下列有关清末变法修律和司法体制变革的表述哪一项是错误的？(　　)
   A. 清末修律在法典编纂形式上改变了传统的“诸法合体”形式，明确了实体法之间、实体法与程序法之间的差别
   B. 清末修律使延续了几千年的中华法系开始解体，同时也为中国法律的近代化奠定了初步基础
   C. 在司法机关改革方面，清末将大理寺改为大理院，作为全国最高审判机关；改刑部为法部，掌管全国检察和司法行政事务，实行审检分立
   D. 清末初步规定了法官及检察官考试任用制度

9. 鸦片战争后，清朝统治者迫于内外压力，对原有的法律制度进行了不同程度的修改与变革。关于清末法律制度的变革，下列哪一选

项是正确的？(　　)（司考 2015.1.18）

A.《大清现行刑律》废除了一些残酷的刑罚手段，如凌迟

B.《大清新刑律》打破了旧律维护专制制度和封建伦理的传统

C. 改刑部为法部，职权未变

D. 改四级四审制为四级两审制

10. 我国历史上第一部仿效资产阶级刑法体例和原则制定的刑法典是（　　）。

A.《大清现行刑律》

B.《大清新刑律》

C.《大清刑事诉讼律草案》

D.《大清律例》

11. 清末第一部商律是（　　）。

A.《钦定大清商律》

B.《商人通例》

C.《破产法》

D.《大清民律草案》

12. 1910 年颁布的《大清现行刑律》肯定了清末以来刑罚改革的成果，确定了新的五刑制，即（　　）。

A. 罚金、笞刑、徒刑、流刑、死刑

B. 罚金、笞刑、杖刑、徒刑、死刑

C. 罚金、徒刑、流刑、遣刑、死刑

D. 笞刑、杖刑、流刑、遣刑、死刑

13. 清末司法改革过程中为应对程序性法律规范急缺的局面，而颁布实施的第一部法律是（　　）。

A. 各级审判厅试办章程

B. 大理院审判编制法

C. 民事诉讼律

D. 刑事诉讼律

14. 清政府制定的中国法制史上首部具有近代宪法意义的宪法性文件是（　　）。

A. 资政院院章

B. 钦定宪法大纲

C. 重大信条十九条

D. 议院法要领

15. 下列哪一个法律文件是中国近现代历史上第一部宪法性文件？(　　)（司考 2008.1.13）

A.《宪法重大信条十九条》

B.《钦定宪法大纲》

C.《中华民国约法》

D.《中华苏维埃共和国宪法大纲》

16. 关于《大清新刑律》，下列哪一选项是错误的？(　　)（司考 2008.1.8）

A.《大清新刑律》是中国刑法史上第一部具有近代意义的法典

B.《大清新刑律》规定刑罚分主刑、从刑

C.《大清新刑律》的内容完全属于资本主义刑法性质的内容

D.《大清新刑律》于 1911 年公布，但没有实施

17. 中国法制近代化经历了曲折的渐进过程，贯穿着西方法律精神与中国法律传统的交汇与碰撞。关于中国法制近代化在修律中的特点，下列哪一选项是不正确的？(　　)（司考 2010.1.14）

A. 1910 年《大清民律草案》完成后，修律大臣俞廉三上陈奏进民律前三编草案折，认为民律修订仍然没有超出“中学为体，西学为用”的思想格局

B. 1911 年《大清新刑律》作为中国第一部近代意义的专门刑法典，在吸纳近代资产阶级罪刑法定等原则的同时，仍然保留了部分不必科刑的民事条款

C. 1910 年颁行的《法院编制法》规定，国家司法审判实行四级三审制

D. 1947 年颁行的《中华民国宪法》，所列各项民主自由权利比以往任何宪法性文件都充分

18. 1903 年 5 月 1 日，在上海英租界发行的《苏报》刊载邹容的《革命军》自序和章炳麟的《客帝篇》，公开倡导革命，排斥满人。5 月 14 日，《苏报》又指出：《革命军》宗旨专在驱除满族，光复中国。清廷谕令两江总督照会租界当局严加查办，于 6 月底逮捕章炳麟，不久，邹容自动投案。由谳员孙建臣、上海知县汪瑶庭、英国副领事三人组成的审判庭对邹容等人进行审理，最后判处章炳麟徒刑三年，邹容徒刑两年。对这一案件

的说法，下列哪一选项是正确的？（　　）（司考 2009.1.15）

A. 这表明清廷实行公开审判原则

B. 这表明外国人在租界内对中国司法裁判权的直接干涉

C. 这表明外国人在租界内的领事裁判权受到了限制

D. 这表明清廷变法修律得到了国际社会的承认

19. 武昌起义爆发后，清王朝于 1911 年 11 月 3 日公布了《宪法重大信条十九条》。关于该宪法性文件，下列哪一说法是错误的？（　　）（司考 2014.1.19）

A. 缩小了皇帝的权力

B. 扩大了人民的权利

C. 扩大了议会的权力

D. 扩大了总理的权力

20. 清末修律时，修订法律大臣俞廉三在“奏进民律前三编草案折”中表示：“此次编辑之旨，约分四端：（一）注重世界最普通之法则。（二）原本后出最精确之法理。（三）求最适于中国民情之法则。（四）期于改进上最有利益之法则。”关于清末修订民律的基本思路，下列哪一表述是最合适的？（　　）（司考 2013.1.17）

A. “西学为体，中学为用”

B. “中学为体，西学为用”

C. “坚持德治，排斥法治”

D. “抛弃传统，尽采西说”

21. 1906 年 9 月，清廷发布《宣示预备立宪谕》，将立宪指导原则确立为（　　）。[2016 年法硕（非法学）真题]

A. “浑道德与法律于一体”

B. “中外通行，有裨治理”

C. “大权统于朝廷，庶政公诸舆论”

D. “折中世界各国大同之良规，兼采近世最新之学说”

22. 在清末变法修律中，法理派和礼教派围绕《大清新刑律》等法典的修订原则产生了激烈争论，学界称之为“礼法之争”。下列选项中，法理派的主要代表人物是（　　）。[2017 年法硕（非法学）真题]

A. 张之洞　　　　B. 劳乃宣

C. 刘坤一　　　　D. 沈家本

二、多项选择题

1. 清末外国在华领事裁判权制度中设有一种特殊的审判机构，即“会审公廨”。下列关于这一机构的表述哪些是正确的？（　　）（司考 2003.1.36）

A. 会审公廨是 1864 年清廷与欧洲列强协议建立的

B. 在会审公廨中，凡涉及外国人的案件，必须有领事官员参加会审

C. 在会审公廨中，凡中国人与外国人间的诉讼案，由本国领事裁判或陪审

D. 会审公廨设在租界内

2. 1911 年起草的《大清民律草案》由（　　）组成。

A. 总则　　　　B. 物权篇

C. 债权篇　　　　D. 亲属篇

E. 继承篇

3. 清末立法中编纂的几部诉讼法草案是（　　）。

A. 民事诉讼律草案

B. 行政诉讼律草案

C. 刑事民事诉讼律草案

D. 刑事诉讼律草案

E. 刑事行政诉讼律草案

4.《大理院审判编制法》规定，京师地区实行四级三审制，四级审判机构分别为（　　）。

A. 城谳局

B. 乡谳局

C. 城内外地方审判厅

D. 京师高等审判厅

E. 大理院

5.《钦定宪法大纲》的内容包括（　　）。

A. 总纲

B. 君上大权

C. 国家机构

D. 臣民权利义务

E. 地方制度

6. 下列关于中国古代法制思想和法律制度的说法，哪些是正确的？（　　）
A. “礼法结合”为中国古代法制的基本特征
B. 夏商时代的法律制度明显受到神权观念的影响
C. 西周的“以德配天，明德慎罚”思想到汉代中期以后被儒家发挥成为“德主刑辅，礼刑并用”的策略
D. 清末修律使中华法系“依伦理而轻重其刑”的特点没有受到冲击

7. 关于中国法律制度的发展和演进，下列哪些表述是正确的？（　　）（司考 2009.1.57）
A. 商鞅“改法为律”扩充了法律内容，强调了法律规范的普遍性
B. 汉武帝顺应历史发展废除肉刑进行刑制改革，为建立封建刑罚制度奠定了重要基础
C. 三国两晋南北朝时期更广泛、更直接地把儒家的伦理规范上升为法律规范，使礼、法在更大程度上实现融合
D. 清末变法修律基本上是仿效外国资本主义的法律形式，固守中国的封建法制传统

8. 关于中国古代诉讼、审判制度的说法，下列哪些选项是正确的？（　　）（司考 2009.1.58）
A. 西周时期“听讼”为审理民事案件，“断狱”为审理刑事案件
B. 唐代县以下乡官、里正对犯罪案件具有纠举责任，对轻微犯罪与民事案件具有调解处理的权力
C. 明代的大审是一种会审制度，每三年举行一次
D. 清末改大理寺为大理院，为全国最高审判机关

9. 关于清末变法修律，下列哪些选项是正确的？（　　）（司考 2011.1.57）
A. 在指导思想上，清末修律自始至终贯穿着“仿效外国资本主义法律形式，固守中国封建法制传统”的原则
B. 在立法内容上，清末修律一方面坚行君主专制体制和封建伦理纲常“不可率行改变”，另一方面标榜“吸引世界大同各国之良规，兼采近世最新之学说”
C. 在编纂形式上，清末修律改变了传统的“诸法合体”形式，明确了实体法之间、实体法与程序法之间的差别，形成了近代法律体系的雏形
D. 在法系承袭上，清末修律标志着延续几千年的中华法系开始解体，为中国法律的近代化奠定了初步基础

三、不定项选择题

1. 下列有关清末制定的刑事法典的表述何者为正确？（　　）
A. 清末刑法典修订的成果是《大清律例》和《大清新刑律》
B.《大清新刑律》结构分总则和分则两篇，后附《暂行章程》
C.《大清新刑律》完成前的过渡性法典为《大清现行刑律》
D.《大清律例》是中国历史上第一部近代意义上的专门刑法典

2. 对于刑事案件，（　　）首先规定了以检察官公诉为主的起诉原则。
A. 大理院审判编制法
B. 各级审判厅试办章程
C. 法院编制法
D. 刑事诉讼律草案

3. 清末司法改革过程中颁布实施的大量法律有（　　）。
A. 大理院审判编制法
B. 各级审判厅试办章程
C. 民事诉讼律
D. 刑事诉讼律
E. 法院编制法

四、名词解释

1. 会审公廨
2. 领事裁判权（中国人民大学 2005 年考研真题）

3.《宪法重大信条十九条》
4. 资政院
5.《大清现行刑律》（华东政法大学 2009 年考研真题）
6. “存留养亲”
7. “子孙违反教令”
8.《大清新刑律》（西北政法大学 2015 年考研真题、中国人民大学 2005 年考研真题）
9.《钦定宪法大纲》（复旦大学 2015 年考研真题）
10. 法理派（南京大学 2006 考研真题）

五、简答题

1. 简述清末的立宪活动。
2. 清末的司法机构进行了哪些改革？
3. 简述清末制定民律草案的基本原则及其对法典产生的影响。
4. 简述清末商事立法的主要特点。
5. 简述清朝签订的一系列不平等条约对清末法制的影响。
6. 简述清末修律的特点。（华东政法大学 2006 年考研真题）
7. 简述大清新刑律的特点。（华东政法大学 2017 年考研真题）

六、论述题

1. 试述领事裁判权制度的确立给中国司法及社会带来的影响。
2. 试述沈家本与清末的礼法之争。（中山大学 2009 年考研真题、中南财经政法大学 2007 年考研真题）
3. 试述清末诉讼审判制度确立的新原则和新制度。
4. 论述清末领事裁判权的特征。（中国人民大学 2007 年考研真题）
5. 简述从夏商到清末“五刑”制度的演化过程。（中南财经政法大学 2006 年考研真题）

七、分析题

《中英五口通商章程》中规定：“英人华民交涉词讼，英领事有权‘查察’‘听讼’，其人如何科罪，由英国议定章程、法律，发给管事官（即领事）照办。”

《虎门条约》中规定，英国人违背禁约，“擅到内地远游者”，也要交“英国管事官依情处罪”，中国人“不得擅自殴打伤害，致伤和好”。

试分析上述材料。

参考答案

一、单项选择题

1. 答案：D。《大清民律草案》，基本思想为“中学为体，西学为用”；其中总则、债、物权三编，由松岗正义等人仿照德国、日本的民法典草拟而成；亲属、继承二编由修订法律馆会同礼学馆起草。在《大清民律草案》完成后仅两个多月，辛亥革命武昌起义爆发，清王朝的腐败统治随即迅速崩溃。因此，这部草案并未正式颁行。故 ABC 项正确，D 项错误。

2. 答案：D。清末“预备立宪”。关于 A 选项，《钦定宪法大纲》是中国近代史上第一部宪法性文件，但它并没有确立资产阶级民主共和国的国家制度，该制度是由《中华民国临时约法》所确立的，故 A 选项错误。关于 B 选项，《十九信条》形式上缩小了皇帝的权力，相对扩大了议会和总理的权力，但仍强调皇权至上，故 B 选项错误。关于 C 选项，资政院是清末“预备立宪”时期设立的中央咨询机构，并不是国家议会，故 C 选项错误。关于 D 选项，谘议局是清末设立的地方咨询机关，1909 年开始在各省设立，其权限包括讨论本省兴革事宜、预决算、选举资政院议员、申复资政院或本省督抚的咨询等。因此 D 选项正确。

3. 答案：C。谘议局与资政院分别是地方和中央的咨询机构，不是议会，《中华民国临时约法》上的参议院有立法权，是议会。

4. 答案：C。清末的商事立法，大致可以分为前后两个阶段：1903—1907 年为第一阶段；1907—1911 年为第二阶段。在第一阶段，商事立法主要由新设立的商部负责；在第二阶段，主要商事法典改由修订法律馆主持起草，故C项正确。《钦定大清商律》是清朝第一部商律，包括《商人通例》和《公司律》，不包括《破产律》，故A项错误。清廷制定商律，乃形势所迫，是一种被动的、被迫的立法活动，并非工商政策的变革，故B项错误。清末修律成果包括《大清现行刑律》《大清新刑律》《大清商律草案》《大清民律草案》及诉讼法律、法院编制法等，不包括《大清律例》，《大清律例》是中国历史上最后一部封建成文法典，于乾隆五年完成，故D项错误。

5. **答案**：B。1902年，清廷下令设立主持修律的专门机构——修订法律馆，以沈家本、伍廷芳为修订法律大臣。

6. **答案**：C。清末诉讼制度的改革，主要是引进了一系列西方近代诉讼原则和具体制度。在审判案件方面，实行四级三审制。

7. **答案**：A。领事裁判权，又称“治外法权”，正式确定于《中英五口通商章程及其税则》，随后在《中美望厦条约》中，扩大了领事裁判权的范围。这是西方列强在迫使中国订立不平等条约中所规定的一种司法特权。

　　1864年清廷与英、美、法三国驻上海领事协议主要规定的是“会审公廨”。

　　综上所述，A项应选。

8. **答案**：C。清末的司法体制变革是：将大理寺改为大理院，作为全国最高审判机关，在地方分别设立各级审判厅作为审判机构；改刑部为法部，专掌全国司法行政事务，不再承担任何审判职能，以示将行政和司法分立。在各级审判厅内设置相应的检察厅，实行审检合署制度，故C是错的。

9. **答案**：A。《大清现行刑律》只是在形式上对《大清律例》稍加修改，主要变化包括：对纯属民事性质的条款不再科刑；废除了一些残酷的刑罚手段，如凌迟；增加了一些新罪名，如妨害国交罪等，故A项正确。《大清新刑律》是中国历史上第一部近代意义上的专门刑法典，但仍保持着旧律维护专制制度和封建伦理的传统，故B项错误。清末司法机关的变化有：改刑部为法部，掌管全国司法行政事务；改大理寺为大理院，为全国最高审判机关；实行审检合署。同时，实行四级三审制，故CD项错误。

10. **答案**：B。B项应选，《大清新刑律》是中国历史上第一部采用西方资产阶级刑法典的编排体例、刑法原则及法律术语，具有现代意义的刑法典。其于1911年1月25日正式公布，但并未真正执行。

　　AD两项不选，《大清现行刑律》于1910年5月15日颁行，是清政府在《大清律例》的基础上加以增删，作为《大清新刑律》完成前的一部过渡性法典，其基本内容也是秉承旧律例，只是在形式上对《大清律例》稍加修改，在表现形式和内容上都不能说是一部近代意义的专门刑法典。

　　C项不选，《大清刑事诉讼律草案》是沈家本等人在《大清刑事民事诉讼法》遭否决后起草的诉讼法草案，于1910年年底完成，且均系仿德国诉讼法而成，但均未颁行。

11. **答案**：A。A项应选，《钦定大清商律》是清朝第一部商律，于1904年1月（清光绪二十九年十二月）奏准颁行。

　　D项不选，《大清民律草案》于1911年8月完成，不久清王朝即被推翻，故该草案未被正式颁布施行。《大清民律草案》分为：总则、债、物权、亲属、继承五编，其中，总则、债、物权三编由松岗正义等人仿照德、日民法典的体例和内容草拟而成，吸收了大量的西方资产阶级民法的理论、制度和原则，而亲属、继承两编则带有浓厚的封建色彩，保留了许多封建法律的精神。

12. **答案**：C。

13. **答案**：A。

14. **答案**：B。

15. **答案**：B。清朝宪政编查馆于1908年8月颁布了《钦定宪法大纲》，是中国近代史上第一个宪法性文件。

16. **答案**：C。《大清新刑律》是清廷于1911年1月25日公布的中国历史上第一部近代意义上的专门刑法典，但仍然保持着旧律维护专制制度和封建伦理的传统，可见《大清新刑律》并不是完全属于资本主义刑法性质的内容。该刑律公布后并没有真正施行。《大清新刑律》抛弃了旧律诸法合体的编纂形式，以罪名和刑罚等专属刑罚范畴的条文作为法典的唯一内容。在体例上抛弃了旧律的结构，将法典分为总则和分则。确立了新的刑罚制度，规定刑罚分为主刑、从刑。采用了一些诸如罪刑法定原则和缓刑制度等近代西方资产阶级的刑法原则和刑罚制度。

17. **答案**：B 。《大清新刑律》抛弃了旧律诸法合体的编纂形式，以罪名和刑罚等专属刑法范畴的条文作为法典的唯一内容。

18. **答案**：B。领事裁判权体现的是外国侵略者在强迫中国订立的不平等条约中所规定的司法特权，是对我国司法裁判权的直接干涉，其限制的是我国的司法审判权。

19. **答案**：B。《宪法重大信条十九条》（以下简称《十九信条》）形式上被迫缩小了皇帝的权力，相对扩大了议会和总理的权力，但仍强调皇权至上，且对人民权利只字未提，故 B 项表述错误。

20. **答案**：B。清末变法修律自始至终贯穿着“仿效外国资本主义法律形式，固守中国法制传统”的方针。因此，借用西方近现代法律制度的形式，坚持中国固有的专制制度内容，即成为统治者变法修律的基本宗旨。由题意可知，修订民律的基本思路，仍然没有超出“中学为体，西学为用”的思想格局，故 B 项正确。

21. **答案**：C。1906 年 9 月 1 日清廷发布的上谕，对预备立宪的基本指导思想作了明确的设定，即“大权统于朝廷，庶政公诸舆论”，意即国家大权仍由以君主为首的政府掌控，对不甚重要的政务，可由民众参与。B 项为清末修律的指导思想。AD 两项为沈家本在阐述清末修律指导思想时提出的具体观点。

22. **答案**：D。礼法之争，是指在清末变法修律过程中，以张之洞、劳乃宣为代表的“礼教派”与以修订法律大臣沈家本为代表的“法理派”，围绕《大清新刑律》等新式法典的修订原则产生的理论争执。AB 两项，张之洞、劳乃宣是礼教派代表，认为修订新律应“浑道德与法律于一体”，尤不应偏离中国数千年相传的“礼教民情”。D 项，沈家本、杨度等人是法理派的代表，主张大力引进西方近代法律理论与制度。

二、多项选择题

1. **答案**：BCD。是清廷与英、美、法三国驻上海领事协议在租界内设立的特殊审判机关。凡涉及外国人的案件，必须由领事官员参加会审；凡中国人与外国人间的讼案，由本国领事裁判或者陪审，甚至租界内纯属中国人之间的诉讼也由外国领事观审并操纵判决，故 BCD 正确。

2. **答案**：ABCDE。

3. **答案**：ACD。

4. **答案**：ACDE。

5. **答案**：BD。

6. **答案**：ABC。从文献记载来看，夏朝的立法指导思想是“恭行天罚”的神权法思想，而商代则将这种“天讨”“天罚”的神权法思想发展到了高峰。中国古代人重视祭祀，一开始就将神权与族权紧密结合起来，产生了“礼”。到了西周，统治者把“礼治”和刑罚镇压相结合，形成了“以德配天，明德慎罚”的立法指导思想。汉代以后，这一主张被儒家发挥成“德主刑辅，礼刑并用”的基本策略，从而为以“礼法结合”为特征的中国传统法制奠定了理论基础。而清末的修律，使中华法系“依伦理而轻重其刑”的特点受到了极大的冲击。由此可知，故本题的答案为 ABC。

7. **答案**：ACD。商鞅的“改法为律”强调法律规范的普遍性，具有“范天下不一而归于一”的功能。“改法为律”，是在法律观念上的又一进步。选项 B 是汉文帝废肉刑。

8. **答案**：ABD。西周时期的“狱”与“讼”。民事案件称为“讼”，刑事案件称为“狱”，审理民事案件称为“听讼”，审理刑事案件叫作“断狱”。唐代地方司法机关仍由行政长官兼理。州县长官在进行司法审判时，均设佐史协助处理。州一级设法曹参军或司法参军，县一级设司法佐、史等。县以下乡官、里正对犯罪案件具有纠举责任，对轻微犯罪与民事案件具有调解处理的权力，结果须呈报上级。明代的大审是每五年一次。清末司法机关的变化：改刑部为法部，掌管全国司法行政事务；改大理寺为大理院，为全国最高审判机关；实行审检合署。

9. **答案**：ABCD。清末变法修律的主要特点：(1) 在立法指导思想上，清末修律自始至终贯穿着"仿效外国资本主义法律形式，固守中国封建法制传统"的原则。(2) 在立法内容上，清末修律表现出封建专制主义传统与西方资本主义法学最新成果的奇怪混合：一方面，坚行君主专制体制和封建伦理纲常"不可率行改变"；另一方面，标榜"吸引世界大同各国之良规，兼采近世最新之学说"。(3) 在法典编纂形式上，清末修律改变了传统的"诸法合体"形式，明确了实体法之间、实体法与程序法之间的差别，形成了近代法律体系的雏形。(4) 它是统治者为维护其摇摇欲坠的反动统治，在保持君主专制政体的前提下进行的，因而既不能反映人民群众的要求和愿望，也没有真正的民主形式。

   清末变法修律的主要影响：(1) 清末修律标志着延续几千年的中华法系开始解体。(2) 清末变法修律为中国法律的近代化奠定了初步基础。(3) 清末变法修律是中国历史上第一次全面系统地向国内介绍和传播西方法律学说和资本主义法律制度，使得近现代法律知识在中国得到一定程度的普及，促进了部分中国人的法治观念的形成。(4) 清末变法修律在客观上有助于推动中国资本主义经济的发展和教育制度的近代化。

   由上可知，ABCD均表述正确。

三、不定项选择题

1. **答案**：BC。《大清律例》是清朝乾隆年间开始制定的，是中国历史上一部规模宏大的法典，但中国历史上第一部近代意义上的专门刑法典是《大清新刑律》，选项A和D错误。《大清现行刑律》是清政府公布的一部过渡性的刑法典，以缓和国内对改革刑法的呼声，其后制定的《大清新刑律》分为总则和分则，共五十三章，另附有《暂行章程》五条，故选项BC正确。
2. **答案**：B。
3. **答案**：ABE。

四、名词解释

1. **答案**：会审公廨是清末中国地方官与列强领事馆就中国人与外国侨民之间发生的争讼进行会审的机构。1864年后，先后于上海、汉口、哈尔滨、厦门鼓浪屿等地设立。根据列强与清政府签订的有关协议，会审公廨设立于各国在中国的租界内，名义上是中国司法机构在租界内的分支机构，由中国政府派员主持审判，并适用中国法律，但在实质上，不仅直接与外国人有关的华洋案件，外国领事有权参加，就是无约国侨民之间的诉讼以及外国人雇用中国人的诉讼，外国领事也可参与会审。名为会审，实则由外国领事一手把持。会审公廨的设立使得中国司法主权受到极大损害。
2. **答案**：通常所谓领事裁判权，即"外国在华领事裁判权"的简称，是以英国为首的西方列强在强迫中国与之订立的不平等条约中规定的一种司法特权。依照这种特权，凡在中国享有领事裁判权的国家，其在中国的侨民不受中国法律的管辖，不论其发生何种违背中国法律的违法或犯罪行为，或成为民事刑事诉讼当事人时，中国司法机关都无权裁判，只能由该国领事，或由其设在中国的司法机构依据其本国法律裁判，故领事裁判权也称"治外法权"。
3. **答案**：1911年10月10日，发生了辛亥革命，各省纷纷响应，宣布独立。立宪派和一些手握重兵的将领上书、兵谏，敦促立即公布宪法、召开国会。在内外压力下，清廷令资政院迅速草拟宪法，仅用三天时间便制定和通过了《宪法重大信条十九条》（以下简称《十九信条》），于1911年11月3日公布。《十九信条》与《钦定宪法大纲》相比，在体例和内容上均有不同。一是采用英国式的“君主共和”的责任内阁制。二是形式上限制了皇权，扩大了议会权力。规定皇权以宪法明定者为限。皇帝继承顺序由宪法规定。宪法由资政院起草决议，皇帝颁行。宪法修正提案权归国会。总理大臣由国会公选，皇帝任命。皇帝直接统海陆军，但对内使用，须依国会决议之特别条件。国际条约非经国会决议，不得缔结。三是其属临时宪法。《钦定宪法大纲》仅是清廷对立宪要求的一个许诺，以此作为九年以后制定宪法的准则。而《十九信条》则已成为一种临时宪法，具有宪法性质。但《十九信条》仍以“大清帝国之皇帝万世不易”“皇帝神圣不可侵犯”为基本精神，对人民的民主权利只字未提。《十九信条》最终也没能挽救清廷的厄运。

4. **答案**：“资政院”是清政府在清末“预备立宪”过程中设立的中央“咨询机关”，于1910年设立。同“谘议局”一样，资政院的筹备工作也开始于1907年。资政院可以“议决”国家的预决算、税法及公债，议定宪法以外的新法典及法律修改事件及其他“奉特旨交议事件”，但是资政院的一切决议，须会同军机大臣或各部行政大臣具奏，“请旨裁定”。而且皇帝可以特旨谕令的形式令资政院停会，乃至散会。资政院的议员分“钦定”和“民选”两部分。所谓“钦定”包括以下七类人：宗室王公世爵；满汉世爵；外藩（蒙回藏）王公世爵；宗室觉罗；各部、院衙门官四品以下、七品以上者，但审判官、检察官及巡回官不在此列；硕学通儒；纳税多额者。很显然，“钦定”议员大部分是宗室王公、高官显贵。“民选”议员则是由各省谘议局议员“互选”产生，但最后要由各省督抚“圈定”。可见，这种“资政院”只不过是奉旨办事的御用机构，而根本不是近现代意义上的国家议会。

5. **答案**：1904年5月15日，修订法律馆开馆办公，着手对《大清刑律》进行删改、修并、编纂，以此作为一部在新刑律颁行以前的过渡性法律。“预备立宪”诏令颁行后，修订《大清律例》被纳入《钦定逐年筹备事宜清单》。1908年修订完成，定名《大清现行刑律》，分三十门，计三百九十八条，附例一千三百二十七条，以及《禁烟条例》十二条、《秋审条例》一百六十五条，于1910年5月15日公布施行。该律虽在《大清律例》的基础上修订而成，篇目、内容仍不脱旧律窠臼，但作为近代社会产物，已具有过渡性法典的性质。主要表现为：第一，该律名为《刑律》。封建法典一般称律，如《唐律》《大明律》《大清律》等。《大清现行刑律》则以“刑律”为名。这显然是受西方近代法学理论的影响。第二，取消《大清律例》中按吏、户、礼、兵、刑、工六部称呼名称而设的六律总目，现行刑律篇目，自名例至河防分三十门三十六卷。这是新旧法典体例折中的结果。第三，改革刑罚，废除凌迟、枭首、戮尸、缘坐、刺字等酷刑（当然，仅仅是条文规定上如此）。第四，废除过时法条，增加新罪名。

6. **答案**：“存留养亲”制度是传统法律中的一项重要制度。一般而言，“存留养亲”多适用于独子斗殴杀人案件。在此类案件中，若有“亲老丁单”，即凶犯系家中独子、父母年老有病、家中又无其他男丁的情形下，考虑到其父母年老无人奉养，又无其他男丁继承宗嗣，经有关部门代为申请，得到皇帝特许以后，可免其死罪，施以一定刑罚后，令其回家“孝养其亲”。自南北朝时成为定制以后，围绕“存留养亲”的条件、限制等问题，各代形成了一整套制度。长期以来，“存留养亲”一直被视为仁政的一种表现。沈家本等人认为：“古无罪人留养之法”，而且嘉庆六年上谕中也明白表示过：“是承祀、留养，非以施仁，实以长奸，转以诱人犯法。”因此，“存留养亲”不编入新刑律草案，“似尚无悖于礼数”。礼教派认为，“存留养亲”是宣扬“仁政”、鼓励孝道的重要方式，不能随便就排除在新律之外。

7. **答案**：“子孙违反教令”是传统法律中一条针对子孙卑幼“不听教令”，弹性很大的条款。只要子孙违背了尊长的意志、命令，即可构成此罪名。隋唐以后，各代法律都有此罪条，给予违反父母、尊长意志的子孙惩罚。清律之中，除规定子孙违反教令处以杖刑外，还赋予尊长“送惩权”，即对于多次触犯父母尊长者，尊长可以直接将其呈送官府，要求将其发遣。礼教派认为，这样“子孙之罪之权，全在祖父母、父母，实为教孝之盛轨”。法理派则认为“违反教令出乎家庭，此全是教育上事，应别设感化院之类，以宏教育之方。此无关于刑事，不必规定于刑律之中”。

8. **答案**：《大清新刑律》是清政府于1911年1月25日（清宣统三年）公布的一部专门刑法典，也是中国历史上第一部近代意义上的专门刑法典。《大清新刑律》采用资产阶级的刑法体例、刑罚制度和刑法原则。在刑法体例方面，分总则、分则两编，共五十三章，四百一十一条，另附有“暂行章程”五条。在刑罚制度方面分主刑、从刑两种，主刑包括死刑、无期徒刑、有期徒刑、拘役、罚金；从刑包括褫夺公权和没收。在刑法原则方面，采用了资产阶级的“罪刑法定主义”。由于时势所迫，清政府在修订新刑律时，虽然在许多根本性问题上有所保留，但仍在法典的编纂形式上做了较大的改变。

9. **答案**：1908年8月清政府迫于资产阶级民主革命派的威胁，同时为了敷衍立宪派关于召开国会的请愿，颁布《钦定宪法大纲》。共二十三条，分正文“君上大权”和附录“臣民权利义务”两部分，保留了君主专制的许多特权，在形式上给予人民言论等权利，但必须在法律范围以内，而且皇帝有权随时颁布诰令予以剥夺。该大纲以确保封建专制主义的统治秩序为目的，用宪法的形式把封建皇帝的特权加以确认，同时给君主专制制度披上了合法的外衣。

10. **答案**：法理派，是指清末修律过程中主张适当采用西方法律理论与制度改造中国传统法律的派别，其与修律过程中产生的礼教派相对立。法理派的代表人物是清朝廷主持修律的大臣伍廷芳、沈家本。

修订法律大臣沈家本等人，主张中国应该大幅度地引进西方近现代的法律理论与观念，运用“国家主义”等政治法律理论来改革中国旧有的法律制度。在修订《大清新刑律》《大清民事刑事诉讼律》过程中，沈家本主持的修订法律馆经常运用西方国家的“通行法理”来对抗保守派的攻击，因而被称为“法理派”。最终，修律以法理派与礼教派各有妥协而宣告结束，但在法理派的努力下，引进了西方资产阶级的一些法律原则和制度，中国传统法律“以刑为主，诸法合体”的结构最终被打破，相沿了两千年之久的正统法律思想开始瓦解。

五、简答题

1. **答案**：首先，清末立宪是在一个特殊的政治社会背景下展开的。从实施主体来看，实施立宪的清政府对立宪的接受程度是有条件的，即必须将有关立宪的一切操作控制在其手中。从历史背景来看，在立宪派和地方实派的双面夹击之下，清政府选择立宪是迫不得已的无奈之举。清政府的立宪及相关改革出于挽救民族危机和挽救社会危机的动机。鸦片战争后，清政府渐渐认识到与世界列强相比，国力已处于绝对弱势。

其次，尽管清末立宪活动处于清政府的严密控制之中，但君主与国民均需遵守宪法的规定，仍使清最高统治者对传统皇权的动摇感到不安与惶惑，使清最高统治者始终处于变革力量的对立面，始终处于社会各种矛盾的焦点，不能充分发挥政府在社会变革中的主导作用。

最后，从本质上来看，预备立宪作为清政府反对革命，拉拢立宪派的政治手段，体现了维系皇权的本质。但从对专制政治的否定而言，清政府第一次将宪、议会引进中国政治之中，从而表明，皇帝的权力必须得到宪法的肯定，皇帝的行为必须符合宪法。从此，专制制度在中国失去了存在的合法性，宪法的至高无上性为中国社会所接受。这在中国政治发展史上是一次巨大的飞跃。

2. **答案**：清末从中央到地方，按照司法与行政分立的原则进行了一系列的改革。具体表现在：

（1）在中央，进行了机构改革。刑部改为法部，为全国最高司法行政机关，不再兼理审判；大理寺改为大理院，为全国最高审判机关，有统一解释法律的权力。在大理院内设总检察厅，作为最高检察机关，独立行使检察权，取代了自明代以来的都察院。

（2）在地方，司法机构的改革与设置按照四级三审制的模式展开。京师地方审判机构由城（乡）谳局、地方审判厅、高等审判厅和大理院四级组成。各省地方审判机构由初级审判厅、地方审判厅和高等审判厅组成，并在各级审判厅内设初级、地方、高等检察厅。另将各省按察使改名为提法司，作为地方司法行政机关。

3. 答案：清末民律草案的制定由修订法律馆与礼学馆共同承担。民律的起草原则有以下三个方面：第一，采纳各国通行的民法原则；第二，以最新、最合理的法律理论为指导；第三，充分考虑中国特定的国情民风，确定最适合中国风俗习惯的法则，并适应社会演进的需要。

这些原则对民律草案的内容产生了重要的影响，主要表现在以下两个方面：

（1）民律前三编以“模范列强”为主。民律前三编在起草者松岗正义的影响下，这些内容主要以西方各国通行的民法理论和原则为依据，对中国旧有习惯未加参酌，因而体现出明显的资产阶级民法的特征。

（2）民律后两编“以固守国粹为主”。根据民律草案的起草原则，所有涉及亲属关系以及与亲属关系相关联的财产关系，均以中国传统为主。立法者具体提出这两编主要参照现行法律、经义和道德。因此虽然也采纳了一些资产阶级的法律规定，但更多的是注重吸收中国传统社会历代相沿的礼教民俗。

《大清民律草案》从整体上来说，由于急功近利，一味强调对最先进民法理论和立法成果的吸收，故而在许多方面与中国实际严重脱节。就法典本身来说，《大清民律草案》不是一部成熟的法律草案，但作为中国历史上第一部民法典，对以后的民事立法产生了深远的影响。

4. 答案：清末商事立法的主要特点有以下三点：

（1）以“模范列强”“博稽中外”为立法原则。一方面，商事法典的制定从体例到内容，模仿德、日、英等资本主义国家的商法。另一方面，商法在内容上注意吸收和反映中国传统的商事习惯。在《破产律》中，尤重对传统商事习惯的采纳，在诸多方面沿袭了中国习惯。

（2）在法典编纂结构和立法技术上，充分体现照顾商事活动的简便性及敏捷性的要求，以宽为主。在吸收各国商法和中国商事习惯的基础上，采取了与商为便的一系列规定，如对公司设立采取法定许可制度，允许公司变更其类型等，在客观上有利于鼓励私人投资近代企业。

（3）带有传统社会封建残余和半殖民地法律的烙印，如对妇女经商能力进行了限制，各主要商律对外国公司均无规定等。

5. 答案：清末，不平等条约对清末法制的影响，可分为两个阶段：从1840年鸦片战争到1901年清下诏变法前，表现为间接影响；从1901年至清亡，不平等条约从内容到形式对清末法制产生了深刻影响。

（1）间接影响。不平等条约对清末法制的间接影响主要表现在如下三个方面：第一，在经济上，不平等条约使中国传统的农业自然经济结构发生了剧变。第二，在政治上，新出现的各种社会关系要求有相应的法律规范予以调整。为挽救危亡，清政府不得已宣布变法。第三，在思想上，西方资产阶级近代法律和法学随着列强商品倾销与资本输入传入中国，对清末的思想界产生了启蒙的作用。

（2）直接影响。不平等条约对清末法制的直接影响主要有以下两个方面：第一，不平等条约中的相关规定在清末法律中有所反映。根据不平等条约而产生的领事裁判权在《大清刑事民事诉讼法草案》中也予以确认，并且在《大清民律草案》中以法律维护外国社团法人的特殊地位。第二，不平等条约是清末修律的直接诱因与催化剂。这些法律条款，充分暴露了清末半殖民地法的性质。

6. **答案**：与传统封建法律制度相比较，清末修律的特点在于：

第一，打破了“以刑为主，诸法合体”的封建法律传统。清末修律中先后翻译世界各国数十种法典、法规，以此为模本，起草制定了一批新的法律法规，建立起了诸法分立的部门法体制。古老的中华法系宣告解体，中国近代法律体系开始形成。

第二，更新法律制度和原则。在废除了“十恶”、“八议”、依服制定罪、良贱差别、满汉差别等封建法律原则后，吸收西方最新的法律学说，引进各国通行的法律和制度，并使其在法典中占据主导地位。

第三，改变重农抑商的传统。法律开始允许与鼓励资本主义经济的存在与发展，承认并保护民营工商业。民律草案还第一次对私有权作了全面规定，即所有权人得于法律的范围内自由占有、使用、收益、处分其所有物，他人不得妨害。

第四，既确认和维护列强在华权益，又保留了部分封建法律传统。如《民律草案》确认外国法人的特殊地位，而对封建传统内容的顽固保留，比较集中地体现在刑法、民法等法典草案中，特别是《新刑律》后面所附的《暂行章程》五条和《民律草案》中的亲属、继承两编。

7. **答案**：《大清新刑律》以“中外通行，有裨治理”为指导思想，与封建旧律相比较，具有比较浓厚的资本主义色彩。其主要特点是：(1) 体例上打破了几千年来诸法合体的传统法典形式，成为中国历史上第一部专门刑法典。(2) 采用西方近代刑罚体系，将刑罚分为主刑和从刑。(3) 引进西方近代刑法原则、制度和术语。(4) 废除、新增、调整一系列罪名。

六、论述题

1. **答案**：清末列强通过一系列不平等条约在中国建立了领事裁判制度，领事裁判权成为各列强干涉中国内政、操纵中国司法的重要手段，给中国带来了一系列的恶果。

第一，领事裁判权严重破坏了中国的司法主权。鸦片战争前，中国作为一个领土完整、主权独立的国家，从唐时起直至明清止，在对外国的司法管辖方面一直行使着完整的司法主权。从唐律到清律，均有对于外国人在中国境内的司法管辖的规定。根据这些规定，来中国的外国人，必须遵守中国政府的法律、法令；同时，他们的合法权益也受中国政府的保护。外国人在中国领土上发生的犯罪行为，或外国人与中国人之间，或外国人之间发生诉讼纠纷时，都必须服从中国司法机关的裁判。而领事裁判权不仅使中国的司法机关对于涉外案件无权管辖，而且在中国领土上允许外国司法机关行使权力，并执行外国法律，结果中国竟出现“外人不受中国之刑章，而华人反就外国之裁判”的怪现象。

第二，领事裁判权是外国侵略者在中国逞凶肆暴、走私贩毒的护身符。由于有了领事裁判权这一保护伞，外国侵略者在中国杀人越货、横行无忌，鸦片商人亦大肆走私，胡作非为，中国法律却不能对之加以制裁。在外国侵略者眼中，中国被看作冒险家的乐园，这极大地损害了中国人民的利益。

第三，领事裁判权成为列强侵害中国人民生命财产、镇压中国人民革命运动的工具。1903 年苏报案中，著名革命家章太炎、邹容就遭到上海租界巡捕房的逮捕、会审公廨的审判和西牢的监禁，邹容被残酷折磨至死。

外国领事裁判权，是帝国主义统治和奴役中国人民的司法工具，是套在中国人民身上的一副沉重的枷锁。

2. **答案**：首先，清末“礼法之争”的内容是：清末礼法之争，是在变法修律过程中，以张之洞、劳乃宣为代表的礼教派与以修订大臣沈家本为代表的法理派围绕《大清新刑律》等新式法典的修订而产生的理论争执。

礼教派与法理派就《大清新刑律》展开

了激烈的争论，其焦点主要在以下五个方面：第一，关于“干名犯义”条的存废问题。“干名犯义”指的是子孙控告祖父母、父母的行为。法理派从西方法理出发，认为此类行为可在诬告罪中详述处理办法，不必另列专条。而礼教派则认为其是传统伦理的重要体现，绝不能在新刑律中没有反映。第二，关于“存留养亲”制度。法理派认为这一制度“非以施仁，实以长奸”，故不能编入新刑律草案，而礼教派则认为它是宣扬仁政、鼓励孝道的重要方式，不能随便排除在新刑律之外。第三，关于“无夫奸”及“亲属相奸”问题。礼教派认为“无夫奸”及“亲属相奸”等均是重大犯罪行为，故旧律定罪极重，在新律中也应有相应规定。而法理派认为，无夫妇女犯奸罪，有关风化，应予教育，不必处以刑罚。而亲属相奸，为个人过错行为，尚未害及社会，处三等有期徒刑即可，不必另立专条。第四，关于“子孙违反教令”问题。礼教派认为此罪“实为教孝之盛轨”，而法理派认为这应当是教育上的事，应另设感化院加以教育即可，不必以刑罚制裁。第五，关于卑幼能否对尊长行使正当防卫权的问题。礼教派认为，子孙对父母绝无正当防卫之说。法理派认为，应当赋予卑幼对尊长的正当防卫权。

其次，我们应当从如下几个方面来认识清末的“礼法之争”。

在清末修律过程中，对西方资产阶级国家立法的借鉴与参照必然要对中国传统的价值观念、刑法制度作出一些调整和改变。这些改变引起了保守势力的激烈反对和攻击。礼教派实际上代表了保守势力的观点。由于保守势力的阻挠，法理派不得不在事实上对礼教派作出妥协与退让。

法理派与礼教派的论争是中国法律从传统向近代转型过程中发生的论争。论争的焦点在于，确立新的法律体系时应如何对待固有的法律文化。中国传统法律在数千年的发展中形成了自己独特的风格、体系，有其与中国社会相适应的一面，在法律编定、法律与社会的关系上有自己独到的理论和实践。但在近代，面对西方对东方的巨大优势，诸多的落后、不文明之处就暴露了。在这一方面，礼教派拘泥于传统，过多强调民俗、习惯的作用；法理派则坚决引进先进的原则，彻底抛弃落后的法律制度，代表了法律变革的正确方向。但在方法上，轻信列强关于变革法律就放弃领事裁判权的承诺，对在法律制度的转型中所包含的复杂性估计不足，夸大了法律制度对传统社会变革所能产生的作用。就法律与社会的关系而言，法律变革的动力与立足点应是社会的演进与发展，而不是简单的法典编纂。超出社会现实、忽视现实的文化背景和民众观念，制定的法律只能成为游离于社会之外的法规文本，而不能作为融于社会现实的规范体系，因而难以发生实际作用。

3. 答案：清末随着司法制度改革的逐步推进，诉讼审判制度也发生了重大的变化，建立了一系列近代司法原则和制度。主要有以下四个方面：

（1）《大理院审判编制法》首次通过明确大理院及各级审判厅的职权与地位，明确了这一原则。在《法院编制法》中得到重申。这一原则的确立是对传统的皇帝总揽司法权及行政干涉司法的完全否定。

（2）区别民事、刑事诉讼。《各级审判厅试办章程》中对民事与刑事诉讼作了基本区分，从而结束了中央审判衙门以审判刑事案件为主，地方审判衙门刑事民事诉讼不分的历史。《大理院审判编制法》确定了各级法院分设刑庭和民庭对刑事、民事案件进行分别审理的制度。

（3）审判权与检察权分立。古代监察机关御史台、都察院的主要职责是“纠弹百官”，同时享有对疑难案件的审判参与权。实质上是监察、审判权兼有，清末司法改革前的都察院，在职掌监察的同时，也参与疑难案件的审判。《大理院审判编制法》规定在大理院以下审判厅设各级检察厅，负责提起公诉并监督审判。《各级审判厅试办章程》与《法院编制法》还明确了检察机关有权依据刑事诉讼律搜查处分，提起公诉，监察判决执行等权力，依据民事诉讼律，有为民事案件当事人或公益代表人物特定事宜之权。

(4) 承认辩护制度。古代刑事审判采用纠问式，没有辩护制度存在的余地，理论上实行有罪推定。清末司法改革之前，刑事案件以纠问式审判为主，没有辩护制度，理论上实行有罪推定。1906 年的《大清刑事民事诉讼法》首次确定了辩护制度，但该法未及颁行。1910 年在《法院编制法》承认了律师和律师出庭辩护的制度，是中国律师制度的肇始。

4. **答案**：领事裁判权，是指一国通过其驻外领事等对在另一国领土之内的本国国民按照本国法律行使司法管辖权。清末“领事裁判权”，也就是所谓的“外国在华领事裁判权”，则是指以英国为首的西方列强在强迫中国与之订立的不平等条约中规定的一种司法特权。依照这种特权，凡在中国享有领事裁判权的国家，其在中国的侨民不受中国法律的管辖，不论其发生何种违背中国法律的违法或犯罪行为，或称为民事刑事诉讼当事人时，中国司法机关无权审判，只能由该国领事，或由其设在中国的司法机构依据其本国法律制裁，所以，领事裁判权又被称为“治外法权”。

观审制度。所谓观审制度即西方列强取得在华领事裁判权以后确立的强行干预中国的司法审判制度。按原来不平等条约中的规定，涉外案件均依被告国法律。但 1876 年中英签订《烟台条约》后，西方列强逐渐强迫中国政府同意，即使外国人是原告的案件，其所属国领事官员也有权前往“观审”，中国承审官应以礼相待。如观审官员认为审判有不妥之处，可以提出新证据，再传原证甚至参与辩论。这种观审制度是对原有领事裁判权的扩充，也是对中国司法主权的粗暴践踏。

会审公廨，又称会审公堂。1864 年《上海洋泾浜设官会审章程》规定：凡涉及外国人的案件，必须有领事官员参加会审；凡中国人与外国人之间的案件，若被告系有约国人，由其本国领事裁判，若是无约国人，也须由其本国领事陪审。实际上，所谓“会审”，只是空有其名，甚至租界内纯中国人间的案件最终也须外国领事观审并操纵判决。会审公廨制度的确立，也是外国在华领事裁判权的扩充延伸。

第一，领事裁判权是资本——帝国主义对中国的政治侵略，破坏了中国主权完整。

领事裁判权制度就是“国中之国”的突出表现，首先，这种特权侵犯了一个国家的属地主权，破坏了国家主权完整，“将属人管辖权原则提高到属地管辖原则之上，从而建立一种国际地役权”。其次，这种特权与欧美所奉行的国际法原则是不相符的，其根据也是错误的。顾盛说：“按照欧美奉行的国际法……公使或领事不能保护他的国人，当地法律是必须奉行的。”然而，西方列强还是以强盗的手段把他们强加于中东殖民地国家的特权枷锁套在了中国人民头上。

第二，领事裁判权的发展扩张与中国近代社会半殖民化过程相适应。

领事裁判权是在中国开始由封建社会向半殖民地半封建社会转化之时产生的，伴随着列强以武力为主的侵略过程，其发展扩展也呈现出阶段性，同时这种侵略特权的扩大，也与清朝统治者在殖民化过程中对待西方列强的心态变化相关联。有人指出：“领事裁判权确定以后，随着资本主义侵略者在中国势力日渐扩张，其制度也日渐扩张，直到 20 世纪初，已完备建立。”到了 1900 年以后，清政府曾乞求列强取消领权，但殖民者一再拖延，同时又提出更多的政治、经济权益的要求。清朝统治者从“于万般无可奈何之中，一切不能不勉允所请”到“坚持一心、曲全领好”，再到“量中华之物力，结与国之欢心”的心态变化过程，也就是列强攫权、扩展领权和各种侵略权益的过程。

第三，领事裁判权的实行及列强撤销领权的许诺对中国法制的影响：近代化同时又具有半殖民化性质。

领事裁判权作为一种政治侵略手段，促使中国社会趋于完全殖民化，同时领权也对中国古老的传统法律趋向近代化产生了微弱影响。19世纪末叶的改良主义者曾从处理中外交涉的角度出发，提出要学习西律，认为“以西律治西人，则彼无可规避，以西律治华人，则我亦免偏袒”。从西方列强来说，为了殖民利益，他们早就要用西方的“道德”影响改良中国法典和法庭，他们曾以中国法制落后为借口，以后又以此为由迟迟不愿放弃这一特权，1902年中英《续订通商行船条约》称：“中国深欲整顿本国律例，以期与各西国律例改同一律”，英愿予以协助，完成之后，英即允弃其治外法权。随后，美国、日本、瑞典等国也在与清政府订约中作了同样规定。这对清朝统治者足具一定的诱惑和刺激作用。1902年以后，清政府决定设立修订法律馆，并聘请一些外国人参加，在几年时间内，翻译了一些资本主义国家的法典，编订和起草了几部中国法典，包括民、刑、商、民事诉讼法、刑事诉讼法各种，但绝大部分未及颁布施行。在司法行政方面也有几种法典颁行，规定设立三级新式法院（地方、上诉、最高法院）。1908年，清政府颁布了由“宪政编查馆”制定的《钦定宪法大纲》。这种法制上的变化在形式上有了些微进步，抄用了资本主义国家法典的形式和条款，在体例、刑名上与封建法典有所区别，甚至还写入了罪刑法定主义原则，有了设立议院的规定，司法也采取了形式上的独立，但是特别要看到，清末的法制带有了明显的半殖民地半封建色彩，一些刑法的正文形式上反映了较多的资本主义色彩，附录则反映了浓厚的封建性，在民律草案中，明确承认了领权制度，所谓的“宪法”实际上是“立法、行政、司法则皆揽于君上”。这种状况并不奇怪，因为这种法制的变化，是立于半殖民地半封建社会的基础之上的，清朝统治者的立法原则就是“兼采列邦之良规，无违中国之礼教”，既要维系自己的统治，又要保护侵略者的利益。所以清末的法制变化既反映出了形式上的近代化，更反映出了实质上的殖民化。

总之，领事裁判权的确立是外国资本主义、帝国主义干涉中国内政、操纵中国司法的重要手段，它严重破坏了中国的司法主权。鸦片战争前中国是一个领土完整、主权独立的国家。而外国在华领事裁判权的确立，不仅使中国的司法机关丧失了对涉外案件的管辖权，而且在中国领土上允许外国设立司法机关，行使司法权力，并适用外国法律，其结果出现了在中国领土上外国人不受中国法律约束，而中国人反受外国法律裁判的怪现象，其正是中国社会半殖民地化的深刻写照。

5. 答案：首先，夏商周五刑的发展变化。中国古代刑罚的产生是和战争、军法联系在一起的，军法即刑罚，兵刑不分，相互混用。墨、劓、膑、宫、大辟这五种刑罚是夏刑罚体系的主干。商朝在继承夏《禹刑》的基础上，设立了一些新的罪名。尽管商在夏五刑的基础之上制定了一些新的刑罚，但五刑没有什么实质性的变化。经过商的发展，奴隶制五刑基本定型。西周法律较夏、商法律已有明显的进步，在内容上法律的文明程度明显加强。“敬天保民”“明德慎罚”的思想对刑事法律产生重大的影响，形成了一些较为合理的刑罚原则。在形式上，西周在刑罚种类上沿用夏、商初步形成的奴隶制五刑，但区别于夏、商两朝的是刑罚的种类逐渐固定，较大程度上克服五刑之外的刑事处罚的随意性，尤其是改变了商朝末年滥杀无辜、乱定刑名的情形。西周的法定刑为墨、劓、膑、宫、大辟。作为中国早期的法制，夏商周以习惯法为基本形态，法律是不公开、不成文的。残酷是这一时期五刑的显著特征。

其次，奴隶制五刑向封建制五刑的过渡。春秋战国时期是早期习惯法向成文法转变的重要阶段，也是中国历史上的大动荡、大变革时期。在这种背景下，春秋战国时期，在一些诸侯国，开始了一场声势浩大的制定和公布成文法的运动，其中魏国李悝制定的《法经》是这场成文法运动中最突出的成果。春秋战国时代的刑罚制度发生了一些新的变化，第一，死刑的执行方法有所增加。第二，出现了一些新的刑种，用徒刑、罚金取代肉刑。第三，赎刑的使用范围扩大。

秦朝是中国成文法体系全面确立的时期。秦朝奉行法家的“重刑主义”，刑罚制度在继承奴隶制五刑的基础之上又有所发展，以刑罚残酷、种类众多而著称。墨、劓、膑、宫四种肉刑基本沿用奴隶制五刑的体制，没有多大的变化。

秦朝以后的两汉时期，中国古代法制在秦朝法制的基础之上进一步发展。最具历史意义的当属汉文帝废肉刑的改革。通过这次改革，基本上以笞刑与劳役刑代替了奴隶制的肉刑。文帝的这次刑制改革，有由重改轻的，也有由轻改重的，譬如虽以笞代替劓刑、斩左趾，但受刑者常常因为受刑过多而死。汉景帝两次下诏减少笞数。关于徒刑，汉初沿用秦制，但汉代已有了明确的刑期。通过汉肉刑的改革，使封建制五刑改革进入了一个全新的时代。

三国两晋南北朝时期是中国法制迅速发展的阶段，五刑制度仍然得到巨大的发展，主要有以下发展及变化：曹魏明帝修《新律》，排除种种有关恢复肉刑的议论，“依古义制五刑”。晋在魏的基础之上，进一步简化曹魏五刑的刑名和刑等，其刑罚为：死、徒、赎、罚金、杂抵罪五种。南朝宋齐两代沿用晋律，其刑罚制度也大体略同于晋制，没有什么重大突破。北朝初步确立了封建五刑制度，北魏定五刑为死、流、徒、鞭、杖。北齐在北魏基础上进一步将五刑完善。北齐五刑有杖、鞭、刑、流、死（北齐的刑即为徒刑）。北周五刑，由轻而重排列，较为科学，即为杖、鞭、徒、流、死。这种由轻而重的排列方式为后世所传承。

隋朝的开国皇帝杨坚删除北周不少苛酷的刑罚。具体来说，废除北周磬、枭、裂等残酷的生命刑，把死刑法定为绞、斩两种；改北周流刑五等为流刑三等，并缩短距离。隋文帝时更定的新律《开皇律》正式确立笞、杖、徒、流、死的封建制五刑，这一刑罚体系后经唐代改进，一直沿用到清末。

七、分析题

答案：上述材料涉及清末的有关领事裁判权制度。所谓领事裁判权乃是外国侵略者强迫中国缔结的不平等条约中所规定的一种非法特权。即凡在中国享有领事裁判权的国家，其在中国的侨民不受中国法律管辖，不论发生任何违背中国法律的违法犯罪行为或成为民事诉讼或刑事诉讼当事人时，中国司法机关无权裁判，只能由该国的领事等人员或其设在中国的司法机构依据其本国法律裁判。领事裁判权是外国列强干涉中国内政，操纵中国司法的重要手段，它严重破坏了中国的司法主权，同时也是外国侵略者在中国逞凶肆暴、走私贩毒的护身符。

领事裁判权是鸦片战争后外国侵略者强迫中国订立不平等条约的产物，是中国丧失完整独立的司法主权的突出体现。它不仅使中国的司法机关对涉外案件无权管辖，而且在中国领土上允许外国司法机关行使权力，并执行外国法律，结果在中国竟出现了“外人不受中国之刑章，而华人反就外国之裁判”的怪现象，这正是中国司法制度半殖民地化的深刻写照。

第十二章　中华民国时期法律制度

基础知识图解

- 中华民国时期法律制度
  - 中华民国法制的特点以及历史地位
    - 特点：立法方面、法律技术方面、法律实施方面
    - 历史地位
  - 南京临时政府法律制度
    - 法律概况
      - 立法思想
      - 法制特点
    - 宪法性立法
      - 中华民国临时政府组织大纲
      - 中华民国临时约法
        - 内容
        - 性质：第一部资本主义性质的宪法文件
        - 意义与局限
    - 其他推进社会改革的法令
      - 有关保障民权的法令
      - 移风易俗、革除陋习的法令
      - 厉行司法改革的法令
    - 司法审判制度的改革
  - 中华民国北京政府法律制度
    - 宪法和宪法性文件
      - 天坛宪草
      - 中华民国约法
        - 内容
        - 特点
      - 中华民国宪法（贿选宪法）
        - 内容
        - 特点
    - 民商事法律
      - 民事：民律草案
      - 商事：破产法草案、公司法草案
    - 刑事法律文件
      - 中华民国暂行新刑律及其补充条例
      - 两次刑法修正案
      - 刑事特别法令
    - 司法制度
      - 司法机关：二元司法体制
      - 诉讼审判制度的特点
        - 地方行政官兼理司法
        - 军阀借军事审判干涉司法

- 中华民国时期法律制度
  - 南京国民政府法律制度
    - 法律概况
      - 立法思想
        - 国家本位的立法方针
        - 权能分治理论与五权宪法
        - 建国三时期与训政保姆论
      - 六法体系的建构与衰败：三阶段
    - 宪法性法律
      - 中华国民党训政纲领
      - 训政时期约法
      - 中国民国宪法草案
      - 中华民国宪法
        - 内容
        - 本质
    - 民事法律
      - 民法典：第一部正式颁布实施
      - 主要商事单行法
      - 民事立法的特点
    - 刑事法律
      - 刑法典
      - 刑事单行法
      - 刑事立法的特点
    - 诉讼法律
      - 刑事诉讼法
      - 民事诉讼法
      - 行政诉讼法
    - 司法制度
      - 司法机关
        - 中央机关
        - 地方机关
        - 特别机关
      - 诉讼审判制度的特点

配套测试

一、单项选择题

1. 从1927年到1949年的国民党南京国民政府统治时期，进行了广泛的立法，颁布了大量的法律、法令以及判例解释，形成了（　　）。

A. 判例法体系　　B. 习惯法体系

C. 六法体系　　D. 中华法体系

2.《中华民国临时政府组织大纲》确立的政权组织形式是（　　）。

A. 总统制　　B. 责任内阁制

C. 立宪制　　D. 帝制

3. 1912年3月11日《中华民国临时约法》规定的国家政体形式是（　　）。

A. 总统共和制　　B. 责任内阁制

C. 半总统半内阁制　　D. 君主立宪制

4. 中国民族资产阶级拟定的第一个具有宪法性质的地区性重要文件是（　　）。

A.《中华民国临时政府组织大纲》

B.《中华民国临时约法》

C.《鄂州临时约法》

D.《中华民国约法》

5. 孙中山就任临时大总统的法律依据是（　　）。

A.《中华民国临时约法》

B.《中华民国约法》

C.《中华民国宪法》

D.《中华民国临时政府组织大纲》

6. 按照《中华民国临时约法》的规定，临时大总统的产生方式是（　　）。

A. 由人民直接选举

B. 由各省推选

C. 由参议院选举

D. 由国务员推选

7.《中华民国临时约法》规定，对于临时大总统的谋叛行为，参议院可依法行使（ ）。
A. 罢免权 B. 废黜权
C. 审判权 D. 弹劾权

8. 中国近代史上第一部正式的宪法是由哪个政权公布的？（ ）
A. 孙中山政权 B. 袁世凯政权
C. 曹锟政权 D. 蒋介石政权

9. 《中华民国宪法草案》史称“天坛宪草”制定于（ ）。
A. 1912 年 4 月 B. 1913 年 4 月
C. 1913 年 10 月 D. 1914 年 1 月

10. 中华民国北京政府的立法中能够体现临时约法约束总统和行政机关权力之精神实质的是（ ）。
A. 《中华民国宪法》
B. 《中华民国约法》
C. 《中华民国国会组织法》
D. 《修正大总统选举法》

11. 1923 年《中华民国宪法》规定“中华民国之行政权由大总统以国务员之赞襄行之”，这样的政府体制是（ ）。
A. 总统集权制 B. 责任内阁制
C. 议行合一制 D. 半总统半内阁制

12. 制定于 1923 年 10 月 5 日被人讥称为“贿选宪法”的正式名称是（ ）。
A. 《中华民国约法》
B. 《中华民国宪法草案》
C. 《中华民国宪法》
D. 《中华民国临时宪法》

13. 中华民国北京政府设立的最高司法审判机关是（ ）。
A. 最高法院 B. 平政院
C. 司法院 D. 大理院

14. 中华民国北京政府刑事立法的主要成果是（ ）。
A. 《中华民国暂行新刑律》
B. 《中华民国刑法》
C. 《惩治盗匪法》
D. 《治安警察条例》

15. 为袁世凯实行总统终身制和世袭制制造依据的法律文件是（ ）。
A. 《中华民国约法》
B. 《修正大总统选举法》
C. 《天坛宪草》
D. 《参政院组织法》

16. 中国法制史上第一次明确指出“反革命罪”概念并勾画出这一罪行的基本构成条件的立法是（ ）。
A. 《国民政府反革命罪条例》
B. 《党员背誓罪条例》
C. 《暂行反革命治罪法》
D. 《危害民国紧急治罪法》

17. 废除大理院与审判厅的名称更改审判机关名称为“法院”是在中华民国（ ）。
A. 南京临时政府时期
B. 北京政府时期
C. 广州武汉国民政府时期
D. 南京国民政府时期

18. 根据 1928 年 10 月国民党中央常委会通过的《训政纲领》，行使国家“政权”的是（ ）。
A. 全国国民大会
B. 国民党全国代表大会
C. 国民党中央执行委员会
D. 国民政府

19. 关于中国历史上第一部正式颁布实施的民法典，正确的叙述是（ ）。
A. 采用民商分立的立法体系
B. 采取个人本位主义原则
C. 沿用宗祧继承制度
D. 习惯和法理可以在无法可依的情况下作为审判民事案件的依据

20. 按照 1947 年《中华民国宪法》，国家权力的重心集中于（ ）。
A. 总统 B. 国民大会主席
C. 行政院院长 D. 立法院院长

21. 南京国民政府实行训政的全国最高指导机关是（ ）。
A. 国民党全国代表大会
B. 国民大会
C. 国民党中央执行委员会
D. 国民党中央政治会议

22. 广州武汉国民政府最高政治指导机关

是（　　）。
A. 国民党全国代表大会
B. 国民党中央执行委员会
C. 国民党中央政治委员会
D. 国民政府

23. 民国14年秋，教育部佥事周树人提起行政诉讼，要求撤销教育部对其的免职令。依据北洋政府时期的法律，受理该案的机构是（　　）。［2019年法硕（非法学）真题］
A. 大理院　B. 平政院
C. 高等审判厅　D. 法部

24. 北洋政府时期的民事法律渊源中效力最高的是（　　）。［2021年法硕（非法学）真题］
A. 条理
B. 现行律民事有效部分
C. 判例
D. 民事习惯

二、多项选择题

1.《中华民国临时约法》规定参议院的主要职权有（　　）。
A. 议决一切法律案
B. 议决临时政府预算、决算
C. 宣告戒严
D. 代表全国接受外国之大使、公使
E. 制定全国币制和度量衡之准则

2. 1911年12月2日在汉口召开的各省代表会上，推举的《中华民国临时政府组织大纲》的起草人是（　　）。
A. 宋教仁　B. 王正廷
C. 马君武　D. 黄兴
E. 雷奋

3. 按照《中华民国临时约法》的规定，法官的任命权属于（　　）。
A. 参议院　B. 各省议会
C. 临时大总统　D. 司法总长
E. 各省政府

4. 南京临时政府十分重视改革旧的诉讼审判原则与制度，其在诉讼审判制度方面的主要改革包括（　　）。
A. 禁止刑讯
B. 严禁非法逮捕拘禁
C. 禁止体罚
D. 实行公开审判
E. 改良监狱

5.《中华民国临时约法》规定的关于限制和防范袁世凯临时大总统权力的措施主要有（　　）。
A. 扩大参议院的权力
B. 宣告人民一律平等
C. 改总统制为责任内阁制
D. 宣告人民有保有财产及营业之自由
E. 严格的临时约法修改程序

6. 南京临时政府颁布的一系列关于社会改革的法令主要有（　　）。
A. 禁烟法令　B. 剪辫法令
C. 劝禁缠足令　D. 禁赌法令
E. 发展普通教育法令

7.《中华民国临时约法》的主要特征是（　　）。（西南政法大学2006年考研真题）
A. 实行责任内阁制
B. 扩大参议院权力
C. 限制总统职权
D. 创设立法院
E. 严格约法修改程序

8. 中华民国北京政府的立法思想是复杂的、多元的包括（　　）。
A. 采用、删改清末新订法律
B. 始终肯定并沿用南京临时政府法律
C. 隆礼
D. 采用西方资本主义国家的某些立法原则
E. 重刑主义

9. “贿选宪法”的主要内容包括（　　）。
A. 规定主权在民
B. 改责任内阁制为大总统集权制
C. 规定地方自治权
D. 设立两院制的议会
E. 规定“国体不得为修正之议题”

10. 按照《中华民国约法》又称“袁记约法”的规定，大总统是（　　）。

A. 国家元首　　B. 行政首脑
C. 立法院院长　　D. 参政院院长
E. 海陆军大元帅

11. 中华民国北京政府的制宪活动非常频繁，制定的宪法或宪法性文件主要包括（　　）。
A.《中华民国临时约法》
B.《中华民国约法》
C.《中华民国国会组织法》
D.《中华民国宪法》
E.《中华民国训政时期约法》

12. 中华民国北京政府的诉讼审判制度主要特点有（　　）。
A. 军事审判的专横武断
B. 行政诉讼相对独立
C. 广泛引用判例和解释例
D. 普通法院实行四级三审制
E. 县知事兼理司法

13. 南京国民政府于 1947 年公布和实施《中华民国宪法》。下列哪些是对这部宪法的正确表述？（　　）
A. 该法规定了选举、罢免、创制、复决等制度
B. 该法的基本精神沿袭《训政时期约法》和“五五宪法”
C. 该法体现了《动员戡乱时期临时条款》的立法原则
D. 该法确立的政权体制既不是内阁制，也不是总统制

14. 南京国民党政府公布施行的宪法文件有（　　）。
A.《训政纲领》
B.《中华民国训政时期约法》
C. “五五宪草”
D. 1947 年的《中华民国宪法》

15. 作为当时国民政府组成和开展活动的法律依据，1925 年《中华民国国民政府组织法》确立的主要原则有（　　）。
A. 执政党指导和监督政府
B. 行政长官个人集权制
C. 集体领导
D. 议行合一
E. 五权分立

16. 规定采取五院制政府体制的宪法性文件包括（　　）。
A. 1925 年《中华民国国民政府组织法》
B. 1928 年《中华民国国民政府组织法》
C. 1931 年《中华民国训政时期约法》
D. 1936 年《中华民国宪法草案》
E. 1947 年《中华民国宪法》

17. 南京国民政府立法的重要特点有（　　）。
A. 标榜以孙中山的“遗教”作为立法根本原则
B. 特别法多于普通法
C. 蒋介石手令往往具有最高的法律效力
D. 采取大陆法系以成文法为主的法律体系
E. 判决例、解释例以及习惯和法理也可成为司法审判的依据

18. 南京国民政府制定的刑事特别法大大强化和发展了刑法典的内容，主要有（　　）。
A.《暂行反革命治罪法》
B.《陆军刑事条例》
C.《维持治安紧急办法》
D.《易笞条例》
E.《戡乱时期危害国家紧急治罪法》

19. 南京国民政府新刑法的立法者宣称该法采取的立法原则主要有（　　）。
A. 罪刑擅断主义
B. 罪刑法定主义
C. 社会防卫主义
D. 重刑主义
E. 主观人格主义

20. 国民党政府的法律体系由（　　）构成。（西南政法大学 2003 年考研真题）
A. 六法全书
B. 判例
C. 解释例
D. 国民党党规党法
E. 蒋介石手谕

三、名词解释

1.《鄂州临时约法》
2.《中华民国临时政府组织大纲》
3.《中华民国临时约法》

4.《五权宪法》
5.《中华民国国会组织法》
6.“天坛宪草”
7. 大理院
8.“猪仔国会”
9.“贿选宪法”
10.《国民政府反革命罪条例》
11.“训政保姆论”
12.《训政纲领》
13.《中华民国训政时期约法》
14.《中华民国国民政府组织法》
15.“五五宪草”
16.《六法全书》
17.《中华民国宪法》(1947)

四、简答题

1. 简述中华民国南京临时政府司法制度改革的主要成就。
2. 简述《中华民国临时约法》的制定背景。
3. 试列举中华民国南京临时政府颁布的保障人权、财权的法规。
4. 简述中华民国南京临时政府发展经济的主要立法。
5. 简述《中华民国国会组织法》的主要内容。
6. 简述1923年《中华民国宪法》的主要内容与特点。
7. 简述北洋政府的立法思想。
8. 简述《中华民国训政时期约法》的主要内容和特点。
9. 简述《中华民国宪法》的主要内容和特点。
10. 简述《训政纲领》确立的政治原则。
11. 简述南京国民政府诉讼审判制度的特点。
12. 简述南京国民政府司法机关的类型。
13. 简述南京国民政府的“六法”体系。
14. 简述孙中山“五权宪法”思想。

五、论述题

1. 试述《中华民国临时约法》规定的临时大总统的职权和议会职权,以及其主要特点。
2. 试述中华民国南京临时政府的主要社会性立法。
3. 试述北京政府的诉讼审判制度的特点。
4. 试述中华民国北洋政府刑事立法与司法组织体制的特点。
5. 论述中华民国南京国民政府的立法机关的特色。
6. 试述中华民国南京国民政府的商事立法与诉讼立法。
7. 试述中华民国法制的特点及其历史地位。

参考答案

一、单项选择题

1. **答案**:C。
2. **答案**:A。《中华民国临时政府组织大纲》作为筹建中华民国临时政府的纲领性文件,以美国的国家制度为模式,规定了中华民国采取共和制的基本政治制度。确定中华民国的政权组织形式为总统制。临时政府采取一院制的议会制度,设参议院,行使国家的立法权。临时政府设临时中央审判所,作为国家行使最高司法权的机关,行使国家司法审判权。
3. **答案**:B。
4. **答案**:C。
5. **答案**:D。
6. **答案**:C。
7. **答案**:D。
8. **答案**:C。1923年10月10日公布的《中华民国宪法》,因系曹锟为掩盖“贿选总统”丑名,继续维持军阀专政而授意炮制,故俗称“贿选宪法”,是中国历史上正式公布的第一部较为完备的宪法。
9. **答案**:C。
10. **答案**:C。
11. **答案**:B。
12. **答案**:C。
13. **答案**:D。
14. **答案**:A。
15. **答案**:B。
16. **答案**:A。
17. **答案**:C。

18. 答案：B。

19. 答案：D。

20. 答案：A。

21. 答案：D。

22. 答案：C。

23. 答案：B。北洋政府时期 1914 年 1 月公布《平政院编制令》，从而形成了二元司法体制：普通法院负责民事、刑事案件的裁判，平政院职掌行政诉讼的裁判。本题中，周树人提起的是行政诉讼，应由负责行政诉讼的平政院受理。

24. 答案：B。北洋政府成立后，民事法律主要是《大清现行刑律》中有关民事的规范，现行律民事有效部分即《大清现行刑律》中民事规范经确认有效的部分。从 1912 年到 1928 年《中华民国民法》颁布之前，“现行律民事有效部分”一直为大理院和地方各级司法机关所适用。大理院在判例中明确肯定了“现行律民事有效部分”的效力高于习惯和条理。

二、多项选择题

1. 答案：ABE。

2. 答案：BCE。

3. 答案：CD。

4. 答案：ABCDE。

5. 答案：ACE。

6. 答案：ABCDE。

7. 答案：ABCE。

8. 答案：ACDE。

9. 答案：ACDE。

10. 答案：ABE。

11. 答案：BCD。

12. 答案：ABCDE。

13. 答案：ABD。《中华民国宪法》共十四章，规定了选举、罢免、创制、复决等制度；基本精神与《训政时期约法》和“五五宪法”一脉相传，但是在具体条文上又有所变动；其规定的政权体制不伦不类，既非国会制、内阁制，又非总统制；《动员戡乱时期临时条款》是 1948 年颁布的，故 C 错误，ABD 项正确。

14. 答案：ABCD。南京国民党政府公布施行的宪法文件有 1928 年的《训政纲领》，1931 年的《中华民国训政时期约法》，1936 年的《中华民国宪法草案》又称“五五宪草”，1947 年的《中华民国宪法》。

15. 答案：ACD。

16. 答案：BCDE。

17. 答案：ABCDE。

18. 答案：ACE。

19. 答案：BCE。

20. 答案：ABDE。

三、名词解释

1. 答案：《鄂州临时约法》是中国民族资产阶级制定的第一个具有宪法性质的地区性重要文件。它于 1911 年 11 月底 12 月初由湖北军政府公布实施，分总纲、人民、都督、政务委员、议会、法司、补则七章六十条。该法宣告了封建君主专制制度在湖北地区的死亡，资产阶级民主共和制度的诞生，也为以后其他独立的各省组建革命政府、制定约法树立了榜样。

2. 答案：《中华民国临时政府组织大纲》是 1911 年 12 月通过的关于组织中华民国南京临时政府的重要法律文件。该法共设有临时大总统、副总统，参议院，行政各部和附则四章，二百一十一条。它以法律的形式宣告废除封建帝制，确立了资产阶级总统制共和政体，为以孙中山为首的中华民国南京临时政府的建立提供了法律依据，树立了革命法统。这部法律同时还起着临时宪法的作用，成为《中华民国临时约法》的基础。

3. 答案：《中华民国临时约法》（以下简称《临时约法》）是 1912 年 3 月 11 日颁布的具有资产阶级共和国宪法性质的文件。由于《临时约法》是在特殊的历史条件下，即资产阶级革命派即将交出领导权的时候产生的，因而其内容较为突出地表现出对将要就任临时大总统的袁世凯的权力的限制。如改总统制为责任内阁制，规定了较多的人民基本权利。《临时约法》的颁布是中国法制史上的一块里程碑，它以根本法的形式废除了封建帝制，确立起资产阶级民主共和国的政治体制，并使民主共和的观念逐步深入人心。尽管这部约法存在阶级局限性，但它的革命性和民主性仍是彪炳史册的。

4. **答案**：孙中山在效法美国政治制度上，除了借鉴还有独创。1906年第一次提出了“五权分立”的共和制度：“希望在中国实施的共和政治，是除立法、司法、行政三权外还有考选权和纠察权的五权分立的共和政治。”

5. **答案**：按照《中华民国临时约法》规定，该约法实施后限十个月内，由临时大总统召集国会，国会组织法及会员由临时参议院制定。4月29日自南京北迁而来，内部结构已有一些变化的临时参议院，加快了国会组建工作。5月7日议决未来国会采取“两院制”。8月参议院议决通过《中华民国国会组织法》《参议院议员选举法》《众议院议员选举法》。10月由袁世凯临时大总统公布实施。《中华民国国会组织法》共二十二条。其主要内容为：(1) 确定国会由参议院和众议院组成。参议员由各省议会选举，原则上每省选出十名，计有二百七十四名。众议员则从各地按人口比例选举，计有五百九十六名。共计八百七十名。(2) 规定国会职权分单独行使和共同行使两类。单独行使是向政府建议、质问、请求查办违法官吏，答复政府咨询，受理人民请愿等职权。共同行使是议决法律案，议决预算、决算法案，议决税法、度量衡、币制及公债与其他国库负担契约法案，弹劾大总统、内阁和国务员，约束大总统任命国务员与大使（公使），宣战、媾和、缔约条约职权，以及大赦令的宣布。(3) 规定宪法实施之前，两院同时行使临时参议院职权，并特别规定由两院和议，非两院各有总议员三分之二以上之出席，不得开会，非出席议员四分之三以上同意不得决议。可见，国会对总统和行政机关颇有束缚权力，在一定程度上保证了实现责任内阁制的必要措施，充分反映了《中华民国临时约法》的精神实质，保留了辛亥革命的成果。

6. **答案**：1913年4月8日，国会依法成立。7月组成宪法起草委员会。10月31日，三度通过了《中华民国宪法草案》（由于以天坛祈年殿为起草场所，故史称《天坛宪草》）。该法共十一章一百一十三条。《天坛宪草》虽有明显缺点，如规定：“国民教育以孔子之道为修身大本”，但仍坚持了《中华民国临时约法》的精神实质，规定了国会采用“两院制”，并设置了国会委员会，坚持了责任内阁制，对总统的权力作了多方面的限制。这些都成为袁世凯专制独裁的严重障碍。1913年10月，袁世凯胁迫国会将其选为中华民国正式大总统之后，转手制造事端，于1914年1月下令解散国会。《中华民国宪法草案》也随之夭折。

7. **答案**：大理院是北洋政府的最高审判机关，下设民事厅和刑事厅，在各省高等审判厅内设大理院分院。其主要职权除作为终审机关具体审理案件外，还拥有统一解释法律的权力。大理院在司法实践中针对出现的问题适时作出调整，颁布了大量的司法解释条例，对于清末制定的多种法律在中国社会的实施起到了很大的作用，也对中国法律近代化的进程产生了相当大的影响。

8. **答案**：“猪仔国会”是民众对于1923年接受金钱贿赂选举曹锟为大总统的国会的讥称。在北洋军阀各派势力围绕北京政府统治权力进行激烈角逐的过程中，曹锟使用卑劣的金钱贿赂和高压手段，操纵国会选举，最终使自己如愿以偿地被“选举”为中华民国大总统。“猪仔国会”的出现，说明了北洋政府统治时期的政治腐败和黑暗。

9. **答案**：“贿选宪法”即1923年10月10日公布实施的《中华民国宪法》。因这部宪法在起草和通过过程中受到曹锟贿选的操纵，故而被国人讥称为“贿选宪法”，或称“曹锟宪法”。该宪法企图用华丽的辞藻和虚伪的民主自由形式掩盖军阀统治的本质。

10. **答案**：《国民政府反革命罪条例》是国民政府于1927年3月30日颁布的刑事法规。该条例共十六条，它在法制史上第一次明确地提出了“反革命”的概念，并勾画出这一罪行的基本构成要件：“凡意图颠覆国民政府，或推翻国民革命之权力，而为各种敌对行为者，以及利用外力，或勾结军队，或使用金钱，而破坏国民政府之政策者，均为反革命行为。”《国民政府反革命罪条例》对于打击反革命势力，巩固国民革命成果具有积极作用。

11. 答案：“训政保姆论”是南京国民政府立法的指导原则。其中心思想是：在训政时期实施约法之治，国民党主持政权，不仅掌握国民政治、经济、军事等各项权力；还应以“政治保姆”的身份教育国民，训练其行使政权的能力。这种思想，孙中山曾提出过，后来为胡汉民等人进一步发展。“训政保姆论”的核心是“党治”，即把民众视为“婴儿”，把国民党视为“保姆”，实际上民众的一切事情都须由国民党来包办。

12. 答案：《训政纲领》是1928年10月国民党中央常务委员会通过的宪法性文件。该纲领共六条，宣布在国民党的领导下实行“训政”。训政时期统治权归国民党独揽，政权由中国国民党全国代表大会代表国民大会领导国民行使。在国民党全国代表大会闭会期间，托付中国国民党中央执行委员会执行。治权亦在国民党中央执行委员会政治会议的指导监督下，由国民政府行之。

13. 答案：《中华民国训政时期约法》是国民党“训政”时期颁布的最基本的宪法性文件，是1931年5月5日由“国民会议”通过，同年6月1日由国民政府公布的。它以根本法的形式肯定了《中华民国训政纲领》所确立的国民党的一党专政政权，规定采取“五院制”的政权组织形式，同时也规定了一系列公民的民主自由权利和在“国家”“中央”的名义下发展官僚资本主义的基本政策。这部约法的核心，就是在所谓“训政时期”，实行国民党一党专政和蒋介石个人独裁的国家制度，是大地主、大资产阶级专政的集中体现。

14. 答案：为了更好地完成国民革命的任务，国民政府吸取苏联的建政经验，采取了一系列新的建政原则，建立了不同于西方资本主义国家总统制、议会制的新型政府，这主要体现在《中华民国国民政府组织法》等政府组织法规上。1925年7月1日公布的《中华民国国民政府组织法》，是当时国民政府组成和开展活动的法律依据。共有十条内容。其主要特点是：（一）确定了执政党指导与监督政府的原则；（二）采取集体领导的原则；（三）实行议行合一的“一权制”。

15. 答案：这部宪法草案于1936年5月5日由国民政府公布，拟待征求意见进一步修改后，提交国民大会正式通过。由于次年发生卢沟桥事变，不具备召开国民大会的条件，故此宪法草案成为无法生效的“死胎”，史称“五五宪草”。其总的特点是：人民无权，地方无权，议会无权，总统个人集权。实际上是为蒋介石实行独裁统治制造宪法根据。所以这部宪草公布后理所当然地遭到了中国共产党和全国人民的反对。

16. 答案：南京国民政府的立法，是清末政府和中华民国临时政府立法的继续，它采取大陆法系国家以成文法为主的立法体系，其成文法主要有六种，原指“宪法”“刑法”“民法”“商法”“刑事诉讼法”“民事诉讼法”，后来将商法拆开分别纳入民法和行政法，而以行政法代替民法作为六法之一。国民政府曾将这六种法律合编出版，通称《六法全书》。

17. 答案：《中华民国宪法》是经1946年12月国民党一手包办的国民大会“通过”的，它以“五五宪草”为基础，抄袭旧政协关于宪草问题协议中有关“国会制”“内阁制”“省自治”的某些词句而成，其基本精神与《中华民国训政时期约法》一脉相传。这部宪法的主要内容和特点是：第一，以“全民政治”和“主权在民”的口号，掩盖大地主、大资产阶级专政的实质。实际上国民党实行的仍是法西斯独裁专制。第二，在“保障民权”的幌子下，限制和剥夺人民的权利和自由。第三，以地方“自治”为名，行中央集权之实。第四，抄袭旧政协关于宪法草案问题协议中关于实施国会制、内阁制的某些原则，而实际上实行的却是总统集权制。第五，在“民生主义”的词句下，巩固和发展官僚资本主义。第六，打着“尊重条约”的招牌，维护帝国主义的侵华权益。综上所述，这部宪法的基本特点是：人民无权，独裁集权。这部宪法不仅为蒋介石的独裁统治制造宪法依据，而且为南京国民政府的内战、卖国政策张目。所以这是一部封建买办法西斯的独裁法，是反共反人民的内战法，是丧权辱国的卖国法。

四、简答题

1. 答案：中华民国南京临时政府为适应资产阶级民主与法制建设的需要进行了大量的立法活动，其主要成就有：

（1）禁止刑讯和非法逮捕拘禁。1912年3月发布的《大总统令内务、司法两部通饬所属禁止刑讯文》和《司法部咨各省都督禁止刑讯文》规定，无论行政、司法官署及何种案件，一概不准刑讯。鞫狱当视证据之充实与否，不当偏重口供。从前不法刑具，悉令焚毁。

（2）废止体罚，实行新的刑罚制度。《大总统令内务、司法两部通饬所属禁止体罚文》规定，民事案件，有赔偿损害、回复原状之条；刑事案件，有罚金、拘留、禁锢、大辟之律。这些规定初步确定了新的刑罚制度的基本原则。同时，南京临时政府还注意改良监狱，实行人道主义。

（3）《中华民国临时约法》第五十一条规定：“法官独立审判，不受上级官厅之干涉。”为了保障法官独立行使审判权，第五十二条又规定：“法官在任中不得减俸或转职，非依法律受刑事宣告，或应免职之惩戒处分，不得解职。”

（4）公开审判原则的确立。《中华民国临时约法》第五十条规定：“法院之审判，须公开之；但有认为妨害安宁秩序者，得秘密之。”

（5）律师辩护制度。辛亥革命后，南京临时政府采取积极步骤，筹建律师辩护制度。

（6）建立上诉制度。南京临时政府对上诉制度未作统一规定。从各地审判实践来看，已开始实行上诉制度。

2. 答案：《中华民国临时约法》是在“南北议和”的过程中由南京临时政府匆忙制定的。还在讨论制定《中华民国临时政府组织大纲》时，各省都督府代表会议就在由谁担任政府首脑问题上展开了激烈争论，并议决：“如袁世凯反正，当公举为临时大总统。”临时政府成立后，就遇到了来自内部、外部的各种压力。觊觎大总统职权的袁世凯对革命采取了剿抚并施的策略：一方面在汉口集结重兵，对革命党以武力相威胁；另一方面又派出和谈使者，同革命党谈判，逼革命党交出政权。袁世凯的活动得到了立宪党人和西方势力的积极支持，立宪党人在南方广造舆论，“大总统非袁莫属”；西方国家对临时政府采取不承认政策，并对其施以军事恫吓和经济封锁。此时在革命党内部，不少人面对强大的反动势力，感到难以支持，主张让步。作为革命领袖的孙中山，一向主张“尽量避免国内战争的延长”，在这种内外交困的情况下，为了争得清帝的早日退位，换取不流血的胜利，决定让出大总统一职。

然而，革命党人对于阴险、狡诈的袁世凯是存有戒心的，为保卫辛亥革命的成果，他们积极主张尽快制定《中华民国临时约法》，以防止和限制袁世凯的专横。1912年元月中旬，代行参议院职权的各省代表会议召开了《中华民国临时约法》首次起草会议，推举景耀月等五人为起草员。此后，《中华民国临时约法草案》拟成，曾送交九人审查员进行审查。1月28日，临时参议院成立后，又召开了第二次约法起草会议。从2月7日起，临时参议院正式审议约法草案，至3月8日三读通过，共用了一个月的时间。3月11日，即袁世凯在北京宣誓就职的次日，孙中山先生在南京以临时大总统的名义公布了《中华民国临时约法》。

3. 答案：（1）为了保障民权，南京临时政府于1912年3月颁布了《大总统令内务部禁止买卖人口文》《大总统令广东都督严行禁止贩卖“猪仔”文》和《大总统通令开放户惰（音同于蛋，指闽粤水上居民）民等许其一律享有公权私权文》，主要内容是废除人口买卖契约，保护平民、华侨一起享有基本的公民权利和自由。（2）在保障财权方面，颁布于1912年1月的《保护人民财产令》是南京临时政府为保护人民私有财产及稳定社会秩序发布的重要法令。根据孙中山“以保护人民财产为急务”的指示，该法令宣布民国政府保护人民财产；对无反对民国证据的原清政府官员的私产亦保护之；对与民国为敌的清政府官吏在民国势力范围内的财产一律查抄，体现了分化瓦解清官吏的策略。孙中山还曾致电各省都督，如有合法财产被侵夺者，许其按照《中华民国临时约法》来中央平政院陈诉，或就近向都督府控告。一经调查确实，立予尽法严惩，并将罪状宣示天下，以昭儆戒。

4. **答案**：南京临时政府认识到发展实业乃立国之本，为发展实业，中华民国中央设立实业部，专主其事。南京临时政府通过法律手段鼓励和保护民族工商业的发展。实业部成立后，通电各省都督，明令各省迅速成立实业司专署其事。鼓励兴办实业，嘉尚优待垦荒。鼓励华侨在国内开厂设店。实业部还制定了《商业注册章程》，规定工商企业之成立须到部注册登记，领取执照。公司立案注册必须有章程合同、会员表和说明书等，在内容上不得与共和政体宗旨相悖；同时，要有足够的自有流动资金，中外合资企业公司华股必须占有一定的比例。1912年3月临时大总统发布了《通饬各省慎重农事》。该法令指出：农业是“国本所关”，对农民要严加保护，各有司应知此事为国计民生所系，务当实力体行，勉尽厥职。“慎重农事令”的颁布对于发展农业生产、促进国计民生具有积极意义。

在财政金融方面，首先，孙中山于1912年1月1日发表的《临时大总统宣言书》中宣布施政方针时，特别提出要实现“财政之统一”，只有这样才能“使人民知有生之乐”。为了实现全国财政的统一，财政部拟制了《划分中央地方财政范围意见书》，提出了划分中央和地方进入范围的标准，呈请大总统咨送参议院审核。其次，1912年3月，参议院议决《暂行印花税法》和《暂行印花税法施行法章程》，这是当时完成立法程序的第一部税法。为保证军费和保卫治安之用，南京临时政府制定了《中华民国军需公债章程》三十二条，财政部也先后制定了《公债执行简章》和《发行公债办法》。再次，南京临时政府大总统批准将大清银行改为中国银行，添招新股，作为国民政府的中央银行，并制定《中国银行则例》，规定中国银行为股份有限公司；财政部还先后发布了《财政部咨各省都督划分收支命令机关与现金出纳机关权限文》和《金库则例》十四条，以加强对货币金融事业的管理。最后，财政部拟建立近代会计制度，还制定了《会计法草案》八章三十六条。提出：会计法不定，财政整理无从办理，监督之权不能实行，但未来得及通过实施。

南京临时政府颁发的以上各种法令，是民族资产阶级意志和利益的体现，符合中国人民的利益和要求，是资产阶级民主革命所获得成果的法律体现，也是中国法律近代化的重要尝试。

5. **答案**：《中华民国国会组织法》在1912年8月由参议院议决、10月由袁世凯临时大总统公布实施。这部法律的主要内容是：第一，规定实行“两院制”，国会由参议院和众议院构成。参议院议员由各省议会、中央学会和华侨选举会按名额选出；众议院议员由各地方人民按照人口比例选举产生。第二，规定国会行使《中华民国临时约法》所定参议院之职权，分单独行使和共同行使两类，单独行使是向政府质询、建议、请求查办官吏等。共同行使决议法律案、预算案等。第三，规定宪法之起草由两院选出同数委员行之；宪法之议定由两院会合行之；非两院有总议员五分之三以上之出席不得开议，非出席议员三分之二以上之同意不得议决。显然，这部法律突出了国会的权力，国会兼有立法机关、民意机关和制宪机关性质，在一定程度上保证了实现责任内阁制的必要措施。这部法律意图在肯定资产阶级民主制度，限制袁世凯专横，充分反映了《中华民国临时约法》的精神实质，保留了辛亥革命的成果。

6. 答案：(1)《中华民国宪法》的产生及其内容。《中华民国宪法》，又称“贿选宪法”。1916 年袁世凯死后，北京政权遂落入曹锟、吴佩孚手中。曹锟以“法统重光”为号召，再次恢复《中华民国临时约法》，恢复第一届国会，并着手制宪活动。秉承曹锟的意旨，同时也为了掩盖自己的卑劣行径，声名狼藉的“猪仔国会”，仅用了不到一周的时间就炮制出了《中华民国宪法》，于 10 月 10 日正式公布实施。这部被讥称为“贿选宪法”的《中华民国宪法》，共十三章，一百四十一条。其规模较《中华民国临时约法》、“袁记约法”以及“天坛宪草”都大，内容也更“完整”，由国体、主权、国土、国民到政权组织、中央与地方的关系，以及法律、会计、宪法的修正解释等无所不包。曹锟制宪的目的在于确定自己的“法统”地位，以抵制南方的护法运动，抑制东南、西南各省地方军阀掀起的“联省自治”和“省宪运动”潮流。

(2) 归纳起来，这部宪法主要有如下两大突出特点：

第一，企图用华丽的辞藻和虚伪的民主自由形式掩盖实行军阀专制的本质。它表面上肯定内阁制和议会制，规定了人民的各项“自由”权利，并宣布“中华民国国民于法律上无种族、阶级、宗教之别，均属平等”。但是，在这一切的背后，却是军阀独裁制度的法律化。从条文上看，它仍然赋予大总统以极大的权力，包括公布并监督法律之执行、发布命令、任命文武官吏、统率海陆军、宣告戒严，以及“停止众议院或参议院之会议”“解散众议院”，等等。

第二，为了平衡各派军阀和大小军阀之间的关系，巩固曹锟、吴佩孚控制的中央政权，1923 年《中华民国宪法》即“贿选宪法”对国家结构形式作了专门规定，即采取赋予地方较大自治权的单一国家制。宪法增设国权与地方制度两章，就中央权力与地方权力作了明确的划分：中华民国之国权，属于国家事项，依本宪法之规定行使之；属于地方事项，依本宪法及各省自治法之规定行使之。

7. 答案：中华民国北京政府统治期间，军阀独裁和内战频繁，这一特定的历史条件，决定了北洋政府的立法思想是：

(1) 采用、删改清末新订法律。虽是清末政府新订的法律却具有近代意义，是中国法律的近代转型。北洋政府制定法律，也多以清末新订的法律为蓝本。可见，北洋政府的立法思想，首先是采用清末新订的法律，适当加以删修以为当时所需。

(2) 采用西方资本主义国家的某些立法原则。辛亥革命后，民主共和思想日渐深入人心，而且不可抗拒和逆转。发展资本主义日益成为中国社会的潮流。轮番控制北京政府的北洋军阀统治者们，不得不采取西方资本主义民主共和制形式。因而在法律制度方面，采用了西方资本主义的某些原则及近代法律的体系和内容。

(3) 隆礼与重刑。北洋政府采取了隆礼与重刑并重的刑法指导思想，以维护封建买办政权统治：一方面“以礼教号召天下”；另一方面“以重典胁服人心”。在这乱世重典的思想指导下，北洋政府刑事立法总趋势是从重从快。

8. 答案：《中华民国训政时期约法》是 1931 年 5 月 5 日由“国民会议”通过，同年 6 月 1 日由国民政府颁布的。约法标榜以孙中山的“遗教”为根本的立法原则，声称“国民政府本革命之三民主义、五权宪法，以建设中华民国”。其主要内容和特点是：

第一，以根本法的形式肯定了《训政纲领》所确立的国民党一党专政政权。约法将《训政纲领》全文载入，使得国民党的纲领成为全国人民必须遵守执行的法律。

第二，采取“五院制”的政权组织形式。国民政府设行政院、立法院、司法院、考试院、监察院及各部会，国民政府主席对内、对外代表国民政府。国民政府五院只能是分而不立，共同听命于国民党中央执行委员会。国民政府主席虽然凌驾于五院之上，但其实际权力的大小，要取决于蒋介石是否担任此职。

第三，形式上规定了一系列公民的民主自由权利。约法标榜“中华民国国民，无男女、种族、宗教、阶级之区别，在法律上一律平等”，并罗列了比较详细的各项公民权利与自由，但同时公民可以享有的每一项权利都是“非依法律不得停止或限制之”。

第四，在“国家”“中央”的名义下，发展官僚资本主义，而当时的南京国民政府是在以蒋介石为首的四大家族操纵下的国家政权，实际上“国家”“中央”均是四大家族的代名词。

总之，这部约法的核心，就是在所谓“训政时期”，实行国民党一党专政和蒋介石个人独裁的国家制度，是大地主、大资产阶级专政的集中体现。

9. **答案**：《中华民国宪法》经 1946 年 12 月国民党一手包办由国民大会“通过”，它以“五五宪草”为基础，抄袭旧政协关于宪草问题协议中有关“国会制”“内阁制”“省自治”的某些词句而成，其基本精神与《中华民国训政时期约法》一脉相传。这部宪法的主要内容和特点是：

第一，以“全民政治”和“主权在民”的口号，掩盖大地主、大资产阶级专政的实质。实际上国民党实行的仍是法西斯独裁专制。

第二，在“保障民权”的幌子下，限制和剥夺人民的权利和自由。尽管这部宪法在第二章详列了人民所享有的各种权利和自由，但它又规定：“以上各条列举之自由权利，除为防止妨碍他人自由，避免紧急危难，维持社会秩序，或增进公益所必要者外，不得以法律限制之。”

第三，以地方“自治”为名，行中央集权之实。这种关于中央与地方权力的宪法划分，不是以均权主义为原则，而是以集权主义为出发点；不是以地方自治为基础，而是以中央集权为准则。

第四，抄袭旧政协关于宪法草案问题协议中关于实施国会制、内阁制的某些原则，而实际上实行的却是总统集权制。这部宪法规定的国家中央政权的政治制度是设国民大会，总统和行政院、司法院、立法院、考试院、监察院五院。从宪法规定的表面上看，国民政府体制带有明显的议会内阁制的特征，但实际上是实行总统集权制。

第五，在“民生主义”的词句下，巩固和发展官僚资本主义。这部《中华民国宪法》标榜“国家对于土地之分配与整理，应以扶植自耕农及自行使用土地人为原则”，“人民依法取得之土地所有权，应受法律之保障”；“国家对于私人财富及私营事业，认为有妨害国计民生之平衡发展者，应以法律限制”“公用事业及其他有独占性企业以公营为原则”，“金融机构应依法受国家之管理”，但实际上为四大家族排斥民族资本、垄断经济命脉提供了宪法保障。

第六，打着“尊重条约”的招牌，维护帝国主义的侵华权益。实际上是用根本法的形式确认一切卖国条约，维护帝国主义特别是美帝国主义的侵华权益。

综上所述，这部宪法的基本特点是：人民无权，独裁集权。这部宪法不仅为蒋介石的独裁统治制造宪法依据，而且为南京国民政府的内战、卖国政策张目。所以这是一部封建买办法西斯的独裁法，是反共反人民的内战法，是丧权辱国的卖国法。

10. **答案**：“军政”时期结束后，进入了“训政”时期。1928 年 10 月 3 日由国民党中央常务委员会通过的《训政纲领》，全文共六条要点有三：

(1) 关于“政权”（即选举、罢免、创制、复决四项民权）的行使，规定在训政时期不成立全国国民大会，其职权由国民党全国代表大会代行，在国民党全国代表大会闭会期间，将“政权”托付给国民党中央执行委员会行使。

(2) 关于“治权”（即立法、司法、行政、考试、监察五项政府权），规定在训政时期由国民政府“总揽而执行之”。

(3) 关于“政权”与“治权”的关系，规定“指导监督国民政府重大国务之施行，由中国国民党中央执行委员会政治会议行之”。

该纲领宣称其总的宗旨是由国民党“训练国民使用政权”，而实际上，国民党不是在训练，而是在代替国民行使政权，国民党的中央政治会议凌驾于国民政府之上，一手包办各项国务事宜，从而为确立国民党的一党专政政权奠定了“理论”基础。

11. 答案： 南京国民政府的诉讼法在吸收资产阶级相关诉讼原则的同时，其诉讼审判制度还有如下之特点：

(1) 采取严密反动的侦查制度。检察官权力很大，可以动用他所想动用的力量，可以侦查或处分他想要侦查或处分的人或事，这突出地反映了国民党政府侦查制度的反动性和法西斯性。

(2) 实行唯心主义和武断的诉讼原则。在诉讼过程中，依“心证”来自由判断和取舍。规定了这个原则，法官就可以在认定和取舍事实问题上，完全根据南京国民政府的法律意识和为地主买办阶级利益服务的“心理”，随意地主观擅断，可以歪曲事实，甚至颠倒黑白，专横武断。

(3) 实行法西斯的秘密审判制度和陪审制度。对于所谓“妨害公共秩序”的案件，即政治案件，实行秘密审判；而且，对于违犯《戡乱时期危害国家紧急治罪条例》的刑事案件，经秘密审理后作出的裁判，当事人不得上诉或抗告。1929 年 12 月颁布的《反革命案件陪审暂行法》，规定在“反革命案件”上诉过程中，由陪审团作出“有罪”“无罪”或“犯罪嫌疑不能证明”的答复。法院则要根据这个答复作出判决。对于因“犯罪嫌疑不能证明”之答复而判决无罪者，应命取妥保或通知所在地公安局于二年内监视之。

(4) 扩大并强化军事和军法机关的审判。为适应军事专政的需要，国民党政权通过颁布刑事特别法，在诉讼制度方面不断扩大、强化军事和军法机关的审判。

(5) 维护美帝国主义侵华军队的特权。为了维护美帝国主义侵华军队的特权，南京国民政府在 1946 年 6 月 5 日下令延长适用在抗日战争时期颁行的《处理在华美军人员刑事案件条例》，规定侵华美军人员在中国境内犯罪的刑事案件，归美军军事法庭及军事当局裁判。

南京国民政府的诉讼法与民法、刑法一样，都是保护和巩固地主买办阶级专政、维护半殖民地半封建的统治、镇压和束缚人民群众的工具。它们有着共同的特点，但是，武断专横的审判原则，公开地反动和法西斯化，乃是其最突出的特点。

12. 答案： 中华民国南京国民政府成立之初，在普通司法机构上沿用北京政府时期的四级三审制度。1935 年《法院组织法》实施后，普通法院实行三级三审制。即在县、省辖市设地方法院，区域狭小者可合若干县市设一地方法院，区域辽阔者可设地方法院分院；在省、首都、特别区、院（行政院）辖市设高等法院，区域辽阔者可设高等法院分院；在国民政府所在地南京设最高法院，隶属国民政府司法院。最高法院不设分院，以统一全国法律之解释。法院为国家审判机关，负责审理刑事、民事案件，并依法律规定管辖非诉讼案件。除普通法院外，南京国民政府还根据统治需要，设立了许多特别的审判机关，主要有：(1) 特种刑事法庭：南京国民政府将危害其政权的刑事案件列为“特别刑事案件”以便采取特殊的镇压措施。(2) 兼理司法法院：由县长兼理检察官职务，由审判官长官负责刑民事案件的审理。(3) 军事审判机关主要审理军人违法犯罪案件。

检察机关也是南京国民政府司法机构的重要组成部分。在普通司法机关中，设立相应的检察机关或一定数量的检察官，行使检察职权。检察官在刑事案件的整个诉讼过程中有着重要的地位和作用。检察官依据法律的规定，有权对刑事案件作出侦查或不侦查的决定，提起或不提起公诉的决定，刑事案件判决后的执行，也由检察官来指挥并监督实施。

13. **答案**：南京国民政府的法律体系，包括成文法和不成文法两大部分。成文法在南京国民政府法律体系中占据了主要地位，通常被概括为“六法”，其汇编被称为《六法全书》；不成文法也是南京国民政府时期重要的法律渊源，它们是成文法的重要补充。虽然当时的不成文法都无须经过南京国民政府的立法机关通过立法程序制定和公布，但都具有法律效力，都是南京国民政府法律的重要组成部分，所以不成文法也是当时法律体系所不可缺少的组成部分。

成文法方面，《六法全书》作为南京国民政府时期的基本法典，是“六法”及其相关的单行法律和法规的汇编，是南京国民政府的主要成文法的总称和当时法律体系的主体。南京国民政府成文法之所以被称为“六法”，是因为其法律体系的基本框架是由六大类基本法典所组成的，一般认为主要包括宪法、民法、商法、刑法、民事诉讼法和刑事诉讼法。但由于南京国民政府实行民商合一的立法模式，民法与商法合二为一，不再是两个独立的法律部门，统称为民商法，因此少部分学者认为，行政法应当取代商法成为六法之一，这样所谓“六法”就是指宪法、民法、民事诉讼法、刑法、刑事诉讼法及行政法。

14. **答案**：“五权宪法”是孙中山法律思想的重要组成部分，是他在研究各国宪法的基础上，结合中国的历史与国情加以融合的产物。孙中山的“五权宪法”以人民掌握政权，政府实施治权的权能分治的学说为依据，建立在人民主权基础之上。

(1) 所谓“五权”，就是在行政权、立法权、司法权之外，再加上考试权和监察权。以“五权分立”为基础内容的宪法就叫“五权宪法”。根据“五权宪法”设立的行政、立法、司法、考试、监察五院，就叫五院制。孙中山认为，只有用“五权宪法”所组织的政府，才是完全政府，才是完全的政府机关。

(2) 按照孙中山的设想，“五权宪法”的结构如下：以五院为中央政府：一曰行政院，二曰立法院，三曰司法院，四曰考试院，五曰监察院。宪法内容制定后，由各县人民投票选举总统以组织行政院。选举代议士以组织立法院。其余三院之院长，由总统得立法院之同意而委任之，但不对总统、立法院负责，而五院都对国民大会负责。各院人员失职，由监察院向国民大会弹劾之；而监察院人员失职，由国民大会自行弹劾，罢黜之。国民大会之职权，专司宪法之修改，及裁判公仆之失职。国民大会及五院职员，与全国大小官吏，其资格皆由考试院定之。

五、论述题

1. **答案**：(1) 1912 年 11 月公布的《中华民国临时约法》共七章五十六条，依次为总纲、人民、参议院、临时大总统副总统、国务员、法院、附则。依照《中华民国临时约法》之规定，临时大总统的职权是：代表临时政府总揽政务，公布法律；为执行法律，或基于法律之委托，得发布命令；统率全国海陆军；制定官职、官规，但须提交参议院议决；任免文武职员，但任命国务员及外交大使、公使，须得参议院之同意；得宣战、媾和及缔结条约；得依法宣告戒严；代表全国接受外国之大使、公使；得提出法律案于参议院；得颁布勋章并其他荣典；得宣告大赦、特赦、减刑、复权，但大赦须经参议院之同意。(2)《中华民国临时约法》规定议会即参议院的职权是：第一，议决一切法律议案以及临时政府之预算、决算，全国之税法，币制、度量衡之准则，公债之募集，国库有负担之契约等；第二，对临时大总统提交之宣战、媾和、缔约、任命国务员及外交大使、公使、大赦事件等拥有同意权；第三，对于法律、行政及官吏违法事件等拥有咨询、建议或质问权；第四，对于临时大总统和国务员有弹劾权。(3)《中华民国临时约法》是在特殊的历史条件下，即资产阶级革命派即将交出领导权的时候产生的，本身的突出特点就是主要从各个方面设定条款，对袁世凯加以限制和防范。包括：第一，改总统制为责任内阁制。总统的权力受到参议院和国务员的大大牵制。第二，进一步扩大了参议院的权力。如规定参议院在拥有立法权的同时，还拥有对由总统决定之重大事件的同意权和弹劾总统的权力，显然加强了国会对总统的监督。第三，专章规定人民的权利义务。《中华民国临时政府组织大纲》只是一个政府组织法，并无人民权利义务之规定。而《中华民国临时约法》则列有“人民”专章，显示了对人民的基本权利和自由的重视。第四，规定了严格的修改程序。只有经过参议院议员三分之二以上或临时大总统之提议，经参议院议员五分之四以上之出席，出席议员四分之三之可决，才能增修之。

2. **答案**：中华民国南京临时政府的社会性立法，主旨在于振奋民族精神，提倡近代文明，消除积弊，复兴国家，其中心是革除社会陋习，改进社会风尚。这些立法主要有以下几个方面：

(1) 革除社会陋习的法规。《大总统令内务部晓示人民一律剪辫文》特令内务部通行各省都督转饬所属地方，凡未去辫者，于令到之日限二十日一律剪除净尽。

(2) 禁烟法令。颁布《大总统令禁烟文》，指出鸦片流毒，规定沉溺于吸食鸦片者，不可为“共和国民”，并剥夺其选举、被选举权等一切公权。

(3) 禁赌法令。内务部曾分咨各部及各省都督，并饬南京巡警总监与南京府知事，“无论何项赌博，一体禁除”，“倘有违反犯，各按现行律科罪，以绝赌风而肃民纪”。

(4) 剪辫法令。发布《大总统令内务部晓示人民一律剪辫文》，规定令到之日，限二十日，一律剪除净尽；有不遵者，以违法论。

(5) 劝禁缠足法令。发布《大总统令内务部通饬各省劝禁缠足文》，规定给幼女缠足者，“予其家长以相当之罚”，目的在于解放妇女，提倡男女平等。

(6) 改革发展教育法令。南京临时政府颁布了一系列教育法令，如《大总统令陆军、内务两部派员同教育部调查各处学堂及前查封允公之家屋文》《大总统令安徽都督查明彻究贵池小学损失各物》《教育部禁用前清各书通告各省电文》《普通教育暂行办法》十四条和《普通教育暂行课程标准》十一条等，旨在发展新型教育，鼓励办学，维护国家教育秩序。

(7) 提供男女平等破除迷信的法规。《社会改良章程》主张以人道主义去君权之专制，以科学知识去神权迷信。

3. **答案**：根据《民事诉讼条例》和《刑事诉讼条例》，中华民国北京政府的诉讼审判具有如下特点：

(1) 普通法院实行四级三审制。初级审判厅为普通民事刑事案件的第一审机关。地方审判厅，为普通民事刑事案件的第二审机关和特别案件的第一审机关。高等审判厅，为普通民事刑事案件的第三审（终审）机关和特别案件的第二审机关。大理院，为法令属于大理院特别权限的案件之初审，亦即终审机关，亦为不服高等审判厅判决的案件之第三审（终审）机关。

(2) 县知事兼理司法审判。按规定，初级审判厅审理第一审案件，而实际上却未成立，仍由县知事这一行政长官兼理民刑事案件。实际上恢复了封建时代行政与司法合一、行政长官干预司法的审判制度，从而造成重大弊端。

(3) 行政诉讼相对独立。中华民国北京政府采取欧洲大陆司法制度，把行政诉讼与普通民事、刑事诉讼分开。

(4) 特别法优先于普通法。中华民国北京政府除修订刑律外，还根据加强军阀专制的需要，制定了一系列刑事特别法规。其适用优先于普通法，以发挥特别法的专门制裁作用。

(5) 军事审判的专横武断。中华民国北京政府设立的各级军事审判机关，按规定平日管辖军人案件，战时或戒严期间负责审理普通案件。

（6）广泛引用判例与解释例。中华民国北京政府为了更有效、灵活、及时地镇压人民反抗，维护自身统治，还大量引用大理院的判例和解释例，作为审判的依据，成为主要法典法规的重要补充。

综上所述，中华民国北京政府的法律制度，一方面深受西方资本主义国家法律影响，另一方面又保留了不少中国封建法律的传统。反映了中华民国北京政府的法律体系、法律内容及方法实施方面在新旧交替时期的特点。中华民国北京政府的法律制度就其本质来说，在于竭力维护封建买办阶级的统治；就其在中国法制史上的历史地位来看，却起着承上启下的作用。它继承了晚清法律近代化转型的成果并有所前进，对后来中华民国南京政府的法律制度产生了很大影响。

4. 答案：（1）北洋政府刑事立法的特点主要有：①以《中华民国暂行新刑律》为国家基本刑律，刑事法律多沿用清末立法。《中华民国暂行新刑律》是北洋政府在删修《大清新刑律》的基础上而正式颁行的刑事律典。这部刑律的出台，表明了北洋政府法律与清末修律之间的继承关系。但《暂行新刑律》较之《大清新刑律》有所进步，使得中国刑法与欧美资本主义国家的刑法之间的差距有所缩小。②重视刑法修正草案的拟定，对后世刑法发展影响较大。北洋政府先后于1915年和1918年两次拟定刑法修正草案。由于第二次刑法修正草案采用了近代资产阶级刑事立法的某些原则和内容，减少了封建色彩，在体例上也作了较大变动，因而成为后来中华民国南京政府制定《中华民国刑法》的蓝本。③颁布了大量单行刑事法规。如《陆军惩罚令》《预戒条例》《惩治盗匪法》《易笞条例》《徒刑改遣条例》《陆军刑事条例》和《海军刑事条例》等，其中不少是特别法，这是为了适应军阀专制统治的需要。④复活封建刑罚。《易笞条例》《徒刑改遣条例》就以早已被废除的封建时代的身体刑笞刑和发遣来代替现行的一些刑罚，这无疑是逆历史之潮流而动的。

（2）根据《中华民国暂行法院编制法》规定，北洋政府全国的普通法院组织由（中央）大理院、（省）高等审判厅、（较大商埠或中心县）地方审判厅及（州、县）初级审判厅四级组成。在各级审判机关中相应平行设置检察机关，即总检察厅、高等检察厅、地方检察厅和初级检察厅，负责侦查、公诉和监督判决等职权。司法行政职权则由中央司法部和省司法筹备处行使，后来省司法行政划归高等审判厅或高等检察厅兼管或会同办理。实际上，有的层级的普通法院并未完全成立。北洋政府曾因财政原因撤销初级审判厅，改为在有地方审判厅的县份，厅内设简易厅，办理初级审判厅的事务。在普通法院之外，北洋政府于1914~1923年还在首都设立平政院，作为行政诉讼机关，专门受理行政诉讼案件，这是仿效欧洲大陆国家司法制度的结果。此外，为加强军阀统治，北洋政府还设有名目繁多的特别法院，包括陆海军内的军事审判机关和边疆地区及特区的特别法院。

5. 答案：中华民国南京国民政府立法活动的基本原则，也是其最突出的特征：由国民党垄断立法权。其立法机关因立法事项的层次不同而有所区别。由于南京国民政府延续了大革命时期广州、武汉国民政府确立的执政党指导与监督政府的原则，所以其立法机关首推国民党全国代表大会及其中央执行委员会。作为“全国实行训政之最高指导机关”的中央政治会议更是具体指导国家立法的重要机关。

（1）中央政治会议即中央政治委员会（后又改称国防最高委员会），是国民党中央执行委员会特设的政治指导机关。其主要职权是：讨论、决议建国纲领，决定训政的根本大计；讨论、决议立法原则、施政方针、财政计划、政府重要官吏人选等。

（2）中央政治会议实际上是国民党行使一党专政的重要工具，其中心任务是进行“以党治国”“以党训政”。国民党政府最重要的法律，如1928年的《训政纲领》、1931年的《中华民国训政时期约法》和《国防最高委员会组织大纲》等，均由该机构制定颁行。

(3) 在国民政府的五院中，立法院是“国家最高立法机关”，“有议决法律案、预算案、戒严案、大赦案、宣战案、媾和案、条约案及国家其他重要事项之权”。但是，立法院在行使立法权时，必须遵循国民党中央政治会议所确定的立法原则。

(4) 行政院作为国民政府最高行政机关，有权向立法院提出法律案及其他议案，行政院及所属各部、委有权依据法律发布命令。

(5) 此外，司法院、考试院和监察院均可在自己的职权范围内向立法院提出法律案，也可依据法律发布命令；司法院还行使解释法令及变更判例，使之统一职权。南京国民政府各地方政权的立法权也为国民党所掌握。

6. 答案：(1) 南京国民政府立法院于1929年1月成立了商法起草委员会，进一步采纳西方资本主义的商法原则，尤其注意吸收有利于维护垄断资产阶级利益的原则。南京国民政府制定颁布的单行商事立法主要有：①银行法。包括1927年的《中央银行条例》《中国银行条例》《交通银行条例》、1931年的《银行法》、1934年的《储蓄银行法》、1935年的《中央银行法》等。②交易所法。1929年10月3日公布、次年6月5日施行的《交易所法》。③票据法。1929年10月30日颁布施行的《票据法》，分为总则、汇票、本票、支票、附则五章，共一百三十九条。④公司法。1929年12月26日颁布了第一部《公司法》，分为：通则、无限公司、两合公司、股份有限公司、股份两合公司、罚则六章，共二百三十三条。后经修正于1946年重新颁布，条文增至三百六十一条。⑤海商法。1929年和1930年先后颁布了《海商法》及其施行法。⑥保险法。《保险法》公布于1929年12月30日，分为总则、损害保险、人身保险三章，共八十二条。⑦破产法。1934年国民政府公布了《商人债务清理暂行条例》，次年又颁布了《破产法》和《破产法施行法》取而代之，规定对破产之宣告，采取申请主义原则。

这些单行商事法规的颁布实施，对完善我国近代的部门法法律体系，有积极的意义，也是运用法律规范调整经济关系的进一步尝试。

(2) 南京国民政府先后分别颁布了两部刑事诉讼法典和民事诉讼法典，两部刑事诉讼法典颁布的时间是在1928年和1935年，以与两部刑法典配套。第二部刑事诉讼法典增加了“保安处分”的实施办法，增为九编五百一十六条。第一部民事诉讼法典公布于1930年年底和1931年年初，第二部则颁布于1935年2月，并经1945年修正后，定为六百三十六条。南京国民政府还制定颁布了一系列单行诉讼法规，如《特种刑事案件诉讼条例》《特种刑事法庭审判条例》《县长及地方行政长官兼理军法暂行办法》《反革命案件陪审暂行法》。此外，南京国民政府于1932年10月颁布了《法院组织法》，并于1935年7月1日实施。另外又制定了一些关于司法机关方面的单行组织法规，如1927年的《特种刑事临时法庭组织条例》、1944年的《县司法处组织条例》、1948年的《特种刑事法庭组织条例》和《军事法庭条例》等。

7. 答案：中华民国法制的特点表现在如下方面：

第一，在立法方面。中华民国各个时期均设立专门法律起草机关，选派专家立法，这是积极方面；立法权主要掌握在独裁者手中，并不为最高人民代表机关所行使，这是其消极的方面。立法院只是名义上的立法机关。

第二，在法律技术方面。总体上，中华民国阶段实现了形式上的法律近代化，建立了较为完备的法律体系。中华民国北京政府时期，法律近代化所取得的成就，不仅在于对清末法律的修订，而且在于大理院通过判例和解释例的方式，完善了整个法律体系。南京国民政府时期，在北京政府复合型法律体系的基础上，最终完成了近代化的法律体系——六法体系。

第三，在法律实施方面。近代化的法制没有实现法治秩序，近代化的法典成了政府掩盖专制的装饰物，符合专制统治需要的特别法，确实得到全面适用的法律。宪法的制定与实施没有实现真正的共和民主，宪法中规定的权利与自由最终没有向人民兑现。刑事法律蜕变为专制政府的统治工具。民商事立法并没有解决民生问题。民国时期的诉讼法律，其实际效果差强人意。

第十三章　革命根据地新民主主义法律制度

基础知识图解

- 革命根据地新民主主义法律制度
  - 法律概述
    - 新民主主义法制的形成和发展
    - 根据地法制的特点
    - 根据地法制的历史地位
  - 宪法
    - 工农民主政权的《中华苏维埃共和国宪法大纲》
      - 主要内容
      - 意义及缺陷
    - 抗日民主政权法制
    - 解放区民主政权的宪法性文件
      - 陕甘宁边区宪法原则
      - 华北人民政府施政方针
    - 民事经济法律
      - 土地立法
        - 土地革命时期的土地立法
        - 抗日民主政权的立法
        - 解放区的土地立法
      - 婚姻立法
        - 男女平等
        - 一夫一妻
        - 婚姻自由
      - 劳动立法
  - 刑事法律
    - 土地革命时期
    - 抗日战争时期
      - 确立惩治与教育相结合的刑法原则
      - 重点惩治三种犯罪
      - 各种刑罚
    - 解放战争时期
      - 肃清土匪，镇压地主恶霸
      - 惩治战争罪犯
      - 摧毁一切敌特组织，取缔封建迷信
  - 司法制度
    - 工农民主政权司法制度
    - 抗日民主政权司法制度
      - 司法机关：边区高等法院、边区高等法院分庭、县司法处
      - 人民司法的发展：马锡五审判方式
        - 内容
        - 特点
      - 调解原则
    - 解放区的司法制度
      - 解放区人民法院组织的建立与完善
      - 新民主主义司法原则的确立

配套测试

一、单项选择题

1. 据现有史料记载革命根据地制定的唯一一部刑法典是（　　）。
A.《中华苏维埃共和国惩治反革命条例》
B.《赣东北特区苏维埃暂行刑律》
C.《陕甘宁边区抗战时期惩治汉奸条例》
D.《惩治盗匪条例》
2. 工农民主政权的土地立法较多，其中最具代表性的土地立法是（　　）。
A.《井冈山土地法》
B.《兴国土地法》
C.《中华苏维埃共和国土地法》
D.《中国土地法大纲》
3. 人民代表会议制确立于（　　）。
A. 工农民主政权时期
B. 抗日战争时期
C. 解放战争时期
D. 新中国成立以后
4.《中华苏维埃共和国宪法大纲》规定的中华苏维埃共和国最高政权是（　　）。
A. 全国工农兵苏维埃代表大会
B. 人民委员会
C. 政府主席
D. 临时中央执行委员会
5. 共产党领导人民制定的第一个宪法性文献是（　　）。
A.《陕甘宁边区宪法原则》
B.《陕甘宁边区施政纲领》
C.《中华苏维埃共和国宪法大纲》
D.《中华人民共和国宪法》
6. 我国现行刑法中的“管制”刑发端于（　　）。
A. 工农民主政权时期
B. 抗日战争时期
C. 解放战争时期
D. 中华人民共和国成立以后
7. 我国最早的劳动立法纲领是（　　）。
A.《井冈山土地法》
B.《中华苏维埃共和国劳动法》
C.《晋冀鲁豫边区劳工保护暂行条例》
D.《劳动法案大纲》

二、多项选择题

1. 1931年的《中华苏维埃共和国婚姻法》确立了新型婚姻和家庭制度，具体体现为（　　）。
A. 规定男女婚姻以自由为原则
B. 禁止一夫多妻和一妻多夫
C. 禁止童养媳
D. 禁止近亲结婚
E. 废除一切包办、强迫和买卖婚姻
2. 抗日根据地时期马锡五审判方式的基本特点是（　　）。
A. 深入实际，调查研究
B. 审判与调解相结合
C. 严格依法执法
D. 实行巡回审判
E. 采用对抗制诉讼形式
3.《中华苏维埃共和国宪法大纲》确定的公民基本权利有（　　）。
A. 参政权利　　B. 武装自卫权
C. 其他民主权利　　D. 迁徙自由权
4. 抗日战争时期，我党实行“三三制”，包括哪三种势力？（　　）
A. 共产党员
B. 非党的左派进步分子
C. 中间派
D. 民族资产阶级
5.《中华苏维埃共和国惩治反革命条例》规定的刑罚的种类有（　　）。
A. 死刑　　B. 监禁
C. 没收财产　　D. 剥夺公民权利
E. 无期徒刑

三、名词解释

1.《中华苏维埃共和国宪法大纲》
2.《井冈山土地法》
3. “三三制”政策
4.《中国土地法大纲》（中国人民大学2011年、2015年考研真题）
5.《陕甘宁边区施政纲领》（中国人民大学

2014 年考研真题)

6. 马锡五审判方式

四、简答题

1. 简述《中华苏维埃共和国宪法大纲》的基本内容、特点。
2. 简述革命根据地的婚姻立法。
3. 简述革命根据地继承立法的基本原则。
4. 简述《中国土地法大纲》的内容特点。
5. 简述革命根据地的劳动立法。
6. 简述《中华苏维埃共和国土地法》的基本内容和苏区土地立法的历史意义。
7. 简述马锡五审判方式。(中南财经政法大学 2007 年考研真题)

五、论述题

1. 试论述革命根据地法制建设的基本特征和立法指导思想。
2. 试论述革命根据地的司法体制及司法审判制度。
3. 试论述《陕甘宁边区施政纲领》的主要内容。(中国人民大学 2010 年考研真题)
4. 评述新民主主义时期的土地立法及其意义。(青岛大学 2011 年考研真题)

六、分析题

日本人田中忠夫在 1924 年出版的《中国的农民运动》中，称赞衙前的调解组织说："因自己解决会员相互间的争议……农民得免官宪的压制，且其解决比较官宪更为公平。"

试分析这段话中所指的"衙前调解组织"并加以评论。

参考答案

一、单项选择题

1. 答案：B。
2. 答案：C。
3. 答案：C。
4. 答案：A。
5. 答案：C。
6. 答案：C。
7. 答案：D。

二、多项选择题

1. 答案：ABCDE。
2. 答案：ABCD。
3. 答案：ABC。
4. 答案：ABC。
5. 答案：ABCD。

三、名词解释

1. 答案：《中华苏维埃共和国宪法大纲》是 1931 年 11 月 7 日第一次全国苏维埃代表大会正式通过的宪法性文件。它的基本内容是宣告了中华苏维埃中央临时政府的成立，确定中华苏维埃共和国的政权性质是工农民主政权，政权的组织形式是工农兵苏维埃代表大会制度，并确定以彻底实现反帝反封建的革命纲领作为工农民主专政的基本任务，同时还规定了苏维埃公民的基本权利。
2. 答案：《井冈山土地法》是 1928 年 12 月井冈山革命根据地颁行的土地法规。它规定没收一切土地归苏维埃政府所有，以人口或劳动力为标准，男女平均分配。作为早期苏区土地立法的代表，这部土地法也有一些原则错误，如没收一切土地而不是只没收地主土地；农民只有土地的使用权而没有所有权；禁止土地的买卖等。
3. 答案："三三制"即在政权机关的人员分配上，规定共产党员占三分之一，非党的左派进步分子占三分之一，不左不右的中间派占三分之一。这一政策反映在施政纲领中即第五条规定："在候选名单中确定共产党员只占三分之一，以便各党派及无党派人士均能参加边区民意机关之活动与边区行政之管理……共产党员应与这些党外人士实行民主合作，不得一意孤行把持包办。"上述规定对于纠正"左"倾关门主义、发挥党外人士参政议政的积极性，起到了重要作用。
4. 答案：抗日战争胜利后，中共中央根据国际国内形势和阶级关系的变化，为了满足农民的土地要求，于 1946 年 5 月 4 日发布了《关于土地分配的指示》（即“五四指示”），决定由减租减息政策转变为没收地主土地分配给农民的政策。1947 年 7—9 月，中国共产党在河北平山县召开全国土地会议，制定了《中国土地法大纲》。于 1947 年 10 月 10 日公布。基本特点是：不但肯定了“五四指示”中关于“没收地主土地分给农民”的原则，还修改了对某些地主照顾过多的条款，同时也避免了历史上犯过的“地主不分田，富农分坏田”的政策错误。其主要内容有：实行耕者有其田；确定土地财产的分配办法；确定土改机关。

5. **答案**：《陕甘宁边区施政纲领》是以反对日本帝国主义，保护抗日人民，调节各阶级利益，改良工农生活和镇压汉奸、反动派为基本出发点，经中共中央政治局批准，于 1942 年 11 月陕甘宁边区参议会通过施行的宪法性文献。

6. **答案**：马锡五审判方式是马锡五同志在土地革命战争时期，把群众路线的工作方法创造性地运用到审判工作中的司法民主的崭新形式，也是从一系列司法案件中总结归纳出的经验成果。其特点包括：①深入农村，调查研究，实事求是地了解案情；②依靠群众，教育群众，尊重群众意见；③方便群众诉讼，手续简便，不拘形式。马锡五审判方式的出现和推广，培养了大批优秀司法干部，解决了积年疑难案件，减少争讼，促进团结，利于生产保证抗日，使新民主主义司法制度落到实处。

四、简答题

1. **答案**：《中华苏维埃共和国宪法大纲》是 1931 年 11 月 7 日在江西瑞金召开的第一次全国苏维埃代表大会正式通过的宪法性文件。这部宪法大纲的基本内容是：

　　(1) 宣告了中华苏维埃中央临时政府的成立，确定中华苏维埃共和国的政权性质是工农民主政权。

　　(2) 确定政权的组织形式是工农兵苏维埃代表大会制度，即确定实行民主集中制的、“议行合一”的工农兵苏维埃代表大会制度，此即我国人民代表大会制度早期形式。

　　(3) 确定以彻底实现反帝反封建的革命纲领作为工农民主专政的基本任务。

　　(4) 规定苏维埃公民的基本权利，包括参政权、武装自卫权和其他民主权利。

　　该宪法大纲的主要特点是：

　　(1) 它与历史上的一切“约法”“宪法”根本不同，是共产党领导人民制定的第一部宪法性文献。

　　(2) 它具有国家根本法的性质并兼有施政纲领的特色。它把革命人民已经争得的成果，用根本法的形式确认下来，同时又指出今后的奋斗目标，规定了中央工农民主政府的各项方针政策。

2. **答案**：(1) 新民主主义婚姻制度的主要原则，在中国共产党第二次、第三次全国代表大会及其他的一些重要会议的有关决议中已经基本确定下来。如党的“二大”的“帮助妇女们获得普通选举权及一切政治上的权利与自由”；党的“三大”通过的“女性保护”以及“结婚离婚自由”等项原则。这些原则成为革命根据地婚姻立法的指导原则。

　　(2)《中华苏维埃共和国婚姻法》是中华苏维埃共和国于 1934 年 4 月 8 日正式颁布的一部婚姻法律。该法共七章二十一条，规定男女婚姻以自由为原则，废除一切包办强迫和买卖的婚姻制度，禁止童养媳，实行一夫一妻制，禁止一夫多妻或一妻多夫；同时这部法律还对结婚和离婚（特别是红军战士的离婚）等问题作了专门规定。

　　(3) 抗日根据地的婚姻立法，没有制定统一的全国性的婚姻法规，而是由各边区的抗日民主政府分别制定了若干地区性的婚姻条例。其基本特点是各地区的婚姻立法在大政方针上是一致的，但在具体内容上又有较大的灵活性，各地区根据各地的实际情况，作出某些具有本地特点的规定。其主要内容是：第一，比较全面地规定了婚姻立法的基本原则。第二，法定最低婚龄的规定。第三，增加“订婚”“解除婚约”专章。第四，具体列举离婚条件。

(4) 解放战争初期，一些老解放区基本上沿用抗战时期制定的婚姻条例，如华北人民政府宣布，原晋察冀边区和晋冀鲁豫边区制定的婚姻条例继续有效。有些地区重新修订了婚姻法规，新解放区参照老区的规定，制定了婚姻法规，在这个时期的婚姻立法中，针对当时出现的问题，强调了以下几个方面的法律规定的精神：婚姻自由政策、保障革命军人的婚姻以及干部离婚的处理原则等。

3. **答案**：革命根据地的继承制度，是在废除封建宗法制度的基础上形成的。以《陕甘宁边区继承处理暂行办法》为代表的各人民民主政权制定的继承法规，体现了这一时期继承立法的共同的基本原则：

(1) 坚持男女平等的原则。自中国共产党成立以来，就为争取女子继承权而奋斗，各个时期都提出了一些保护措施，并在部分地区开始实施，但由于旧习惯根深蒂固，思想阻力仍然很大。

(2) 坚持养老育幼、团结互助的原则。特别是对于丧失劳动能力的老年人和未成年人的正当权益都有必要照顾。在处理继承问题时，应提倡互谅互让、和睦团结的风尚，并以调解协商方式予以合理解决。

(3) 权利与义务相一致的原则。在确定继承范围、顺序、份额大小时，既考虑婚姻血缘关系，也应考虑到互相抚养的权利义务关系。上述基本原则为中华人民共和国成立后的继承立法所吸取，并得到相应的发展。

4. **答案**：《中国土地法大纲》是中国共产党于1947年10月10日公布的指导解放区土地政策的基本法律文件。

根据其规定：(1) 实行耕者有其田。废除一切地主的土地所有权，废除一切庙宇、学校、机关、祠堂等的土地所有权，废除一切乡村中在土地制度改革以前的债务，并接收地主的牲畜、农具、房屋、粮食及其财产，征收富农的上述财产的多余部分。

(2) 确定土地财产的分配办法。土地按乡村全部人口，实行平分原则。在土地数量上抽多补少，质量上抽肥补瘦。政府发放土地证，允许土地所有人自由经营、买卖及在特定情况下出租土地。

(3) 确定土改机关。确定改革土地制度的合法执行机关为乡村农民大会及其选出的委员会、贫农团大会及其选出的委员会和区、县、省农民代表大会及其选出的委员会。这个大纲的制定和颁布，提高了农民的经济和社会地位，调动了农民的劳动积极性，使中国共产党民主革命原则和目的通过土地立法的方式得以具体体现；同时，也为新中国的土地制度改革提供了宝贵的经验。

5. **答案**：革命根据地的劳动立法可以分为三个部分。

(1) 工农民主政权时期。其劳动立法的典型代表是《中华苏维埃共和国劳动法》，这是1931年11月中央苏区工农兵第一次代表大会通过的一部重要的劳动法律。该法共十二章七十五条，主要规定了有关集体合同、工时、工资福利、劳动保护、休假、社会保险以及劳资纠纷的解决等方面的制度，大大改善了苏区工人阶级的社会地位和生活状况。

(2) 抗日战争时期。1941年后，各边区政府根据中共中央的有关指示精神，陆续制定了劳动保护条例或保护农村雇工的决定。其中具有代表性者，应属《晋冀鲁豫边区劳工保护暂行条例》。该条例经晋冀鲁豫边区临时参议会通过，1941年11月由边区政府公布实施，并于1942年、1944年多次修正公布。共七章四十五条，各章分别规定的是总则、工资、作息时间、劳动保护、劳动合同、职工会、附则。

(3) 解放战争时期。为了全面贯彻新民主主义国民经济和劳动立法的“发展生产、繁荣经济、公私兼顾、劳资两利”的指导方针，1948年8月中央在哈尔滨召开了第六次全国劳动大会，通过了《关于中国职工运动当前任务的决议》和《中华总工会章程》。其基本内容是：确定解放区职工运动的任务；实行适合战时经济条件的劳动福利政策；确立劳动契约与劳动争议处理的原则；决定恢复中华全国总工会等。各解放区人民政府根据全国劳动大会的决议精神，先后制定了许多单行的劳动法规。

6. **答案**：《中华苏维埃共和国土地法》是1931年12月1日由中华工农兵苏维埃第一次全国代表大会通过的重要的土地立法。它的基本内容是：

第一，确定没收土地财产的对象和范围。该法规定“所有封建地主、豪绅、军阀、官僚以及其他大私有主的土地，无论自己经营或出租，一概无代价地实行没收”。“中国富农性质兼地主或高利贷者，对于他们的土地也应该没收”。“没收一切反革命的组织者或白军武装队伍的组织者和参加反革命者的财产和土地”。

第二，规定了土地财产的分配办法。被没收的土地，应选择最有利于贫农和中农利益的方法，或按劳动力与人口多寡进行分配。红军应分得的土地由苏维埃政府代为耕种。

第三，规定了“现在仍不禁止土地的出租与土地的买卖，苏维埃政府应严禁富农投机与地主买回原有土地”。

第四，一些规定仍然受到极“左”路线的影响。所谓“地主不分田，富农分坏田”的错误政策，使得他们无从耕种，失去基本物质生活的保障，以致流离失所或上山为匪。

苏区的土地立法尽管存在“左”倾路线的干扰，但它的伟大成就和历史意义是不容抹杀的：第一，在苏区彻底消灭了地主豪绅的政治统治和封建土地剥削制度，实现了“耕者有其田”的理想，从而提高了农民群众的生产热情，初步改善了农民的生活状况。第二，通过土地革命，极大地提高了农民群众的革命积极性，农民群众踊跃参加红军，支援前线，进一步巩固了无产阶级的领导权，加强了工农联盟，成为建设革命根据地的力量源泉。第三，为土地革命和土地立法积累了丰富的斗争经验与教训，从而保证以后的土地改革不走或少走弯路。

7. **答案**：马锡五采取巡回审判方式，依靠群众深入进行调查研究，运用审判与调解相结合的方法，纠正了一审判决中的若干错案，及时审结了一些缠讼多年的疑难案件，减轻了人民的讼累，因而被群众称作“马青天”，边区政府称之为“马锡五审判方式”。

这种审判方式是在当时的司法理念、制度和经验的基础上，总结、提炼和发展出来的较系统的民事诉讼模式。我们可以用以下四个特点归结马锡五审判方式：

(1) 法官全面调查证据，发现案件事实真相；

(2) 发动和依靠群众，调解为主，司法干部与群众共同断案；

(3) 坚持原则，依法办事，廉洁公正；

(4) 实行巡回审理、田头开庭等简便利民的诉讼程序。

其中许多具体原则和做法以后被直接运用于新中国的民事诉讼制度。

马锡五审判方式包括三个有机联系的步骤：查明案件事实、听取群众意见形成解决方案、说服当事人接受。

五、论述题

1. **答案**：革命根据地的法制建设是在中国共产党的领导下，在新民主主义革命时期，对人民实行民主，对敌人实行专政的法律史，又称作“新民主主义法制”。革命根据地法制建设的基本特征和立法指导思想是：

(1) 以马列主义、毛泽东思想为指针，在中国共产党领导下进行。这是确保革命法制建设胜利发展的根本保证。

(2) 反映无产阶级领导的、以工农联盟为基础的人民大众的根本利益和要求。革命根据地新民主主义法律的实质和内容，是以确保广大人民群众的根本利益和要求为己任，因此具有鲜明的人民性和革命性。

(3) 以彻底反对帝国主义和封建主义为根本任务，对国内外的敌人坚决实行专政。革命根据地的法律制度，就是在总结实践经验的基础上，将反帝反封建的革命纲领和方针政策，加以具体化、条文化、制度化。最突出的特点是对国内外敌人和一切反革命分子，坚决实行专政，这是人民胜利的护身法宝和传家法宝。

(4) 革命根据地法制建设始终贯彻人民民主的原则，即在为了群众、相信群众并依靠群众的思想指导下，发动人民亲自登上历史舞台，掌握政权，制定法律，执行法律，行使广泛的民主权利，建立了以人民代表大会制度为核心的新型政治制度，成立了人民的司法机关，实行便利人民的诉讼制度。这一切都是以民主集中制和贯彻群众路线作为根本指导方针的。

2. **答案**：(1) 革命根据地的人民司法机关，萌芽于第一次国内革命战争时期的国内运动中。中华苏维埃共和国成立后，建立了比较正规的司法组织体系：中央设代行最高法院职权的中央临时最高法庭；省、县、区则设受上级司法机关和同级政府主席团双重领导的裁判部；在红军中设初级和高级军事裁判所；检察机关附设于审判机关内，采取审检合一制；司法行政在中央采取“分立制”，即由最高临时法庭专管审判工作，在人民委员会下设立司法人民委员部专管司法行政工作，在地方采取“合一制”，即由各级裁判部兼司法行政工作。

抗战时期，各抗日民主政权司法机关的设置大同小异，一般都设立受边区参议会和边区政府委员会领导和监督的高等法院、作为独立审级的高等法院分庭、基层司法机关县司法处和地方法院。检察机关附设于法院内，实行审检合一制，但实际上多由各级行政首长或公安人员代行其职权。

解放战争时期，根据实际斗争的需要，先后成立了几种司法机关：土地改革中的人民法庭、军事管制时期的军事法院、各级人民法院以及司法行政机关。这些司法机关的建立，为中华人民共和国成立以后系统地建立各级人民法院奠定了基础。

(2) 在革命根据地多年来的司法实践中，逐步形成了以下主要审判原则和诉讼制度：①逮捕审讯人犯只能由公安和司法机关依法进行，但这在战争的环境下往往难以做到。②废止肉刑，严禁刑讯逼供，实行重证据不轻信口供的原则。③实行审判会议制度和人民陪审员制度。其中，人民陪审制度有较大的发展。④实行审判人员的回避制度。包括陪审员在内的审判人员，可自行回避，当事人也有权向法庭申请回避。⑤实行公开审判的原则，但有关国家秘密或有伤风化的案件，一般不公开审判。⑥实行刑事辩护和民事代理制度。⑦上诉原则与审级制度。革命根据地基本上实行的是两审终审制，在敌后抗日根据地（如1942—1944年的陕甘宁边区）也有实行三审制的。⑧实行案件复核制度，包括死刑复核和有期徒刑复核，这在当时历史条件下，是实行审判监督、保证办案质量的有效办法。

3. **答案**：《陕甘宁边区施政纲领》是以反对日本帝国主义，保护抗日人民，调节各阶级利益，改良工农生活和镇压汉奸、反动派为基本出发点，经中共中央政治局批准，于1942年11月陕甘宁边区参议会通过施行的宪法性文献。该纲领共二十一条，主要内容是：

(1) 规定了边区政府的基本任务和奋斗目标，即团结边区内部各社会阶级、各抗日党派，发挥一切人力、物力、财力、智力，为保卫边区、保卫西北、保卫中国、驱逐日本帝国主义而战。

(2) 规定了抗日民主专政的政权性质，即是民族统一战线的，是一切赞成抗日又赞成民主的政权，也是几个革命阶级联合起来对于汉奸和反动派的民主专政。

(3) 规定实行参议会制度和“三三制”政策。参议会制度是我国人民代表大会制度在抗战时期特定历史条件下变通的政权组织形式。边区各级参议会为边区各级之人民代表机关，由其选举产生同级政府委员会。“三三制”政策则是在民主政权组成人员的分配上，共产党员（代表无产阶级和贫民）、非党的左派进步分子（代表农民和小资产阶级）、中间分子（代表民族资产阶级和开明绅士）各占三分之一。这种政策的实行，对于纠正“左”倾关门主义，发挥党外人士参政议政的积极性，推动抗战的胜利，具有重要作用。

(4) 规定了抗日人民的各项自由权利。如保证一切抗日人民的言论、出版、集会、结社、居住、信仰、迁徙之自由权，除司法系统及公安机关依法执行其职务外，任何机关、部队、团体不得对任何人加以逮捕审问或处罚，而人民则有无论用何种方式，控告任何公务人员非法行为之权利。

（5）规定了抗日民主政权的各项方针政策，包括实行减租减息的土地政策、调节劳资关系的劳动政策、实行男女平等的婚姻政策、发展工农业生产的经济和税收政策以及文教卫生、民族、侨务、外事方面的政策等。

4. 答案：新民主主义时期的土地立法可以分为以下三个阶段：

（1）工农民主政权时期的土地立法及其意义

苏区的土地立法，大体上经历了以下发展过程：

①前期，以1928年12月《井冈山土地法》为代表。由于缺乏经验，这个土地法有几个错误：没收一切土地而不是只没收地主土地；土地所有权属政府而不是属农民，农民只有使用权；禁止土地买卖。

②中期，以1929年4月《兴国土地法》为代表。内容有一点重要的变更，就是把“没收一切土地”改为“没收一切公共土地及地主阶级的土地”，这是一个原则的改正。

③后期，以1931年11月《中华苏维埃共和国土地法》为代表。该法规定了没收土地财产的对象和范围以及土地财产的分配办法，原则上确定农民的土地私有权，但是也存在“地主不分田，富农分坏田”的错误政策。红军长征到达陕北后，土地革命进入一个新的阶段。中共中央于1935年12月发布《关于改变富农策略的决定》，1936年7月又发布了《关于土地政策的指示》，纠正了“左”倾错误，使土地立法进入健康发展阶段。

（2）苏区的土地立法的历史意义

①在苏区彻底消灭了地主豪绅的政治统治和封建土地剥削制度，实现了“耕者有其田”的理想，从而提高了农民的生产热情，初步改善了农民的生活状况。

②通过土地革命极大地提高了农民群众的革命积极性，踊跃参加红军，支援前线，进一步巩固了无产阶级的领导权，加强了工农联盟，成为建设根据地发展革命战争的力量源泉。

③为土地革命和土地立法积累了丰富的斗争经验，从而保证了以后的土地改革不走或少走弯路。

（3）抗日战争时期的土地立法及其意义

抗日战争时期，依照抗日民族统一战线的总方针，陕甘宁边区自1937年3月起即停止没收地主的土地，而以减租减息作为抗战时期解决农民问题的基本政策。

①1944年12月，边区第二届参议会第二次会议通过了《陕甘宁边区地权条例》，其要点是：a. 在土地已经分配的区域，土地为一切依法分得土地人所有；在土地未经分配区域，土地仍为原合法所有人所有。b. 规定了公有土地的详细范围。c. 凡留居边区没有土地耕种的退伍抗日军人和抗属等，得呈请政府领取公地或公荒。d. 合法土地所有人不在当地时，土地可以由他人或者政府代管。e. 规定政府得在一定条件下租用、征用或以其他土地交换人民或团体所有的土地。

②抗日战争时期的土地立法的重大意义。a. 减轻了农村的封建剥削，改善了农民的生活和经济地位。抗日民主政权实施减租减息的土地法规后，农村的封建剥削被削弱了。土地由集中在地主、富农手中逐渐分散到贫农、中农手里的趋势。b. 激发了农民的生产热情，促进了根据地经济的发展减租减息的实施，调整了农村的阶级关系，不仅有利于团结地主抗日，而且对根据地经济的发展也是有益的。c. 提高了农民的政治觉悟，激发了群众的抗日积极性农民经济地位和生活的改善，调动了农民的抗日积极性，广大农民踊跃加入民兵队伍并参战、参军。农民如此踊跃参军，保证了抗日军队的不断发展，有力地支援了长期抗战。

（4）解放战争时期的土地立法及其意义

①抗日战争胜利后，为了满足农民的土地要求，于1946年5月4日发布了《关于土

地问题的指示》，决定由减租减息政策转变为没收地主土地分配给农民的政策。②1947年制定了《中国土地法大纲》。主要有以下规定：a. 实行耕者有其田确定“废除封建性及半封建性剥削的土地制度，实行耕者有其田的土地制度”。b. 确定土地财产的分配办法，即以乡或行政村为单位，按乡村人口，不分男女老幼，统一平均分配。承认其土地所有权，由政府发给土地所有证。地主及其家属也分给与农民同样的土地和财产。c. 确定土改机关。确定改革土地制度的合法执行机关为乡村农民大会及其选出的委员会、贫农团大会及其选出的委员会和区、县、省农民代表大会及其选出的委员会。③解放战争时期的土地立法的重大意义：a. 使得农民分到了土地，提高了农民的经济地位与社会地位。b. 极大调动了农民的积极性，为解放战争的胜利打下了坚实的基础。c. 为新中国成立之后的土地改革打下了坚实的基础。

六、分析题

答案：材料中提到的“衙前调解组织”是我国的人民调解组织。人民调解制度是中国共产党领导人民在革命根据地创建的依靠群众解决民间纠纷实行群众自治的一种组织制度。它是人民司法工作的必要补充和得力助手，是在我国民间排难解纷的历史传统的基础上，加以创造而形成的一种具有中国特色的重要制度。

人民调解制度发端于第一次国内革命战争时期的工农运动中，在第二次国内革命战争的革命根据地时期被以法律形式规定于政府组织法中。经过长期发展，我国人民调解制度的调解范围，从一般民事纠纷到轻微刑事案件，都可以调解。民间调解、政府调解、司法机关调解都要遵守自愿、合法以及任何人不愿调解可径行向法院起诉的原则。

期末测试题一

一、单项选择题

1. 反映商代惩治国家官吏犯罪、违纪与失职行为的一部专门法律是（　　）。
A.《汤刑》　　B.《官刑》
C.“民居”之法　　D. 车服之令

2. “观其眸子，不直则眊然”，是“五听”制度中的哪一“听”？（　　）
A.“色听”　　B.“气听”
C.“耳听”　　D.“目听”

3.《法经》中下列哪篇规定了“六禁”？（　　）
A.《盗法》　　B.《贼法》
C.《杂法》　　D.《具法》

4. 秦代自诉案件中的“公室告”是指（　　）。
A. 控告他人的杀伤和盗窃行为
B. 父母控告子女盗窃自己财产
C. 子女控告父母
D. 奴妾控告主人肆意加诸各种刑罚

5. 秦朝法律中有关审理案件的原则、治狱程式、调查勘验等方面的法律规定是（　　）。
A.《秦律杂抄》　　B.《封诊式》
C.《法律答问》　　D.《秦律十八种》

6. 北齐改九卿之一的廷尉为（　　）并将其扩建，是当时最高的司法机关。
A. 大理寺　　B. 御史台
C. 少府　　D. 尚书省

7. 唐朝在婚姻解除上与前代不同的是（　　）。
A.“七出”　　B.“三不去”
C.“和离”　　D.“义绝”

8.《宋刑统》在内容上沿袭哪部法典？（　　）
A.《开皇律》　　B.《唐律疏议》
C.《大周刑统》　　D.《贞观律》

9. 明太祖朱元璋为巩固帝业打击官僚朋党为奸而增设的一项新罪名是（　　）。
A.“左官罪”
B.“奸党罪”
C.“腹诽罪”
D.“上言大臣德政罪”

10. 依《大清律例》，清代死刑的执行方式有（　　）。
A. 发遣　　B. 立决与监候
C. 斩与绞　　D. 迁徙与安置

二、多项选择题

1. 中国法律起源的特点有（　　）。
A. 实行礼法结合
B. 具有早熟性
C. 维护专制王权
D. 刑事法规发达而民事法规相对落后
E. 法律在形成时带有氏族社会的浓厚色彩和贵族宗法统治的特征

2. 西周时期，女子若有“七出”规定情形之一的，谁可以提出休弃？（　　）
A. 丈夫　　B. 公公
C. 婆婆　　D. 姑嫂

3. 东汉时期“三独坐”是指（　　）。
A. 尚书令　　B. 御史中丞
C. 御史大夫　　D. 丞相
E. 司隶校尉

4. 三国两晋南北朝时期，礼法结合体现在关于（　　）的规定。
A.“八议”　　B.“官当”
C.“服制定罪”　　D.“重罪十条”
E.“五刑”

5.《唐律疏议》又称《永徽律疏》，是唐高宗永徽年间完成的一部极为重要的法典。下列关于《唐律疏议》的表述哪些是正确的？（　　）
A.《唐律疏议》是由张斐、杜预完成的法律注释
B.《唐律疏议》引用儒家经典理论作为律文的理论依据
C.《唐律疏议》奠定了中华法系的传统
D.《唐律疏议》对唐代的《武德律》等法典有很深的影响

6. 宋朝的主要立法活动呈现出复杂情形的

有（　　）。

A. 编例　　B. 编敕

C. 制定宋刑统　　D. 编纂条法事类

E. 制定问刑条例

7. 明朝刑罚残酷，除了继续适用封建五刑以外，明朝的司法实践中增设了一些刑种，主要有（　　）。

A. 充军　　B. 枷号

C. 廷杖　　D. 刺配

E. 发遣

8. 清朝地方司法机关中，第二审级为（　　）。

A. 府　　B. 总督巡抚

C. 直隶厅　　D. 州

E. 县

9. 关于清末变法修律，下列哪些选项是正确的？（　　）

A. 在指导思想上，清末修律自始至终贯穿着"仿效外国资本主义法律形式，固守中国封建法制传统"的原则

B. 在立法内容上，清末修律一方面坚行君主专制体制和封建伦理纲常"不可率行改变"，另一方面标榜"吸引世界大同各国之良规，兼采近世最新之学说"

C. 在编纂形式上，清末修律改变了传统的"诸法合体"形式，明确了实体法之间、实体法与程序法之间的差别，形成了近代法律体系的雏形

D. 在法系承袭上，清末修律标志着延续了几千年的中华法系开始解体，为中国法律的近代化奠定了初步基础

10.《中华苏维埃共和国宪法大纲》确定的公民基本权利有（　　）。

A. 参政权利　　B. 武装自卫权

C. 其他民主权利　　D. 迁徙自由权

三、名词解释

1. "五刑"

2. "五听"

3. "城旦舂"

4. "春秋决狱"（复旦大学 2015 考研真题）

5. "谋叛"

6. 翻异别勘制

四、简答题

1. 如何理解"礼不下庶人，刑不上大夫"这一重要法律原则？

2. 董仲舒的法律思想及其影响。（中山大学 2006 年考研真题）

3. 化外人相犯规则。

4. 简述大清新刑律的特点。（华东政法大学 2017 年考研真题）

五、论述题

试论革命根据地时期的人民调解制度。

参考答案

一、单项选择题

1. 答案： B。

2. 答案： D。"五听"是指"辞听、色听、气听、耳听、目听"，即通过观察当事人的言语表达、面部表情、呼吸、听觉、视觉确定当事人陈述真伪的五种方式。

3. 答案： C。法经中的《杂法》是关于"盗贼"以外的其他犯罪与刑罚的规定，主要规定了六禁，即淫禁、狡禁、城禁、嬉禁、徒禁、金禁。

4. 答案： A。

5. 答案： B。AD 两项不选，云梦秦简又称睡虎地秦墓竹简。云梦秦简中的有关法律内容，主要包括：《秦律杂抄》《封诊式》《法律答问》《秦律十八种》《为吏之道》等。

B 项应选，《封诊式》是关于司法机关审理案件的原则、治狱程式、调查勘验等方面的法律规定，同时也包括一些具体的案例。

C 项不选，《法律答问》主要是对秦律的某些条文、术语与立法意图以问答形式进行具有法律效力的解释，包括对诉讼程序中的一些具体问题进行解释和说明。

6. 答案： A。

7. 答案： C。"义绝""七出""三不去"都是唐朝沿袭前朝的婚姻解除制度，所谓"义绝"是指夫妻情义已绝，即夫妻中任何一方殴伤对方尊亲属，或夫妻双方家庭成员相殴

伤，即为“义绝”。犯“义绝”者，必须强制离婚；否则，夫妻双方要承担相应的法律责任。

“和离”，指如果夫妻在感情不和时，双方愿意离婚，法律不予惩处。

8. **答案**：B。《宋刑统》在内容上沿袭《唐律疏议》，在体例上取决于唐末五代的《大中刑统》和《大周刑统》，成为一部综合性的封建成文法典。
9. **答案**：B。
10. **答案**：B。

二、多项选择题

1. **答案**：ABCDE。
2. **答案**：ABC。“七出”是西周时期解除婚姻的制度，又称“七去”，即不顺父母，去；无子，去；淫，去；妒，去；恶疾，去；多言，去；盗窃，去。女子若有上述情形之一的，丈夫或公婆即可休弃之。
3. **答案**：ABE。
4. **答案**：ABCD。
5. **答案**：BC。《唐律疏议》体现了“礼法合一”，是中华法系形成的标志，故BC项正确。《唐律疏议》在《武德律》之后，由张斐、杜预完成法律注释的是《晋律》而非《唐律》，故AD项错误。
6. **答案**：ABCD。
7. **答案**：ABC。
8. **答案**：ABD。
9. **答案**：ABCD。清末变法修律的主要特点：(1) 在立法指导思想上，清末修律自始至终贯穿着“仿效外国资本主义法律形式，固守中国封建法制传统”的原则。(2) 在立法内容上，清末修律表现出封建专制主义传统与西方资本主义法学最新成果的奇怪混合：一方面，坚行君主专制体制和封建伦理纲常“不可率行改变”；另一方面，标榜“吸引世界大同各国之良规，兼采近世最新之学说”。(3) 在法典编纂形式上，清末修律改变了传统的“诸法合体”形式，明确了实体法之间、实体法与程序法之间的差别，形成了近代法律体系的雏形。(4) 它是统治者为维护其摇摇欲坠的反动统治，在保持君主专制政体的前提下进行的，因而既不能反映人民群众的要求和愿望，也没有真正的民主形式。

   清末变法修律的主要影响：(1) 清末修律标志着延续了几千年的中华法系开始解体。(2) 清末变法修律为中国法律的近代化奠定了初步基础。(3) 清末变法修律是中国历史上第一次全面系统地向国内介绍和传播西方法律学说和资本主义法律制度，使得近现代法律知识在中国得到一定程度的普及，促进了部分中国人的法治观念的形成。(4) 清末变法修律在客观上有助于推动中国资本主义经济的发展和教育制度的近代化。

   由上可知，ABCD均表述正确。
10. **答案**：ABC。

三、名词解释

1. **答案**：夏代为有效地镇压反抗奴隶主国家统治与扰乱社会秩序的犯罪，承袭并发展了舜禹时代习惯处罚方式，从而逐步确立了奴隶制五刑制度。它是奴隶制社会时期五种刑罚的总称即墨、劓、剕、宫、大辟。据《左传》引《夏书》说：“昏、墨、贼、杀，皋陶之刑也。”
2. **答案**：五听是封建社会法官审判案件的主要方式，确立于西周，要求法官通过对原告和被告察言观色，通过五种具体方式审理清楚案情，然后进行公正的判决。听即判断。五听是：辞听，根据当时的言语错乱判断他在说谎；色听，观其颜色，看是否因说谎而脸红；气听，如果无理则会喘息加重；耳听，如果理亏就听不清法官的话，可能在设法自圆其说；目听，如果无理则两眼慌乱无神。通过这五种方式，再结合当事人的话，核实证据，作出合理判决。此后，中国历代官员都用这种方式审理案件。
3. **答案**：“城旦舂”是秦代的一项关于剥夺犯罪人人身自由，强制其参加劳役的刑罚制度。具体要求是男犯筑城，女犯舂米，但实际从事的劳役并不限于男犯筑城，女犯舂米。

4. **答案**：《春秋决狱》是西汉中期儒家代表人物董仲舒提出来的，是一种审判案件的判断方式，主要用孔子的思想来对犯罪事实进行分析、定罪。即除用法律外，可以用《易》《诗》《书》《礼》《乐》《春秋》六经中的思想来作为判决案件的依据。

5. **答案**：唐律“十恶”是危及封建皇权和封建国家的十种重罪的总称。谋叛，“十恶”之一，是“背国从伪”，即图谋背叛朝廷，投奔“藩国”或投奔国内与朝廷敌对的政权。《唐律·名例律》的“十恶”把“谋叛”列为重罪严厉处罚，充分表明唐代统治者对危害皇权与封建国家的政治性犯罪所采取的态度。

6. **答案**：翻异，指的是犯人推翻原来的口供；别勘，又称别推、别鞫、移推，指改换审判官重新审理。翻异别勘制就是犯人推翻原口供，是应该重审的制度。宋代，当犯人不服判决临刑称冤，或家属代为申冤时，则改由另一个司法机关重审或监司另派官员复审。凡州县死刑犯人或犯罪品官，业已结案，但未经本路提刑司录问而推翻原来的口供，或其家属诉冤，则移送提刑司重新审判；如果已经本路提刑司录问而翻供、诉冤，则由提刑司审查，改换审判官重审；如果死刑犯人临赴刑事时喊冤，由本路无干碍监司重审，或者移送临路提刑司审理。按法律之规定，翻异可三次至五次。妄行翻异叫冤者，别推时加重刑罚。这种制度就其实质来说，是司法机关自动复审，虽有时因多次翻异而影响司法机关的审判效率，但从总体上来说能够在一定程度上杜绝冤假错案的发生，同时也是宋朝统治者慎刑精神的表现。

四、简答题

1. **答案**：“礼不下庶人，刑不上大夫”是中国古代社会长期存在的一项法律原则，各朝统治者经常以这项原则，作为官僚、贵族提供法律特权的立论根据。作为一项法律原则，其重心在于强调平民百姓与官僚之间的不平等，强调对于官僚贵族等统治阶层社会特权的维护。

在实际上，“礼不下庶人”并不是说礼对庶人没有约束力，而是强调“礼”是有等级、差别的。天子有天子的礼，诸侯有诸侯的礼，庶人有庶人的礼，不同等级之间，不能僭越，任何悖礼、僭越的行为都会受到惩处。“刑不上大夫”也并不是说对大夫以上的贵族绝对不会适用刑罚。在实际政治中，大夫以上的贵族，如果实施谋反、篡逆等严重的政治性犯罪，同样会招致法律的严厉处罚，不过，在一些非政治性领域，“贵族官僚”犯罪往往会得到许多的特权。

2. **答案**：董仲舒是西汉中期最重要的儒学大师，是继孔子、孟子、荀子之后和宋代朱熹之前儒家学派最有影响的代表人物。从法律思想方面来看，他倡导的君权至上、“三纲五常”“德主刑辅”“春秋决狱”等，反映出地主阶级的法律思想已初步完善，封建正统法律思想已经形成。这种封建正统法律思想，完全适应了地主阶级加强专制皇权和统治人民的需要，影响中国达两千年之久。

（一）君权神授，皇权至上

西汉中期，汉武帝为了巩固大一统局面，加强对人民的思想统治，迫切需要一种为专制皇权服务的新的政治法律理论。董仲舒秉承汉武帝的旨意，在《天人三策》《春秋繁露》等著述中，把封建皇权和封建统治的基本原则神圣化、永恒化、合理化了。董仲舒新儒学的基础是“天人感应”学说，即认为天是宇宙间最高的主宰，自然界的变化规律、国家的治国之道以及个人的道德、情感、思想、行为都要与天道相符，整个宇宙是一个大一统的秩序体。董仲舒对天的神化，是为了对地上统治者的神化，是为了给“君权神授”制造理论根据。君权不仅是神授的，而且君主又是代表上天来统治人世的，这样他就把天和人沟通起来，建立起“君权神授”说。至于君主的思想言论，即用于表达天意的“名”，董仲舒认为它是区分是非的标准。

既然君主的言论是区分是非的标准，当然就具有法律效力了。在封建制度下，君主的言论是金科玉律，神圣不可侵犯，决不允许阳奉阴违，抗拒不从。君主的诏令具有至高无上的权威，它可以取消法律，更改法律，代替法律。为了维护皇权，确保君主的权力及其人身的绝对安全，历代封建王朝都从立法方面作了严格规定。所谓谋反、谋大逆、谋叛、大不敬等罪名，都是为了维护皇权而制定的。

（二）维护封建等级制的“三纲五常”论

董仲舒根据人间君臣、父子的伦理纲常、仁义道德思想，以及“阳尊阴卑”的神学理论，提出了一套维护封建等级制度的“三纲五常”论，并被董仲舒及后世经学大师立为德礼教化和立法的根本原则。“三纲”是指“君为臣纲”“父为子纲”“夫为妻纲”，是对儒家礼教“尊尊”“亲亲”原则的具体化，构成了国家与家族互相维系的纵向服从关系。

董仲舒倡导的“三纲”，是以“君为臣纲”为主，“父为子纲”和“夫为妻纲”是从属于“君为臣纲”的。所以，封建统治者为了维护君主至高无上的权力，巩固他们的统治，就极力宣扬“三纲”的说教，并使之成为封建立法的根本原则。“五常”是指仁、义、礼、智、信，是处理君臣、上下关系的准绳，是调整统治者与被统治者的关系的基本原则，构成了维系横向社会关系的首要规范。只要统治者用仁、义、礼、智、信教化人民，就能得到天和鬼神保佑。“三纲”是单向的服从关系，“五常”是双向的互动关系，“三纲”“五常”纵横交叉，成为维护封建专制秩序的伦理支柱。董仲舒的“三纲五常”是围绕维护和巩固君主的权利而展开的，它体现了整个封建统治的各种关系，纠正了法家思想极端功利与暴虐的一面，同时也使得中国古代法律思想开始具有以儒家道德为主导、法律规则与道德规则相混同的特点。

（三）“大德小刑”与“德主刑辅”的立法思想

德刑关系问题是中国古代法律思想史上一直争论不休的问题，也是中国古代法律思想的一个核心理论。先秦以孔孟为代表的儒家继承了西周“明德慎罚”思想，提倡“为政以德”的“德治”和“以德服人”的“仁政”，重视道德感化作用，轻视法律及其强制作用。董仲舒继承儒家这一观点，并对其进行了充分的论证，使之系统化和理论化，使“大德小刑”“德主刑辅”说成为中国正统法律思想的重要组成部分。汉初统治者鉴于秦朝“专任刑罚”二世而亡的教训，在统治方法上特别强调德的一面。

（四）“春秋决狱”

“春秋决狱”又称经义决狱，在儒家思想取得正统地位以后，董仲舒提倡以《春秋》大义作为司法裁判的指导思想，凡是法律中没有规定，司法官就以儒家经义作为裁判的依据。凡是法律条文与儒家经义相违背的，则儒家经义具有高于现行法律的效力。精研《春秋》的董仲舒是引经断狱，以儒家的经义应用于法律的第一人。

《春秋决狱》一书虽已失传，但根据当时和后代其他著作的记载，亦可窥见“春秋决狱”的一些原则：第一，“尊尊”“春秋之义，君亲无将，将而诛之”，即保护君主和嫡亲尊长的特权。第二，“亲亲”“春秋之义，父为子隐，子为父隐”，即亲属之间，尤其是父子之间应相互包庇隐瞒，不得相互揭发犯罪行为。第三，反对株连：“春秋之义，善善及子孙，恶恶止其身”“春秋之义，诛首恶而已”。第四，“原心定罪”：“春秋之听狱也，必本其事而原其志。志邪者不待成，首恶者罪特重，本直者其论轻”，即应该根据犯罪的动机、心理的善恶来定罪量刑，而将犯罪的行为、效果放在次要地位。“春秋决狱”对中国封建法制的发展产生了深远的影响。首先，它推动了法律的儒家化，使得儒家的思想与法家已经创制完成的法律规则结合起来，并有所发展，从而奠定了中华法系儒法结合的基本样式。其次，“春秋决狱”修正了法家偏重于客观归罪的定罪量刑标准，确立了“必本其事而原其志”的新原则，强调在客观事实的基础上推究行为人的主观方面。

但是，引经决狱也具有相当的消极性。在引经决狱的过程中，往往会任意改变法律的规定，从而使本来就不稳定的法律进一步失去其应有的严肃性、公正性和权威性，为法律虚无主义开了门户。

（五）“德刑时令说”与秋冬行刑

董仲舒的新儒学是汉代处于独尊地位的官方学说。它是在先秦原始经学的基础上，吸收了阴阳家、名家、法家等学说，杂糅而成的一种学术思想体系。它在把战国时期以邹衍为代表的阴阳家的阴阳五行学说纳入其唯心主义轨道的同时，也把阴阳家“德刑时令说”进行了加工改造，变成了其思想体系的一个重要组成部分，进而对汉代乃至整个封建时代的立法、司法活动都有着很大的影响。

董仲舒认为天地间的阳和阴，分别代表着春夏秋冬四个季节。春夏是万物发生、成长的季节，这时只能施行仁德；秋冬是萎缩、收敛的季节，这时始可执行刑罚。据此，春天司法部门要疏通监狱，解除犯人桎梏，停止狱讼和拷掠人犯；夏天为避免囚犯发生疾疫，对轻罪犯人要抓紧决遣和宽缓，对重罪犯人要放松管理，改善伙食，暂停审讯；秋冬之时，进行审讯和判决，凡断决死刑，都要在孟冬十月进行。自此，汉代立春至秋分停止决囚、春季行赦、遇灾异行赦、秋冬行刑等遂成定制，并对后世产生了巨大的影响。

综上所述，董仲舒的法律思想，完全适应了封建统治阶级的需要，因而成为官方的统治思想，在封建社会长期居于统治地位。在汉代，中国封建社会还处于上升时期，地主阶级生气勃勃，积极进取，因此董仲舒为之创造的维护和巩固封建大一统的政治法律思想体系，曾起了一定的进步作用。然而，随着封建制度的日益腐朽，它的消极、反动的一面就日益显露出来，成为封建统治阶级镇压人民的思想武器。因此，清除董仲舒法律思想中的封建遗毒，仍是我们的一项重要任务。

3. 答案：关于化外人相犯，我国古代法律就有相关规定，最早也是最为杰出的代表为唐律。它将外国人犯罪分为两种情况；第一类是“诸化外人同类相犯者，各依本俗法”，即同一国别的外国人之间发生侵犯时，以其国家的法律为准。第二类是“异类相犯者，以法律论”，即不同国家的外国人，或外国人与中国人之间相侵犯时，适用中国法律。

4. 答案：《大清新刑律》以“中外通行，有裨治理”为指导思想，与封建旧律相比较，具有比较浓厚的资本主义色彩。其主要特点是：(1) 体例上打破了几千年来诸法合体的传统法典形式，成为中国历史上第一部专门刑法典。(2) 采用西方近代刑罚体系，将刑罚分为主刑和从刑。(3) 引进西方近代刑法原则、制度和术语。(4) 废除、新增、调整一系列罪名。

五、论述题

答案：人民调解制度，最早发端于第一次国内革命战争时期的工农运动中，在第二次国内革命战争时期的革命根据地，以法律形式规定在政府组织法规中。

1937 年到 1940 年，各抗日根据地民主政府广泛推行调解工作，积累了丰富的实践经验，为调解工作的制度化和法律化提供了有利条件和实际可能。从 1941 年起，各抗日根据地民主政府相继颁布了适用本地区的有关调解工作的单行条例和专门指示，其中主要有：《山东省调解委员会暂行组织条例》《晋西北村调解暂行办法》《晋察冀边区行政村调解工作条例》《陕甘宁边区民刑事件调解条例》《苏中区人民纠纷调解暂行办法》等。这些规定使得人民调解制度法律化、制度化。

人民调解制度是中国共产党领导人民在革命根据地创建的依靠群众解决民间纠纷、实行群众自治的一种组织制度，它是人民司法工作的必要补充和得力助手，是在我国民间排难解纷的历史传统的基础上，加以改造而形成的一种具有中国特色的重要制度。其内容主要有：

（一）调解组织多样化。如果说政府调解是第二次国内革命战争时期见诸法律文献的主要调解形式，到了抗日战争时期，情况就发生了重大变化。各地抗日民主政府的法律确定和认可的调解工作组织形式发展到以下四种：

(1) 民间自行调解。民间自行调解就是人民群众自己动手解决自己的纠纷，无固定组织形式。在陕甘宁边区，调解“由双方当事人各自邀请地邻亲友，现场评议曲直，就事件之轻重利害提出调解方案，劝导双方息争”。这种以双方当事人自愿为原则，经由双方所信赖的、在群众中享有威望的人物所进行的调解，在晋冀鲁边区也曾广泛采用，取得了良好的效果。

(2) 群众团体调解。群众团体调解是依靠群众组织解决群众之间的纠纷。至于群众团体调解的组织形式，各抗日根据地的情况不尽相同。在陕甘宁边区，各群众团体设有专门的调解委员会，而在晋冀鲁边区的太岳区，工农青妇各群众团体以及冬学、互助组直接履行调解的职能，不另设调解委员会。因此，群众团体调解就其组织形式而言，又可分为设有专门调解机构（调解委员会）的调解和不设专门调解机构的调解两种形式。

(3) 政府调解。政府调解就是在基层政权主持下对民间纠纷进行的调解。它在各抗日根据地的实际运用中基本采取两种形式，一是不设专门调解机构，由基层政府直接调解。调解时，基层政府可以邀请群众代表和地方公正人士予以协助。多数抗日根据地采取的是另一种形式的政府调解，即在基层政府内设置负责调解的专门机构——调解委员会或民政委员会，由他们接受来自群众的调解申请，实地进行民间纠纷的调解工作。这种形式的调解，实际上带有民间调解的性质。

(4) 法院调解。法院调解属诉讼内调解，是当时重要的调解形式，分法庭调解和庭外调解，无论前者还是后者都与上述三种形式的调解在性质上有所不同，它们是审判机关处理案件的方式。经法院调解达成的协议，对双方当事人具有同等的约束力。

（二）调解范围。凡因债务、物权、婚姻、继承等而发生的一般民事纠纷和轻微的刑事案件，都可进行调解，但法律另有规定的除外。

（三）调解工作“三原则”。人民调解的三项基本原则，即调解必须出自双方当事人的自愿（自愿原则）、调解必须以人民政府的法令和善良习俗为依据（合法原则）以及调解不是诉讼的必经程序（保护当事人诉讼权利原则），是除法院调解外，任何其他形式的调解都必须遵循的原则。这些原则是相互联系的，是以调解工作的实践经验为基础，在抗日战争时期逐步形成的。调解工作三项基本原则的确立，是人民调解制度形成的主要标志。

解放战争后期，人民调解制度已推广到全国广大解放区，为适应新形势发展的需要，华北人民政府于 1949 年 2 月 25 日发布了《关于调解民间纠纷的决定》，这是新民主主义革命时期人民调解制度日趋统一和完善的重要标志。该决定针对当时各地在推行调解工作中存在的主要问题，强调调解的重要作用，具体规定了调解的组织、调解的范围以及调解工作必须遵守的原则。

期末测试题二

一、单项选择题

1. 我国早期习惯法时代的鼎盛时期是（　　）。
   A. 夏　　B. 商
   C. 西周　　D. 春秋
2. 西周的婚姻制度是（　　）。
   A. 一夫一妻制　　B. 一夫多妻制
   C. 一夫一妻多妾制　　D. 一妻多夫制
3. 汉文、景帝时期下诏废除肉刑着手改革刑制，只有（　　）未改。
   A. 墨刑　　B. 宫刑
   C. 劓刑　　D. 斩左趾刑
4. （　　）为了增强法典的科学性将《晋律》的《刑名》《法例》合并为一篇，名为《名例》，冠于律首。
   A. 北齐　　B. 北周
   C. 北魏　　D. 魏
5. “诸断罪而无正条，其应出罪者，则举重以明轻；其应入罪者，则举轻以明重”是唐律中何种原则的规定？（　　）
   A. 类推　　B. 法律适用
   C. 法律解释　　D. 自由裁量
6. 秦朝的耻辱刑中有“耐”刑，就是（　　）。
   A. 剃去犯人头发　　B. 剃去犯人胡须
   C. 在犯人脸上刺字　　D. 割去犯人的耳朵
7. 明太祖时期创立的（　　）是清朝秋审制度的前身。
   A. 圆审　　B. 三司会审
   C. 会官审录　　D. 寒审
8. 依《大清律例》，清代死刑的执行方式有（　　）。
   A. 发遣　　B. 立决与监候
   C. 斩与绞　　D. 迁徙与安置
9. 下列哪些机构属于资产阶级性质的议会组织？（　　）
   A. 清末谘议局
   B. 清末资政院
   C. 《中华民国临时约法》上的参议院
   D. 《中华民国临时约法》上的法院
10. 共产党领导人民制定的第一个宪法性文献是（　　）。
   A. 《陕甘宁边区宪法原则》
   B. 《陕甘宁边区施政纲领》
   C. 《中华苏维埃共和国宪法大纲》
   D. 《中华人民共和国宪法》

二、多项选择题

1. 中国法律起源的特点有（　　）。
   A. 实行礼法结合
   B. 具有早熟性
   C. 维护专制王权
   D. 刑事法规发达而民事法规相对落后
   E. 法律在形成时带有氏族社会的浓厚色彩和贵族宗法统治的特征
2. 周礼以下列哪些原则为基础？（　　）
   A. “亲亲”　　B. “明德慎罚”
   C. “以德配天”　　D. “尊尊”
3. 秦朝法律中对轻微罪适用的强制缴纳一定财物的刑罚是（　　）。
   A. 赀刑　　B. 赎刑
   C. 赀甲、赀盾　　D. 赀徭
4. 《法经》的重要历史意义在于（　　）。
   A. 维护君主制度
   B. 维护等级制度
   C. 初步确立了封建法制的基本原则和体系
   D. 对当时封建经济的形成和巩固起到了积极作用
   E. 有利于巩固与发展奴隶制社会经济
5. 北魏律确立了下列哪些制度或者原则？（　　）
   A. 官当
   B. 准五服治罪
   C. 死刑复奏制度
   D. “重罪十条”

6. 关于《永徽律疏》，下列哪些选项是错误的？（　　）（司考 2008.1.58）

A.《永徽律疏》又称《唐律疏议》，是唐太宗在位时制定的

B.《永徽律疏》首次确立了“十恶”即“重罪十条”制度

C.《永徽律疏》对主要的法律原则和制度作了精确的解释，而且尽可能以儒家经典为根据

D.《永徽律疏》是对《贞观律》的解释，在中国立法史上的地位不如《贞观律》

7. 宋朝经过对唐法律的修改，形成的法律形式主要有（　　）。

A. 断例　　B. 指挥

C. 事例　　D. 刑统

E. 编敕

8. 明代的特务机关是（　　）。

A.“卫”　　B.“东厂”

C.“西厂”　　D. 都察院

9. 清代适用于少数民族地区的单行法规有（　　）。

A. 钦定回疆条例

B. 西宁青海番夷成例

C. 苗犯处分例

D. 番律

10.《中华民国临时约法》规定参议院的主要职权有（　　）。

A. 议决一切法律案

B. 议决临时政府预算、决算

C. 宣告戒严

D. 代表全国接受外国之大使、公使

E. 制定全国币制和度量衡之准则

三、名词解释

1. 九刑
2. “出礼则入刑”
3. 诬告反坐
4. 存留养亲
5. 保辜
6. “亲亲得相首匿”

四、简答题

1. 简述西周宗法制度的主要内容。
2. 试论“重罪十条”的由来及其影响。
3. 简述《开皇律》的内容特点。

五、论述题

试述唐律维护贵族官僚特权的内容。

参考答案

一、单项选择题

1. **答案**：C。

2. **答案**：C。西周实行一夫一妻多妾制的婚姻制度，即无论是贵族还是平民，正妻只能有一个，奴隶主贵族可以在妻之外拥有数目不等的妾，平民也可以有多个妾。

3. **答案**：B。

4. **答案**：A。

5. **答案**：A。A项应选，此为类推原则的适用。唐律中规定当处理某一件案件而没有明确的法律规定时，可以适用类推原则，题干所言来自《唐律·名例律》的规定：“诸断罪而无正条，其应出罪者，则举重以明轻；其应入罪者，则举轻以明重”，“出罪”是指减轻或免除处罚，“入罪”是指确定有罪或加重刑罚，对那些应当减轻或免除的犯罪，举出重罪条款，以比照从轻处断，这就是所谓“举重以明轻”；对那些应当加重处罚的犯罪，则列举轻罪处罚的规定，比照从重处断，这就是所谓“举轻以明重”。

6. **答案**：B。秦时经常使用“髡”“耐”“完”等耻辱刑作为徒刑的附加刑。“髡”是指剃光犯人的头发和胡须、鬓毛；“耐”与“完”是一刑二称，是仅剃去胡须和鬓毛，而保留犯人的头发。

7. **答案**：C。

8. **答案**：B。

9. **答案**：C。谘议局与资政院分别是地方和中央的咨询机构，不是议会，《中华民国临时约法》上的参议院有立法权，是议会。

10. **答案**：C。

二、多项选择题

1. **答案**：ABCDE。

2. **答案**：AD。AD两项应选，周礼的基本原则，可归纳为“亲亲”与“尊尊”两个方面。“亲亲”，即要求在家族范围内，各成员举止言谈应符合自己的身份。父对子要慈，子对父要孝，兄对弟要友，弟对兄要恭，夫对妻要和，妻对夫要柔，不能以下凌上，以疏压亲等，而且，“亲亲父为首”，全体亲族成员都应以父为中心。

“尊尊”，即要在社会范围内，各社会成员之间要尊重比自己地位高的人，君臣、上下、贵贱都应恪守本分，即在君臣之间，君对臣要仁，臣对君要忠，而且“尊尊君为首”，一切臣民都应以君主为中心。在“亲亲”“尊尊”两大原则下，又形成了“忠”“孝”“义”等具体精神规范。

BC两项不选，BC两项表述中的“以德配天，明德慎罚”是西周统治者所提出的政治观和治国方针，并被儒家发挥成“德主刑辅，礼刑并用”的基本策略，为以“礼法结合”为特征的中国传统法制奠定了理论基础。

3. **答案**：ACD。ACD三项应选，“赀刑”是秦律中对轻微罪适用的强制缴纳一定财物的经济刑，“赀刑”是一种独立的刑种，包括三种：一是单纯罚金性质的“赀甲、赀盾”；二是发往边地做戍卒的“赀戍”；三是罚服劳役的“赀徭”。CD两项均属赀刑。

B项不选，B项的“赎刑”是指以钱赎罪，也就是说，已被判刑的犯人通过缴纳一定金钱或服一定劳役的方法，来赎免其刑罚，赎刑不是独立刑种。秦代的赎刑适用的范围非常广泛，从“赎耐”到“赎死”，均可适用。

4. **答案**：CD。

5. **答案**：AC。《北魏律》首次规定了官当和死刑复奏制度，故AC正确；《晋律》首次规定了准五服治罪；《北齐律》首次规定了重罪十条，故BD错误。

6. **答案**：ABD。《唐律疏议》（《永徽律疏》）是唐高宗李治在位时期完成的，并非唐太宗在位时制定。《北齐律》首次确立了“重罪十条”制度，隋《开皇律》确定了“十恶”制度。《永徽律疏》的完成标志着中国古代立法达到了最高水平。

7. **答案**：ABDE。

8. **答案**：ABC。设立“厂”“卫”特务机关是明代司法的一大特点，“卫”是指皇帝亲军十二卫中的“锦衣卫”，下设镇抚司。“厂”是直属皇帝的特务机关，在明代不同时期先后有东厂、西厂、内行厂，均由宦官掌握。厂卫干预司法的特征是：①奉旨行事，厂卫作出的裁决，“三法司”无权更改。②非法逮捕行刑，不受法律约束。

9. **答案**：AB。

10. **答案**：ABE。

三、名词解释

1. **答案**：九刑是西周时期成文刑书的总称，全书共分九篇。九刑基本沿袭商朝的五种制度（墨、劓、刖、宫、大辟共五刑），在此基础上又增加了赎、鞭、扑、流四种刑罚，称以上的九种刑罚为西周的九刑。

2. **答案**：“出礼则入刑”是西周时期“礼”“刑”运用关系的主张。西周时期的“礼”与“刑”都是当时维护社会秩序、调整社会关系的重要社会规则，二者相辅相成、互为表里，共同构成了西周社会完整的法律体系。其中“礼”是积极主动的规范，是禁恶于未然的预防；“刑”是消极的处罚，是惩恶于已然的制裁。凡是“礼”所禁止的行为，以必然为“刑”所不容，即所谓“礼之所出，刑之所取，出礼则入刑”。

3. **答案**：诬告反坐是秦代的定罪量刑的原则之一，即对于诬告他人者，以所告之罪罪之。按照秦律，在一般情况下，只有故意陷害他人才构成诬告罪。若是出于过失则不算诬告，但若诬告他人杀人，即使是由于过失，也要以诬告罪论处。

4. **答案**：在“法为治要”的基础上创制的针对只有独子老人的存留养亲制度，即法律对于非“十恶”大罪的犯人，允许通过上请程序从宽处罚，流刑可免发遣，徒刑可缓期执行。以保证其父母尊长有人养老送终，待老人去世后再按规定处置。

存留养亲的核心是国家部分放弃对犯罪人的惩罚权利，帮助犯罪人完成其孝养长辈的责任，以巩固亲伦关系，强化人们的忠孝价值观念。

5. 答案：指对伤人罪的后果不是立即显露的，规定加害方在一定期限内对被害方伤情变化负责的一项特别制度。在限定的时间内受伤者死去，伤人者承担杀人的刑责；限外死去或者限内以他故死亡者，伤人者只承担伤人的刑事责任。唐律中规定了保辜制度，可以促使加害人积极进行救治，也可以防止无端扩大加害人责任。

6. 答案：在直系三代血亲和夫妻之间，除犯谋反、大逆外，均可互相隐匿犯罪行为，而且减免刑罚。最早提出这个原则的是孔子，他主张“父为子隐，子为父隐”。汉代儒家思想定为一尊之后，“亲亲得相首隐”便成为汉律中定罪量刑的一项原则。根据这一原则，卑幼首匿尊长，不负刑事责任；尊亲长首匿卑幼，除死罪上请减免外，其他也不负刑事责任。这一原则为后世封建法典所继承。

四、简答题

1. 答案：宗法制度渊源于氏族社会父系家长制，宗法制度是中国古代社会中存在的一种以血缘关系为纽带的家族组织与国家制度相结合，以保证血缘贵族世袭统治的政治形式。宗法制度的中心，仍是掌握国家社会最高权力的周天子，天下的一切土地和臣民，都属于周天子所有。天子以下逐级分封诸侯王、卿大夫、士，分别在自己的领地享有行政、司法、军事等方面的权力。这样层层分封，就形成了周天子、诸侯王、卿大夫、士等相互间的支配和依赖的关系，形成了层层相依的等级结构，形成了以血缘关系为基础、以周天子为中心的家天下的宗法制度。宗法制度具体又包括三个方面的原则与制度：其一，从周天子到卿大夫、士，都实行嫡长子继承制；其二，小宗服从大宗，诸弟服从长兄；其三，各级诸侯王、卿大夫、士，即一种家族组织，又各自构成一级政权，共同向最高宗子——周天子负责。

从宏观上看，宗法制度构成了西周社会的基本结构。在宗法统治之下，家族组织与国家制度合二为一，家族观念、家庭家族间的伦理道德与国家的法律规范结合在一起，互为表里。

2. 答案：为加强镇压危害封建专制统治和违反伦理纲常的行为。“重罪十条”正式入律，始于北齐。此时形成的“重罪十条”，也就是后世所称的“十恶”。北齐时，在法律上将直接危害国家根本利益的最严重的十种犯罪置于律首，“一曰反逆，二曰大逆，三曰叛，四曰降，五曰恶逆，六曰不道，七曰不敬，八曰不孝，九曰不义，十曰内乱。其犯此十者不在八议论赎之限”，是为“重罪十条”。早在汉代，已有“不道”“不孝”等罪名，其他如“作上”“犯上”“大不敬”“大逆”“降叛”“禽兽行”等罪名，亦见于秦汉以来律令之中。

晋律有不孝罪弃市，南北朝时进一步罗列罪名，《北魏律》规定“大逆不道腰斩”，南梁律规定“其谋反、降、叛、大逆以上皆斩”，来镇压危害专制统治和违反伦理纲常的行为。

可以看出晋律以及南北朝时的“重罪十条”远不及北齐时规定得明确、具体。《北齐律》所定“重罪十条”，从更广泛的意义上维护了封建宗法制度化的各个方面，进一步把礼法结合起来，强化了对于君权、父权、夫权的保护。隋唐律在此基础上发展为“十恶”定制，并为宋、元、明、清历代所沿袭。

3. 答案：首先，从封建五刑制度上看，隋《开皇律》删除北周不少苛酷的刑罚内容。隋代废除北周磬（《唐六典》注：磬作磔）、枭、裂等残酷的生命刑，把死刑法定为绞、斩两种，改北周流刑五等为流刑三等，并缩短距离，分别为一千里、一千五百里、二千里，一律不加鞭；改北周一至五年的五等徒刑，为徒一年、徒一年半、徒二年、徒二年半、徒三年的五等徒刑，并且取消附加的鞭笞刑，改北周鞭刑为杖刑，杖六十至杖一百五十等；改北周杖刑为笞刑，笞十至笞五十共五等。从客观上看，以绞、斩死刑替代以往残酷的生命刑，以笞、杖、徒、流刑替代以往野蛮的肉刑制度，无疑是历史上的进步，也是隋代政治经济发展，社会文明程度提高的一种反映。隋代五刑体系的出现，标志着封建刑罚制度趋于成熟，并直接影响到唐代。

其次，从封建刑律的内容上讲，《开皇律》吸收北齐“重罪十条”而加损益，正式定为“十恶”罪，使法律更有利于镇压各种形式的反抗斗争，更有助于统治阶级维护现存的社会秩序。隋变北齐“反逆”“大逆”“叛”“降”为“谋反”“谋大逆”“谋叛”(吸收了欲谋投降的内容)，强调把反、叛等严重犯罪扼杀于谋划阶段，借以减轻犯罪危害程度。同北齐律重视现行犯相比，隋律严厉惩治预谋犯罪，这是一个重要变化，它反映了封建统治经验的丰富与发展。此外，增设“不睦”条，以便更好地维护封建宗法关系。因为隋代“十恶”能够有效地维护封建皇权与封建国家的统治，所以，唐后各代相继承袭，以至于成为不能轻易变更的定制。

最后，从封建特权法的角度来看，隋《开皇律》既承袭了魏、晋、南北朝的“八议”“官当”“听赎”制，又有所发展。首先，创设“例减”之制，即八议人员、七品以上官犯罪非十恶者，依例自然减刑一等，此外，《开皇律》比照以官当徒，规定了以官当流的制度。(犯私罪) 当处流刑者，“三流同比徒三年”，即以官当流二千里，比当徒三年；当流一千五百里，比当徒二年；当流一千里，比当徒一年。“若犯公罪，徒各加一年，当流者各加一等”，即比照犯公罪当徒多当一年的制度，犯公罪当流者也多当一个刑等。《开皇律》的“例减”与“三流同比徒三年”的规定，为违法犯罪的贵族官僚地主提供了更多的司法保障，反映了隋代法律维护封建特权的固有性质。

综上可知，《开皇律》是隋初统治集团总结以往立法经验而制定的一部具有代表性的封建成文法典。它承袭北齐律“法令明审，科条简要”的传统，对刑律体例加以调整，对法律内容作了重新修订。因此，在中国封建法制史上起到了承前启后的重要作用。同时还应指出，隋文帝法律改革，是迫于当时的阶级斗争形势，并且是在保障封建统治阶级根本利益的前提下进行的。所以，《开皇律》镇压广大农民群众的阶级本质并无变化。

五、论述题

答案：唐律仍然体现了平民百姓与官僚贵族地位的不平等。唐律对于贵族官僚的特权的保护体现在如下规定：

(1)“八议”。唐代沿袭曹魏以来的“八议”之制，对八类特权人物犯罪作了减免处罚的规定。“八议”一指“议亲”，即皇帝的亲戚；二指“议故”，指皇帝的故旧；三指“议贤”，即品行达到封建道德最高水准的人；四指“议能”，即有大才干的人；五指“议功”，即功勋卓著者；六指“议贵”，即封建大贵族大官僚；七指“议勤”，即勤于为封建国家服务的人；八指“议宾”，即前朝皇室后代被尊为国宾者。按照唐律规定，上述八类人犯罪，如是死罪，官吏必先奏明皇帝，并“议其所犯”，交皇帝裁处。按照通例，一般死罪可以降为流罪，流罪以下自然减刑一等。但犯有“十恶”罪的，不包括在此范围内。

(2)“请”。“请”的规格低于“议”，它主要适用于“皇太子妃大功以上亲”“应议者期以上亲及孙”“官爵五品以上，犯死罪者”。对这类人犯罪，官吏有权条陈其罪及应请的情状，如是死罪，则依律确定应斩或绞，奏明皇帝听候发落；流刑以下，自然减刑一等。“请”的限制条款比“议”多，除犯“十恶”外，“反逆缘坐，杀人，监守内奸、盗、略人，受财枉法者”，不适用“请”条。

(3)“减”。“减”的规格低于“请”，它适用于七品以上官，及应请者的亲属。如有犯罪，又在流罪以下，可以自然减刑一等。

(4)“赎”。“赎”的规格低于“减”，适用于九品以上官、七品以下官吏的亲属。上述人犯罪在流刑以下，听凭以铜赎罪。犯流刑以上罪的，不在减赎之列，为官的，要除名，配流依法照办。

(5)“官当”。指官吏犯罪可以官品抵当刑罪。按以官当徒原则，公罪比私罪抵当为多，官品高的比官品低的抵当为多。

(6)“免官”。指通过免官来抵当刑罪。凡免官者“免所居官者，比徒一年”。此外唐律还规定，免所居官者，一年后，降原级一等叙用；免官者，三年后，降原级二等叙用。

免官之外，唐代还规定“除名”，“除名”可以“比徒三年”，六年以后叙用。

唐代统治者通过“八议”“请”“减”“赎”“官当”“免官”等方式。将贵族官僚的特权法律化，用于维护封建官僚体制，巩固专制统治的基础。清人薛允升说：“（唐律）优礼臣下，可谓无微不至矣。”唐代贵族官僚的特权规定，较以前更加广泛、系统，从而反映了唐律的特权法性质，但必须指出，在封建君主专制条件下的唐代，任何贵族官僚的特权都只有相对的意义，并以不触犯皇权及地主阶级根本利益为限度，如犯有“十恶”之罪，则同样严惩不贷。

附录一：部分高校研究生入学考试中国法制史部分历年真题①

中国人民大学

2023 年

一、简答题

“法者，盖绳墨之断例，非穷理尽性之书也。故文约而例直，听省而禁简。例直易见，禁简难犯。易见则人知所避，难犯则几于刑厝。刑之本在于简直，故必审名分。审名分者，必忍小理。古之刑书，铭之钟鼎，铸之金石，所以远塞异端，使无淫巧也。今所注皆纲罗法意，格之以名分。使用之者执名例以审趣舍，伸绳墨之直，去析薪之理也。”（《吾书·杜预传》）

请仔细阅读上述材料，回答如下问题：

1. 请根据材料简要分析杜预的法律观。
2. 请简述中国古代律学的发展脉络。

二、论述题

请论述《钦定宪法大纲》的制定背景、内容及社会影响。

2018 年

一、材料分析题

材料：《宋史·刑法志》：凡大理寺决天下案牍，大事限二十五日，中事限二十日，小事十日。审刑院详覆，大事十五日，中事十日，小事五日。三年，诏御史台鞫徒以上罪，狱具，令尚书丞郎、两省给舍以上一人亲往虑问。寻又诏：“狱无大小，自中丞以下，皆临鞫问，不得专责所司。”自端拱以来，诸州司理参军，皆帝自选择，民又诣阙称冤者，亦遣台使乘传按鞫，数年之间，刑罚清省矣。既而诸路提点刑狱司未尝有所平反，诏悉罢之，归其事转运司。——《卷一百九十九·志第一百五十二·刑法一》

问题如下：

1. 什么是审刑院？什么是提点刑狱司？
2. 根据材料说明宋代大理寺和审刑院的关系？御史台的作用是什么？
3. 根据材料说明宋代是如何在司法实践中体现慎刑思想的。

二、论述题

试论元代和清代对少数民族的立法和司法实践的异同并分析得失。

2017 年

一、材料分析题

材料：杜佑《通典·礼二十九》载：“其时有一件疑难的案子，甲没有儿子，拾得道旁他人遗弃的幼儿乙收养为自己的儿子。等到乙长大，因犯罪杀人并告诉了甲。甲遂把乙隐藏了起来。（地方初审此案的官员问）甲应如何论罪？董仲舒认为应如此判断：甲没有儿子，养活了乙为自己的儿子，虽非其所生，可谁能改变这一父子关系呢？《春秋》之义‘父亲为儿子隐藏罪行天经地义’。甲应该包庇乙。皇帝之后下诏书认为这一论断是恰当的。”

问题：

1. 结合材料说明，何谓“春秋决狱”？
2. 结合材料说明，何谓“亲亲得相首匿”？
3. 汉代还产生了哪些与上述制度精神相契合的制度？它们对后世影响如何？
4. 分析亲属相隐、“春秋决狱”等法律制度形成的历史文化原因？

二、论述题

论述明代的立法理论、立法活动及重要的立法成果。

---

① 根据网络资料整理，仅供参考。

2016 年

一、概念比较题

1. 故杀与谋杀
2. 鞫狱与覆案
3. 不义与不道

二、材料分析题

试评析《唐律·户婚》中的规定："诸立嫡违法者，徒一年。即嫡妻年五十以上无子者，得立庶以长。不以长者亦如之。"

三、论述题

试述清末变法修律过程中的礼法之争。

2015 年

一、名词解释

1. 五服以治罪
2. 唐律赎刑
3. 留养承嗣
4. 《中国土地法大纲》

二、简答题

简述"亲亲得相首匿"原则的主要内容。

2014 年

一、名词解释

1. 汉代读鞫
2. 监候
3. 编敕
4. 《陕甘宁边区施政纲领》

二、简答题

简述《春秋决狱》的主要内容。

三、论述题

论述清代朝审制度的主要内容和特点。

2013 年

一、名词解释

1. 《法经》
2. 凌迟
3. 都察院
4. 监察院

二、简答题

简述《中华民国临时约法》的内容和特点。

三、论述题

试述西汉文、景帝的刑罚改革。

2012 年

一、名词解释

1. 大辟
2. 汉朝约法三章
3. 刑部
4. 《中华民国临时约法》

二、简答题

简述唐律五刑。

三、论述题

试述《大清新刑律》的结构、内容和特点。

2011 年

一、名词解释

1. "三不去"
2. 清会典
3. 《六法全书》
4. 《中国土地法大纲》

二、简答题

西汉法律的主要形式。

2010 年

一、名词解释

1. "七出"
2. 墨刑
3. 唐律疏议

二、简答题

1. 简述汉代文景刑罚改革。
2. 简述大清新刑律的结构特点。

三、论述题

1. 试述八议与官当的内容。
2. 试述封建法典的结构变化。

2009 年

一、名词解释

1. 笞刑
2. 《中华民国宪法》（1946 年）
3. 秋冬行刑

二、简答题

1. 简述折杖法。

2. 简述明德慎罚之法律思想。

三、论述题

论述中国古代死刑之流变分析。

2008 年

一、名词解释

1. 大理寺

2. 《六法全书》

3. 官当

4. 礼法之争

二、简答题

简述西汉文景时刑制改革。

2007 年

一、名词解释

1. 延尉

2. 《唐六典》

3. 朝审

4. “九刑”

5. 谋叛

6. 秋审处

7. 发遣

二、简答题

1. 简述《中华民国临时约法》的内容。

2. 简述法经的结构内容。

3. 简述《明大诰》的结构、特征。

4. 简述中华民国临时约法的制定背景。

三、论述题

论述清末领事裁判权的特征。

2006 年

一、名词解释

1. 保辜

2. 六杀

3. 内乱

4. 法部

二、简答题

简述《钦定宪法大纲》的结构和主要内容。

2005 年

一、名词解释

1. “五听”

2. 录囚

3. “大清新刑律”

4. 领事裁判权

二、简答题

简述“礼之所去，刑之所取，出礼则入刑”的含义。

中国政法大学

2023 年

一、名词解释

1. 《吕刑》

2. 《睡虎地秦墓竹简》

3. 翻异别勘制度

4. 都察院

二、简答题

1. 简述汉代刑制改革。

2. 简述大清现行刑律在中国法律近代化时期的地位和影响。

3. 简述新民主主义时期人民调解制度的形成和发展。

三、论述题

以唐代法律和清代法律作为比较对象，从它们的法典体例、法律形式、主要原则、精神谈谈传统中国法的传承和变化。

2019 年

一、名词解释

1. 汉律六十篇

2. “五听”

3. 申明亭

二、简答题

1. 简述秦代刑罚制度。

2. 简述宋代典卖制度。

3. 简述清代法律改革后刑法特点。

三、论述题

结合中国古代法律史，举例说明礼与法的关系。

2018 年

一、名词解释

1. 《吕刑》

2. 《春秋决狱》

3. 《明大诰》

4. 《中华民国临时约法》

二、简答题

1. 归纳春秋和战国时期成文法的发展。

2. 简述宋代的主要法律形式。

3. 简述清末政府对司法机关的主要改革。

三、论述题

“德礼为政教之本，刑罚为政教之用”，请以《唐律疏议》的主要立法原则为对象，论述唐代如何贯彻礼与刑的关系——“失礼入刑，相为表里”的？

清华大学

2014 年专业卷

一、名词解释

1. 《法经》

2. 刺配

3. 义绝

4. 会审公廨

二、简答题

1. 简述西周宗法制度主要内容。

2. 简述《明大诰》的主要内容。

3. 简述民国民法典的制定过程及体例结构。

三、论述题（二选一）

1. 结合《唐律疏议》的《名例律》，论述唐律主要法律原则。

2. 评价清末变法的“礼法之争”。

2013 年专业卷

一、名词解释

1. 肉刑

2. “八议”

3. 九章律

4. 《中华民国临时约法》

二、简答题

1. 简述商鞅变法的内容和意义。

2. 简述唐律律令格式的性质和区别。

3. 简述钦定宪法大纲的内容和意义。

4. 简述民国六法全书的内容和意义。

三、论述题（二选一）

1. 论述唐律的传承和影响。

2. 论述清末变法中外国法的影响。

西北政法大学

2017 年

一、简答题

1. 简述汉代刑制改革的背景。

2. 简述十恶制度的起源、内容和特点。

3. 简述大清新刑律的内容以及主要争议点。

二、论述题

结合唐律论述古代传统文化的特点。

2016 年

一、简答题

1. 简述中国古代法律刑罚产生和演变。

2. 简述十恶制度。

3. 简述古代婚姻制度。

二、论述题

试述中华法系的产生和演进。

2015 年

一、简答题

1. 简述汉代刑制改革的历史背景、主要内容和历史影响。

2. 简述《唐律》中“十恶”罪名的主要内容和特点。

3. 简述《大清新刑律》的主要内容、特点及主要争议点。

二、论述题

论述儒家伦理纲常和中国古代法律的关系。

2014 年

一、名词解释

1. 《法经》

2. 《唐律疏议》

3. 《中华民国临时约法》

二、简答题

1. 简述汉代刑制改革的历史背景、主要内容和历史影响。

2. 简述“十恶”的内容、特点。

三、论述题

论述中国传统法律文化。

2013 年

一、名词解释

1. 春秋决狱

2. 秋审

3. 《中华民国临时约法》

二、简答题

1. 简述汉初立法思想及其对文景时期刑制改革的影响。

2. 简述明初立法思想与《明大诰》的颁行。

三、论述题

论述儒家的纲常伦理思想与封建法律制度的关系。

2012 年

一、名词解释

1. 《永徽律疏》

2. 《中华民国临时约法》

3. 睡虎地秦墓竹简

二、简答题

1. 简述汉代刑制改革的历史背景、内容和历史意义。

2. 简述“十恶”的形成及其犯罪构成特点。

三、论述题

试对中华法系的法律传统作用作概括性介绍并作评价。

2011 年

一、名词解释

1. 春秋决狱

2. 《明大诰》

3. 秋审

二、简答题

1. 简述法经的主要内容和历史意义。

2. 简述清末修律的主要特点和意义。

三、论述题

论述中国古代传统法的主要特点。

2010 年

一、名词解释

1. 服制

2. 《永徽律疏》

3. 《中华民国临时约法》

二、简答题

1. 简述汉代刑制改革的历史背景、内容和历史意义。

2. 简述“十恶”的形成及其犯罪构成特点。

三、论述题

论述中国传统法律文化的主要特质。

武汉大学

2011 年

一、名词解释

1. 尚同
2. 敬德保民

二、简答题

1. 简述西周的“以德配天”思想。
2. 简述老子的“法令滋彰，盗贼多有”思想。
3. 简述孔子的礼治思想。
4. 简述韩非子的“以法为本”思想。
5. 简述朱熹的“存天理，灭人欲”思想。

三、论述题

试论孙中山的民权主义思想。

2007 年

一、名词解释

1. 特许状
2. 克己复礼
3. 无为而治

二、简答题

1. 简述“以刑去刑”的思想。
2. 简述阴阳家“德刑时令说”。
3. 简析清末改良派的“君民共主说”。

三、论述题

试论先秦诸家共同点。

中南财经政法大学

2010 年

一、名词解释

1. 五服制
2. 里耶秦简
3. 《六法全书》
4. 《条法事类》

二、简答题

1. 在刑法的适用上，《唐律疏议》赋予了官僚、贵族哪些特权？请简述之。

2. 简述汉代的主要法律形式并略加解释。

三、分析题

律法断罪，皆当以法律令正文；若无正文，依附名例断之；其正文名例所不及，皆勿论。——晋·刘颂

试评析此段文字。

四、论述题

论《大清新刑律》对《大清律例》的革新。

2009 年

一、名词解释

1. 申明亭
2. 资政院
3. “三三制”
4. “存留养亲”

二、简答题

1. 《唐律疏议》对“十恶”规定了哪些重惩原则？

2. 宋朝的刑罚制度相对于唐律有哪些主要变化？

3. 简述《关于废除国民党“六法全书”与确立解放区司法原则的指示》的主要内容。

三、分析题

下面这段文字是汉朝董仲舒判决过的一个案例。请简述其大意，并从汉代司法制度和刑法适用原则的角度评析之。

甲父乙与丙争言相斗，丙以佩刀刺乙，甲即以杖击丙，误伤乙，甲当何论？或曰殴父也，当枭首。论曰，臣愚以父子至亲也，闻其斗，莫不有怵怅之心，扶杖而救之，非所以欲诟父也。《春秋》之义，需止父病，进药于其父而卒，君子原心，赦而不诛。甲非律所谓殴父，不当坐。

四、论述题

论《法经》在中国刑法史上的地位。

2008 年

一、名词解释

1. 翻异别勘
2. “存留养亲”
3. “五听”
4. “贿选宪法”
5. “九卿会审”

二、简答题

1. 简述清末司法改革的主要内容。

2. 在刑法的结构体例与内容方面，《魏律》与《晋律》分别创造了哪些对中国古代刑法史有重大影响的制度？

3. 简述《唐律疏议》各篇篇名及其主要内容。

4. 简述商鞅变法的主要内容。

三、论述题

为什么说汉朝的法律是儒家化的法律？

2007 年

一、名词解释

1. 翻异别勘
2. 三复奏
3. 训政时期
4. “五服制”
5. “宗法制”
6. “存留养亲”
7. 《睡虎地秦墓竹简》

二、简答题

1. 清末预备立宪法进行了哪些活动？请简述之。

2. 简述战国时期法家的主要法律思想。

3. 简述马锡五审判方式。

4. 简述魏晋南北朝时期中国刑事法律儒家化的主要表现。

5. 简述春秋时期各国公布的主要成文法及其引起的争论。

三、评析题（先译出下列各段古文的大意，并分析与评论）

1. “请共犯罪者，经造意为旨，随从各减一等；其家人共犯，止至尊长。”（《唐律疏议》）

2. （汉武帝发行白鹿皮币，掠夺民间财富，主管财政的大司农颜异有不同意见。）“异与客语初令微反磨（注：动了动嘴唇）。（张）汤奏当（注：应判罪）：‘异九卿（注：颜异位列九卿）见令不便，不入吉而腹诽，讼死。’自是之后，有‘腹诽之法比’。”（《史记·平准书第八》）

3. “律法断罪，皆当以法律令正文；若无正文，依附名倒断之；其正文，名例所不及，皆勿论。”（《晋书·刑法志》）

四、论述题

1. 论清末的“礼法之争”。

2. 论汉代的春秋决狱。

2006 年

一、诠释古代法言法语

1. 神农无制令而民从
2. 父子兄弟，罪不相及
3. 天命靡常，唯德是辅
4. 狱疑，泛与众与共之；众疑，赦之
5. 分争辩讼，非礼不决
6. 耻诸嘉石，役诸司空
7. 三宥之法
8. 三刺之法
9. 溥天之下，莫非王土。率土之滨，莫非王臣
10. 现禁囚不得告举他事
11. 前主所是著为律，后主所是疏为令
12. 行刑，重其轻者
13. 赋事行刑，必问于遗训
14. 诸化外人，同类自相犯者，各依本俗法；异类相犯者，以法律论
15. 亲亲得相首匿

二、名词解释

1. 迁行事
2. 义绝
3. 唐六典

三、论述题

1. 阐述中国传统的结婚、离婚制度主要内容。

2. 阐述从夏商到清末“五刑”制度的演化过程。

2005 年

一、用一两句白话简要翻译古代法言法语

1. 刑政不用而治，甲兵不起而王
2. 三千之罪莫大于不孝
3. 与其杀无辜，宁失不经
4. 罚旨及嗣
5. 皇天无亲，惟德是辅
6. 刑不可知，则威不可测
7. 以德配天，明德慎罚
8. 君君臣臣父父子子
9. 封邦建国，以为屏藩
10. 礼去刑取，出礼入刑
11. 命夫命妇不躬坐狱讼
12. 元恶大憝，矧惟不孝不友
13. 三赦之法，一曰幼弱，二曰老耄，三曰蠢愚
14. 重刑连其罪
15. 用刑将于过
16. 令民什伍，而相牧司连坐
17. 无益惩肃之理，徒表安忍之杯
18. 德礼为政教之本，刑罚为政教之用
19. 仁义者，养民之膏粱也；刑法者，惩恶之药石也
20. 诸断罪而无正条，其应出罪者，则举重以明轻；其应入罪者，则举轻以明重

二、用一两句话说明下列名词的主要含义

1. 刑罚世轻世重
2. 决事比
3. 春秋决狱
4. 亲亲得相首匿
5. 司寇—西周初
6. 大理寺
7. 十恶
8. 八议
9. 存留养亲（三国的晋南北朝）北魏律
10. 唐律疏议
11. 隋唐五刑
12. 隋唐三法司
13. 故意出入人罪
14. 录囚
15. 廷杖
16. 九卿会审
17. 秋审
18. 大清新刑律
19. 领事裁判权
20. 六法全书

三、论述题

试论唐律所确立的刑法适用原则，并简要说明其意义。

华东政法大学

2017 年综合卷

简答题

简述《大清新刑律》的特点。

2015 年综合卷

简答题

什么是唐律？现存的《唐律疏议》是指哪部律疏？

2014 年综合卷

简答题

简述唐代的法律形式及其相互关系。

2013 年综合卷

简答题

什么是化外人，简述唐律中化外人相犯的处理原则。

2010 年综合卷

简答题

何谓领事裁判权？其确立的标志是什么？

2009 年综合卷

简答题

简述《大清现行刑律》的特点。

2008 年综合卷

一、名词解释

贞观律

二、简答题

简述古代希腊法的基本特征。

2007 年

一、简述题

1. 简述《法经》的特点及其在中国法制史上的地位。

2. 简述中国封建法律中的“准五服以制罪”原则。

3. 简述明代中央司法机构的组织与职能。

4. 简述《中华民国宪法草案》（“天坛宪草”）的特点及其性质。

二、论述题

1. 中国古代法律中有哪些特权法的规定？试举二例说明，并作简要分析。

2. 论述中国古代关于离婚的规定。你认为应该如何评价？

3. 论述土地革命战争时期《中华苏维埃共和国土地法》的主要内容，并分析其利弊。

4. 论述《中华民国临时约法》的性质和特点。

2006 年

一、简答题

1. 简述商鞅变法的主要内容。

2. 简述唐初的法制指导思想。

3. 简答清朝秋审和朝审的主要区别。

4. 简答南京国民政府的“六法”体系。

二、论述题

1. 论述西周时期礼与刑的关系。

2. 论述唐律的特点和影响。

3. 论述《钦定宪法大纲》。

4. 试比较《中华苏维埃共和国宪法大纲》和《训政时期约法》。

2005 年

一、名词解释

1. 弃市

2. 六赃

3. 西藏通制

4. 训政时期约法

二、简答题

1. 简述秋审的定义和内容。

2. 简述《钦定宪法大纲》产生的背景、内容和特点。

3. 简述领事裁判权的定义、发展和影响。

4. 简述解放区人民政权所使用的管制。

三、论述题

1. 试论中国奴隶制五刑与封建制的差别。

2. 论述《法经》的篇目、内容、特点和影响。

3. 试以“十恶”为例，来论述中国古代法制是礼法结合的法制。

4. 论述马锡五审判方式。

中山大学

2016 年法学概论

名词解释

容隐

2015 年法学概论

名词解释

1. 《钦定宪法大纲》

2. “亲亲相隐”

2014 年法学概论

名词解释

文字狱

2013 年法学概论

一、名词解释

质剂

二、简答题

简述中华法系的基本特征。

2012 年法学概论

名词解释

1. “八议”
2. 《中华民国临时约法》

2011 年法学概论

名词解释

大理寺

2009 年法学概论

名词解释

“五听”

2008 年法学概论

名词解释

“公室告”

附录二：中国法制史学习参考及推荐书目

1. 《中国法制史》编写组：《中国法制史（第二版）》，高等教育出版社 2019 年版。
2. 沈家本：《历代刑法考》，中华书局 2013 年版。
3. 《梁启超论中国法制史》，商务印书馆 2012 年版。
4. 杨鸿烈：《中国法律发达史》，中国政法大学出版社 2009 年版。
5. 张晋藩主编：《中国法制通史》（全十卷），法律出版社 1999 年版。
6. 曾宪义主编：《中国传统法律文化研究》（十卷本），中国人民大学出版社 2011 年版。
7. 杨一凡主编：《中国法制史考证》，中国社会科学出版社 2003 年版。
8. 蔡枢衡：《中国刑法史》，中国法制出版社 2005 年版。
9. 程树德：《九朝律考（120 年纪念版）》，商务印书馆 2018 年版。
10. 蒲坚：《中国古代行政立法》，北京大学出版社 2007 年版。
11. 瞿同祖：《中国法律与中国社会》，商务印书馆 2011 年版。
12. 钱大群：《唐律与唐代法制考辨》，社会科学文献出版社 2013 年版。
13. 武树臣：《中国传统法律文化鸟瞰》，大象出版社 1997 年版。
14. 马小红：《礼与法——法的历史连接》，北京大学出版社 2017 年版。
15. 赵晓耕：《中国古代土地法制述略》，中国和平出版社 1996 年版。
16. 赵晓耕：《大衙门——千古名案》，法律出版社 2007 年版。
17. 郭成伟主编：《中外法学名著指要》，中国法制出版社 2011 年版。
18. 杨一凡、陈寒枫、张群：《中华人民共和国法制史》，社会科学文献出版社 2010 年版。
19. 韩延龙主编：《法律史论集》（多卷本），法律出版社 2006 年版。

图书在版编目（CIP）数据

中国法制史配套测试／教学辅导中心组编．—北京：中国法制出版社，2023. 8

高校法学专业核心课程配套测试

ISBN 978-7-5216-3588-1

Ⅰ．①中…　Ⅱ．①教…　Ⅲ．①法制史-中国-高等学校-习题集　Ⅳ．①D929-44

中国国家版本馆 CIP 数据核字（2023）第 095235 号

责任编辑：白天园　　封面设计：杨泽江　周黎明

中国法制史配套测试

ZHONGGUO FAZHISHI PEITAO CESHI

组编/教学辅导中心

经销/新华书店

印刷/三河市国英印务有限公司

开本/787 毫米×1092 毫米　16 开　　印张/ 13. 25　字数/ 312 千

版次/2023 年 8 月第 1 版　　2023 年 8 月第 1 次印刷

中国法制出版社出版

书号 ISBN 978-7-5216-3588-1　　定价：39. 00 元

北京市西城区西便门西里甲 16 号西便门办公区

邮政编码：100053　　传真：010-63141600

网址：http：//www. zgfzs. com　　**编辑部电话：010-63141792**

市场营销部电话：010-63141612　　**印务部电话：010-63141606**

（如有印装质量问题，请与本社印务部联系。）